KB242237

미래사회와 진로선택

미래사회와 진로선택

김충기 지음

머 리 말

　현대사회를 산업사회라고 부르며 정보화시대라고 일컫는다. 산업사회라 함은 과학기술문명의 고도화, 직업세계의 다양화와 전문화, 능력있는 일꾼을 요구하는 사회로서 매우 복잡 다양한 서구사회화를 칭하기도 한다. 그리고 근대화 내지는 현대화 과정을 의미하기도 한다.

　이와 같이 변화무쌍한 소용돌이 속에서 개인이 생존을 위한 미래의 경쟁사회에서 몸부림치면서 살아남기 위해 우리 모두는 각계 각 분야에서 서로 다른 소질과 능력을 발휘하기 위해서는 무엇인가 계획적인 생애설계가 필요하다. 이러한 생애설계를 올바로 이룩하기 위해서는 교육이 중요한 역할과 기능이 작용하고 있다. 그 중에서 일생일대의 합리적인 미래 선택을 위한 준비작업이 가장 중요하다고 본다.

　이에 따라 근래에 사회 각 분야에서는 일생동안의 행복을 간직하기 위해 직업선택에 대한 인식과 관심이 새롭게 부각되고 있다. 현재 고등학교를 졸업하고 대학에 진학하지 못하는 부류가 전체 고졸자의 **70%**를 차지하는 낙방생들은 대입준비생들의 들러리교육에 불과한 막중한 인력이 낭비되는 이때에 이를 효율적으로 교육하여 낙오자가 없는 인생을 육성하기 위한 방안이 절실하게 필요하게 되었다.

　따라서 산업사회에 현명하게 적응하고 선택을 도와주는 미래사회에 삶의 준비로서 진로교육이 우리나라 교육계에　절실하게 요구되기에 이르렀다. 학생들이 학교교육을 통하여 미래의 삶의 보금자리를 마련할 수 있는 기초 작업이 진로교육을 통해서 이루어져야 한다는 사회적 요구는 이제 새삼스러운 일이 아니요 당위적인 소산으로 받아드려지게 되었다.

필자는 수년 동안 일선학교에서나 가정에서 또는 사회에서 절실하게 요구되는 미래선택의 준비과정을 어떻게 이루어져야 하는 것에 집중적으로 그 방안을 연구하고 제시하려고 노력해 왔다.

이와 같은 구체적 목적을 달성하기 위해 일반인이나 일선교사, 특히 미래 사회의 주역이 될 초·중·고·대학생들에게 절실하게 필요한 진로교육을 실천하는 방안을 다각도로 검토하여 그동안 여러 전문잡지나 강연회, 연수회, 특별강좌 시간을 통해 전달한 논문을 체계적으로 수집·정리하여 기술해 온 것이므로 논자에 따라서는 다소 견해를 달리할 수도 있겠으나 필자의 소견과 중요 강조점을 제시하고 있다는 점을 밝히고자 한다.

이미 수십 편의 논문을 정리하다 보니 각 논제에 따라 주의 주장의 내용이 중복되어 강조하는 면을 쉽게 찾아볼 수 있을 것이다. 이것은 교과서가 아니고 논설 내지 논문으로서 각 장별로 독립된 사상이나 관점을 피력하고 있기 때문에 중복을 피할 수 없는 문제로 지적된다. 다만 필자의 주장이 각 논문별로 삽입되어 있음을 이해하면서 읽어주기 바란다.

우리나라 학교교육의 당면한 문제점을 제시하고 이에 대한 시정방안을 제시하고 있는 본 서의 종합적인 내용은 「미래사회에 대응하는 진로교육」으로 또는 「미래사회와 진로」로 요약될 수 있기 때문에 각 장별 제목을 포함하는 보다 포괄적인 내용으로 표시한 것이다.

미래지향의 교육은 이처럼 미래사회의 앞날을 내다보고 거기에 현명하게 적응할 수 있도록 본 서에서 강조하는바 새로운 진로교육이 앞장서서 해결해 줄 수 있을 것이라고 믿는다.

이 책은 순서대로 독서하지 않아도 된다. 필요할 때 어느 부분부터 먼저 읽어도 상관이 없다. 독자들의 현명한 판단과 잘못된 점이 있으면 지적해 주기 바란다.

　끝으로 여러 가지 어려운 여건에도 불구하고 본서를 아름답게 엮어 읽어볼 수 있게 제작해 주신 사장님과 원고교정에 애써 주신 편집부, 그리고 주위에 관심 있는 여러분의 격려에 감사드린다.

저자 씀

차   례

머리말 / 5

第Ⅰ部 學校敎育 : 무엇이 문제인가

第1章 참된 삶은 무엇인가 ··· 13

第2章 學校敎育 : 무엇이 급선무인가 ····································· 21

第3章 未來志向의 進路選擇 ··· 37

第4章 過熱競爭 解消를 위한 進路敎育의 指導方向 ············ 49

第5章 進路敎育의 展開過程 ··· 69

第6章 進路計劃樹立 ··· 92

第7章 進路選擇의 基礎的 姿勢 ··· 111

第8章 適性과 進路指導 ··· 119

第9章 進路指導를 위한 適性檢査 活用方案 ······················· 129

第10章 韓國人의 職業觀 變化 ··· 164

第11章 一般系 高等學校 進路敎育의 問題點과 實踐方案 ···· 173

第12章 就業하는 靑少年의 問題 ··· 203

第Ⅱ部 産業社會에 要求되는 職業選擇과 教育

第1章 人間教育과 職業教育 ················· 225

第2章 高等學校에서의 職業指導의 問題와 改善方案 ············· 233

第3章 高等學校에서의 職業教育 ················· 253

第4章 職業과 進路設計 ················· 270

第5章 大學을 왜 가야 하는가 ················· 293

第6章 듀이(Dewer)와 職業教育 ················· 298

第7章 自殺豫防과 治療를 위한 進路指導의 方向 ················· 319

第8章 職業指導와 職業相談 ················· 329

第9章 青少年의 職業觀 ················· 343

第10章 青少年 指導對策 ················· 356

第11章 公正意識과 秩序教育 ················· 372

第12章 職業意識과 女性職場人의 役割 ················· 383

第Ⅰ部
學校敎育
무엇이 문제인가

第 1 章 참된 삶은 무엇인가

요즈음 사회현상이 돌아가는 것을 보면 매우 걱정되는 일이 한두 가지가 아니구나 하는 염려스런 생각이 앞선다. 어찌하여 우리 사회가 이 지경에 빠졌나! 누구를 탓하고 원망해 봤자 소용도 없고 누워 침뱉기 격이지만 반면에 심각하게 짚고 넘어가야 할 세태를 조명해 보고 바른 삶을 찾도록 각자 반성도 해보고 뉘우치면서 ‘제자리 찾기 운동’을 전개해야 되겠다. 그것도 빠를수록 좋을 것이다.

급격하게 변화하는 산업사회 소용돌이 속에서 4반세기 동안에 우리는 그동안 많은 것을 얻었고 한편 잃은 것도 많다. 우리 모두의 노력으로 가난을 극복하고 풍요로운 삶을 누리기 시작했지만 반면에 도덕적으로나 정신적으로 타락하거나 퇴폐적으로 흘러서 사회는 정의와 정직, 공정과 신뢰, 밝은 내일을 기약하기 보다는 오히려 부정과 비리, 한탕주의와 요령, 편법, 이기주의에 사로잡혀 수단과 방법을 가리지 않고 사리사욕에만 빠져 사회는 구심점이 없이 혼란을 거듭하고 있는 것은 실로 안타까운 일이다.

작금에 사회 일각에 범람하고 있는 잘못된 사례를 들춰보자. 남의 물건을 훔치거나 빼앗는 일을 대수롭지 않게 여기고, 사람의 목숨을 순간적인 감정에 의하여 참지 못하고 살해하는 일이 예사로 저질러지고 있다. 야만적 인신매매가 때와 장소를 가리지 않고 행해지고 있으며, 학생이 스승을 칼로 찌르고 폭행을 하며, 아내가 불구의 남편을 물통 속에 넣고 두들겨 패는가 하면 자식이 어버이를 때리는 패륜적 행패가 난무한다. 어머니가 딸을 살해하여 굴뚝 뒤에 숨겨둔다. 나이 어린 사람이 웃어른을 공경하기보다는 욕설을 일삼고 안하무인격이다. 정치인은 당리당략에 눈이 멀어 이합집산으로 국민을 어리둥절하게 만들고, 고급 공무원의 비리와 부정은 지위고하를 불문하고 꼬리를 물고 있으니 공직자들의 윤리는 어디에 갔는가? 부동산 투기로 불로소득을 누리고 일확천금을 얻어 주위 사람의 눈초리는 아랑곳 않고 과시욕에 사로잡혀 치부하면서 호화주택을 소유하고 방탕과 과소비를 일삼는 일부 몰지각한 사람들로 인하여 평범을 진리로 알고 사는 세인의 눈쌀을 찌푸리게 한다. 서민은 치솟는 물가와 집 없는 설움에 어찌할바 모르고 허덕이고 있는데 한쪽에서는 허랑방탕의 세월로 무위도식하고 있으니 선량한 국민은 불안감, 불만족 속에서 현사회를 저주스런 눈으로 보게 된다.

우리 사회가 왜 이 지경이 되었는가? 이와 같은 문제의 요인은 다음과 같은 현상에서 찾아 볼 수 있을 것 같다. 주지하는 바와같이 우리는 60년대 이전까지만 하여도 대부분 가정의 경제적 수준이 거의 비슷하게 어려운 형편에서 살아왔다. 이웃과 화목하고, 형제자매, 집안간의 우애도 두터웠었다. 매년 '보릿고개'를 수 없이 넘기면서 가난을 미덕으로 삼고 살아온 우리 조상들이었다. 그래도 비리와 부정, 폭력, 살인, 인신매매 등은 적었거나 없었으며 인류도덕이 땅에 떨어져 있지는 않았다.

그러나 60년도 이후 정부주도의 5개년 경제계획정책에 힘입어 '우리도 잘 살아보자'는 캐치프레이즈를 내걸고 모두가 힘써 노력하여 온 결과 오늘과 같은 눈부신 산업사회의 윤택함을 맛보게 되었으나 부작용으로 「貧益貧 富益富」라는 경제구조의 결과를 낳았고 부수적으로는 황금만능주의, 한탕주의, 요령주의, 편법주의, 이기주의 형태로 혼탁한 가치관의 혼란을 야기시켰다. 이는 물질만능 풍조 속에서 극단적인 이기 및 탐욕주의에서 비롯된 명리현상이 판을 치게 되었고, 산업사회가 안고 있는 구조적인 역기능에서도 찾아볼 수 있다. 이성(理性)의 마비, 도덕성의 타락, 정의감이 실추, 지도자의 비도덕성, 적당주의, 지역감정, 수단방법을 가리지 않고 입신출세지향이 사회의 근본 질서를 송두리째 무너뜨린 것이다. 과정보다는 결과에만 급급하고 사회의 상층구조가 물리력이나 야합, 요령에 능한 사람들로 채워지고 그것이 정당화된다면 그 사회의 규율은 무시되거나 무너지게 된다.

한편 우리 사회의 명리현상은 비정상적인 교육의 역기능이 비인간화를 노출시켰다. 입신출세의 수단이 바로 대학교육이 가져다 줄 것이라는 맹목적인 기대 속에서 너도 나도 대학에만 가려고 하는 고학력병 현상이 가정경제를 휘청거리게 하는 과열과의 현실로 청소년들을 시험지옥에서 벗어날 수 없게 만들고 고민과 고통과 비관에 허덕이고 있는 것이다. 그리하여 비인간화 교육이 감행되고 있다.

이와 같은 사회명리현상을 그대로 내버려둘 것이 아니라 하루속히 이를 제거할 수 있는 방향으로 시급히 전환될 수 있도록 우리 모두 지혜를 모아 협동하는 관심을 가지고 긍정적인 방향으로 고쳐 나아가야 할 시점에와 있는 것이다.

인간은 누구를 막론하고 자신의 참된 삶을 누리고자 염원하고 있다. 무엇이 참 삶 이라고 할 수 있을까? 여기에는 여러 가지 대답이 나올 수 있겠으나 한 마디로 모아 본다면, 일생 동안의 보람과 행복의 추구일 것이다.

그러면 어떻게 행복을 찾을 수 있는가? 통속적으로 말하면 좋은 보수, 좋은 직업의 선택, 행복한 삶을 영원히 누리고자 하는 것일 것이다. 그러나 이것은 하나의 수단이다.

요즈음 청소년들은 사회적 변화와 흐름에 따라 점차로 이기주의, 요령주의, 편법주의, 황금만능주의에 젖어 있다. 수단과 방법을 가리지 않고 출세하면 그만이라는 퇴폐적인 가치관에 사로잡혀 격심한 경쟁 속에서 물불을 가리지 않고 입신출세에 혈안이 되어 있다. 그 길은 오로지 세칭 일류대학, 일류학과를 향해 몸부림치고 있는 것이다.

과연 일류라는 두 글자가 인생의 모든 행복과 보람과 만족을 철저하게 보장해 줄 수 있는가? 일반적으로 대학을 나와야 최소한 사회에서 융숭한 대접을 받을 수 있다는 획일적 관념에 사로 잡혀 젊은 세대들은 입시지옥이라는 굴레 속에서 벗어나지 못하고 시험준비에 허덕이고 있다.

교육이란 인간다운 인간을 길러내는 계획적인 작용이며 행동의 변화로 볼 때 현재 우리나라에서 교육을 실시하고 있는 학교현장은 全人敎育의 지향이라기보다는 대학입시라는 경직된 제도 속에서 시험준비의 연속과정이라고 볼 수밖에 없다. 그러므로 학생들은 공부에 허덕이고 있다. 인간교육은 찾아볼 수 없다.

장래에 대학을 들어가기 위해서 초등학교 시절부터 미리 시험 준비단계에 들어가는 현상마저 보여지고 있다. 좋은 대학, 일류대학을 들어가기 위해서 일찍부터 서두르는 학부모들이 철새처럼 서울의 남부 강남에 소위 8학군이라는 곳으로 모여들기 시작했다. 왜 이렇게 서두는지 모르겠다. 대학입학이 인생 성공의 전부는 아닐진대 그렇게 아우성대는 학부모의 의식구조나 학생자신의 가치관에도 문제는 도사리고 있다고 본다.

올바른 가치관의 확립이 절실하게 요구되는 현실이다. 사회가 급격히 변화하여 정치, 경제, 사회, 문화, 교육 등에 크나큰 영향을 끼치고 있는 것만은 틀림없는 사실이다. 급변하는 산업사회 발전과 더불어 직업세계도 무쌍히 변화되고 있다. 아울러 가치관도 다가치사회(多價値社會)로 변화되어야 할 것이다. 그런데 아직도 전근대적인 가치관-출세위주의 획일적인 가치관이 사회 저변에 뿌리 깊게 깔려 있어 변할 줄을 모른다.

이러한 여파 속에서 자라는 학생들은 제 갈 길을 몰라 방황하고 또한 당황하고 있다. 다시 말하면 학생들은 주제파악을 하지 못하고 자신의 진로에 대하여 고민하고 있는 것이다.

사실 자신의 진로(career)만큼 중요한 것이 어디 있겠는가? 나는 장차 어떠한 사람이 될 것인가? 매우 궁금해 하고 불확실성 속에서 애태우고 있다. 이러한. 궁금증을 풀어 주기 위한 방안으로 진로지도

와 성실하고 꾸준한 미래 선택의 노력이 요구되는 것이다,

생존경쟁이 심한 사회 속에서 현명하고 적응하고 살아남기 위해서 노력하는 일은 아무리 강조해도 지나치지 않을 것이다. 그런데 생존하고자 하는 방법이 너무 지나쳐서 인간적이 아닌 것이 흠이 되는 것이다.

인간교육이 이루어지고 있는 것이 아니라 인간소외 교육, 경쟁교육, 주지교육(主知敎育)에 치우쳐 학생들은 그 속에서 허덕이고 있다. 이러한 교육은 시급히 시정되어야 한다. 교육전문가나 교육을 담당하고 있는 교사의 힘만으로는 역부족이다. 기묘한 획기적 대안과 대책이 마련되어야 할 것이다.

그러면 그러한 문제점을 시정하는 방법은 없을까? 1989년 말 교육개혁심의회에서도 연구를 거듭한 결과 대책을 마련한 내용을 보면 창조적 인간, 도덕적 인간, 전인적 인간을 육성하도록 제시하고 있다. 그렇지만 이러한 내용을 실천하기 위해서는 우리 모두가 합심 노력하고 협조하는 길밖에 없다.

한편, 교육의 문제점을 해결할 수 있는 방안은 있다고 본다. 그것은 학생이나 학부모, 교사 그리고 사회구성원 전체와 사회적인 가치관이나 개인의 가치관의 올바른 확립을 위한 계몽지도와 적극적인 실천이 요구되는 것이다.

구체적인 방법으로는 어려서부터 철저한 진로지도를 실시하여 개인의 타고난 잠재능력을 토대로 하여 적성과 흥미, 인성, 가치관에 알맞는 지도, 즉 적재적소에 알맞은 진로지도를 개인의 발달단계에 비추어 배치하는 것이다.

인간은 각자 서로 다른 능력과 개성, 개인차가 있다. 포부나 특성도 다르다. 이러한 요인을 객관적이고, 과학적인 방법으로 분석하여 저마다의 능력에 알맞은 방향으로 유도하고 지도하는 일이 중요하다.

우리 모두는 일정한 교육을 마친 후에는 직업을 선택하게 되어 있다. 직업이란 자신의 생계유지 수단으로서도 필요한 것이지만 사회

의 일원으로서 수행하는 것이고 나아가서는 자아실현의 수단이기도 하다.

그러므로 직업을 단순히 생계유지를 위한 수단으로서의 기능 수행이 아님을 인식하고 평생 동안 가지고 즐거운 생을 만끽해야 하므로 신중히 선택을 해야 되며 만족하고 적응을 잘 할 수 있는 분야의 직업을 적절히 잘 선택해야 한다.

그런데 대부분의 학생들은 자신의 적성이나 흥미를 무시하고 단순히 학력고사 점수에만 의존하여 성적이 좋거나 높으면 무조건 일류대학, 일류학과를 선호하여 지원하는 경향이다.

이들이 만일 성공적으로 일류대학에 들어갔다고 할지라도 전공학과 과목에 대한 적성에 맞지 않아 불만을 표시하고 부적응되어 학업성취에 어려움을 느끼거나 회의를 느껴 능률이 저하되고 불만족감 속에 헤매다가 자신을 저주하고 부모를 원망하며, 비관 자살까지 자행하는 일이 일어나고 있다.

이러한 현상은 빙상일각에 불과한 것 같이 보이나 심층적으로 불만·부적응을 일으키는 학생들이 대학생들 가운데 상당한 부분을 차지하고 있다.

왜 이렇게 어리석은 일을 하고 있는가?

이제 사회는 많이 변하고 있으며 다가치사회로 이동하고 있다. 과학기술의 발전과 산업사회로 변천해 감에 따라 기존의 가치관이나 사고방식도 달라지고 있다. 경제적 지위향상과 전통적 가치관도 변모되고 있음을 깨달아야 한다.

그러므로 전통적인 가치관에만 얽매이지 말고 새로운 긍정적 가치관의 확립이 요구되고 있다. 누구나 개인은 소중한 존재이므로 개인이 추구하는 가치관의 방향에 따라 인생행로를 결정해야 할 때가 온 것이다. 누가 뭐래도 내 자신의 분수에 알맞은 방향에서 생애설계를 해야 된다. 그것도 남이 하지 않는 영역에서 독보적인 존재가 될 수 있도록 찾아 노력하는 일이 중요하다.

요즈음 공학계나 상경계통이 인기 있는 분야로 인정되고 있다. 또한, 첨단과학분야의 인기는 더욱 높아가고 있다. 개인의 포부에 따라 이와 같은 분야로 집중되는 현상은 막을 길이 없으나 그렇다고 학생들 모두가 이러한 분야로 방향을 결정할 수도 없는 것이다.

사회가 균형 있게 유지 존속하려면 모든 분야가 골고루 발전되어야 하며 어떠한 해당 분야도 모두가 소중한 것이다. 그러므로 남의 눈치나 남이 무엇을 하는지 의식할 것이 아니라 주체는 자신의 결정이 중요한 것이다.

따라서 일찍부터 자신의 소질발견에 노력하고 그 소질에 맞는 방향으로 나아가야 할 것이다.

우리는 생활의 나무에서 보람의 열매를 따려는 인생의 농부다. 모든 사람이 보람 있게 살아야 한다. 어떤 사회가 가장 이상적인 사회인가, 만인이 모두 각자의 삶에 보람을 느낄 수 있는 사회다. 일하는 보람이 있어야 한다. 고생하는 보람이 있어야 한다. 공부하는 보람이 있어야 한다. 그리고 사는 보람이 있어야 한다.

그러면 보람이란 무엇인가? 어떤 가치 있는 일, 어떤 의미가 있는 일, 어떤 좋은 일을 했을 때에 마음속에 느껴지는 흐뭇한 정신적 만족이다. 이러한 만족감을 누리는 인생이라야 행복한 삶을 추구할 수 있게 되는 것이다.

인간은 보람을 추구하는 존재이다. 어떻게 하면 보람있게 살 수 있는가? 그것은 자유로운 자아실현의 원리이다. 내가 하고 싶어서 하는 일이라야 보람을 느낄 수 있는 것이다.

나의 자아가 실현될 때 보람을 느낀다. 또한 내가 하는 일이 어떤 가치를 창조할 때 우리는 보람을 느낀다. 보람은 무엇인가 이루었다는 성취의 기쁨이요, 어떤 목표를 달성했다는 만족의 감정이다. 가치창조, 목표달성, 사업성취에는 반드시 보람이 따른다.

칸트에 의하면 행복한 것도 물론 중요하지만 그 보다 더 중요한 것은 행복을 누리기에 합당한 사람이 되는 것이다. 행복을 직접 목

적으로 삼지 말고 행복을 누릴 만한 자격이 있는 행동을 하고 또 그
러한 인간이 되라는 것이다. 행복한 인생을 살려면 하나의 사랑과
노동과 신앙, 이것이 인생의 참된 행복이 아닐까 생각한다.

마음에 없는 말을 하기 보다는 오히려 말을 하지 않는 것이 얼마나
더 사교성을 손상시키지 않는 것인지 모른다.

「몽테뉴」

적의 공격이 없을 것을 바라지 말고 나에게 만전의 방비 있음을 믿어
야 한다. 적이 공격하지 않으리라는 희망적인 관측을 하면 안 된다. 공
격 해와도 절대로 공략할 수 없는 철통같은 준비가 나에게 있음을 믿어
야 한다.

「손 자」

내일로 미루지 말고 지금 곧 시작하라.

「월터·롤리」

만일 한쪽만이 나쁘다면 싸움은 오래 가지 않을 것이다.

「라·로슈프코」

말할 때를 아는 사람은 또한 침묵할 때를 안다.

「아르키메데스」

비참한 사람에게 줄 약은 오직 희망뿐이다.

「셰익스피어」

나는 나의 일을 했으며 너는 너의 일을 했다.

「쉴 러」

사람마다 그대의 꿈이 한 번도 실현되지 않았다고 해서 스스로 안타
깝게 서글프게 생각해서는 안된다. 정말 안타깝고 서글픈 것은 한번도
꿈을 꾸어 보지 않았던 사람들이다.

「에센 바흐」

처세술이란 것은 무엇보다도 먼저 자기가 한 결심을 재치 있게 해내
는 일이다. 그러므로 자기가 종사하고 있는 일에 대해서 군소리를 하지
않는 사람이야말로 처세술이 능한 사람이라고 할 것이다.

「알 랑」

처세하는 데 반드시 공(功)을 구하지 말라. 별 허물 없으면 즉 그것이
공이다. 사람과 더불어 세상을 살아 가는 데 덕을 느끼도록 하지 마라.
별 원망 없으면 그것이 곧 덕이다.

「채근담」

第 2 章 學校敎育 : 무엇이 급선무인가

1. 문제의식

학교교육의 중요성은 어제오늘의 일이 아니다. 태고적부터 현대 산업사회에 이르기까지 교육은 인간형성의 기초과정으로서 으뜸을 차지해 왔다. 교육이 국운을 좌우할 정도로 국가적인 차원에서도 재론할 필요조차 없이 중요성을 부여함은 아무리 강조해도 지나침이 없다.

그럼에도 불구하고 학교교육에 대한 문제점이 많이 제기되고 있는데 그 이유는 무엇인가? 그것은 바로 학교교육에서 다루어야 할 과제가 너무 많다는 증거이다.

해방이후 지나간 반세기의 교육은 우리나라의 정치, 경제, 사회 현상에서 볼 수 있듯이 개인의 강한 발전 욕구와 성취동기 등을 바탕으로 하여 물량주의, 출세주의, 경쟁주의 등의 양상을 띠면서 평균적인 교육수준을 짧은 시일 안에 성공적으로 상승시켰다. 이로 말미암아 파생된 문제는 국민간의 높은 교육열, 비뚤어진 교육관, 팽창일로에 있는 교육기회의 확대, 50년대로의 교육망국론, 70년대 이래로 등장해 온 교육입국, 대학입시, 주입식 교육, 학교교육의 비인간화 경향, 과외망국론, 교육개혁조치 등 긍정과 부정이 뒤섞여 점철하고 있는 교육현황은 사회적 병폐로 지적되어 확실히 한국사회를 특징짓는 하나의 국면으로 부각되어 왔다.

한편 1960년대 이후 정부주도의 경제제일주의 정책에 따라 산업이 급격하게 발전하고 과학기술문명의 획기적인 발전, 놀라운 경제성장으로 선진국 대열에 놓이게 된 산업사회의 면모를 이룩해 왔으나 반면에 빈익빈, 부익부의 편중된 현상을 초래하여 가진 자와 못 가진 자의 갈등의 심화, 민주화의 추진, 세대간의 격차, 고용기회의 확대, 첨단산업의 발전 등 사회현상의 복잡성으로 말미암아 사회질서가 흔들리기 시작하였다.

그러나 한편으로 급격한 산업발전과 더불어 물량주의, 황금만능풍조의 팽배, 도의심의 실추, 수단과 방법을 가리지 않는 한탕주의, 요령주의, 배금사상, 이기주의, 개인주의가 성행하여 사회를 혼란의 도가니에 빠져들게 하고 있다.

뿐만 아니라 교육의 맹점은 본래 전인교육의 지향이어야 할 교육이 주로 대입위주의 주입식 교육을 탈피하지 못하고 그대로 과열과외 현상이 되살아나면서 5공화국 이전의 상황을 답습하고 있어 학생들이 시험지옥을 벗어날 수가 없다.

대학이 입신출세의 수단으로 인식되고 있는 한 그 이하의 교육기관은 해바라기처럼 대학입시준비를 위한 시험 준비의 교육으로 일관되고 있기 때문에 고등학교의 교육내용뿐 아니라 중학교, 초등학교에 이르기까지 상급학교 진학에만 몰두하여 학생들은 자연히 시험지옥을 감수하고 있어야 하니 제대로의 정상적인 교육이 이루어질 수가 없어 큰문제가 아닐 수 없다.

또한 학생들이 평안하고 안전하게 수업을 받을 수 있는 학교시설환경과 교육공학적인 수업을 받을 수 있는 교편물 등 물적 환경이 시급히 개선되어야 할 것인데 기대수준에 미치지 못하고 열악한 환경이 지배적이다.

학생들을 충실하게 가르칠 우수한 교사를 확보할 수 있는 교원유인책을 국가적 차원에서 모색을 단행해야 할 것이 절실하게 요구된다.

또한 시급한 문제점은 가정과 학교의 긴밀한 유대강화가 원활하게 이룩되어야 할 것이다.

요즈음 신문지상에 보도된 내용을 보면 학생들이 경쟁 속에서 견디다 못해 부모의 압력과 학교경쟁의 압박감 속에 제대로 적응하지 못하고 우울, 부적응, 욕구불만, 비관 자살하는 사례가 많아져 더욱 세상 사람들을 놀라게 하고 있다.

이러한 원인도 그냥 스쳐 지나가서는 안 될 중대한 문제임을 인식하여야 한다. 왜 이러한 사례가 자주 매스컴에 오르내리고 있는가?

교육은 그 효과가 장기적으로 나타나기 때문에 그 결과가 눈에 당장 보이지 않는다. 그러나 사회발전의 주역이 되는 인간을 형성하기 때문에 발전을 위해서는 매우 근본적인 요인이 된다.

장기적인 국가목표의 계획과 그 실천과정에서 제 구실을 할 수 있어야 다른 기능도 원래 계획된 대로 발휘될 수 있을 것이다. 이 점에서 앞으로의 우리의 교육은 매우 중요한 것이라 아니할 수 없다.

종합적으로 우리가 현재 겪고 있는 학교교육의 문제는 수없이 많지만 몇 가지로 간추려 보면, 교육의 기초인 의무교육의 문제, 진로지도의 문제, 도덕적 판단과 가치관의 문제, 입시제도의 개선문제, 교육환경여건과 교원의 사기문제, 이데올로기 확립의 문제 등으로 요약할 수 있다.

이러한 문제들이 정규학교 교육을 통하여 해결되어야 할 긴급한 과제요 내용이다.

2. 교육문제의 해결방안

가. 의무교육의 강화

최근 교육목표로서의 전인교육이 관심을 끌고 있다. 전인교육은 인간을 인간답게 형성하는 교육이다. 통념상으로 지육, 덕육, 체육의 조화를 의미한다. 즉 지·덕·체의 조화를 이루는 인간교육인 것이다.

인간을 여러 가지 측면에서 균형있게 발달시키는 것이라고 말할 수 있는 것이 바로 전인교육의 핵심이다. 전인교육은 인간의 존엄성을 높이 평가한다. 즉, 참된 삶의 추구로서 인간은 이성과 생물학적인 욕구와 사회성이 고르게 발달되어야 한다.

그것은 지적 발달, 사회적 발달, 정서적 발달, 신체적 발달, 도덕적 발달 등의 조화적인 발달을 의미한다.

그런데 과연 전인교육이 교육의 기초과정인 초등학교 교육에서 철저히 이루어지고 있는가? 그리고 그 이상의 교육기관에서 전인교육이 실시되고 있는가?

우리의 교육이 이상적으로 지향해야 할 인간상은 주체적 인간, 도덕적인 인간, 건강한 인간 등으로 개념화할 수 있다.

한국교육개발원이 발표한 「교육발전의 전망과 과제」라는 연구보고서는 1980년대의 한국교육의 지표로서 이러한 인간상을 제시하고 있다.

최근 교육개혁심의회에서는 교육의 방향을 위와 같이 창조적 인간, 도덕적 인간, 민주적 인간상으로 정하고 있다.

이것은 바로 교육이 창의성을 개발하고 도덕적 가치관을 확립시켜 주어야 하며 서로 협동하면서 자주적 인간을 길러야 한다는 것이 현대 산업사회에서 절실히 요구되는 교육의 목표가 될 수 있는 것이다.

교육의 기초로서 일차적 기능은 무엇보다도 국민보통교육에서 전적으로 이룩되어야 한다. 교육법 제93조에 의하면 초등학교는 국민생활에 필요한 기초적인 초등보통교육을 하는 것을 목적으로 한다고 명시하고 있다.

동법 94조에 의하면 초등학교 교육은 제93조의 목적을 실현하기 위하여 다음 각 호의 목표를 달성하도록 노력하여야 한다고 규정하고 있다. 즉

① 일상생활에 필요한 국어를 정확하게 이해하며 사용할 수 있는 능력을 기른다.

② 개인과 사회와 국가와의 관계를 이해시켜 도덕심과 책임감, 공덕심과 협동정신을 기른다. 특히 향토와 민족의 전통과 현상을 정확

하게 이해시켜 민족의식을 앙양하며 독립자존의 기풍을 기르는 동시에 국제협조의 정신을 기른다.

③ 일상생활에 나타나는 자연사물과 현상을 과학적으로 관찰하여 처리하는 능력을 기른다.

④ 일상생활에 필요한 수량적인 관계를 정확하게 이해하며 처리하는 능력을 기른다.

⑤ 일상생활에 필요한 의식주와 직업 등에 대하여 기초적인 이해와 기능을 기르며 근로역행, 자립생활의 능력을 기른다.

⑥ 인간생활을 명랑하고 화락(和樂)하는 음악, 미술, 문예 등에 대하여 기초적인 이해와 기능을 기른다.

⑦ 보건생활에 대한 이해를 깊게 하며 이에 필요한 습관을 길러 심신이 조화롭게 발달하도록 한다.

이와 같이 초등보통교육은 인간의 삶을 영위토록 기초과정을 통하여 단련시킬 수 있게끔 규정되어 있다.

그런데 산업사회의 급격한 발전과 더불어 고학력화 추세로 옮아감에 따라 6년간의 보통교육으로는 그와 같은 욕구충족을 할 수가 없기 때문에 국가가 책임지고 교육기간을 연장시키지 않을 수 없는 단계에 와 있다고 본다.

선진국의 예를 보면 대부분의 국가에서는 의무교육을 9년 내지 12년간으로 무상교육을 실시하고 있다.

그런데 우리나라는 처음 의무교육이 실현된 지(1949년) 벌써 40여 년에 가깝도록 시행해 오고 있는데 이제는 국민경제수준도 높아졌고 학력사회로 변화됨에 따라 최소한 9년 정도의 의무교육 기간이 연장되어야 함을 강조하는 바이다.

그리하여 92년도부터는 지방의 읍·면부터 의무교육의 연장으로 교육기간 확대를 서둘러 실시하고자 하는 정부의 의지는 높이 찬양할 만하다. 그러나 가급적 전국적으로 확대하여 기초교육의 기틀을 마련하는 것이 교육의 질 향상과 국민수준을 함양시키는 계기가 되는 것이다.

1987년 4월1일 현재 전국에 있는 초등학교는 6,531개교에 1,119개의 분교가 있다. 초등학교 학생 총수는 477만 1,722명으로 80년대 초보다 88만 6,280명 정도가 줄었다.

이러한 학생 수의 감소현상은 정부주도의 인구억제책과 가족계획 실천으로 학생인구가 줄어드는 상태에 있다. 더욱이 핵가족화와 자녀에 대한 기대가 줄어들고 있으며 진학률도 99.5%에 이르고 있어 거의 100%가 진학하게 되어 교육열이 높아가고 있다.

초등학교 졸업자의 중학교 진학률도 1963년도 56%, 1970년도에 70.3%, 1980년도에 94.1%, 1987년도에 99.5% 진학률을 보이는 것으로 보아 거의 100%가 중학교에 들어가고 있다.

따라서 국민교육비 부담을 국가가 책임지고 부담할 수 있는 정책적인 차원의 배려가 시급히 요구되고 있다.

교육법에 명시된대로 의무교육이 정상적인 궤도에 오르지 못하면 그 이상의 교육도 크게 기대할 수 없다고 본다.

초등학교 교육이 개인의 인간형성의 성패를 좌우하는 기초가 되고 사회에 나아가 당면하게 될 직업선택을 충분히 하여 평생 동안의 직업생활을 영위할 수 있는 기본적 틀을 형성해 주어야 한다. 그 이상의 교육은 개인의 능력에 따라 가치관에 따라 수익자 부담원칙에 의뢰하고 있어야 하지만 이것도 점차 중고등학교에까지 확산됨이 바람직하다.

그런데 초등학교 교육 역시 진학준비나 경쟁주의 의식 속에서 지나친 주입식 교육에 의존하고 있다. 초등학교 교육은 무엇보다도 바른 인격형성과 장래생활의 준비, 올바른 가치관 형성의 기본적 틀이 마련되어야 한다.

나. 진로교육의 보급과 실시

요즈음 가정이나 학교, 나아가서는 사회의 각계각층에서 진로지도 또는 진로교육에 대한 관심이 높아가고 있다. 90학년도부터는 국가적인 차원인 문교정책당국에서 「진로교육강화」를 역설하고 있다.

그 원인은 사회가 급격하게 변하고 과학기술문명의 고도화, 가치관의 변화, 직업세계의 다양화, 전문화 추세, 지위경쟁을 통한 고학력화 현상, 개인의 개성존중 사상과 민주화의 요구, 이데올로기의 갈등 등 변화의 소용돌이 속에서 자라나는 청소년들로 하여금 장차 미래의 전망에 대하여 불확실하고 방향 감을 잃고 어떻게 적응하고 인생을 살아갈 것인가에 상당한 어려움을 느끼고 부적응 속에서 고민, 불안, 불만, 고통, 욕구좌절, 비관, 자살 등이 속출하고 있어 사회문제로 등장하고 있음을 직시하고 그 문제의 근본적인 해결과 치료를 진로교육에서 찾아보려고 노력하고 있다. 또한 진로교육을 통해서 우리나라 교육의 현안문제를 해결하고자 하는 의도에서 출발되었다.

이와 같이 복잡다양한 산업사회에서 현명하게 선택하고 적응에 필요한 문제가 제기된다. 여기에 현재 교육의 당면한 문제를 해결하기 위해 새로이 고안된 교육이 바로 진로교육인 것이다.

진로교육은 넓은 의미의 직업교육이며 직업적성 교육이다. 누구나 타고난 잠재력을 개발하여 적재적소에 알맞은 전공학과와 직업준비와 선택을 하여 주어진 작업에 종사하며 만족하고 행복한 삶을 누릴 수 있도록 조직적이고 체계적으로 도와주는 교육의 과정인 것이다.

즉 개인의 흥미와 적성, 능력, 인성, 신체적 조건, 가정 배경, 가치관을 중심으로 장차 자신의 진로를 계획하고 그 진로에 대한 준비를 하며 적절한 시기에 진학 또는 직업을 합리적이고 객관적으로 잘 선택할 수 있도록 돕는 데 있다.

적재적소에 알맞은 선재(選材), 선식(選識)을 합리적으로 지도되어야 하는 진로교육이 초등학교 수준에서부터 각급학교 단계별로 중학교, 고등학교에 이르기까지 학교교육의 핵심분야로 이루어진다면 기대되는 효과는 개인적으로 생애목표를 달성할 수가 있고 가정에서는 행복한 삶을 추구할 수가 있으며, 학교교육 차원에서 볼 때는 전인교육의 실현이 유감없이 발휘될 수 있다고 인정된다.

사회적 차원에서는 산학협동이 잘 증진될 것이며 국가적 차원에서는 모든 인력자원을 효율적으로 균형있게 이용할 수 있다. 따라서 복지사회 건설은 자연히 이룩될 수 있는 것이다.

그런데 진로교육을 단순히 입시지도, 진학지도, 상급학교 진학에 필요한 학교선택지도로 착각하여 참된 의미와 내용을 오도하고 있다.

진로는 두 가지의 뜻으로 사용된다. 즉, 넓은 의미의 경우에는 개인이 나아갈 인생의 방향이라는 의미로서 개인이 인생의 어떤 방향으로 향하여 활동하는 것으로서 직업의 탐색, 선택, 준비의 문제 등 직업지도(직업교육)가 중심이 되어 직업을 선택하여 직업에 종사하면서 일생을 만족하고 행복하게 누리는 바람직한 인생행로를 준비하는 평생의 과정이다.

좁은 의미로는 고등학교에 진학, 또는 대학에 진학을 하는 데 있어서 어느 전공학과 어느 대학을 선택하여 학문을 연구하고 지식과 기술을 연마하여 그 분야에 적합한 직업을 갖는데 도움이 되는 선택의 바른 길을 탐색, 선택, 준비를 하고 안내하며 조언하는 조직적인 활동이다.

그런데 이와 같은 합리적 법칙을 무시하고 개인의 적성이나 흥미, 능력, 인성을 고려하지 않고 무조건 대학에 붙고 보자는 사행심리가 팽배하여 단순히 눈치나 배짱으로 인생의 중대한 선택을 입시현장에 순간의 선택으로 맡기는 처사가 비일비재하다. 이것은 크게 잘못되고 있는 중대한 문제이다.   이는 개인적으로나 사회적으로 막대한 인력의 손실을 가져오게 된다.

매년 고등학교 졸업자 약 75만여 명 중 대학에 진학할 수 있는 숫자는 약 25만 명으로 전체 졸업자의 30% 정도만 들어갈 수 있고 나머지 **70%** 정도는 낙방하여 낙오자가 되는 현실을 볼 때 **70%** 정도의 졸업자에 대한 대책은 속수무책인 상태여서 고졸자의 수많은 인력을 낭비하고 있다.

어떻게 보면 **70%**의 학생은 **30%**의 대학진학생을 위한 들러리 교육에 불과한 것이다. 이들은 고등학교만 졸업하고 아무런 사전의 직업준비교육이 결여된 채 그만 사회에 배출되고 만다. 한편으로 대학에 합격될 때까지 재수하는 학생들로 붐비게 된다.

따라서 사회에서 수용할 수 없는 기술 없는 무능자로 낙인이 찍혀 재수생의 양산과 직업에의 적용가능 기술도 없어 낙방생인 고졸자는 패배의 고배를 마시고 실의에 빠진 상태에서 장래의 문제에 고민을 안고 있으며 취업에 막대한 어려움을 안겨 주고 있다.

우리는 이러한 인력의 낭비를 막아야 한다. 이와 같은 낭비를 막기 위한 방편도 되고 적재적소에 알맞는 유능한 인재를 육성하기 위해서는 반드시 진로교육이 학교교육에서 핵심적인 요소로 실천되고 보급되어야 한다.

말하자면 학교교육이 다음과 같이 추진되어야 한다. 진로교육의 지도단계는 「그림 1」과 같이 이룩되어야 한다.

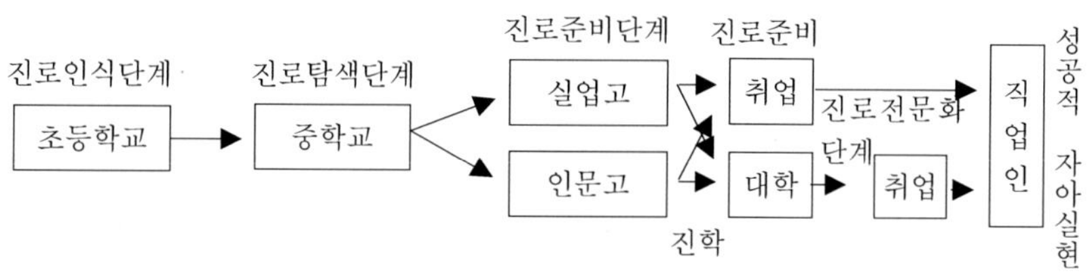

「그림 1」 진로교육의 지도단계

초등학교 수준에서는 자신의 소질, 흥미의 발견, 각 산업체 및 여러 기관 단체들이 하는 일에 대한 이해와 직업의 소중함을 인식시켜 준다.

중학교 단계에서는 자신의 적성과 능력을 이해, 직업세계의 탐색, 잠정적인 진로계획을 수립해야 한다.

고등학교 수준에서는 구체적인 진로계획 수립, 진학 또는 직업에 필요한 정보(information)를 수집·분석하여 자신에게 적합한 직업 및 학교를 선정하기 위한 준비를 하며 건전한 직업관, 가치관을 확립하도록 지도해야 한다.

위와 같이 각급 학교에서는 입시위주의 교육에만 신경쓸 것이 아니라 분수에 알맞은 선택지도에 관심을 가지고 누구나 대학에 가야만 성공도 하고 출세한다는 관념을 불식시키고 개인의 잠재능력개발에 초점을 두어야 한다.

그리고 고등학교만 졸업하고도 자유롭게 직업을 가지고 사회성원으로서 충실히 자기 생활을 영위할 수 있도록 인문계 고등학교에서도 대학에 진학할 수 없는, 능력이 부족한 학생들을 선별하여 직업반을 두고 직업수행에 필요한 직업교육을 실시하여야 한다.

한편 기업체나 산업체, 공공기관에서는 제도적으로 고등학교 졸업자에게 일정한 비율의 취업기회를 제공하도록 쿼터제(Quota System)를 채택하여 취업을 보장시켜 주는 정책적 배려가 필요하다.

그리고 대학졸업자와 고등학교 졸업자의 임금격차를 줄여서 생활의 차이를 두지 않도록 임금개선이 급선무이다.

요즈음 중간 기술자가 부족한 시점에서 인문계 고등학교 출신 중에 대학에 갈 수 없는 인력은 모두 직업교육을 통하여 적재적소에 배치하는 제도를 강구해야 한다.

다. 도덕성 회복과 가치관의 확립

우리는 일찍이 「동방예의지국」으로 평판이 나 있었다. 이것은 우리나라가 동쪽지방의 예의바른 나라로 칭송받았음을 의미한다. 그만큼 예의바르고 도덕적이었던 백의민족이 지금은 어떻게 되어 가고 있는가?

물론 시대가 다르고 가치관이 변화되고 여러 가지 외적 환경이 많이 달라졌기 때문에 반드시 옛것으로 돌아가자는 뜻은 아니다.

그러나 오늘날 우리사회는 황금만능풍조에 사로잡혀 수단과 방법을 가리지 않고 한탕주의, 투기, 폭력배, 강도, 인신매매, 사기와 절도, 무질서, 살인, 부정식품, 환경오염, 수질오염, 과소비풍조 등 온통 부정과 횡령 등 도저히 상식적으로 이해할 수 없는 일들이 판을 치고 있다.

어쩌다가 우리사회가 이 지경이 되었는가?

오늘날 우리사회가 당면하고 있는 가장 심각한 문제가 바로 도덕성의 타락이라고 할 수 있다. 파급효과가 큰 매스컴에서 밤낮 떠들어대는 고도성장이니 무역흑자가 얼마나 되었다느니 하여 국민들로 하여금 마음을 들뜨게 만들어 놓고 소비가 미덕이라는 미명 아래 과소비풍조만 일으키게 하고 있는 것도 문제이다.

우리의 문제는 이제 경제문제도 아니요, 통일문제도 아니고, 입시제도의 문제도 아니다. 하루속히 타락하고 문란한 도덕성을 회복하는 것이 살길이다. 그러면 타락한 도덕성과 가치관의 회복은 어떻게 할 것인가?

성실한 우리사회의 공감대를 찾아야 한다. 우리는 과거에 동질감을 가지고 우리민족을 하나로 통합시켜온 어떤 기준이 있었다. 이 기준이야말로 우리민족의 의식 속에 살아서 숨쉬고 우리 사회를 지탱해 온 도덕성이라고 할 수 있다.

구체적으로 말하면 유불선(儒佛禪)에 기초를 둔 생활철학과 사회윤리라 할 수 있다.

그러나 경제지상주의 가치관에 사로잡혀 이러한 공감대가 없어졌다. 일제 식민통치를 거치면서 맥이 끊기고, 해방이 되고, 6·25, 4·19, 5·16, 10·26 등의 격동기를 거치면서, 또 외부에서 불어닥친 새로운 기준에 의해서 점점 밀려나고 묻혀버리게 되었다.

이와 같은 현상은 우리 정치, 경제, 사회, 문화, 교육 등이 우리의 전통적인 도덕성을 되찾고 보존하는 일을 게을리 했고, 오로지 경제성장에만 몰두하고 이에 따른 부작용을 제대로 대처하지 못한 데 근본원인이 있다고 본다.

이렇게 무질서하고 혼란된 현 시점에서 우리가 할 일은 하루속히 잊혀진 도덕성을 되찾아서 사회의 공감대를 형성하는 일이다.

그러기 위해서는 사회의 모든 부분에서 부정과 비리에서 벗어나 도덕성 회복운동을 전개해 나가야 한다.

가정, 학교, 사회, 국가 어디에서나 학생, 부모, 교사, 일반대중, 정치가, 기업가, 근로자 할 것 없이 누구나 이 작업이 마지막 소생하는 길이라는 각오를 가지고 분수를 지키고 "제자리 찾기" 운동을 전개해야 한다.

제자리 찾기 운동이란 우리 모두가 자신의 위치를 확고히 지키라는 것이다. 학생은 학생답게, 교사는 교사답게, 직장인은 직무에 충실, 정치가는 국가를 위하는 거룩한 마음을 지니고 있어야 한다.

「지행일치」의 도덕교육이 학교교육에서 철저히 이루어져야 함은 재언을 요하지 않는다. 다만 성인들의 도덕교육이 더욱 절실하게 요구된다.

기성인들이 「언행일치」와 「지행일치」를 성실하게 지켜나갈 때 안녕과 질서가 보장되고 사회는 건전하게 성장될 것이다.

학교에서는 아동교육은 물론이려니와 부모교육을 강화시켜야 한다. 육성회를 통해 「어머니회」 운영을 주로 자녀교육에만 치중할 것이 아니라 도덕교육이나 가치관교육이 절실하게 요청된다. 정직한 사람이 잘 사는 사회가 되어야 안정된 복지사회를 이룩할 수 있는 것이다.

학교교육에서 주입식 교과지도에만 전념하여 입시준비를 위한 교육은 이제 자제해야 한다. 오히려 학생들이 가정생활과 학교생활, 나아가 직업생활에 적응할 수 있는 현명한 선택과 문제해결을 위한 생활지도가 제대로 활성화되어야 한다.

생활지도를 지엽적인 부적응 지도에만 국한하고 사건처리로만 생각하는 교사나 학부모들이 있다면 잘못된 것이다. 잠재능력개발 차원에서 생활지도가 원활하게 이루어질 때 문제발생을 예방할 수 있고 정상적인 학교생활을 할 수 있게 된다. 기성인의 생활지도도 철저히 이루어져야 한다.

라. 대학입시제도의 개선

대학입시제도 만큼 세인의 관심이 집중되고 교육에 주는 영향이 크며 변화가 심한 교육제도도 드물 것이다.

입시제도는 그 자체의 본질적인 성격에 비추어 마땅히 지녀야 할 내재적 원칙이 있어야 한다.

대학에서 수학할 적격자를 선발한다든지 선발과정의 공정성이 보장되어야 한다는 것은 어느 경우에나 추구되고 지켜져야 할 원칙이다.

해방이후 우리나라의 대학입학 시험제도는 여러 차례 바뀌어 왔다. 1989년 8월 30일 대학교육협의회의 이름으로 공개된 입시개정안이 수정·확정되어 1993년도부터 개정이 되는 셈이다. (개정의 규모나 크기에 따라 어떤 이는 이번 개정안을 아홉 번째로 보기도 한다.)

개정은 시대와 상황의 변화에 따라 필요하다.

그러나 문교부장관이 바뀔 때마다 개정을 앞세워 서둘러서는 안 된다. 물론 변화해야 할 것은 변화되어야 한다. 하지만 우리가 안고 있는 문제는 대학입시 제도의 개정이 잦게 됨에 따라 각급 학교 교육기관에 파급되는 효과를 신중하게 주시해 보아야 한다.

고등학교, 중학교, 초등학교 교육은 어떻게 보면 대학입시정책에 따라 해바라기처럼 위를 향하여 대응할 태세를 갖추기 때문에 일어나는 부작용도 생각해 보아야 한다.

제도가 자주 바뀌면 학교교육에 혼란이 온다. 학생들은 갈팡질팡하면서 어떻게 대처할까 고민하고 또 교사들도 정신 차릴 사이 없이 숨 가쁘게 적응하느라 고심하게 된다. 그러므로 신중히 검토되어야 한다.

개정안의 기본 골자를 보면,

① 대학입학 적격자 선발의 타당성 제고
② 중등교육 정상화에 기여
③ 대학의 자율성 신장
④ 공정성 신장

등이 그것이다.

그러면 이 안이 제시하고 있는 개정의 구체적 내용은 무엇인가?

신문지상에 보도된 내용을 기준으로 보면 현행 "대학입학 학력고사"와 "체력장"을 폐지하고,

①적성시험제도의 도입
② 내신비중의 강화와 영역 확대
③ 대학별 고사의 실시
④ 전형절차의 변경

등이다.

이 개선안은 기본적으로 긍정적인 반응을 얻었다 할 것이나 상당히 획기적인 내용을 담고 있는 만큼 여러 측면에서 다양한 논평이 있어야 한다.

3. 결 론

필자는 앞에서 교육의 당면과제로서 학교교육에서 이루어져야 할 중요한 문제를 제시해 왔다.

교육이 정상적 궤도에 오르기 위해서 반드시 이룩되어야 할 과업은 첫째로 의무교육의 연장과 더불어 전인교육의 충실화이다.

둘째로 각급학교별로 진로교육이 실천 보급되어 균형 있는 인력개발이 이루어져 적재적소에 알맞은 인재를 길러내야 한다. 이렇게 교육받은 인력이 사회에 배출되어 적소에서 만족하고 삶이 풍요로워질 때 자아실현을 이룩될 수 있을 것이다.

셋째로 땅에 떨어진 도덕관과 도덕교육을 가일층 강화하여 실추된 도덕성 회복이야말로 우리 인간이 살 길이라고 생각된다. 즉 가치관교육을 강화하고 누구나 분수에 알맞는 생활풍토가 이루어져 안정된 사회를 구축해 나가야 한다. 그러자면 생활지도 교육이 학교교육에서 핵심을 이루어야 한다.

넷째로, 입시제도 개선으로 학생들을 시험지옥으로부터 해방이 급선무이다.

향후 10년 동안에 요청되는 교육적인 인간상은 출세주의 적이고 경쟁적인 인간보다도 오히려 인간과 사회에 관하여 폭넓은 통찰력과 사고력을 소유하고 깊은 인간애에 불타고 있어야 한다.

입시전쟁으로부터 벗어나 비인간화를 극복하고 상부상조하는 자주적이고 협동적 사회를 꾸며 나가야 한다. 그러기 위해서는 교육은 인간형성기능을 충실하게 수행해야 하고 무의미한 입시지옥과 입시경쟁으로부터 해방되지 않으면 안 된다.

점수위주의 경쟁적 교육은 학생들의 소중한 정력의 낭비일 뿐 아니라 국가사회적 차원에서도 큰 손실이 아닐 수 없다. 70% 정도의 대학에 못가는 고등학교 졸업자의 대책을 시급히 서둘러 해결해야 한다.

　다섯째로 고등학교 과정에서는 교육의 사회적 적합성이 더 많이 고려되어야 한다.

　앞으로 중학교까지 의무교육이 실시되면 고등학교 과정에서 처음으로 능력과 소질, 가정환경, 사회적 욕구에 의해서 학생들의 생애가 일정한 방향으로 분화되어 가는 것이다.

　고등학교는 인문·실업교육이 강화되고, 인문계 고등학교도 모두가 대학진학을 할 수 없으므로 대학진학에 대한 능력이 부족하거나 가정형편상 경제적 어려움을 느끼는 학생들은 분수에 알맞게 직업교육반을 두어 적합한 직업교육을 받게 하는 것이 가장 현명한 선택일 것이다.

　그래서 직업교육을 위한 교육의 기회가 구조적으로 분화되어야 한다. 이러한 과정이 합리적으로 적합성을 갖도록 분화되지 않으면 고등학교 졸업자의 약 **70%** 정도는 대학입시교육의 들러리로서 허송세월만 하게 될 것이다. 그리하여 사회적 문제를 야기하게 될 것이다.

　여섯째로 학교에서 교육을 실천하는 교사의 사회적 경제적 우대가 이루어져야 하며 학교시설 환경과 교구 등 환경개선에 주력하여야 한다.

第 3 章　未來志向의　進路選擇

1. 빗나간 진로지도

우리나라의 총인구 약 4250여 만 명 가운데 교육을 받고 있는 인구는 초·중등·대학생을 합치면 대략 1천1백만 명 가량된다. 즉 전체인구의 약 4분의 1이 된다. 각 가정에 1명 정도는 교육인구에 포함되는 것이다.

그 중에서 현재 대학에 다니고 있는 학생은 1백 36만여 명이나 된다. 그만큼 교육인구가 가히 세계적일만큼 양적으로 많다.

한국 사람들은 아마도 교육을 하나의 출세의 수단으로 생각하며 교육을 받지 못하면 인생의 큰 낙오자가 되는 것처럼 오로지 공부에 허덕이고 있다.

항간의 소문에 의하면 고등학교의 한 학급 내에서 적어도 10등 이내에 들지 못하면 서울에 소재하는 어느 대학에도 들어갈 수 없다고 하니 더욱 야단스럽다. 그리하여 점수경쟁과 학급에서 10등 안에 들어가려고 몸부림치고 있다. 이제 서울대학은 서울에 소재하고 있는 대학은 모두 "서울대학"이라는 말이 무성해질 정도이다.

이 어찌 한심한 일이 아닌가? 교육이 고작 등수경쟁에 치우쳐 비인간적인 점수의 노예가 되어서야 되겠는가?

현실을 보면 고등학교 전체 졸업자의 약 30%만이 대학에 들어갈 수 있고 나머지 70%는 낙오자가 되고 들어갈 수 없는 여건이다. 입시 들러리교육을 언제까지 지탱해야 하는지 우리 모두 심각하게 생각해야 할 때가 왔다. 70% 정도의 낙방생의 대책은 손도 못대고 있다.

진로지도가 제대로 학교교육이나 가정교육에서 이루어지지 않고 있기 때문에 더욱 그러하다. 그런데 진로지도를 단순히 입시지도로 착각하는 교육학자나 학부모들 또는 학생들이 많이 있기 때문에 더욱 문제가 풀리지 않는다. 진로지도는 단순히 진학지도만이 아니라는 사실을 인식해야 한다.

이제 오는 12월 15일이면 대학입시의 경쟁이 마지막 시간이다. 일생의 중대한 선택을 눈치나 배짱에 의해 결정하지 말고 자신의 소질·적성·흥미에 알맞게 선택하도록 지도하기를 당부한다. 비록 대학입시에 실패한다고 할지라도 불만·비관·좌절해서는 안된다. 대학교육이 인생의 전부는 아니기 때문이다.

우선 사회적 제도의 개선과 가치관 정립의 필요를 주장하고자 한다. 고등학교만 졸업해도 사회의 여러 구석에서 취업(취직)할 수 있는 문호가 개방되도록 제도적 장치를 마련해야 한다. 인문계 고등학교라고 모두가 대학에 진학할 수 없는 여건이니 70% 정도의 학생들을 위해 고등학교의 각 분야에 적합한 직업반을 두고 직업교육을 강화시켜야 한다. 그리고 기업체·산업체·공공기관 등 직업의 세계에서는 일정한 쿼터(Quota)제를 두어 고등학교 졸업자를 의무적으로 취업시키는 제도를 마련해야 굳이 대학에 안가도 사회생활이나 직업생활에 지장을 주지 않도록 문교부나 노동부가 협동하고 각 산업체와 연계성을 갖고 진로지도에 협력·대처해 나가야 입시지옥을 면할 수 있다. 진로지도가 필요 없는 것이 아니라 제대로 진로지도를 안했기 때문에 사회적 문제가 생긴다는 것을 깨달아야 할 것이다.

우리들의 자녀 모두가 출세할 수 있는 길은 적재적소에 알맞은 대로 진로가치관이 정착이 될 때 가능할 것이다.

2. 바른 진로 교육, 밝은 미래 보장

교육에 왕도가 없다고 한다. 저마다 일가견을 가지고 교육문제에 한해서는 주장이 분분하다. 사실 우리나라처럼 교육에 대한 열병을 앓고 있는 나라는 이 세계에 없으리라. 그만큼 교육을 중요시 하고 있는 이유는 무엇인가?

너도 나도 교육에 거는 기대가 크기 때문이다. 교육이 만능에 가까울 정도로 입신출세에 지름길이 되기 때문이기도 하다. 과연 그런가?

요즈음 사회 일각에서 거론되는 교육의 문제는 실로 다양하다. 입시제도개혁의 문제, 고교입시 부활문제, 과열과외문제, 인문고 직업교육 실시의 문제, 실업고 운영의 문제, 고교생 즉흥 진로지도의 문제, 대학입시에 적성시험 실시문제, 대입낙방생 75%의 문제, 재수생 누적문제 등 문제투성이로서 교육을 관장하는 문교부 당국이나 학교의 교육행정가, 교사, 학부모, 학생들이 함께 고민하고 있는 것이 오늘의 현실이요 문제의 전부인 것 같다.

위의 문제 중 어느 것 하나 소중하지 않은 것이 없다고 본다. 이러한 문제가 제대로 풀리려면 무엇부터 손을 대어야 할 것인가?

문제를 해결하려면 합리적 처방이 필요한대 즉흥적으로나 일시적으로 해결될 단순한 문제가 아니어서 여러 사람들의 중지(重智)를 모아 특효약을 제시하려고 안간힘을 기울이고 있지만 쉽게 실마리가 풀리지 않는다. 한 가지 문제를 해결하려면 다른 문제가 파생되고 부작용을 일으킨다. 그래서 공청회니 토론회 등을 개최하여 묘안을 찾으려고 애쓴다. 중앙교육심의회에서도 많은 연구와 개선안을 제시하기도 하지만 실천상에 엉거주춤이다. 그만큼 교육문제 해결이 어렵기 때문이다.

그렇다면 언제까지 문제만을 안고 있어야 할 것인가?

필자의 견해로는 교육문제 해결을 짧은 시간 내에 특효를 보려는 생각이 아니라 단계적으로 길게 놓고 보아야 한다고 주장하고자 한다. 필자는 교육문제를 진로교육 실천에서 풀어보고자 오래전부터 역설해 왔다.

단편적인 문제해결보다는 거시적으로 참고 견디면서 참된 전인교육의 지향으로 초등학교 시절부터 단계적 진로교육을 실시하여 중학교, 고등학교에 이르기까지 적재적소에 알맞고 넓은 의미의 직업교육인 진로교육을 실시하여야 근원적인 문제해결이 될 것이라고 주장하는 바이다.

진로교육은 흔히 진학지도, 입시지도로 착각하는 사람이 많은데 이는 크게 잘못된 생각이다. 무언가 잘못 인식하고 있기 때문이다.

진로교육은 현재 교육이 당면한 문제를 해결하기 위하여 새로이 고안된 교육이념이다.

진로교육이란 근본적으로 자신의 진로를 합리적으로 인식하는 인간교육이다. 진로교육은 평생교육의 맥락 속에서 변화하는 사회에 합리적으로 적응할 수 있도록 자기의 진로를 스스로 개척할 수 있는 능력을 기르는데 목적이 있기 때문에 좁은 의미로서의 직업교육과는 구별이 된다.

그러므로 학생 개인이 지니고 있는 가능성을 인식, 탐색, 발견하고 이를 충분히 계발시켜 학생이 원하는 진학, 직업을 선정할 수 있게 해 주고 의미있고 행복한 삶을 준비하게 하는 진로교육은 교육의 핵심이라 할 수 있다.

진로교육은 개인이 만족스럽고 생산적인 삶을 누릴 수 있도록 진로에 대한 방향을 세우고 선택하며 그에 대한 준비를 하고 선택한 진로에 들어가 계속적인 발달을 꾀할 수 있도록 돕기 위해 제공되는 교육의 과정인 것이다.

진로교육은 우선 적재적소에 알맞은 선택지도로써 자아의 발견, 직업세계의 이해, 진로계획, 일에 대한 태도와 가치관을 수립하여 자신의 분수에 맞는 방향으로 진로를 선택한다면 누구나 성공인이 될 수 있는 것이다.

그러므로 학교교육에서 진로교육이 핵심영역이 되어 교육활동이 전개되어야 한다. 한편 학부모나 학생들, 사회인들도 건전한 가치관, 직업관 형성을 위해 노력하고 협조해야 누구나 바람직한 인생행로를 구축할 수가 있게 되는 것이다.

진로교육이 학교와 가정에서 효과적으로 이루어지면 앞에서 제안한 여러 가지 문제들이 순조롭게 풀려 나갈 수 있을 것이라 믿는다. 왜냐하면 적재적소에 알맞고 능력에 따른 진로선택이 이루어지고 가치관에 따른 선택이 실효를 거둘 수 있기 때문이다.

결과적으로 개인적으로 행복한 삶을 이룩하고 학교에서는 전인교육이 이루어지며 사회적으로 산학협동이 이룩되며 국가적으로는 균형된 인력개발이 이루어지며 나아가 복지사회가 이룩될 수 있기 때문이다. 학교, 가정, 사회가 혼연일치가 되어 올바른 진로교육부터 시작하자.

3. 진학설계 신중해야

진로교육(career education)은 모든 학생들에게 장래 선택 가능성을 폭넓게 인식시키고 탐색하여 보다 합리적이고 객관성 있는 진로계획을 세우고 세부적인 진학계획 또는 직업준비계획을 해 나가도록 하는 조직적이고 체계적인 교육활동 프로그램이다.

그런데 보통 학생들은 오로지 진학에만 더욱 신경을 곤두세우고 있다. 진학지도란 대학에 어떻게 진학할 것인가에 관한 구체적인 지도를 의미한다. 전국적으로 1년에 약 70~75만여 명의 고등학교 졸업자가 쏟아져 나오는데 이들 모두가 대학에 진학을 원하고 입시준비에 몰두해 있다. 그런데 전국대학에서 요구하는 대학신입생 정원은 이에 못 미쳐 약 30%정도에 해당하는 25만여 명만이 합격하여 입학하게 된다. 그러므로 입시경쟁이 매우 치열하게 된다.

게다가 대학에 입학한 학생들이 자기 전공학과에 만족하지 못하고 불만을 표시하거나 부적응 하는 학생들이 대략 40%를 점유하고 있음을 볼 때 진학설계에 신중한 자세와 태도가 요청된다.

무조건 대학에만 가야 출세한다는 단편적인 생각이 학생들이나 일반 학부모들에게 지배적이어서 전공학과에 대한 사전 탐색을 고려하지 않은 채 눈치와 배짱으로 일생의 중대한 선택을 소위 인기학과 일류대학만을 선호한다든가 입학원서 제출 마감날에야 비로소 전공학과를 선택하는 어리석은 일을 하고 있다. 이와 같은 순간의 선택적 행동은 개인에게 있어서 무척 손해일 뿐 아니라 국가적인 차원에서 막대한 인력의 낭비를 가져오게 된다.

따라서 진학선택시에 고려할 사항은 다음과 같다. 첫째 개인적 요인으로 적성이나 흥미, 성격이나 가치관의 정립이 필요하고 학업성취도의 판단과 신체적 조건 즉 체격, 체질, 체력, 체능, 용모, 건강 등을 잘 탐색하고 적절한 학업수행의 가능성을 타진한다. 둘째로, 진학하고자 할 때, 앞에서 제시한 대로 개인적 요인을 고려한 후, 대학학과의 특성, 교과과정, 관련된 진로분야를 탐색하고 취업전망과 설치대학은 어디인가를 확인하는 작업이 필요하다. 어느 대학을 먼저 선택하기 이전에 자신의 능력에 알맞은 전공학과부터 선정해야 한다. 셋째, 자신의 환경적 요건을 생각해야 한다. 부모가 자녀에 대한 기대수준, 부모의 직업이나 교육적 수준, 가정의 사회적·경제적 지위, 가정의 전통과 종교, 가치관을 고려해 특정한 학과를 정하는 것이 요구된다. 가정형편이 대학에 다닐 수 있는 충분한 뒷받침이 될 수 있는가를 파악하여 분수에 알맞게 선택하는 것이 중요하다.

위와 같은 종합적인 세 가지 요인을 참조하여 진학준비에 임하는 것이 개인적으로 정력이나 시간을 낭비하지 않고 진학할 수 있는 것이다. 진학선택도 무조건 인기학과, 일류대학에만 치중하는 것도 바람직하지 않다. 현대사회는 다양한 사회이므로 서로 다른 유능한 능

력자를 요구하고 있다. 그러므로 남이 택하지 않은 분야에서 제1인
자가 되는 것도 권장할만한 점이다.

4 . 적성 맞는 선택 중요

요즈음 가정이나 학교 나아가서는 사회일각에서 진로지도에 대한
관심이 높아가고 있다. 그 원인은 사회가 급격하게 변화되어감에 따
라 과학기술 문명의 발달, 가치관의 변화, 직업세계의 다양화전문화
와 폭발적인 증가, 고학력 추세, 개인의 개성존중사상과 민주화의 요
구 등 변화가 급속하여 자라나는 청소년들로 하여금 미래의 전망에
대한 방향감을 잃게 하고 어떻게 살아가야 할 것인가에 상당한 어려
움을 느끼게 하는 등 적응상의 문제점이 표출되고 있다.

이러한 일생일대의 부적응상의 문제와 장래 무엇을 해야 할 것인
가의 선택에 관한 문제를 현명하게 해결하고 적재적소에 알맞는 선
택을 객관적이고 과학적인 방법에 따라 개인을 도와줄 수 있는 분야
를 진로지도에서 충실하게 뒷받침해 줄 수 있기 때문에 더욱 더
진로지도는 요구하고 있다.

그러면 진로지도란 무엇인가?

일반적 상식으로는 진로지도를 상급학교에 들어가기 위한 안내로
서의 진학지도를 생각하고 있는 경향이 지배적이지만 진로지도가 단
순히 진학지도만이 아님을 깊이 깨달아야할 것이다.

진로지도란 진로교육(career education)의 하위개념으로서 진학지
도와 직업지도를 포함하는 넓은 의미의 직업적성지도를 의미한다.

진로는 두 가지의 뜻으로 사용된다. 즉, 넓은 의미의 경우에는 개
인이 나아갈 인생의 방향이라는 의미로서 개인이 인생의 어떤 방향
으로 향하여 활동하는 것으로 직업의 탐색·선택·준비의 문제 등
직업지도가 중심이 되어 직업을 선택하여 직업에 종사하면서 일생을
만족하고 행복하게 누리는 인생행로를 준비하는 과정이다. 좁은 의

미로서는 고등학교에 진학 또는 대학에 진학을 하는 데 어느 전공학과 어느 대학을 선택하여 학문을 연구하고 그 분야에 적합한 직업을 갖는 데 도움이 되는 선택의 바른 길을 안내하고 조언하는 조직적인 활동인 것이다.

그런데 이와 같은 법칙을 무시하고 개인의 적성이나 흥미능력이나 인성을 무시하고 무조건 대학진학에만 염두를 두고 눈치나 배짱지원으로 일생의 중대한 선택을 입시현장에서 순간적으로 선택하는 학생들이 많다. 이것은 크게 잘못된 생각이다. 적성에도 맞지 않는 전공학과를 선택하여 대학에서 공부를 한다면 흥미를 상실하기 쉽고 의욕이 뒤떨어져 낙오되기 쉬우며 불만이 쌓이게 된다. 불만이 쌓이면 욕구좌절에 빠지기 쉽고 더 심하면 비관 내지 자살의 경지에 이르기 쉽다.

그러므로 진로지도는 위와같은 부적응을 해소하고 건전한 성장·발달을 도모하기 위한 방법이기 때문에 더욱더 중요한 것이다.

진로지도는 자신의 진로를 계획하고 그 진로에 대한 준비를 하며 적절한 시기에 진학 또는 직업을 합리적으로 잘 선택할 수 있도록 돕는 것이다. 즉, 개인이 현명하게 진로를 합리적으로 의식하여 진로를 선택하고 생산적인 삶을 누릴 수 있도록 방향을 세우고 선택하며 선택한 진로에 들어가 계속적인 발달을 꾀할 수 있도록 돕기 위해 제공되는 일체의 교육과정이다.

5. 전공학과 선택 신중히

매년 12월이 다가오면 온통 전국이 떠들썩하게 대학입시에 혈안이 된다. 신문·라디오·TV 공공매체에서는 올해 대학입시의 문이 작년보다 더 좁아져 경쟁이 5:1 정도로 심해질 것이라고 보도하고 있다.

그래서 학부형이나 당사자인 고3학생들은 한 달밖에 남지 않은 시험일을 앞두고 가슴 조아리며 총결산 마무리작업이 한창이다. 대학에 들어가느냐 못 들어가느냐의 기로에 놓여, 낙방되면 어떻게 되나 실패를 맛보게 될까 두려워 밤잠도 제대로 자지 못하고 뜬눈으로 밤샘하며 입시 마무리작업에 총력을 기울이는 학생들이 많을 것이다.

해마다 입시철(대개 11월 하순경)만 되면 전국을 소란스럽게 매스컴에서는 입시지원 현황을 시시각각으로 주먹 같은 큰 글자로 보도함으로써 입시정보를 제공해 주는 데에는 큰 기여를 하고 있을지 모르나 고등학교 졸업생 75만여 명이 모두가 대학에 갈문은 열려 있지 않은데 대학에 못 가는 약 70%정도의 고등학교 졸업자들의 사후대책에 대해서는 언급하지 않거나 못하고 있다. 매스컴에서 너무 입시정보제공에 서두는 것도 생각해 볼 문제이다. 왜 낙방생인 70%정도나 되는 학생들의 문제에 대해서는 걱정스럽게 보도하고 있지 않는가? 그들은 가치가 없는 사람들인가?

대학에 들어가야만 모든 성공을 독차지 하는 것은 아닐진대 왜 그렇게 소란스러운지 모르겠다. 좀 더 냉정하고 바르게 대학에 진학 못하는 졸업생들에게도 눈을 돌려 지도대책을 마련하고 홍보하는 일도 매우 중요하리라고 본다.

진로지도가 이러한 차원에서 매우 중요한 위치를 차지하게 되는 것이다. 진로지도가 단순히 대학입시를 겨냥한 지도의 전부는 아닌 것이다. 물론 진학해야 일차적으로 개인의 목표를 달성할 수 있다고 생각할는지 모르나 그것은 매우 근시안적 사고방식이다.

대학에 진학하고자 하는 학생들은 무조건 대학에 합격하는 것만이 능사가 아니라 우선 자신의 소질과 적성흥미나 성격·신체적 조건·경제적 형편·가치관·장래의 전망들을 사전에 미리 인식, 탐색하고 적합한 적성에 알맞도록 전공학과 선택에 신중을 기해야 될 것이다. 막연히 일류대학 선호에만 눈이 어두워 적성이나 소질에도 맞지 않는 전공분야에 지원을 하여 만일 합격을 했다고 하더라도 흥미가 없는 분야라면 대학에 들어가서도 제대로 적응하지 못하고 불만과 부적응 속에서 쓸데없는 시간을 허비하는 수가 비일비재하다.

그렇게 되면 학교가 싫어지고 삶의 의욕도 상실되고 다른 생각만 지배적으로 작용하여 허송세월을 하다보니 사회에 대한 불만을 갖기 쉽다.

그러므로 대학진학에 있어서 고려해야 할 점은 자기 분수에 알맞게 선택하는 것이 가장 현명한 처사임을 깊이 깨달아야 한다.

일생 동안의 행복한 생활은 자기가 좋아하고 취미에 알맞은 분야에서 일하는 것이 가장 보람 있는 일이요, 성공적이라고 할 수 있다. 남을 의식하지 말고 자신의 입장이 어떠한가를 냉철히 관찰하여 남들이 하지 않거나 못하는 분야에서 제1인자가 될 수 있도록 적절한 전공분야를 선택해야 후회 없는 대학생활, 그리고 나아가 졸업후 취업해서도 직장생활에 만족하여 자기의 역량을 충분히 발휘할 수 있는 것이다. 순간의 선택이 일생을 좌우하는 진학선택을 서둘러 결정하면 평생 후회하게 되므로 대학선택에 앞서서 전공학과 선택에 신중을 기할 것을 당부하는 바이다.

6. 순간선택, 일생좌우

우리가 단순한 하나의 물건을 골라 살 때에도 신중을 기한다. 예를 들면"순간의 선택이 10년을 좌우한다"는 냉장고 선택에 있어도 여러모로 신중을 펴는데, 하물며 일생일대의 중요한 진로선택을 입시현장에서 순간에 맡겨서야 되겠는가? 순간의 선택이 일생을 좌우하는 것이 진로선택이라 할 수 있다.

K 대학 학생생활연구소 89년 신입생 실태조사에 의해 밝혀졌듯이 전공 선택 시기를 보면 고3학년 때 43.7%가 전공학과를 정하고, 입시원서 교부 및 접수기간에 약 30.7%의 학생이 전공을 정하고 심지

어 원서접수 마감 당일에 선택하는 학생도 3%나 된다고 한다. 그렇다면 약 77.4%의 학생이 1년 이내에 일생의 중대한 진로의 방향을 정한 셈이 된다. 또한 학과 선택 이유를 주위의 압력이나 실력이 모자라고 자신이 없어 눈치나 배짱으로 무조건 붙고 보자는 심리가 지배되어 지원하는 경우가 35% 정도에 이르고 원하던 분야이기 때문에 선택하는 이유가 65%나 된다. 그리고 지망학과에 대한 사전지식을 대강 알고 있다는 학생은 50.6%, 알지 못하거나 전혀 모른다는 학생이 40%를 넘고 있으며 완전히 알고 있다거나 꽤 알고 있다는 학생은 4.7%에 불과하다. 전혀 모른다는 학생도 5.2%에 이른다.

이러한 조사연구의 결과를 백퍼센트 신뢰할 만한 연구라고 일반화시킬 수는 없다 할지라도 우리가 귀담아 들어야 할 중대사이다. 즉, 지망학교에 대한 구체적인 지식이나 정보를 모르고 무조건 전공학과를 선택하는데 우리 모두에게 큰 충격을 안겨주고 있다.

이러한 원인으로 말미암아 선택한 전공, 대학에 들어와서 만족할 만한 학교생활을 누리지 못하고 불만과 부적응으로 4년간을 허송세월하는 경우가 많다. 이와 같은 경우는 개인적으로 불행하고 시간 낭비에 불과하며 전국적으로 볼 때 막대한 고급 인력의 낭비인 것임을 깨달아야 할 것이다. 왜 이러한 어리석은 행동을 해야 하는가?

여기에 시급한 합리적 지도대책이 강구되어야 하겠다. 그대로 방치해둔다면, 개인의 소중한 인력을 낭비할 뿐 아니라 국가적인 차원에서 막대한 고급인력의 손실이 아닐 수 없다.

따라서 소위 입시전쟁을 치르는 데 무조건 점수만 올리려는 성적 쟁취에만 몰두해서는 안 될 것이다. 인류대학 인류학과만을 맹목적으로 선호할 것이 아니라 미리부터 대학진학 정보수집과 인식과 탐색에 초점을 두어야할 것이다. 그리고 자신의 분수에 맞는 방향으로 진로를 선택해야 한다.

또 왜 대학에 진학을 했느냐? 에 대한 질문에 89학년도 서울대 신입생 중 가장 많은 학생들이 장래 취업을 위해서가 32%에 이르고

26.1%는 소질개발을 위해서, **22.4%**가 전문지식을 습득하기 위해서라고 응답하고 있다.

이와 같은 결과를 종합해 보면 소질에 맞는 취업을 대부분이 원하고 있으며 대접받을 수 있는 직업을 원하고 있는 것으로 미루어 볼 때, 대학의 학과선택을 섣불리 마구잡이로 붙고 보자는 심리는 매우 어리석고 낭비만을 가져오는 처사이다.

그러므로 진로선택을 중요시해야 한다. 인생의 중요한 선택은 첫째, 잘 타고 나야 하고 둘째, 배우자의 선택을 잘해야 하며 셋째, 직업을 잘 택해야 한다. 대학의 전공선택이 바로 직업선택과 직결되기 때문에 전공선택에 사전탐색활동을 전개해 나가야 한다. 그리고 넷째로는 올바른 가치관, 인생관의 선택이 중요한 것이다.

이를 위해 올바른 가치관의 확립을 위한 선택지도가 가정, 학교, 사회기관에서 상호 협력하여 바른 선택을 위해 범국민적으로 이루어져야 한다. 특히 학부모의 획일 된 전통적 가치관을 자녀들에게 주입시키거나 압력에 의해 이루어지는 방법을 지양해야 한다. 또한 직업선택지도가 선행되어야 한다.

결국에는 직업선택이 잘 이루어져야 평생 동안 직무에 만족하고 자신의 능력을 유감없이 발휘할 수 있으며 생활유지 수단을 해결하면서 사회적 역할을 분담하고 종국에는 자아실현을 이룩하게 되는 것이다.

第 4 章 過熱競爭 解消를 위한 進路敎育의 指導方向

1. 문제의식

해방이후 45년 동안 우리나라의 교육은 상급학교 진학준비를 위한 입시위주교육으로 교육 본래의 모습을 상실한 채 교육황폐화의 길을 걸어왔다고 보아도 지나친 말은 아닐 것이다.

엄밀히 말하여 학교는 있었어도 진정한 교육활동이 없는 교육부재 현상이 우리 교육을 지배해 왔다.

이러한 입시위주교육은 단순 암기능력이나 지적 능력위주의 평가체제로 적격자를 선발하고 있는 부실한 입시제도와 제한된 입학정원에 따른 극심한 입학경쟁으로 전혀 완화될 기미를 보이지 않고 있다.

이에 따라 하급학교 교육과정은 비정상적으로 운영되고 있으며 입시위주교육의 부적응 현상으로 학생들의 정신적 고뇌와 갈등이 그 도를 더해가고 있으며 이에 견디다 못해 아까운 생명을 버리는 자살소동까지 빚어지고 있는 현실을 직시하게 된다.

그리하여 매년 100여 명의 초·중·고등학교 학생들이 과열경쟁과 학부모의 과잉기대와 요구에 미치지 못함을 스스로 느낀 나머지 목숨을 버리는 비참한 현상까지 나타나고 있는 실정이다.

이와 같은 현상은 빙상의 일각에 불과하며 잠재하고 있는 그 이상의 고충과 고통을 안은 채 과열경쟁에 시달려 교육의 본래목표인 전인교육의 지향은 구두탄에 불과하고 있으니 이제 와서 그냥 스쳐가서는 안 될 중대한 시점에 와 있다고 본다.

우리나라의 교육열은 세계에서 둘째가라면 서러울 정도로 상승일로에 치닫고 있으며 학생, 학부모, 교사, 일반 사회인에 이르기까지 인식되고 있는 한 그 과열된 열기는 쉽게 사라지지 않을 것이다.

이에 따라 교육기관은 입시준비를 위한 입시학관으로 전락되어 고등학교는 물론이려니와 중학교, 초등학교에 이르기까지 파급효과를 가져와 장래 출세수단을 대학에 가야만 된다는 획일적 가치관에 사로잡혀 학생들은 자연히 시험지옥을 감수해야 하니 제대로 정상적인 교육활동을 기대하기 어렵게 되었다.

한편 우리 모두의 고학력 선호현상은 대학입시 현장에서 찾아볼 수 있다.

고려대학교 학생생활연구소가 실시한 89년 신입생 실태조사에 의하면 고등학교 시절, 대학의 전공선택 시기를 보면, 고3학년 때 43.7%가 전공학과를 정하고, 대입원서 교부 및 접수기간 사이에 약 30.7% 정도의 학생이 전공을 정하고 심지어는 원서접수 마감일에도 3% 정도의 학생이 전공학과에 지원했다는 보고가 있다.

그렇다면 약 77.4%의 학생이 1년 이내에 일생의 중대한 진로의 방향을 정한 셈이 된다.

또한 학과선택에서도 본인의 소질·적성·흥미에 따르기 보다는 주위의 압력이나 실력이 모자라 마구잡이로 대학에 붙고 보자는 심리에서 일생의 중대한 결단을 눈치나 배짱으로 지원하는 학생도 35%에 이른다.

또한 지망학과에 대한 사전지식을 전혀 모르고 지원하는 학생이 40%를 넘고 있다.

이러한 조사연구의 결과를 일반화시킬 수는 없다할지라도 우리에게 심각한 경종을 울려주고 있다.

그리고 대학에 들어와서도 학생들은 전공학과에 만족하지 못하고 부적응 상태에 있는 학생도 절반에 이른다고 한다. 이러한 현실은 대학선택이 뚜렷한 목적의식을 가지고 선택 했다기 보다는 남이 가니까 덩달아 가는 경쟁 속에서 희생이 되는 것이 아닌가 생각된다.

매년 약 **70**만 명 정도의 고등학교 졸업자가 쏟아져 나오는데 대학에 입학하는 율은 대학정원인 **30%**선에 미치지 못하고 있어 나머지 **70%** 정도의 고졸자는 낙방하게 되어 대학입시교육의 들러리에 불과한 교육을 받고 사회에 배출하게 되는 모순도 지나쳐서는 안 된다. 일종의 고교교육의 황폐화를 의미한다고 볼 수 있다.

왜 이렇게 무조건 대학에 가려는지 그 의도가 무엇이며, 그러한 경쟁은 과연 올바르고 타당한 것인가?

수많은 고졸자는 입시경쟁에서 탈락되어 아까운 개인의 인력을 낭비하는 결과를 빚어내고야 만다. **70%**의 낙방생은 입시준비에만 시달렸지 사전에 아무런 직업기술교육이나 사회에 나와 직업을 선택할 수 있는 입시교육이 결여된 채 배출되고마니 이 역시 무능인을 양성하는 장소로 전락되고 시간만 허비하고 있다.

이와 같이 심각한 문제는 과열경쟁과 더불어 현행 고교교육의 문제점으로 지적되고 있다.

여기에 따라 이러한 심각한 문제를 해결할 수 있는 방안을 모색해야 되겠는데 바로 진로교육이 학교교육 현장에서 철저히 수행될 때 가능하다고 판단된다.

그러면 진로교육은 무엇이며, 왜 필요하며 지도방안은 무엇인가를 밝혀보고자 한다.

2. 진로교육의 기본개념과 필요

가. 진로교육의 기본개념

진로교육은 현재 당면한 교육의 문제점을 시정·보완하기 위해 새로이 고안된 교육이념이다.

원래 직업교육에서부터 태동된 것인데 산업이 고도로 발달되어 가는 현대 산업사회에 현명하게 선택하고 적응하기 위해 과거의 전통적인 인문교육만으로는 현재 당면한 문제점을 해결할 수 없기 때문에 적재적소애 알맞은 진로교육이 탄생된 것이다.

산업발전과 더불어 직업세계의 다양화, 전문화, 세분화로 말미암아 장차 2000년대의 미래사회에서 어떠한 삶을 선택할 때 상당한 어려움을 느끼고 있기 때문이며, 과열경쟁에서 벗어나기 위해서 이를 현명하게 선택하고 준비하는 직업적성교육이 시급하게 요청된 것이다.

인간은 누구나 나름대로의 독특한 잠재능력, 성품, 신체적 특성, 적성을 가지고 태어난다.

또한 성장하는 과정에서 나름대로 독특한 방식으로 경험을 축적하며 생애목표와 방향, 인격, 능력, 흥미, 가치관 등을 발전시키게 된다.

이러한 점에서 인간은 누구나 똑같은 경우는 드물 것이며 각자가 독특한 존재로서 삶의 방식을 터득하고 추구할 수 있는 존재이다.

그러므로 진로교육은 과열경쟁을 해소하기 위하여 적재적소에 알맞은 능력을 개발시키고자 학생들로 하여금 다양한 형태와 방향을 설정하고 행복한 삶을 추구해 나갈 수 있도록 지적일변도의 편향된 교육을 배제한다.

말하자면 진로교육은 학생들로 하여금 타고난 소질을 배경으로 하여 나름대로 생애목표와 방향을 세우고 자기식의 진로를 발견하고 개척할 수 있도록 도와주는 교육이 되어야 한다.

따라서 진로교육은 태어난 재주를 발견해 주고 개발해 주며 하고 싶은 일을 도와주며 생산적인 삶을 마련해 주는 것이다.

궁극적으로 생산적인 직업인으로서 자아실현에 이르고 자아효능감 및 자아존중감을 갖도록 이끌어주는 교육작용이라 할 수 있다.

위와 같은 배경하에 진로교육은 학교교육이 학생들을 행복한 개인으로서 또한 생산적인 사회성원으로 육성시키는 데 보다 밀접히 관련되고 공헌해야 된다는 생각에서 비롯되었다.

베일리와 스타드는 진로교육은 개인이 만족스럽고 생산적인 삶을 누릴 수 있도록 진로에 대한 방향을 세우고 선택하며 그에 대한 준비를 하여 선택한 진로에 들어가 계속적인 발전을 꾀할 수 있도록 돕기 위해 제공되는 교육활동 프로그램이라 하였다.

필자는 1980년대 초부터 우리나라의 과열과외 현상, 과열경쟁 등의 교육문제를 해결하기 위한 방안으로 현재 미국에서 활발하게 전개되고 있는 진로교육의 이념을 도입하여 한국에 적용가능성을 위해 보급하는 데 전력투구해 왔다.

나름대로 진로교육의 개념과 필요성을 역설하면서 전파해 얻어진 결론은 진로교육이 우리나라 학교교육에서 철저히 시행된다면 대학입시문제나 재수생, 과외문제, 취업문제, 과열경쟁문제, 학업적응문제, 장래 생활준비나 적응문제 등이 순조롭게 해결될 수 있다고 확실하게 전망하면서 다음과 같이 진로교육의 핵심을 제시해 왔다.

즉 진로교육은 넓은 의미의 직업교육이며 직업적성교육이라 할 수 있다. 다시 말하면, 진학지도와 직업지도를 포함하는 진로지도의 상위개념이다.

즉, 학생 개개인의 잠재가능성을 토대로 하여 흥미와 적성, 능력과 인성, 의욕, 환경에 알맞은 진학 및 직업과정을 인식, 탐색, 준비과정을 통하여 현명하게 선택하고 적응하도록 기회를 마련해 주고 개인의 장래생활을 위한 준비를 풍요롭게 해 주는 것이며, 적재적소에 알맞은 인재를 양성하는 교육활동 프로그램이라고 할 수 있다.

종합적으로 모든 학생들에게 장차 다가올 진로의 선택 가능성을 폭넓게 인식시키고 탐색하고 구체적인 진학계획 또는 직업준비교육을 자기 분수에 알맞게 선택·조정하는데 있다고 본다.

나. 진로교육의 필요

현대사회는 성공적인 적응을 위해 학생들에게 여러 가지 자신에 알맞은 자질을 갖추도록 요구한다.

개인적 측면에서 필요성을 제시하면

① 학생들의 소질과 적성을 발견하고 육성해 주는 데 학교교육이 실패하고 있다.

② 일과 직업세계를 포함한 현실적 삶의 세계를 이해시키는 데 부족하다.

③ 일과 직업세계에 대한 적극적인 가치관 및 태도를 형성시키는 데 소극적이다.

④ 인생의 목표설정과 직업선택에 있어서 유연성과 다양성이 부족하다.

국가·사회적 측면에서 필요성을 제시하면

① 사회발전에 필요한 다양한 인력의 균형된 개발을 유도하지 못하고 있다.

② 적응능력이 없는 인력을 다량으로 사회에 배출하고 있다.

③ 과열과외 및 재수생 누적에 대한 문제 해결의 방편이 될 수 있다.

④ 국민들의 직업수행에 있어서 생산성과 적응이 긍정적으로 고양될 수 있다.

⑤ 적재적소에 알맞은 인재를 양성함으로써 건전한 직업인이 될 것이며 누구나 타고난 재능을 유감없이 발휘할 수 있어 선택한 직업에 만족하고 보람과 긍지를 느끼고 행복한 인생을 누리면서 자아실현에 도달할 수 있다.

⑥ 가치관 및 직업윤리교육을 통하여 장래에 원만한 직업생활과 성공적인 자아상을 정립하여 충분한 인생을 즐기며 복지사회 건설에 이바지할 수 있다.

1990년 문교부 정책당국에서도 위와 같은 필요성을 절감하고 현행 고교교육의 문제점을 다음과 같이 제시한 바 있다.(문교소식 제5호,1990. 2. 23)

첫째, 목표 없는 교육이 이루어지고 있다.

둘째, 학생들이 이수하는 과목 수가 너무 많고 선택의 폭이 없다.

셋째, 대학진학을 희망하지 않는 학생에 대한 배려가 부족하다.

넷째, 실업계 고교지망 학생들을 전부 수용하지 못하고 있다.

다섯째, 국제화시대에 부응하기 위한 외국어 교육이 미흡하다고 지적한다.

이와 같은 진로교육의 개념이나 필요에 따라 현재 각급 학교에서 진로교육 방향에 관심을 기울여 적극 실시할 것을 제시하고자 한다.

3. 진로교육의 지도방향

먼저 문교부의 방침을 소개하면, 전국적으로 진로교육의 전면적 실시를 요구하고 있다.

문교부가 제시한 교육의 개선방향의 목적은 "학생들의 능력과 적성에 따라 다양한 학습기회를 제공해 줌으로써 그들의 잠재력 개발과 진로선택을 도와주고 의미있는 고등학교 생활을 영위하도록 하며, 대학진학의 과열현상을 완화할 수 있도록 고등학교 교육을 획기적으로 개선하는 데 있다."고 역설한다.

이러한 개선목적에 따라"진로교육을 강화"할 것이라고 제시하고 있다. 즉, 진로교육은 앞에서 언급한 바와 같이 학생이 능력과 적성에 맞는 진로를 선택할 수 있도록 도와주는 일과 직업세계에 대한 이해를 시키는 일에 주안점을 두고 실시될 것이다.

문교부가 제시한 진로교육의 강화 내용을 보면 다음과 같다.

첫째, 1989년에 진로교육 강화를 위해 전국의 교육위원회별로 "진로교육센터"(Career Education Resource Center)가 설치되었으며 1990년부터는 본격적인 활동을 시작한다.

진로교육센터는 학생들의 진로선택지도, 직업·진로지도에 필요한 정보자료의 제공, 진로지도 교사에 대한 연수 등을 담당하게 된다.

이와 같은 정보센터 설치는 학생들에게 다양한 교육정보, 직업정보, 개인·사회적 정보를 제공하여 폭넓은 정보의 세계를 이해하여 자신의 진로·계획·선택·준비에 효율적으로 이용할 수 있는 기회를 제공해 주는 데 큰 의미를 부여하고 있다.

둘째, 직업에 대한 이해와 진로교육을 위해 "직업의 세계"(가칭) 등의 교과목을 설치한다.

셋째, 진로 선택 지도를 강화한다.

즉 초등학교 때부터 체계적인 진로교육을 실시한다. 또한 중3 학생들에게는 적성검사와 선발고사 성적을 자료로 하여 고교진학 진로지도를 하게 되며 고교1학년 학생에게는 1년간의 탐색과정을 마친 후 적성검사와 학력고사 성적을 자료로 하여 진로지도를 실시한다.

넷째, 교육방송을 통해 진로와 직업이해 프로그램을 방송함으로써 학생은 물론 학부모에게도 이 분야에 대한 이해를 돕도록 한다.

한편 일반계 고교에서도 직업적응교육을 실시하도록 한다.

일반계 고교생 중 대학진학을 희망하지(못하는) 않는 학생들을 위해서 「직업과정」을 운영할 수 있도록 한다.

앞으로 일반계 고교에서 보다 효율적인 직업교육을 위하여 첫째, 교육과정 운영에 융통성을 부여한다.

일반계 고교에서 직업과정은 2, 3학년 2년에 걸쳐 실시하도록 되어 있어 3학년에 와서 직업과정에 들어가고 싶어도 교육과정에 맞지 않아 받아들이지 못하고 있는 것이 현실이다.

그러나 앞으로 교육과정에 융통성을 부여하여 3학년에서도 직업과정의 전환이 가능하도록 희망자들을 모두 수용한다.

둘째, 다양한 직업과목을 설치한다.

현재 실시하고 있는 직업과목 이외에 전자계산, 자동차, 상업미술, 미용, 비서실무 등 다양하고도 현실성이 큰 과목들을 학교별로 특색 있게 설치토록 하고 각 분야의 전공교사 부족난을 해소하기 위해 순회교사제를 운영한다.

셋째, 직업교육을 위한 시설을 확충한다.

Computer와 **Word Processor,** 타자기 등 실습을 위한 기자재를 확보하고 실습시설을 확충해 보다 효율적인 교육이 이루어지도록 한다.

넷째, 위탁교육제를 도입한다.

끝으로 실업계 고교를 확대하고 교육내용을 다양화한다. 추진방안으로는

첫째, 실업계 고교를 확대해 나간다.

둘째, 실험실습시설을 확충한다.

셋째, 학과설치를 다양화한다.

넷째, 산학협동체제를 강화한다.

다섯째, 실업계 고교의 학생유인 체재를 강화한다 등이다.

앞으로 교육과정의 개정방향을 소개하면

① 교육과정 기본구조를 재구성하여 필수과목을 축소시키고 선택과목을 확대하며 이수단위도 조정한다.

② 진로직업교육 관련교과를 신설한다.

③ 교과목의 내용과 수준을 적정화시킨다.

④ 학생들의 능력과 적성에 맞는 진로를 선택할 수 있도록 예능과정, 체능과정, 외국어과정과 같은 이수과정을 두어 선택의 기회를 넓혀준다.

위와 같은 문교부의 정책개선방향에 대한 제시는 시의적절하며 그동안 필자를 비롯하여 직업교육 전문가와 더불어 한국교육개발원의 장석민 박사 연구팀을 포함한 직업기술교육 연구실에서 꾸준한 연구결과에 따른 영향도 배제할 수 없는 것이다.

그러면 필자의 진로교육 지도방안을 위한 합리적 방법을 제시하고자 한다.

가. 진로교육의 목표 제시

진로교육을 전국 초·중·고등학교에서 실시하려면 뚜렷한 목표확립이 중요하다. 따라서 진로교육의 일반목표를 제시하면 다음과 같다.
① 자신의 적성, 흥미, 인성, 능력 등을 정확히 이해한다.
② 경제·사회 구조의 측면에서 직업의 세계를 이해한다.
③ 자신에게 적합한 진로계획을 수립하고 진학 또는 취업에 필요한 지식, 기능을 습득한다.
④ 일과 직업에 대한 건전한 가치관 및 태도를 형성한다.

나. 진로교육의 모형 제시

진로교육은 각급학교(초·중·고)별로 수준에 맞게 진학 및 직업교육 프로그램을 제시하여 지도해야 한다.
목표에서 언급한 바와 같이 초등학교에서는 진로인식, 중학교에서는 진로탐색, 고등학교에서는 진로준비단계로 구분하고 진로교육 내용을 수업시간에 실시한다. 진로교육 모형은 「그림 1」과 같다.

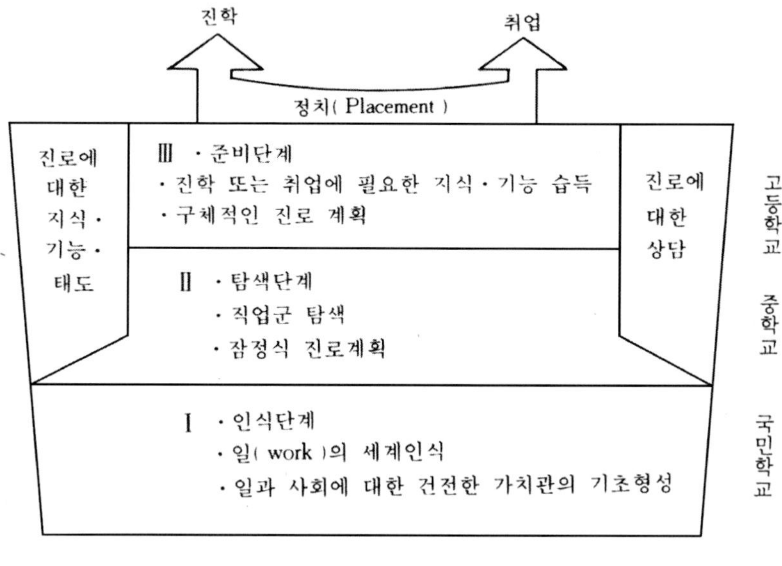

「그림1」 진로교육 모형

그리고 진로교육의 실시를 위한 지도단계를 도식화하면 다음과 같다.

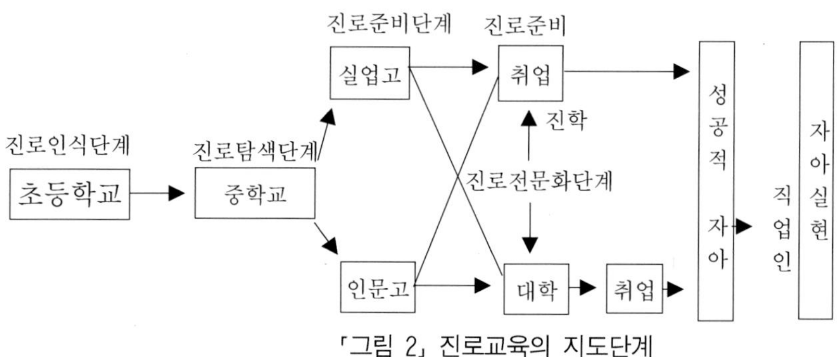

「그림 2」 진로교육의 지도단계

다. 진료교육 내용구성의 제시

진로교육 내용은 각급학교 수준에서 다루어야 할 교육 프로그램을 말한다. 그 내용을 소개하면 다음과 같다.
(1) 초등학교 수준
① 일의 고마움 이해
- 가족과 이웃사람들이 하는 일의 종류
- 사람들이 하는 일과 필요한 물건 생산
- 일하는 사람들에 대한 고마움 인식

② 일의 세계
- 일의 여러 가지
- 직업의 뜻 알기
- 직업을 갖는 목적
- 직업간의 협동관계 인식
- 산업과 직업과의 관계
- 산업의 뜻과 종류 이해
- 직업의 다양화 이해
- 분업화와 개인의 직무수행

③ 나의 소질 발견
- 서로 다른 재주의 비교
- 소질을 개발시킨 인물 조사
- 소질과 직업과의 관계
- 소질과 장래의 희망과의 연계성

④ 장래의 계획
- 존경하는 인물은 어떤 사람인가
- 장래계획의 필요성
- 장래계획의 유의점
- 장래의 포부를 달성하기 위해 해야 할 일

(2) 중학교 수준
① 청소년기의 과제
  · 청소년기의 특징과 과제
  · 진로탐색 및 계획의 중요성
② 직업의 의미와 직업관
  · 직업의 의미
  · 직업관의 중요성
  · 건전한 직업관
③ 직업의 종류
  · 직업군의 이해와 내용 파악
  · 직업의 전망 또는 인력수급
④ 직업선정과 그 기준
  · 직업선정의 중요성
  · 직업선정의 기준
  · 직업과 교육과의 관계
⑤ 진로계획
  · 진로계획의 기본원리
  · 진로계획을 위한 준비
  · 직업과 학교 선정
  · 잠정적 진로계획 수립
⑥ 직업윤리
  · 직업윤리의 의미
  · 직업인의 자세
(3) 고등학교 수준
① 직업세계의 변화와 직업선정
  · 직업의 중요성
  · 현대 산업사회의 직업추세
  · 직업선정 및 직업준비의 중요성

② 직업선정의 조건
 · 적성요인
 · 직업적 흥미
 · 인성 요인
 · 신체적 조건
 · 교육 · 기술 · 자격 · 경제적 조건
③ 진학 및 취업정보
 · 진학정보자료 탐색 및 수집
 · 취업정보자료 탐색 및 수집
 · 직업의 종류 파악
 · 직종별 직무 및 근로 조건
 · 우리나라의 직업 전망
 · 대학의 종류와 특성
 · 직종과 전공학과
 · 취업기능직업의 종류와 특성
 · 취업자를 위한 교육제도
④ 진로계획
 · 인생계획의 필요성
 · 나의 인생계획
 · 진로계획의 기본원리
 · 자신에 대한 객관적 이해
 · 구체적 진로계획
⑤ 직업 및 직장윤리
 · 직업윤리의 필요성
 · 직장윤리의 필요성

라. 진로계획의 수립 및 진로결정과정

진로계획(career planning)이란 개인이 장차 종사하고자 하는 진학 또는 직업분야를 선택하고 그 분야에서 요구되는 일을 효율적으로 수행하기 위한 수단과 방법을 합리적으로 연결시키는 지적인 준비과 정이다.

① 자신의 삶의 목표를 능력에 바탕을 두고 합리적 객관적인 방법 에 따라 건전하게 세워야 한다.

② 금전이 아무리 중요한 의미를 지닌다해도 그것이 자신의 진로 선택을 지배해서는 안된다. 즉, 물질적 가치와 정신적 가치의 조화를 이루는 상태에서 분수에 알맞게 선정하는 것이 바람직 하다.

③ 장래 하고 싶은 일을 한꺼번에 결정하는 것은 현명한 처사가 아니다. 일의 순서가 있으므로 단계적으로 한 단계씩 차례로 인내심을 가지고 꾸준히 정진해야 한다.

옛말에 "우물을 파려면 한 우물을 깊게 파라"는 속담이 제시 하는 바와 같이 자기이해, 직업이해, 가치관 확립, 객관적 평 가, 분수 등을 고려해야 한다.

④ 끊임없는 다양한 진로정보(career information)를 탐색하는 데 게을리 하지 말고 자신에 필요한 것만을 현명하게 선택하는 방법을 모색해야 한다.

이와 같은 진로계획이 사전에 준비되도록 노력해야 하는데 진로결 정을 위한 종합적인 방법을 도식화하면 「그림 3」과 같다.

즉, 진로결정지도는 「그림 3」에 제시한 바와 같이 개인적 요인, 환경적요인, 직업의 요인을 고려하여 진로결정을 한 다음 진학이든 취업이든 자신의 결정으로 합리적 방법이 동원되어야 한다. 어느 누 구의 권고나 압력 등은 배제하는 것이 좋다고 본다.

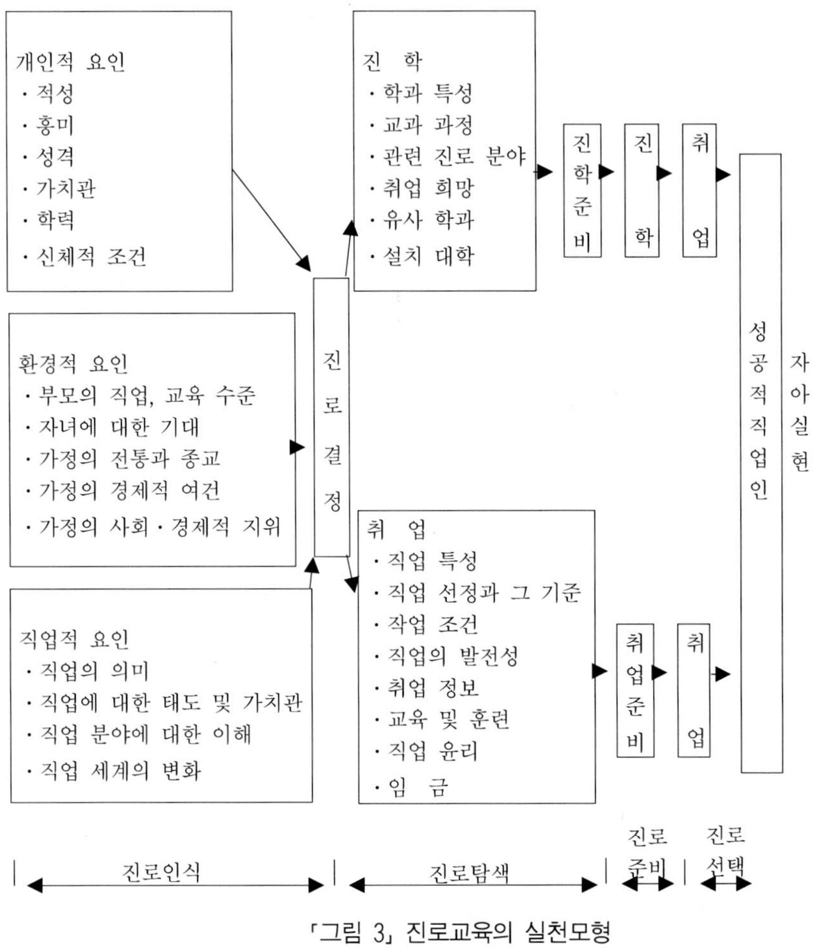

「그림 3」 진로교육의 실천모형

진로결정이 보다 객관적이고 합리적으로 이루어진 다음에는 진학 또는 취업에 들어가 만족할 수 있도록 노력하는 길이다.

마. 진로교육 담당교사의 양성 및 연수

1990학년도부터는 전국적으로 진로교육을 실시하도록 문교부당국으로부터 권장되고 있다.

그리하여 각 시도 교육위원회에서는 시범적으로"진로교육센터"를 설립하고 거기에 장학관, 연구사 등을 배치하여 진로교육 활성화를 위해 노력하고 있는 것으로 알고 있다.

그런데 진로교육을 전담할 교사가 없는 형편이다.

따라서 이를 위해 현재 상담교사(교도주임)의 역할을 좀 더 세분화시켜 진로교육을 담당할 수 있도록 제도화할 필요가 있다. 그렇지 않으면 장기적으로 사범대학 교육학과에서 진로담당교사를 양성하도록 법제화시켜야 될 것이다.

현재 교육학과의 진로가 중등학교에서 「교육」과목을 가르치도록 되어있으나 선택과목이므로 각급 학교에서 선택하는 경우가 적은 것을 감안할 때 진로교육교사로 양성하는 것도 검토해보아야 할 문제이다.

현 시점에서 당장 진로교육을 실시해야 되므로 현직교사들에게 진로교육 연수강좌를 실시하여 우선적으로 부담할 수 있도록 교원연수를 시급히 강화시켜야 될 것이다. 진로교육이 강화되려면 우수한 진로담당교사를 양성하고 그들에게 전적으로 맡겨야 한다.

한편 학부모들에게도 「부모교육」을 강화시켜 진로교육이 학교현장에서만 이루어질 수 없는 형편이므로 각급 학교에서는 「어머니 교실」 등을 활용하여 그들에게 진로교육을 실시하는 것도 바람직한 방법이라고 볼 수 있다.

교육은 학교단위에서만 이루어질 수 없는 복잡한 현대 산업사회에서는 가정과 학교, 사회가 혼연일치가 되어 적재적소에 알맞게 생활준비 과정에 필요한 진로교육이 골고루 실시되어야 마땅하다.

바. 진로정보제공과 직업관 형성 및 직업윤리교육을 강화시켜야 한다.

진로정보는 교육정보, 직업정보, 개인·사회적 정보를 말한다.

인간이 향상 발전하려면 모든 정보에 밝아야 손쉽게 적응할 수가 있는 것이다.

그러므로 학교에서는 학생들에게 각종 정보자료를 제공하고 모든 정보 즉, 자신에게 필요한 정보를 습득하고 이해하며 이용할 수 있도록 편리한 자료실과 이용에 적극 참여하도록 지도하는 것이다.

그리고 학생들은 장차 미래의 사회인으로서 직업을 가지고 평생 동안 살아야 할 운명에 놓여 있으니 남녀를 불문하고 취업생활을 위한 직업윤리교육이 강화되어야 할 것이다.

직업이란 생계유지 또는 생활수단으로서 필요하고 사회의 일원으로 사회적 역할분담 또는 사회적 봉사의 기능으로 보아야 한다. 더 나아가 직업을 통해서 자아실현을 할 수 있도록 하는 것이다.

인간은 누구나 자아실현의 욕구가 있다. 이 자아실현이란 참된 삶의 추구로서 누구나 염원하는 것인데 이것이 직업을 통해서 실현되는 것이다. 고등학교를 졸업하고 취업을 하든지, 그것은 각자의 역량과 노력에 좌우되는 것이다.

그러나 그 직업선택이 적성이나 흥미 노력에 맞지 않으면 그 직업을 평생 동안 유지하기도 어렵고 불만과 불행 속에 보내기 쉽다.

그러므로 이러한 중대한 직업선택은 사전에 준비 없이 순간의 결정으로 이루어져서는 안 된다.

건전한 가치관과 직업관을 갖도록 사전에 탐색이 필요하고 허송세월로 일생을 보내서는 안 되는 일생일대의 중대한 결정은 오로지 진로교육이 학교나 가정에서 원만하게 잘 이루어질 때 가능한 것이다.

4. 결　론

지금까지 논제에서 언급한 과열경쟁 해소를 위해서 진로교육은 어떻게 해야 하는가에 주안점을 두고 전개해 왔다.

현대사회는 전통적 농본주의 사회가 아니요 고도의 산업사회이다.

복잡 다양한 산업사회 속에서 살아남기 위해서는 올바른 교육을 받고 사회에 나아가 행복스럽게 봉사하면서 생애 보람을 느껴야 할 것이다.

과열경쟁이 대입시 준비로 일관하고 있는 교육의 모순점을 시정하기 위해서는 과감한 제도적 개혁이 요청된다. 개혁이란 다름 아닌 진로교육이 학교교육에서 정착화 되어야 과열경쟁이 해소될 수 있는 것이다.

어떤 교육을 실시해야 현재 우리나라에서 홍역을 치르고 있는 극심한 경쟁을 해소시킬 수 있는가에 특효약을 제시하기란 대단히 어려울 것이다.

그러나 앞에서도 언급한 바와 같이 진로교육은 개개인의 타고난 잠재력을 토대로 적성과 흥미, 능력과 인성, 신체적 조건, 가정배경, 가치관 형성에 따라 적재적소에 알맞은 직업적성교육이니 만큼 누구나 자신의 수준에서 분수에 알맞은 진학, 직업선택이 효율적으로 이루어지도록 노력하는 교육이야말로 우리 모두가 바라고 원하는 바일 것이다.

이와 같은 진로교육이 우리나라 국민 모두에게 철저히 인식되고 따라준다면 모두가 자신의 삶에 만족하고 행복한 삶을 구축할 수가 있게 되므로 과열경쟁이라든가 입시준비교육의 부작용도 해소될 수 있을 것으로 확신한다.

문제는 진로교육이 얼마만큼 성공적으로 보급되고 실천하느냐에 성패가 달려 있다고 본다.

가정과 학교, 사회가 서로 협동적인 체제 속에 긍정적이고 적극적인 자세로 참여하고 실천하는 데에서 우리의 당면한 고질적인 입시교육이 해소되고 전인교육의 자세로 되돌아 올 수 있게 될 것이다.

그러면 모든 학교가 정상적인 교육과 전인교육의 실천도장이 될 것이므로 개인적으로는 생애목표를 달성하게 되고, 학교교육은 전인교육이 실시될 수 있을 것이며 사회적으로는 산학협동체제가 잘 이루어질 것이고 국가적으로 균형된 인력개발과 인력자원이 효율적으로 이용될 것이며, 따라서 복지사회건설에 이바지하게 될 것임을 확신한다.

Sidney P. Marland의 말대로 「모든 교육은 진로교육이다. 혹은 그렇게 되어야 한다」고 역설한 바가 구호에만 그치지 않았음을 입증하게 될 것이다.

참 고 문 헌

金忠起, 進路教育과 進路指導, 서울: 培英社, 1986.

金忠起, 職業教育과 進路教育, 서울: 教育出版社, 1987.

金忠起, 子女指導와 父母教育, 서울: 星苑社, 1988.

金忠起, 生活指導와 相談, 서울: 教育科學社, 1990.

張錫敏 外, 進路教育의 理論과 實際, 서울: 韓國教育開發院, 1986.

張錫敏 外, 고등학교 進路教育 指導案, 서울: 韓國教育開發院, 1988.

韓國教育開發院, 進路教育資料, 서울: 韓國教育開發院, 1982.

韓國 國·公立 高等學校 校長會, "高等學校에서의 進路指導問題와 改善方向", 韓國 國公立 高等學校 教育研究 세미나 報告書, 1990. 4. 27, 浦項工科大學

第5章 進路敎育의 展開過程

1. 서 론

진로교육에 대한 본격적인 관심을 불러일으키게 된 것은 최근의 일로서 1980년대 초부터이다. 물론 그전에도 진학 및 진로지도에 대한 이해와 소개를 위한 개별적인 저서와 연구도 있었지만[1] 우리에게는 오로지 대학진학 위주의 관심만이 팽배해져 그만 뒷전에 머물고 말아 진로지도는 형식에 그치고 별로 관심을 둘 겨를도 없었다. 그러나 해를 거듭해 갈수록 심해지는 대학입시 위주의 병폐와 눈치작전, 배짱지원 등의 사행심이 대학진학 선택과정에서 중요한 결정요인으로 작용하고 있음은 진로교육이 잘 이루어지지 못했음을 증명한다. 이와 같은 현실은 비정상적 투기지원 결정이 교육의 모순점으로 또는 사회의 문제로 드러나기 시작하였다.

이러한 그릇된 병폐와 모순점을 시정하기 위해서 대통령 직속산하에 교육개혁심의회를 두고 입시제도를 포함하여 교육 전반에 걸친 여러 가지 문제점을 시정하고 개혁해 보고자 노력하는 조짐은 시의적절한 처사라고 본다. 그러나 단순히 제도적 장치와 입시제도 모순의 보완과정으로서는 근본문제를 치유하기에는 아마도 부분적인 만족을 가져다 줄 수 있겠지만 보다 기본적인 문제를 해결하려면 다른 차원의 교육방법이 채택되어야 할 것이다.

그것이 바로 진로교육인 바 어려서부터 학생들의 발달단계에 알맞은 진로교육이 학교교육과정 속에서 계획을 세워 철저하게 실시되어

---

1) 朱世煥, 進學 進路指導의 技術, 서울·現代敎育叢書出版社, 1964年 또는 李炯鍾"進路指導論". 敎壇, 通卷12號, 1967. 12 참조.

야 한다고 주장한다.

돌이켜 보건대 우리나라 학부형들의 교육열은 타국의 그것과 비교가 안 될 정도로 높은 관심은 어떤 면에서 긍정적으로 받아들일 수 있으며 교육이 인간형성과 개인발전 향상에 최상의 지름길이 됨을 인식하고 극성을 부리는 것은 높이 찬양할 만하다.

그러나 너무 자신의 분수에 맞지 않고, 개인의 능력과 적성, 흥미와 인성에 걸맞지 않게 이것을 무시하고, 무조건 대학에 들어가야 하겠다는 처사는 우리나라 고급인력의 수급차원에서 볼 때 균형을 잃게되는 무리일 뿐 아니라 그러한 능력과 환경여건에 대한 고려도 없이 마구잡이로 자기의 인생행로를 한 순간의 결정으로 맡겨버리는 행위는 인간교육의 차원에서 볼 때 큰 문제가 아닐 수 없다.

그러므로 이러한 비교육적이고 학력고사 점수에만 의존하는 기계적인 배치활동으로 일관하는 진로선택의 경향은 적재적소의 알맞은 인력양성측면에 위배되므로 하루속히 현실의 당면한 문제점을 시정하기 위해서도 필요하고 전인교육의 지향을 위하는 자기완성을 위해서도 요구되는 진로교육의 이념과 방법이 학교교육에 시급히 도입되어야만 여태까지 방향을 잃고 갈팡질팡하면서 난맥상을 이루는 사회적 문제도 점진적으로나 실질적으로 해소될 수 있을 것이다.

따라서 이번에 특집으로 꾸민 「진로교육 시급하다」는 논제의 해결방안으로서 타당하고도 의미있는 진로교육의 실제를 제시하고자 한다. 이미 앞부분에서 진로교육의 개념과 중요성 초・중・고등학교의 진로교육 현황과 개선방향, 대학 및 사회에서의 진로교육 현황에 대해서 언급이 있었으므로 중복을 피하기 위해 여기서는 주로 진로교육을 어떻게 학교교육현장에서 지도되어야 실마리를 풀어갈 수 있는가에 대해서 종합적인 견해를 제시하고 그 해결점을 찾고자 한다.

2. 진로교육의 원리와 내용

가. 진로교육의 기본개념

진로교육은 넓은 의미의 직업교육이며 직업적성교육이다.2) 쉽게 말하여 자신의 진로를 합리적으로 의식하는 인간3)을 육성하는 데 있으며 개인의 진로선택 및 적응, 발달에 초점을 둔 교육적 작용4)이라고 할 수 있다. Larry Bailey는 진로교육을 개인이 만족스럽고 생산적인 삶을 누릴 수 있도록 진로에 대한 방향을 세우고 선택하며, 그에 대한 준비를 하고 선택한 진로에 들어가 계속적인 발달을 꾀할 수 있도록 돕기 위하여 제공되는 일체의 경험으로 정의하고 있다. 5)

필자는 위와 같은 정의에 따라 진로교육을 진로지도와 취업지도를 포함하는 가이던스의 한 영역으로서 진학지도와 직업지도를 포함하는 개념으로 본다. 즉 학생 개개인의 자신의 흥미와 적성, 능력과 의욕, 환경에 알맞은 진학 및 직업과정을 인식, 탐색, 선택, 계획, 준비과정을 통하여 현명하게 적용하도록 기회를 마련해 주고, 개인의 장래생활을 만족하고 풍요롭게 지도해 줌으로써 선택한 진학 및 직업에 들어가서는 자신의 잠재능력을 최대한으로 발휘하여 주어진 환경에 적극 적응하여 보람과 긍지를 느끼며 저마다의 행복한 인생을 누리도록 지도하는 조직적이고도 체계적인 교육활동 프로그램이라고 정의를 내린다.※

---

2) 筆者가 진로교육에 대한 관심과 연구에 의한 결과 나름대로 원칙을 새 워 본 내용이다.
3) Larry J. Bailey & Ronald Stadt, Career Education : Human Perspectives, Illinois : Mcknight Publishing Co., 1973. p. 347
4) 한국교육개발원, 진로교육자료, 서울: 한국교육개발원, 1982, p . 11.
5) Bailey & Stadt, Op. Cit., p. 347 또는 한국교육개발원. 전게서, p. 11.
※ 필자는 진로교육의 필요성을 역설하고 우리 교육계에 적극 이용되어야

그러므로 결국 진로교육의 핵심은 전인교육을 추진하기 위함이고 개개인의 자아실현을 위한 준비과정이며 개인의 능력, 적성, 흥미와 인성에 알맞게 최대한으로 신장됨으로써 인력양성의 효율화를 기하고 적재적소에 배치되는 인력구조에 따라 인력수급정책에도 도움이 될 뿐 아니라 지나치게 과열된 난장판의 대학입시 교육현황도 자연히 해소될 수 있으리라 믿는다. 진로교육은 또한 학교교육(schooling)의 범주에 포함되는 영역으로서의 「가치관 교육」, 「태도 교육」, 「창의성 개발교육」등이 학교교육에서의 중요한 기능을 하고 있는 것과 같이 학교교육의 중요한 기능을 충분히 수행한다고 보겠다.

각급학교에서 진로교육을 실시하려면 우선적으로 진로교육의 중요성을 이해하고 학교운영 관리책임자인 학교장의 주도하에 진로교육 목표에 제시된 내용에 근거하여 별도로 교과시간을 마련하여 진로교육 담당자를 배치하며 정규교과와 함께 실시해야 할 것이다. 그런데 현재 우리나라 학교의 여건으로 보아 그러한 인적 자원이 준비된 상태가 아니기 때문에 잠정적으로 초등학교에서는 학급담임이 겸임해야 하겠고 중고등학교에서는 생활지도교사 또는 교도주임, 카운슬러들이 상담업무와 함께 진로교육실시에 앞장서야 될 것이다. 아울러 교과담당교사가 교과시간에 함께 진로와 관련된 내용으로 지도해야 한다. 그러나 아직 진로교육 프로그램이 충분하게 개발되지 않은 상태이어서 잠정적으로 한국교육개발원이 개발한 「진로교육자료」를 중심으로 전개해 나가야 되겠다.

따라서 학교급별 진로교육의 내용체계를 소개하면 다음과 같다.6)

위와 같은 내용체계에 따라 특별활동시간 또는 자율학습시간에 진로의 인식, 탐색, 준비계획단계로서의 단계별 교육내용을 직업의 세

한다고 누누이 강조해 왔다. 그동안 연구과정에서 얻어진 결론은 미국에서 보급되고 있는 진로교육의 정의를 토대로 하여 자신의, 강의를 통해 보완된 내용을 정리하여 위와 같이 결론을 얻었다.

6) 한국교육개발원, 전게서, **p. 15.**

계와 관련시켜 지도해야 한다.

나. 진로교육의 내용

진로교육은 생애발달에 근거를 두고 개인의 발달은 진로발달단계에 따라 초등학교에서는 진로인식단계, 중학교에서는 진로탐색단계, 고등학교에서는 진로준비단계, 대학에서는 진로전문화단계로 구분하여 진학 및 직업준비교육을 시키도록 한다. 오레건(Oregon) 주의 진로교육 모델은 미국 문교부의 진로교육모델을 바탕으로 「표 1」에 표시한 바와 같이 4단계로 구분하고 있다. 이같은 진로교육단계를 도식화하면 다음과 같다.

학교급별 진로교육 내용체계

영 역	초 등 학 교	중 학 교	고 등 학 교
I. 자아의 발견	○자신의 소질, 흥미 발견	○자신의 능력, 적성에 대한 이해	○자신의 직업 적성, 주위 여건, 역할에 대한 자각
II. 일의 세계 1. 직업의 종류와 내용 2. 직업과 교육	○사람과 일 ○산업과 직업 ○사회적 분업과 직업 ○일과 직업수행을 위한 지식, 기술 습득의 필요성	○산업 및 직업 분류 ○현대사회와 직업 ○직업생활을 위한 준비로서의 교육	○직업구조의 변화 ○직업별 직무 및 전망 ○직업별로 요구되는 교육의 정도 및 내용
III. 진로 계획 1. 선택 계획 2. 준비 계획	○장래의 희망, 포부 설정 ○장래 희망을 성취하기 위한 방법 구상	○장래의 잠정적인 직업 계획 수립 ○진학 및 직업 준비 계획	○구체적인 진로 계획과 선택 ○전학 및 직업 준비 계획
IV. 일에 대한 태도 및 가치관	○일의 소중함 ○일의 보람	○직업의 의의, 필요성 ○바람직한 직업 선정의 조건	○건전한 직업관 ○직업 및 직장 윤리

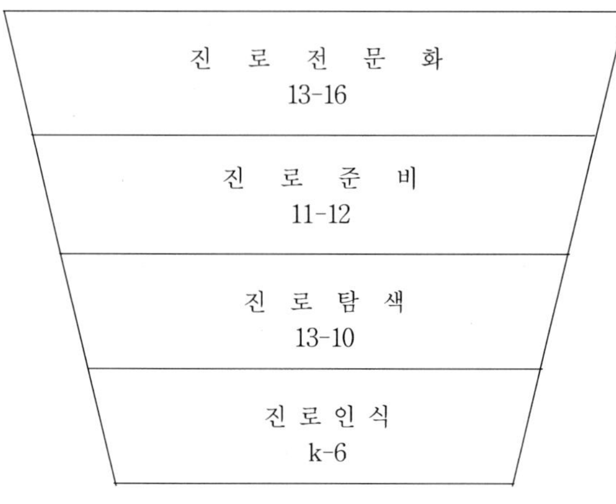

[표 1] 오레건 주 진료교육모델[7]

이와 같은 모델을 근거로 하여 한국교육개발원 진로교육연구팀은
다음과 같이 종합적으로 이에 대한 개념구조모형을 마련하였다.

---

7) John B. Stevenson, An Introduction to Career Educatlon, Washington,
Ohio : Charles A . Jones Publishing Co. ; 1973. p. 90. 또는 David L
.gesser, Career Educat-lon : A Priority of the Chief Stale Schhl
Officers, Utah Olympus Publishing Co., 1976, p. 96.

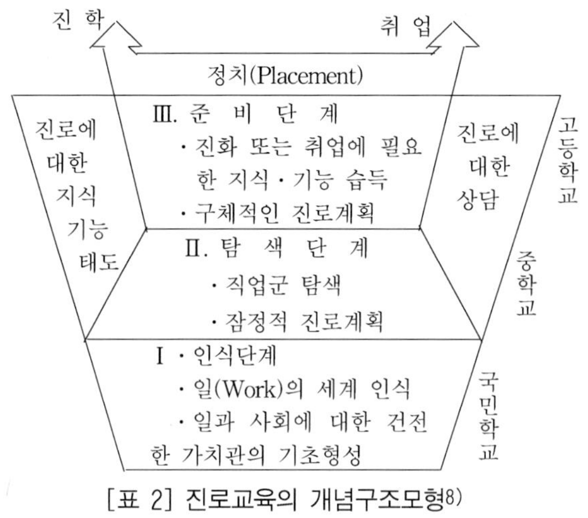

[표 2] 진로교육의 개념구조모형8)

앞의 모형에 의거하여 단계별 교육내용을 소개하면 다음과 같다.

(1) 진로인식단계(Career awareness)

이 단계는 주로 초등학교 수준에서 이루어져야 하며 ① 가능한 여러 가지 직업의 종류를 이해시키고 ② 잠정적 진로에서 직업과 관련하여 자아인식을 개발시키며 ③ 일과 사회에 대한 태도를 함양하기 위한 기반을 발전시키며 ④ 모든 분야에 있어서 직업인에 대한 존경과 인정의 태도를 기르며 ⑤ 학교수업을 통하여 직업군(Occupational cluster)을 이해하고 잠정적으로 선택할 수 있는 기회를 갖도록 도와주고 있다.

---

8) 한국교육개발원, 학습과 일의 세계, 서울 : 한국교육개발원, 1983. p. 29.

(2) 진로탐색단계(Career exploration)

이 단계는 중학교 수준의 단계로서 학생들로 하여금 ① 주요 직업 분야를 탐색하여 자신의 흥미와 능력을 발휘하도록 하고 ② 직업의 분류 및 직업군에 익숙토록 하며 ③ 자기의 의사결정에 관련된 요소를 인식하도록 하며 ④ 의미있는 의사 결정과 그 기회를 가지도록 하며 ⑤ 잠정적으로 직업계획을 발전시키고 선택할 수 있는 경험을 제공해 준다.

(3) 진로준비단계(Career preparation)

이 단계는 고등학교 단계의 교육으로서 학생으로 하여금 ① 직업 기술의 습득기준과 고용수준에 도달할 수 있는 지식과 기술을 습득케 하며 ② 직업의 훈련계획을 세우게 하고 ③ 직업에 대한 긍정적 태도를 발전시켜 주는 일이 포함된다.9)

고등학교 수준에서는 진학과 직업선택의 두 갈래길로 나아가게 되므로 대학진학에 임하는 학생들은 진학지도의 과정 모형에 제시한 준비와 탐색단계의 방향으로 나아가야 되기 때문에 「표 3」과 같은 진학방향의 준비모델을 제시하고자 한다.10)

고등학교가 완성교육인 실업계 고등학교에서는 진로선택의 과정을 다음과 같은 도식에 따라 지도하고 결정한다.11)

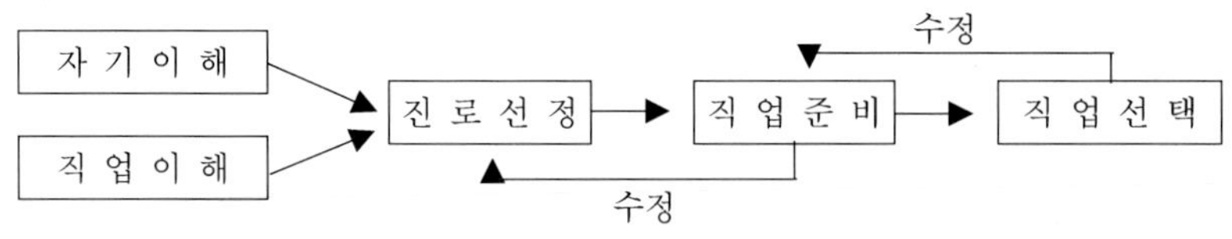

---

9) 金忠起, 生涯敎育의 基礎, 서울: 敎學硏究社, 1984, pp. 50-52.
　　또는 한국교육개발원, 학습과 일의 세계, pp . 29-30 참조.
10) 安昌一,"進學指導의 기술", 일반계 고등학생의 진로지도, 서울 : 유네스코 한국위원회, 1984. 6. p. 134.
11) 이정근, 진로지도 슬라이드, 서울 : 서울특별시 교육연구원, 1982, p. 4.

「표 3」 진학지도의 과정 모형

준비단계		탐색단계	결정단계
학 생 의 내면세계	주관적 요인	인생관, 가치관, 욕구, 태도, 자아개념, 이상	
	객관적 요인	지능, 적성, 홍미, 성격, 성취동기, 성적, 신체조건	
환 경	학 생	부모의 기대, 가정경제조건, 성장사, 교사영향, 생활근거지	
	직 업	변천, 기계공학, 수요, 사회의 경제사정, 조건, 기회전망	
직업세계	종 류 — 자료 / 인간 / 기계	전문직, 기술직, 서기직, 노동직	
	교 육	중등교원, 전문대학, 대학, 대학원, 특수교육	

결정단계 —
상담 : 목표 · 직업군 · 학교수준 · 학과 · 대학명 · 가능성 →
인문계, 자연계, 공학계, 진학방향결정, 의·약계, 사회계, 예·체능계 →
직업세계

각급학교에서 공통적으로 이해하고 추진되어야 할 직업의 세계 (world of work)는 미국의 문교부(U. S. O. E)에서 15개 직업군으로 분류하였는데 그 직업군은 다음과 같다.[12]

① 농업경영직(agri - business)

② 자연자원직(natural resources)

③ 기업 및 사무직(busines and office)

④ 방송 · 통신직(communication and media)

---

12) Rupet N. Evans, Career Education and Vocational Educahon : Similarities and Contrasts, Unpublished Printed Materials, Univesity of I1linois, Urbana Champargn, 1974, p. 2. 또는 金忠起, "平生敎育에 비추어본 中學校의 生涯敎育, 學術誌 第251輯, 1981, p. 14.

⑤ 소비와 가정교육직(consumer and homemaking education)

⑥ 건설직(construction)

⑦ 환경통제직 (environmental control)

⑧ 예술과 인물과학직(fine arts and humanities)

⑨ 건강교육직(health)

⑩ 관광업(hospitality and recrahon)

⑪ 제조업직(manufacturing)

⑫ 해양 우주과학직(marine science)

⑬ 유통업직(marketing and distribuhon)

⑭ 개인봉사직(personal service)

⑮ 공공봉사 및 교통업직(public service and transportation)

우리나라에서는 1974년 경제기획원에서 직업의 세계를"한국직업분류"란 명칭으로 직업군을 9가지로 분류하고 있다. 그것은 전문직, 행정관리직, 사무관리직, 생산직, 봉사직, 교통체신직, 농·공·상·수산·수렵직, 판매직, 노동직 등이다.13)

이와 같은 직업군을 학생들에게 자세히 명시하고 각 직업군에 속하는 직업의 종류를 제시하고 그 직업에 관한 정보를 알려 준다.

3. 진로교육계획과 전개과정

가. 진로계획(career planning)

진로계획은 인생계획의 하위개념이며 직업계획 보다는 상위개념이다. 누구나 진학계획과 직업준비계획을 세워 계획대로 실천해 나가야 하는 것이 다양한 과제이다. 진로(career)란 좁은 의미로는 직업

---

13) 한국경제기획원, 한국표준직업분류, 1974 참조.

(vcation)으로 통용되고 있으나 넓은 개념으로 해석하면 인간이 일생을 통하여 전개되는 일의 총체를 가리키는 보편적인 생활유형을 말한다. 계획이란 구체적인 목적을 효율적으로 달성하기 위한 미래지향적 인간행동의 순서 또는 절차이며 수단과 방법을 합리적으로 연결시키는 지적 준비과정이다.

진로계획은 이와 같이 개인이 장차 종사하고자 하는 직업분야(대학진학에 있어서는 전공분야의 선택)를 선택하고 그 분야에서 요구되는 일을 능률적으로 수행하기 위한 수단과 방법을 합리적으로 연결시키는 지적 준비이다.14)

이러한 준비과정은 고등학교 시절부터 이루어져야 한다. 실업고등학교에서는 고등학교가 완성교육이기 때문에 중학교부터 진로계획을 세워야할 것이다.

진로교육의 효율화는 다음과 같은 기본적인 요소가 고려되어야 한다.15)

① 개인이 자신을 위한 직업선택에서의 자유는 민주주의의 기본이며, 개인을 최대로 성장하게 하는 데 필요하다.

② 직업선택에 있어서 개인차가 고려되어야 한다.

③ 산업인력구조 면에서 볼 때, 모든 사람에게는 적합한 일자리가 있다.

④ 직업에 관하여 계획하고 결정하며 직무능력을 갖는 것은 개인의 존엄성과 미래에 도움이 된다.

⑤ 개인은 자신의 재능에 대한 가치를 잘 이해하여야 한다.

⑥ 직업이나 진로의 선택은 성장발달의 한 부분이고 이에 영향을 받는다.

---

14) 李定根, 進路指導와 進路相談, 서울 : 中央適性硏究所, 1978, pp. 138-139.

15) 李茂根, 實業技術敎育論, 서울 : 培英社, 1982, pp. 260-261, Refer to R . N. Evans & E. L. Herr, pp. 171-172. 재인용.

⑦ 직업의 선택은 너무나 복잡하기 때문에 대부분의 사람들은 직업상담을 필요로 한다.

⑧ 개인의 통합성의 보존은 개인이 어떤 특수한 방향으로만 나아가게 하는 것을 부정한다.

⑨ 생애개발에 내재하는 이론은 민주적인 가치와 일치하여야 한다.

⑩ 생애개발은 발달과업의 단계별에 따른 학습과제로 표현될 수 있다.

⑪ 생애개발에 필요한 지식, 기능, 태도를 설정하여 이를 직업지도에 강조할 수 있다.

⑫ 학생이나 성인이 생애개발을 위해 획득해야 할 기본요소는 다음과 같다. 즉,

    ⓐ 진로선택의 필요성에 대한 이해

    ⓑ 직업선택시 고려되어야 할 요인에 대한 이해

    ⓒ 자원(resource)의 활용

    ⓓ 직업목표에 영향을 미칠 수 있는 여러가지 예기치 않은 사항에 대한 이해

    ⓔ 현재와 미래의 관련성에 대한 이해

    ⓕ 선택한 직업에 대한 정보 파악

    ⓖ 선택한 직업에 대한 계획 등이다.

이와 같은 내용을 요약하면 ① 자아개념의 구체화 ② 일의 세계 **(World of work)**에 대한 이해 ③ 진로계획에 대한 책임감 ④ 의사결정 능력 ⑤ 협동적인 사회적 행동 ⑥ 일에 대한 태도 등을 포함하는 프로그램이 전개되어야 할 것이다.16)

위와같은 기본전제하에 진로계획은 개인의 성향, 특수능력, 독특한 열망 등을 기초로 시작이 되는 개인적인 과업이다.17)

---

16) John B. Stevenson, Op. Cit ., pp. 84-85.

17) 황응연, 李定根, 中等學校進路指導 프로그램 開發에 관한 연구, 서울 : 梨花女大大學校, 1981. 7. p. 59.

나는 학교교육을 더 받아야 하는가? 그렇다면 어떤 분야의 교육을 받을 것인가? 만일 상급학교에 진학한다면, 어느 학교, 어떤 종류의 무슨 공부를 할 것인가? 상급학교에 진학할 수 있는 능력과 재정적인 여유는 있는가? 만일 졸업 후 취업할 것이라면 어떻게 하면 원하는 직업에 종사할 수 있을 것인가? 취업에 대한 준비나 적성, 능력, 흥미 또는 인생에 알맞은 것인가를 탐색하고 준비가 되었는가? 이러한 질문에 대한 해결이 완벽하게 이루어지도록 진로계획을 구체화시켜야 한다. 따라서 다음과 같은 원리를 주지시켜 줄 필요가 있다.

① 장래에 하고 싶은 일을 한꺼번에 결정하려고 하는 것은 현명한 처사가 아니다. 폭넓은 진로의 방향 즉 자기가 일생동안 추구해 나갈 직업분야만을 결정하고 이에 대한 준비를 해 나가도록 권장할 필요가 있다.

② 금전이 아무리 자신에게 중요한 의미를 지닌다 해도 그것이 자신의 진로선택을 지배해서는 안된다.

③ 자신의 열망이 가장 좋은 출발점이다. 즉, 자신의 적성, 능력, 흥미, 성격에 알맞은 열망(aspiration)을 찾아 직업의 선택과 준비에 임해야 될 것이 기본전제로서 검토를 해 보아야 한다.18)

진로계획은 각종의 정확한 정보를 중심으로 논리적이고 체계적인 사고과정을 거쳐 수립되는 것이 원칙이다. 일반적으로 이 방법을 제시해 보면 ① 자신의 재능을 발견하라 ② 자기가 가지고 있는 기술을 분류해 보라 ③ 장래의 목표를 설정하라 ④ 직업의 세계를 조사하여 자신의 적성과 흥미와 능력을 맞추어 보라 ⑤ 집중하여 자신의 행동계획을 실천하라 ⑥ 수많은 경쟁자의 이력서(resume)를 물리칠 수 있는 개인의 창조적인 계획안(proposal)을 세워라 등을 제시할 수 있다.19)

---

18) 李定根, 前揭書, pp. 140-145.
19) Robert I. Rad in, Full Postential : Your Career and Life Planting workbook, New York : McGraw－Hill Book Co., 1983.

위와같은 진로계획 또는 진로설계를 실천하기 위해서 사전에 해야 할 과제들은 다음과 같다.

진로의 발견(career detection)은 어떻게 할 것인가?

진로발견을 하려면 우선 미래에 자기에게 가장 적합한 환상적인 직업은 무엇인가를 찾아야 한다. 장차 무엇이 될 것인가, 나는 무엇인가, 나의 소질은 무엇인가, 나의 능력과 흥미는 어디에 있는 것인가를 확실하게 미리 발견할 수 있는 진로인식의 단계를 거쳐야 한다.[20]

어떠한 문제이든 간에 과학적이고 객관적인 토대 위에 자신의 진로를 결정하기 위해서는 ① 현실 또는 사실의 관찰과 분석 ② 문제의 정의 및 가능한 해결방안 모색 ③ 가능한 해결방안에 대한 실증적 자료의 확보 ④ 실증적 자료에 의한 결론 도출이다. 이것을 Reilly는 4단계로 나누어 설명하고 있다.[21] 1단계는 개인의 열망, 기본능력, 인간관계에 대한 관찰과 분석, 2단계는 개인의 진로문제를 명확히 정의하고 그 해결방안 모색, 3단계는 가능한 해결방안에 대한 신빙성있는 정보수집, 4단계는 수집된 정보를 평가하고 그로부터 진로목적에 대한 결론도출 등이다. 이와 같은 진로계획을 세울 때에는 자신의 열망, 능력, 취향, 인성, 가정적 여건, 직업세계의 본질과 동향, 그리고 진로에서의 성공가능성, 위험부담 등을 분석한 후에 어느 한 진로를 선택하고 그 진로가 자기에게 가치있고 적합하다고 판단될 때 그 진로에 대한 결정을 하고 준비계획에 들어가야 한다.

나. 진로지도 전개과정

앞에서도 언급이 되었으나 진로지도상의 가장 중요한 요체는 최적

---

20) Louise Welsh Schrank, Life: A Practical Guide to Successful Career Planning, Skokie, Ill: VGM Career Hohzons, 1982, p. 63.
21) 李定根, 前揭書, p. 145.

한 방법으로 학생 개인의 잠재능력이 신장되도록 계속적으로 고안하고 유의해나가는 데 있다. 전개과정은 다음과 같은 순서로 진행되어야 한다.

① 자기이해 ② 직업이해 ③ 진로와 학습 ④ 의사결정 ⑤ 직업준비 ⑥ 진로결정 ⑦ 역할수행 ⑧ 사회 속의 나 등으로 전개된다.[22]

(1) 자기이해

자기이해는 "나"는 누구인가?를 검토하는 과정이다. 개인성장에 있어서 최적한 방법은 그의 신체적 특성, 정신적 특성과 그의 가정환경의 조건을 종합적으로 이해하는 데서 시작되어야 한다. 쉽게 말해서 주제파악이 이루어져야 한다.

신체적 조건에서는 체질, 체력, 체격, 건강상태 등이 직업선택에 있어서 어느 정도 적합한가를 객관적으로 파악하는 과정이다. 정신적 조건은 지능, 적성, 흥미, 특기, 성격 등을 측정하고 객관적 자아를 파악하고 이해한다. 가정여건에 있어서는 사회경제적 조건, 부모의 교육정도와 직업수준, 부모의 기대와 역할, 형제관계 등이 작용된다.

(2) 직업이해

직업의 세계를 이해하고 직업은 인간이 일생을 살아가는 생활의 수단이면서 동시에 자기실현의 과정으로서 중요하고 필요한 요소임을 인식하도록 지도한다. 진로의 선택은 다양하고 급속도로 변화하는 수많은 직업 중에서 어느 한 직업을 자기와 결부시켜 인식하면서 시작된다. 어느 직업에 대해서 이해를 하려면 ① 그 직업의 성질 ② 작업조건 ③ 요구하는 교육 및 훈련정도 ④ 승진관계 ⑥ 장래의 전망(인력수급문제) ⑦ 기타 해당 작업의 정보자료 등 이들을 포함한

---

22) 金忠起, 進路敎育의 本質, 서울 : 平民社, 1984, pp. 56-62. 또는 서울特別市 敎育硏 究院, 進路指導 슬라이드, 1981, pp. 26-30참조.

직무분석을 이해하여야 한다.

(3) 진로와 학습

학생들은 자기자신을 정확히 이해하고 직업의 세계에 대한 내용정보를 터득한 후에 교육과 훈련과의 관계를 자각하게 한다. 첫째, 자기 자신의 진로와 학습관계를 이해하고, 둘째, 학습방법과 진로성취와의 관계를 이해하며 셋째, 특별교육이나 훈련을 통한 직업역할수행의 중요성을 이해한다. 따라서 학교생활은 뜻있고 생산적인 활동이 될 수 있어 면학기풍이 진작될 것이며 성실한 학교생활이 유지될 것이다.

(4) 의사결정

이 단계에서는 "나에게 알맞은 직업은 무엇인가"라는 문제에 도달하여 스스로 계획하고 검토 수정하는 과정을 거쳐 앞으로의 진로방향에 결정을 내릴 수 있을 단계에 이르게 해야 된다. 직업의 변화, 경제조직에 「나」를 결부하여 다시 진로탐색에 투입하여 부적합한 영역에 대해 수정하는 과정을 거쳐 비로소 진로에 대한 의사결정을 하게 된다.

(5) 직업준비

직업에 대한 의사결정이 이룩된 후에는 직업훈련에 착수하는 일이 남는다. 실제로 작업현장에서 기술습득을 위해 체험을 갖도록 여건을 마련해 주어야 한다. 「기능공」이란 직업에 흥미가 있었다면, 기능공으로서의 직업의 성질, 작업조건, 자격요건, 훈련, 보수, 승진, 전망에 대한 실제적인 체험을 활발하게 경험하는 단계이다.

(6) 진로결정

이제 이 학생은 진로 즉 직업이 확정되어 고용 조건을 갖추고 직업인으로서의 역할 수행이 가능하게 된다.

(7) 역할수행

이 과정은 생산적 직업인으로서의 자신이 좋아하는 직업을 선택하여 훈련을 받았고 또한 그 분야에 종사함으로써 만족한 삶을 누릴 수 있게 되었다면 자기 나름대로 성공한 것이다. 따라서 자기의 능력을 최대한으로 발휘하면서 직업에 대한 긍지와 자부심도 느끼게 될 것이고 어떤 면에서는 사명감도 갖게 될 것이다.

(8) 사회 속의 나

"사회 속의 나"라는 인식을 통해 나와 직업은 매우 밀접한 관계를 가지고 있으며 나의 역할이 사회에 어떠한 공헌을 하고 있는가에 대한 가치관을 갖도록 한다. 즉, 나는 직업인으로서 가정, 사회, 국가를 위해 무엇을 해야하며 나아가 인류평화에 어떻게 공헌할 수 있는가를 재인식 하도록하여 자기존재의 귀중함을 깨닫도록 한다.

위와 같은 전개과정은 진로발달이론에 근거한 **Donald Super**의 직업발달단계에 맞추어 지도되어야 한다.[23] **Tolbert** 는 진로발달 요인을 ① 직업적성 ② 직업적 흥미 ③ 인성 ④ 직업성숙도 ⑤ 학업성취 ⑥ 가정배경 ⑦신체적 조건 ⑧ 교육정도 ⑨ 경제조건 등이 중요하다고 강조한다. 이러한 요인들이 복합적으로 작용할 때 진로지도 전개과정에 효과를 기대할 수 있다.

---

23) E. L. Tolbert, Counseling for Career Development, Boston : Houghton, MiffliCo., 1980, p. 100.

4. 진로정보(Career information)의 제공

가. 진로정보란?

진로교육을 전개하는 데 필수적 요소는 진로정보를 발달의 단계에 알맞게 제공하는 것이다. 진로정보란 교육정보, 각종의 직업정보, 개인사회적 정보를 포함하여 학생들이 문제에 직면해서 장래의 계획이나 의사결정을 할 때 자기와 자기를 둘러싼 생활환경을 이해하는 데 필요한 모든 사실과 정보를 제공해 주는 여러 가지 활동을 말한다.24)

현대사회는 정보화사회라고 미국의 사회예보가인 **John Naisbitt**는 그의 저서 『제4의 물결』에서25) 강조하고 있는 바와 같이 우리는 정보의 홍수 속에 살고 있다. 과거의 단순했던 농본사회와는 달리 산업사회는 새로운 정보를 요구하고 모든 분야에서 필요로 하므로 수많은 정보의 필요성을 학교에서도 갈구하게 되었다. 정보에 민감하지 못하면 그만큼 학업성취에 있어서나 진학과정에 있어서나 직업선택 또는 사회생활 속에서 대인관계, 성취동기, 진로관, 가치관 형성에 있어서 부족함을 느끼게 된다. 그러므로 진로정보는 학생들이 필수적으로 필요로 하는 요소이다.

그러면, 진로정보에는 어떠한 것이 있는가? 진로정보는 다음과 같은 자료에서 찾을 수 있다.

① 학생 자신의 개성 및 가정환경에 대한 이해자료

② 변천하는 일의 세계에 대한 이해자료

---

24) Will a Norris, Raymond Hatch, James R. Engelkes, and Bob Winbm, The Career Information Service, 4 th Ed. Chicago : Rand McNaly & Company, 1979, p. 26.
25) John Naisbitt, The Megatrends, New York : A Warner Communications Company. 1984.

③ 상급학교 선택에 관한 제반 자료
④ 구체적으로 직업, 취업이나 진학을 준비하는 데 필요한 지식체계
⑤ 장래의 자기실현에 필요한 사전지식 등이다.26)
그러면 구체적으로 진로정보의 영역은 크게 3가지로 나눌 수 있다.

(1) 교육정보(educational information)

Norris, Hatch, Engelkes, Winbom 등은 「교육정보에는 이수해야할 교육과정, 특별과정, 입학조건과 학생생활에 관계되는 문제와 조건들을 포함하는 현재와 미래에 있을 수 있는 교육기회에 관한 유용하고도 타당한 자료들이 포함된다」고 정의하면서 교육과 훈련의 기회에 관한 자료를 뜻하는 것으로 보고 있다.27) 이러한 자료들은 학생들의 자기의 교육계획을 합리적으로 세우고, 교육과 학습의 기회를 최대한으로 활용하기 위하여 알아 두어야 할 사항들이다. 이러한 자료들은 교과 및 교육과정, 교칙, 클럽과 사회적 활동, 교육가치, 상급학교 준비, 진학에 필요한 조건과 비용, 면학을 위한 시설과 설비, 학습습관 및 요령, 도서관 이용법, 장학제도, 졸업 후의 계속교육 등이다.

진학정보에 포함되어야 할 항목들은 진학할 대학과 학과의 성질, 학과에서 배우게 될 학문의 성질, 개인의 적성과 능력, 진학할 학과에 소요되는 경비, 졸업 후의 전망, 입학조건과 의무, 개인의 경제사정과 가정형편 등이다.28)

교육정보자료에는 진로선택백과, 진로교육자료, 대학안내자료, 나는 전공학과를 말한다. 유학정보지, 고교생 진로안내백과, 대학요람, 대학신문 문교부 간행물, 연구소연구지, 논문집, 진로지도 교육방송, TV, 라디오, 신문, 잡지, 대학입시, 진학사, 수험생활 월간지 등을 포함할 수 있다.

---

26) 李定根, 前揭書, p. 80.
27) Norris, et, al., Op. Cit., pp. 26-27.
28) 황응연, 尹のぽ俊, 現代生活指導論, 서울 : 教育出版社, 1983.

(2) 직업정보(ocupational information)

Norhs와 그의 동료들은 직업정보를 「직업과 직위에 대한 타당하고도 유용한 자료를 의미한다. 여기에는 취업에 필요한 자격요건과 의무, 작업조건, 보수, 승진, 현재 또는 앞으로의 수용 및 증원계획 그리고 더 필요한 정보의 원천 등이 포함된다[29]」고 한다.

직업정보자료에는 각 부처에서 발행하는 정부간행물, 각종 전문단체나 기업단체에서 발간하는 간행물, 직업에 관계되는 단행본, 직업사전, 코리아 리쿠르트, 직장인, 직업의 세계, 직업정보, 연감, 기업연감, 직업전망사전, 기타 취업정보자료 등이 있다.

(3) 개인, 사회적 정보(personal-social information)

이 정보는 「개인과 인간관계에 작용하는 인간적·물리적 환경에 영향」을 미치는 타당하고도 유용한 자료이다. 이것은 학생 개개인이 자신을 보다 잘 이해하고 발전시키는 데 필요한 정보를 망라한다. 여기에 포함될 수 있는 것은 자신의 이해와 남과 어울리는 것에 관한 정보, 즉 남녀간의 관계, 예의와 에티켓, 여가활동, 외모와 복장, 사교술, 가정에서의 인간관계, 대인관계, 금전적 계획, 건강생활에 관계되는 사실들이다.[30]

여기에 관련된 정보자료는 건강 및 신체발달기록, 발달심리 및 인성심리에 관한 서적, 정신위생, 성교육에 관계되는 도서, 청소년 발달에 관계되는 연구물, 여가활동, 에티켓, 성취동기에 관련된 책자, 극기교육에 관련된 정보자료, 위인들의 전기, 자서전, 처세술, 윤리와 도덕, 교훈, 조직행동에 관련된 책자, 진로관 형성을 위한 가정, 학교, 사회교육 등 다양하다.

---

29) Norris, et, al., Op. Cit., pp. 25-26.
30) Ibid., p. 27.

나. 진로정보 전달방법

학생들에게 진로정보를 전달하는 방법에는 여러 가지가 있다.

① 인쇄매체를 통하여 정보를 제공한다.

② TV, Radio, 신문 등 시청각 매체를 통하여 전달한다.

③ 강연회, 토론회, 진로의 날(career day) 행사를 통하여 진로를 인식하고 탐색한다.

④ 면접, 상담을 통하여 개별적으로 직업의 세계 및 진학정보 등 진로정보를 토론하고 대담한다.

⑤ 흉내내기(simulation)에 의한 방법으로 게임이나 역할극(role playing)을 통하여 직업에 대한 간접경험을 제공한다.

⑥ 견학(field trip)을 통하여 공장이나 회사, 기업체, 산업체 등에서 일하는 과정을 관찰, 참가해 봄으로써 직업에 대한 간접경험을 풍부하게 가질 수 있도록 한다.

⑦ 정규학교 교육과정을 통하여 단계별로 직업세계에 대한 준비와 이해를 강조하며 이론을 전개한다.

⑧ 현장실습을 통하여 직업의 세계를 바로 이해하며 배운 직업내용을 실습을 통하여 자기에게 적합한지 여부를 점검할 기회를 가져다준다.[31]

그밖에 진로담당교사의 창의성에 따라 자율적으로 연간계획표를 작성하여 순서대로 적극 실천에 옮기도록 한다. 이러한 지도방법을 위해서는 진로정보실(career resource center)을 학교 내에 설치하고 모든 진로정보자료를 수집, 보관, 체계적 열람, 개인별 진로상담 등을 주기적으로 실시하여야 한다.

---

31) 李定根, 前揭書, pp. 97-106.

5. 요약 및 결론

진로교육은 광의의 직업교육이며 직업적성교육이다. 저마다 타고난 잠재가능성(potentiality)을 최대한으로 개발하여 적성, 흥미, 능력, 인성에 알맞게 지도되어 진로발달단계에 따라 진로의 인식, 진로의 탐색, 진로의 준비과정을 거쳐 직업에 들어가서는 적재적소에 배치되어 만족하고 행복한 삶을 누릴 수 있도록 체계적으로 도와주는 종합교육과정으로서 전인교육을 향한 기초 작업이다.

이 교육은 1970년대 초 미국에서 당면한 교육의 문제점을 시정하기 위해 새로이 고안된 교육이다. 당시 미국의 문교부 교육위원인 Sidney P. Marland에 의해 제창되어 전국 교육계에 보급되었다.

우리나라에서는 1978년 필자의 「생애교육의 이론적 접근」이란 논문의 발표를 계기로 하여 우리나라 교육계에 진로교육의 필요성을 제창하면서 도입에 박차를 가하여 오늘에 이르고 있다.

그동안 1982년에 한국교육개발원에서는 문교부의 지원을 받아 진로교육의 중요성을 인정하고 연구를 서둘러 왔다. 그리고 문교부는 각급학교에 진로교육 충실화란 제목으로 교육과정에 삽입되었고 철저한 지도가 이루어지도록 제시한 바 있고 5개년에 걸쳐 진로교육 프로그램개발에 전념하고 있다.

본문의 구성은 현재 우리나라 교육계의 병폐로 지적되는 눈치대학, 배짱학과로 지목되고 있는 대학입시의 난맥상을 효율적으로 치유하는 방법의 일환으로서도 필요하고 적재적소에 알맞은 유능한 생활인의 육성을 위해서도 필요한 진로교육의 실제지도에 대하여 서술하였다.

따라서 진로교육의 원리와 내용을 소개하여 학생과 교사들의 이해를 돕고자 하였으며 진로교육의 계획과 전개과정을 통하여 진로교육을 실천의 방안으로 삼았다. 그리고 진로정보를 제시하여 학생들이 익숙하도록 하였으며 진로교육이 원만히 이루어질 때 개인의 인력을 충분히 발휘하고 활동할 수 있는 이점을 제공하였다. 진로교육은 개인능력을 최대한 발휘하여 적소에 알맞은 지도를 통하여 인력을 낭비하지 않고 저마다 소유하고 있는 잠재력을 개발할 수 있으며 궁극의 목적은 장차 생활인으로서 생계유지와 건전한 사회봉사, 그리고 자아실현에 초점을 두고 선택한 직업에 만족하고 행복한 삶을 누릴 수 있는 데 주안점을 둔 교육이다.

결국 진로지도교육이 우리나라 교육활동에 정착화되어 적극 실천이 될 때 개인의 능력에 알맞은 직업선택으로 만족스런 삶을 구가하며 행복한 삶을 누릴 수 있는 계기가 될 것으로 믿는다.

인간은 불길이 위로 오르고 돌멩이가 아래로 떨어지듯이 행복하기 위해 태어났다.

아무런 일에도 종사하고 있지 않음은 인간에 있어서는 이 세상에 존재하지 않음과 마찬가지다.

「셰익스피어」

인생은 누구에게도 편안한 것은 아니다.

그러나 그러한 것은 아무렇지도 않다. 인내와 특히 자신을 갖는 것이 필요하다. 우리는 무엇이든 재능을 가지고 있다는 것, 그리고 무엇인가에 어떠한 희생을 치를지라도 도달하지 않아서는 안된다는 것을 믿지 않아서는 안된다.

「퀴리부인」

삶의 권리를 위한 온갖 희생을 치를 때 우리는 자유를 획득한다.

「타고르」

반짝이는 등대가 바다에 뜬 크고 작은 배들에게 갈 길을 보여 주는 것같이, 빛나는 인격은 사람들에게 살 길을 보여 준다.

「에픽테토스」

꽃에 향기가 있듯이 사람에게도 품격이란 것이 있다. 그러나 꽃도 그 생명이 생생할 때에는 향기가 신선하듯이 사람도 그 마음이 밝지 못하면 품격을 보전하기 어렵다. 썩은 백합꽃은 잡초보다 오히려 그 냄새가 고약하다.

「셰익스피어」

第 6 章 進路計劃樹立

1. 서 론

일찍이 아리스토텔레스는 누구에게 있어서나 삶의 궁극 목적은 "행복"이라고 언명한 바 있다. 사람들은 각각 다른 길목에서 무엇인가를 성취하고자 애쓰고 있지만 결국에 가서는 모두가 행복을 얻고자 꾀하고 있다는 점에서 같다는 것이다. 행복이란 즐겁고 안온하며 근심 걱정 없이 만족한 삶과 보람과 긍지를 느끼면서 나름대로 노력하는 것이다.

그러면 이러한 행복의 조건을 어떻게 찾을 수 있을 것인가? 인간은 누구나 성공하고 싶어하고 참된 행복을 추구하고자 한다. 그 행복은 각자 나름대로의 가치관에 따라 다르며 창조적 삶을 이룩하는 데 있는 것이다.

어떻게 사는 것이 가장 보람있는 삶이냐? 필자는 창조적 자기표현의 원리로서 저마다 지니고 있는 잠재가능성을 개인의 외재적 요인과 내재적 요인에 비추어 인생계획을 분수에 알맞게 세운 다음 적성과 능력, 흥미와 인성 그리고 신체적 요건, 포부 등에 결부시켜 열심히 실천하는 데 있는 것이라고 생각한다.

산업사회가 도래하면서부터 우리사회는 각 분야에 따라 발전을 거듭하고 특히 직업의 세계는 다양화, 전문화, 세분화 되어감에 따라 이에 현명한 선택과 적응이 요청되고 있다. 복잡다양한 직업의 선택은 신중해야 하고 순간에 의해서 마구잡이로 일생을 결정할 수 없으며 꾸준한 자기탐색과 이해의 토대 위에서 이루어져야 한다. 이러한 인생의 중대한 결정은 올바른 가치관을 확립하고 난 터전 위에 생애

계획을 세워야 한다.

오늘날 우리가 당면하고 있는 교육의 문제점은 오로지 입신출세의 지향으로 수단과 방법을 가리지 않고 대학입시에 혈안이 되어 교육의 목표인 전인교육을 해치고 있으며, 소위 일류대학 일류학과에만 염두에 두고 주입식 교육이 전국적으로 학교교육과정에서 성행하고 있다.

장래에 대한 인생계획이 과학적이고 객관적인 방법으로 수립되어야 함에도 불구하고 공공연하게 눈치와 배짱으로 인생의 중대한 진로결정을 순간에 맡기고 있는 현실은 시급히 시정되어야 한다. 또한 오로지 대학에만 들어가야 하는 학생들의 의식이나 일반 사람들의 사고방식도 정상적으로 개조되어야 한다. 대학을 하나의 출세의 수단으로 취급하여 무작정 입학하는 풍토도 잘못되어 가고 있다고 생각한다. 왜냐하면 고등학교 졸업자의 모두가 대학에 입학할 수도 없고 또 대학을 졸업하고 전문인으로서의 취업이 완전 보장될 수 없다. 그러한 여유도 직업세계에는 한정되어 있다. 왜냐하면 고교졸업생의 3분의 1정도만이 들어갈 수밖에 없기 때문이다.

그러므로 이러한 획일적인 가치관의 사고의 틀도 개편되어야 하며 적합한 개인의 진로계획 수립으로서 개인의 인력을 적재적소에 알맞게 수용하고 배치하는 일이 더욱 급한 과제이다.

따라서 본 장에서는 개인의 중대한 인생행로를 보다 합리적이고 현실적으로 생활적응에 필요한 효율적 인간을 육성하는 데 초점을 두고, 누구나 공통적으로 일생을 보다 행복하고 만족스럽게 느끼면서 선택한 직업에 만족하고 보람과 긍지를 느낄 수 있도록 적합한 사전지도를 강구하고자 한다.

이러한 차원에서 삶의 기초가 되는 진로계획을 수립하는 데 알맞은 지도대책을 마련해 보고자 한다.

2. 진로계획의 의미

오두막이나 초가삼간 정도라면 설계도가 없더라도 지을 수가 있다. 그러나 웅장하거나 예술적인 건축을 위해서는 설계도가 있어야 한다. 인생의 경우에도 사정은 비슷하다. 아무렇게나 되는대로 살기를 작정한다면 굳이 인생설계를 거론할 필요가 없다. 좀 더 보람있고 뜻있는 삶을 갖기 위해서는 미리 청사진을 그럴 필요가 있다.1)

인생이란 건축처럼 단순하고 기계적인 과정이 아니어서 항상 변동하는 상황에 주체적 결단으로 대처해야 하는 까닭에 지도조언자가 늘 붙어 다닐 수 없는 한 남이 만든 설계는 쓸모가 없다. 내 인생은 내가 스스로 설계해야 하고 내가 스스로 살아야 한다. 이러한 삶의 설계를 인생의 설계라고 한다.

여기서 논의하는 진로계획(career planning)은 인생설계의 하위개념으로 평생을 보람있게 보내기 위해서 사전에 청사진을 그리는 계획적인 과정이다.2)

인생의 계획은 개인마다 독특한 원칙을 가지고 뜻있는 보람을 찾고 행복한 삶을 누리기 위해 수립되어야 한다. 이것은 진로계획이 이루어져야 그 목적을 달성할 수가 있는 것이다.

진로(career)란 인간이 일생을 통하여 수행하는 일의 총체를 말한다.

계획(planning)이란 구체적인 목적을 효율적으로 달성하기 위한 미래에 관한 행동의 순서 또는 절차이며 목적과 수단, 방법을 합리적으로 연결시키는 지적 준비과정이다.3)

위와 같은 두 가지 용어를 토대로 진로계획에 대한 개념을 종합하면 다음과 같다.

"진로계획이란 개인이 장차 종사하고자 하는 직업분야를 선택하고

---

1) 김태길 외 3인, 삶과 일, 서울 : 정음사, 1986. p. 16.
2) 金忠起, 進路教育과 進路指導, 서울 : 培英社, 1986. pp 97-98.
3) 李定根, 進路指導와 進路相談, 서울 : 中央適性研究所, 1978, pp. 138-139.

그 분야에서 요구되는 일을 효율적으로 수행하기 위한 수단과 방법을 합리적으로 연결시키는 지적 준비과정"이다.4)

교육학용어 사전에 의하면5) 진로계획이란 개인이 진로발달 과정의 진로인식 및 진로탐색에서 얻은 진로에 대한 기초소양과 지식을 토대로 적합한 진로를 자신의 능력, 적성, 흥미에 비추어 효율적으로 선정할 수 있는 지침을 세우는 것이며 진로계획이 수립된 후에도 준비과정을 거치면서 계속적으로 수정·보완되어야 한다고 정의하고 있다.

쉽게 표현하면, 진로계획이라 함은 진학계획과 직업준비계획을 포함하는 것이며 인생의 설계를 개인의 필요와 요구에 따라 합리적으로 또는 객관적으로 수립하는 계속적인 과정이라고 본다.

진로계획은 변화를 촉구하는 수단을 제공해 주며 생애에 풍요로운 기회를 부여해 준다.6) 또한 진로계획은 일과 가족, 가정, 여가로부터 파생되는 요구를 포함하는 발달적 과정이다.

3. 진로계획의 필요성

진로계획은 앞에서 언급한 바와 같이 진학계획 또는 교육계획과 직업계획으로 생각할 수 있다. 포괄적으로 말하면 장래의 인생계획을 효율적으로 적합하게 수립하는 과정을 의미한다.

우리가 앞으로 무엇을 해야 할까 하는 뚜렷한 목표가 있어야 한다는 전제조건이 앞선다. 목표설정에 있어서도 단기설정과 장기목표의

---

4) 上揭書, p. 139.
5) 서울대학교 사범대학 교육연구소편, 교육학용어사전, 서울 : 배영사, 1981, p. 526.
6) Vernon G. Zunker Career Counseling : Applied Concepts of Life Planning, Belmont, Calif : Wadwonh Inc., 1981, p. 90.

설정이 필요하다. 왜냐하면 개인의 요구가 환경에 따라 자주 변할 수 있는 확률이 높기 때문에 순간의 목표설정은 근시안적이기 때문에 계속해서 발달과정에 따라 또는 교육계획이나 일의 경험에 따라 변화해 가고 있다는 것을 명심해야 할 것이다.

개인적으로 생애목표를 세우고 난 다음에는 그 목표를 달성하기 위해서 세부적인 시행계획을 세우고 그 계획에 따라 차례차례 한 단계씩 실천에 옮겨야 한다.

예를 들면 항해를 할 때, 항해도와 나침판이 필요하듯이 철저한 계획표가 필요한 것이다. 가령 서울에서부터 부산으로 여행을 떠난다고 계획을 세웠다. 이때에 먼저 생각해야 할 점은 목적이 무엇인가를 분명히 확립하고 추진되어야 한다. 여행을 목표로 삼았다면 그 여행은 무엇 때문에 필요하고 며칠 동안이며 어떠한 방법으로 효과 있게 성공적으로 달성할 수 있는가에 대해서 구체적인 단계적 계획을 세워야 할 것이다. 즉, 여행의 목표를 달성하기 위한 준비과정으로서 여행비용, 여행방법, 체류기간, 체류지, 여행도구, 여행내용, 여행의 평가 등을 치밀하게 개인형편에 알맞게 고안되어야 협력자도 많아지고 여행을 순조롭게 성공적으로 마칠 수 있을 것이다.7)

이와 같이 여행 스케줄을 떠나기 전에 미리 계획하고 준비를 해두어야만 떠나더라도 실패 없이 무사히 여행을 즐기고 성공적으로 돌아올 수 있게 된다. 이러한 준비작업은 여행을 시간적 공간적으로 낭비하지 않고 쉽사리 목적을 달성할 수 있는 것이다.

이처럼 단순한 여행에 있어서도 치밀하고 정확한 준비계획이 절실하게 필요한데 하물며 인생계획을 수립하는 데 있어서 소홀히 취급할 수는 없는 것이다.

따라서 진로계획은 어디까지나 개인이 주체가 되며 장차 개인이 종사할 직업에 만족하여 효율적으로 직업수행이 이루어지며 그 속에

---

7) 金忠起, 前揭書, p. 99.

서 보람과 긍지를 찾고 삶의 의미를 느끼면서 자아실현의 경지에 도
달되어야 할 것이다.

4. 진로계획의 목표

진로계획은 진로선택에 영향을 주는 여러 가지 중요한 요인들에
초점을 둔다. 진로계획의 중요한 목적은 개인이 자기 미래를 통제할
수 있도록 기술을 개발시키는 데 있다. 진로계획을 수립하는 데 있
어서 가치와 흥미, 능력과 성취도 그리고 일의 경험은 진로계획을
결정하기 위하여 논의되고 평가되어 분류하여야 할 요소들이다.8) 진
로계획을 통하여 개인은 주어진 계획에 조심스럽게 주의를 집중하도
록 사전에 치밀한 준비를 해야 한다.

진로계획은 자아와 기회, 계획, 선택 그리고 결과(consequences)를
알게하고, 진로와 관련된 목표를 분류하며, 일과 교육정도, 방향과
시간(timing)을 제공하기 위한 관련된 발달적 경험을 프로그램화 하
며 특별한 직업목표를 도달하기 위한 단계를 배열하는 계획적인 과
정이다.9)

진로계획은 교육의 목표를 달성하기 위한 수단으로서 장래에 종사
해야할 뚜렷한 직업선택에 목표를 둔다. 이러한 직업선택은 계속적
인 학습의 과정으로서 초등학교 고학년에서부터 중·고등학교에 이
르기까지 단계적으로 개인의 생애목표를 구체화시켜 재능의 발견,
직업기술의 분류, 구체적 목표수립, 일의 세계의 탐색 그리고 준비,
현장에 투입하여 실패없는 인생의 과정을 위하여 사전에 의사결정의
확립을 위한 계속적인 과정이다.

---

8) Vernon G. Zunker, OP. Cit, p. 79.
9) Beong-Keun Lee, Reedipgs in Career Guidance. Seoul : Sungwon
   Book Pub-1ishing Co., 1985. p. 171.

따라서 진로계획의 목표를 제시하면 다음과 같다.
(1) 자아의 발견
(2) 일의 세계에 대한 탐색
(3) 일의 태도, 가치관의 확립
(4) 의사결정 능력의 파악 및 인식
(5) 인간관계의 기술 함양
(6) 일과 직업의 경제적 측면 이해
(7) 교육과 일의 세계와의 관계 인식
(8) 직업윤리의 실현

5. 진로계획수립의 기본원리

진로계획은 구체적으로 직업계획과도 상통한다. 따라서 훌륭한 직업선택은 보다 합리적이고 바람직한 직업계획에 따라 좌우된다.

인간은 누구나 한결같이 장래에 좋은 직업을 선택하기를 바라고 많은 보수를 받으면서 편안하고 유복하게, 평생을 보람있게 보내기를 갈망하고 있다.

그러나 그와 같은 일은 개인차에 따라 다르기 때문에 계획과 실천 여하에 따라 성공적인 사람이 되기도 하고 실패의 고배를 마시기도 한다. 남들이 좋다고 인정되는 직업은 그렇게 흔한 것이 아니라 희귀하고 성취하기도 어렵다. 그럼에도 불구하고 출세지향의 가치관에 사로잡혀 일류학교 일류전공을 택하려는 경향이 많고 개인의 능력적성을 고려하지 않고 무조건 일류만을 선택하려는 의도를 나무랄 수도 없다. 그렇기 때문에 경쟁의식은 불가피해 진다.

선의의 경쟁은 민주사회에서 필요불가분의 요소이다. 그러므로 경쟁에서 이긴 사람은 승리의 월계관을 쓰고 쾌감을 맛보지만 경쟁에 실패한 사람은 쓰라린 패배의 맛을 보고 낙망과 고뇌를 안고 좌절의식에 빠져 인생을 포기하는 수도 있다.

이렇게 경쟁 속에 살아가는 현대산업사회에서 자라나는 학생들은 일상생활에서 편한 날이 없다. 학생들은 눈앞에 보이는 것이 오직 경쟁에 이겨야 하겠다는 일관된 상념에 사로잡혀 수단과 방법을 가리지 않고 안절부절한다. 게다가 자기의 적성, 흥미, 능력, 인성을 객관적으로 판단해볼 여유도 없이 시류에 따라 무조건 상향의식과 소위 출세위주의 사고방식이 지배하게 되므로 요즈음 문제시되고 있는 「눈치작전」, 「무조건 대학에 가야 한다」, 「배짱지원」 현상이 난무하게 되는 것이다. 한편 자녀들에 대한 학부모의 지나친 요구나 기대에도 문제점은 있다.

이와 같은 현상은 진로계획의 원리에 위배되는 것이다. 뚜렷한 목표와 계획을 설계하지도 않은 채 시대의 조류에 편승하여 무계획적으로 자신의 중대한 진로를 순간에 맡겨서야 되겠는가?

수많은 학생들은 진로계획을 수립하지 않고 무조건 뚜렷한 목적의식이 결여된 채 진학하려는 의욕 때문에 전공학과에 들어가서도 만족하지 못하고 불만을 표시하는 대학생이(약 **40%**) 많아 부적응을 나타내고[10] 심지어는 자살하는 학생도 있을 정도로 심각하다. 이들은 결국에는 인생계획에서 실패하고 마는 사람들이다.

우리는 이와 같은 문제들을 사전에 방지하기 위해서도 필요하고 적재적소에 알맞은 균형 된 인력의 배치에도 도움이 되는 적절한 진로계획의 수립은 아무리 강조해도 지나치지 않을 것이다.

공자의 삼계도(三計圖)에 이르기를 "일생의 계획은 어릴 때에 있고, 1년의 계획은 봄에 설계하고, 하루의 계획은 새벽부터 세워야 하는 것이니 어려서부터 학문을 배우지 않으면 늙어가서 아무것도 알지를 못하게 될 것이요, 봄에 씨를 뿌리지 않으면 가을이 되어도 수확할

---

10) 鄭元植, "韓國大學社會에서의 學生生活研究所의 役割", 大學生活研究所 機能定立을 위한 學術심포지움, 忠北大學生活研究所, 韓國大學카운슬러 研究協議會, 1982, p. 4.

가망이 없으며, 새벽에 일찍 일어나지 않는다면 그 날 할 일을 판단하지 못할 것이다"11)라고 하였다. 이와 같이 계획은 인생의 방향을 설정하는 것이요, 계획의 중요성을 제시하고 있는 내용은 현대적인 의미로 진로계획을 음미해 볼 만한 가치있는 교훈이라고 본다.

진로계획은 개인 자신의 객관적 이해탐색과정을 통하여 소질, 능력, 지능, 적성, 흥미, 성격, 개인의 포부, 가정여건, 신체적 조건, 가치관, 직업세계의 이해와 분석, 미래의 전망, 부모의 기대, 학업성취도, 직업윤리 등을 기초로 하여 시작되어야 하는 개인적인 중대과업이다.12)

이러한 여러 가지 요인들을 가능한 범위 내에서 탐색하고 자신의 진로계획을 수립하여야 한다. 이렇게 복잡한 문제와 곤란을 하나씩 제거시키고 참다운 자신이 누구이며 무엇인가? 장차 어떠한 곳에 나를 맡기고 평생의 삶의 보람을 풍요롭게 누릴 수 있는가를 점검하기 위해 진로목표를 구체적이고 실현가능한 범위 내에서 세워야 할 것이다.

그러면 진로계획은 어떻게 수립하는 것이 가장 현명한 일인가?

일반적으로 삶의 설계를 위한 과정으로 진로계획은 다음과 같은 기본가정에 초점을 두고 계획되어야 한다.

첫째로 인생설계는 건축설계와 같은 것이므로 나름대로 설계도를 작성하여야 한다.

내 인생은 나의 것이므로 내가 스스로 설계해야 하고 내가 스스로 살아야 한다. 그렇다고 하나의 이상적인 삶의 모형이 있어서 그 모형(model)에 따라서 살아야 한다고는 생각되지 않는다. 인생의 모형이 따로 독립되어 존재하는 것은 아니다. 어떤 모양의 집을 짓든 또

---

11) 李民樹譯 「明心寶鑑」 서울 : 乙酉文化社, 1980, p. 208.
　　孔子 三計圖云, 「一生之計 在於幼, 一年之計 在於春, 一日之計 在於寅, 幼而不學 老無所知, 春苦不耕 秋無所望, 寅苦不起 日無折辦」
12) 金忠起, 前揭書, p. 101.

는 어떠한 크기의 집을 짓든 각자가 알아서 할 일이듯이 어떠한 목표와 방식을 따라서 살 것이냐 하는 문제도 각자가 자유롭게 결정할 문제이다.

그러나 모든 사람이 거울로 삼아야 할 이상적 인간의 틀이 정해져 있다고 주장할 학설이 없던 것은 아니다.

예를 들면, 아리스토텔레스는 항상 이성적으로 사유하고 이성적으로 행동하는 사람을 이상으로 삼았다. 스피노자는 정념에 의하여 흔들리지 않고 언제나 태연자약한 인물이 되라고 권장하였다. 불가(佛家)에서는 세속의 번뇌를 벗어나서 열반의 경지에 이르는 것을 이상으로 가르쳤다. 불가에서는 학덕이 높은 성현의 경지에 이르는 것을 최고의 목표로 제시하였다. 이와 같이 철학이나 종교의 스승들의 교설은 이상적 인간상의 대체적 윤곽을 제시했을 따름이며 이상적 인간상의 세부적인 모습까지를 일일이 규정한 것은 아니다.

집이 필요해서 집을 짓는 사람이 양옥을 짓든 한옥을 짓든, 이층집을 짓든, 단층집을 짓든 그것은 각자가 자유롭게 결정할 일이다. 그러나 쓸모있고 아름다운 집을 제대로 짓기 위해서는 건축공학과 건축미학의 기본원칙을 지켜야 한다는 것이다. 인생의 경우에도 마찬가지임을 인식해야 한다. 어떤 인생을 설계하든 각 개인의 자유이긴 하지만 보람있고 뜻있는 생애를 얻기 위해서는 인생설계의 원칙을 지키는 범위 안에서 그 자유를 누려야 할 것이다.

둘째로 개인의 소질과 개성을 존중하여야 한다.

삶을 설계함에 있어서 유의해야 할 점은 자신에게 주어진 여러 가지 여건을 고려하여 그들 여건에 맞도록 생의 계획을 세워야 한다. 즉, 분수에 알맞게 세워야 한다.

인간은 누구나 소질과 취향에 있어서 남다른 개성을 가지고 있으며 개인이 처해 있는 사회적·경제적 환경에도 다소 차이가 있게 마련이다. 그러므로 개인에게 주어진 이러한 여건들이 진로계획을 설계함에 있어서 충분히 고려되어야 한다. 소질과 특성 즉 능력과 흥

미, 적성과 인성을 객관적으로 탐색하여 이에 알맞은 방향으로 추진
되어야 한다.

소질과 적성에 맞도록 설계하고 또 그러한 설계에 따라 살아갈
때, 개인은 자아실현에 접근하게 되고 사회는 균형된 발전을 이룩하
게 될 것이다.

소질과 적성, 능력, 흥미, 인성, 신체적 조건, 가정여건에 맞추어
장래와 전공을 선택하고 직업을 결정 준비해야 한다는 것은 당연한
상식으로 받아들여야 한다.

그럼에도 불구하고 편향된 획일적 가치관에 사로잡혀 법관이나 총
장, 재벌, 의사나 관리가 되는 것을 부러워하고 능력에도 모자라는
것을 억지로 무턱대고 학력고사 점수에 얽매여 눈치와 배짱으로 전
공를 선택하여 부적응과 불만을 갖게 되는 어리석은 행동은 근절되
어야 한다.

따라서 자신의 구체적인 열망(aspiration)이 가장 좋은 출발점이
다.13) 자기가 원하는 바가 무엇인지 결정을 해야만 구체적인 방법을
구상할 수 있다. 자기가 원하고 자신있는 일을 하는 사람은 일에 대
한 능률이 오르고 흥미를 느끼며 성취감이 높을 것이고 행복감, 자
부심, 보람을 느낄 수 있는 것이다.

그러므로 주체는 어디까지나 개인이 중심이 되어 직업흥미, 적성,
능력을 객관적으로 검토하고 장차 자신이 진정으로 하고자 하는 일
이 무엇인가를 분석하고 구체적으로 나갈 수 있는 방도를 강구해야
한다.

셋째로 내면적 가치를 존중하는 방향으로 설계되어야 한다.

이것은 금전이나 권력이 아무리 중요한 의미를 지닌다해도 그것이
자신의 진로선택을 지배해서는 안된다.14) 즉, 외면적 가치를 강조해
서는 안된다.

---

13) 金忠起, 前揭書. p. 101.
14) 金忠起, 前揭書, p. 102.

‘외면적 가치’라 함은 그 가치를 가지고 있는 대상이 그 가치를 경험하는 사람 밖에 있거나 또는 그 가치의 실현이 그 가치를 경험하는 외부에 있는 조건들에 의해서 주로 결정되는 경우를 말한다.15) 그 대표적인 예로 재산과 권력 그리고 지위 등이 가지고 있는 가치를 들 수 있다.

오늘날 한국사회에 있어서 표면화 되어 있는 가치는 주로 금전과 권력 또는 지위와 같은 외면적 가치가 팽배해 있어서 내면적 가치가 소외당하고 있다. 한편 돈이나 권력과 같은 외면적 가치를 가진 목표를 달성한 사람들이 사회적으로 인정을 받고 있다. 그래서 돈을 많이 번 사람들 또는 권력을 잡거나 권력의 주변으로 접근하는 사람들이 ‘성공한 인물’로 인정을 받는 동시에 선망의 대상이 되고 있는 실정이다.

이와 같은 가치풍토에 살고 있는 까닭에“자기에게 주어진 특성을 살리도록 진로계획을 설계하라”는 원칙이 외면당하기가 쉽다.

그러나 다가치사회풍토가 전개되는 사회가 이룩되어야만 성공으로 가는 길이 외면적 가치가 아니고 내면적 가치풍토로 전향될 수 있을 것이다. 따라서 성공으로 가는 길이 온갖 방면으로 뚫려 있어서 어떤 종류의 소질이든 그것을 잘 발휘하면 남의 인정도 받고 존경도 받을 수 있는 가치풍토라야 사람들은 누구나 자기가 타고난 소질을 연마하고 발휘하는 일에 전념하고자 하는 강한 동기를 느낄 것이다.

넷째로 공정한 사회가 요구하는 규범을 지키는 범위 안에서 진로가 설계되어야 한다.

우리는 각자의 생각에 따라서 자기가 원하는 진로를 계획할 수 있는 자유를 가지고 있다. 그러나 인간이 사회적 존재라는 사실은 이 자유에 제한을 가할 것을 요구한다.

예를 들면, 어떤 직업을 갖느냐하는 문제는 각자의 자유의사에 따

---

15) 김태길, 이삼열. 임회섭. 황경식, 삶과 일, 서울 : 정음사, 1986, p. 23.

라 정할 문제이지만 여기에는 지켜야 할 사회적 규범이 있는 것이다. 다시 말하면, 직업윤리를 지키는 범위 내에서 타인의 권익과 질서를 파괴하지 않고 국법과 윤리에 어긋남이 없도록 설계해야 한다.

다섯째로 장래 하고 싶은 일을 한꺼번에 결정하는 것은 현명한 처사가 아니요, 오히려 혼란을 가져온다. 즉 인내와 의지력으로 한 단계씩 실천하는 일이 중요하다.

학생들은 일반적으로 이상이 높고, 의욕도 강하고 감수성이나 호기심도 많으며 다양한 가능성을 지니고 있다. 그런데 이와 같은 특성을 지닌 학생들이 환경이 변화되고 다양한 환경에 접촉함에 따라 주체적인 주관이 확립되어 있지 않아 흔들리기 쉽다. 그래서 닥치는 대로 한꺼번에 목표달성을 위해 서두르거나 우왕좌왕하면서 시간을 헛되게 보내는 사람이 많다. 계획만 많이 세워 놓았다고 모두가 성공적으로 이루어지는 것이 아니다. 계획을 실천하는 과정에서 지혜와 덕과 지성이 요구된다. 삶의 과정이란 싸움의 연속이다. 우선 나자신과 싸워야 하고 또 타인과도 싸워야 하며, 인간 이외의 자연 또는 운명과도 싸워야 한다. 이 연속된 싸움에서 이긴 사람이 삶을 성공적으로 이끈 사람이고 또 행복을 쟁취한 사람이다.

먼 장래에 도달하기를 기대하는 어떤 목표를 일단 세운 뒤에 그 목표를 향해서 조그만 범위 내에서 단계적으로 시작하는 것이다. 먼 장래를 내다보고 꾸준히 달리며 인내와 극기의 의지력이 요구된다. 의지력은 선천적으로 타고나거나 저절로 생기는 것이 아니라 훈련과 습관을 통하여 길러지는 덕성이다. 또한 항상 능동적 자세로 생활에 임하는 적극성이다. 즉 적극적인 자세와 노력이 요구된다.

옛말에 "우물을 파려면 한 우물을 깊게 파라"는 속담이 제시하듯이 자기가 관심을 가지고 좋아하는 방향의 진로에 파고들어야 한다

여섯째로 끊임없이 다양한 진로정보를 탐색, 수집하여 자신에게 필요한 요인을 현대사회는 과학기술문명이 고도로 발달한 산업사회이며 정보사회라고 한다. 학생들은 교과교육에 충실할 것은 물론이

려니와 교육에 관한 정보, 직업에 관한 정보 그리고 개인사회적 정보에 관한 자료에 익숙하도록 노력하고 자신에게 알맞는 요인을 선택하고 진학 또는 직업준비에 필요한 자료들을 적극 활용하도록 노력이 요청된다.

6. 진로계획의 수립과정

진로계획의 수립은 어떠한 과정을 거쳐 이루어지는 것일까? 진로계획은 각계각층의 정확한 정보를 수립한 기초 위에 합리적이고 체계적인 탐색과 신중한 사고의 과정을 거쳐 이루어져야 한다.

라일리(Reilly)는 진로계획의 단계를 다음과 같은 4단계로 제시하고 있다.16)

1단계 : 개인의 열망, 기본능력, 인간관계에 대한 관찰과 분석

2단계 : 개인의 진로문제를 명확히 정의하고 그 해결방안 모색

3단계 : 가능한 해결방안에 대한 신빙성 있는 정보수집

4단계 : 수집된 정보를 평가하고 그로부터 진로목적에 대한 결론도출 등으로 제시하고 있다.

이와 같이 진로계획을 세울 때에는 자신의 포부(aspiration), 능력, 취향, 인성, 적성, 가정적 여건, 직업세계의 본질과 추세 또는 장래의 전망 그리고 진로선택에서의 성공가능성, 위험부담 등을 객관적으로 분석한 후에 어느 것이든 적합한 진로를 선택하고 그것이 자기에게 만족할 수 있다고 판단될 때 그 진로를 추구하는 데 필요한 구체적인 준비계획을 세워 실천에 옮겨야 한다.

따라서 일반적으로 진로계획의 방법을 제시해보면17) ① 자신의 능

---

16) 李定根, 前揭書, p. 145.에서 再引用

17) Louise Welsh Schrank, A Practical Guide to Successful Career Planning, Skoie, 111 : VGM Career Horizons, 1982. 또는 Robert J.

력을 발견하라 ② 자기가 가지고 있는 기술(능력)을 분류해 보라 ③ 장래의 구체적 목표를 설정하라 ④ 직업의 세계를 조사하여 자신의 흥미와 적성에 맞추어 보라 ⑤ 집중해서 행동계획을 실천하라 ⑥ 수많은 경쟁자를 물리칠 수 있는 개인의 창조적인 계획(proposal)을 세워라 등을 제시할 수 있다.

진로계획 할 때에는 흥미, 능력, 성취도, 일의 경험들이 진로계획 결정을 하기 위해서 논의하고 평가하며 분류해야 할 생존할 수 있는 요인인 것이다.[18]

그러므로 진로계획을 수립할 때에는 진로정보의 활용이 우선적으로 이루어져야 한다.

진로정보는 ① 학생 개인의 객관적 이해와 가정환경에 대한 이해자료 ② 변천하는 직업세계에 대한 이해자료 ③ 상급학교 선택에 대한 정보자료 ④ 구체적으로 직업취업이나 진학을 준비하는 데 필요한 지식체계의 준비 자료 ⑤ 장래의 자기실현에 필요한 사전지식 등이 필요하다.[19]

한편 직업선택의 과정은 ① 직업선택의 필요성 확인 ② 관련정보의 수집과 이용 ③ 가능한 직업의 열거 ④ 각 직업에서의 성취가능성 예측 ⑤각 직업에서의 성공가능성 예측 ⑥ 각 직업에 대한 가치평가 ⑦ 직업의 선택 ⑧ 결정에 대한 추수지도의 과정을 거쳐 이루어져야 한다.

따라서 진로계획은 다음과 같이 제시한 여러 가지 요소를 설정해야 한다.

Radin, Full Potential : Your Career and Life phnning workbook, New York : McGraw Hill Book Co., 1983.
18) Vernon Gl. Zunker. Op. Cit., p. 79.
19) 李定根, 前揭書, p. 80

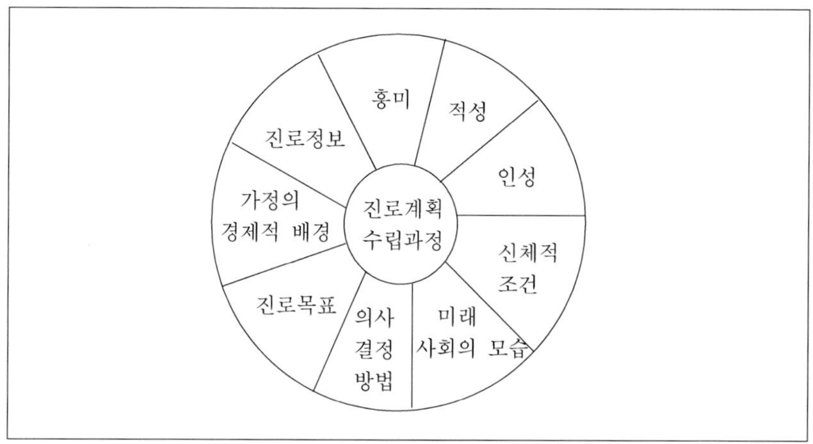

「그림 1」 진로계획의 요소20)

① 진로목표…장래 나는 어떠한 인물이 될 것이며 포부는 어떠하
며 가능성을 예측해 본다. 구체적 목표도 설정해 본다.

② 적성…능력으로서 일반 지능, 직업 적성과 같은 특수재능을 탐색

③ 인성…자아개념, 가치관, 욕구, 대인관계 등 성격적 특성을 탐
색하고 발전시킨다.

④ 흥미…직업적 흥미로서 표현된 흥미, 행동화된 흥미, 검사된
흥미로 구분되는데 검사된 흥미가 가장 신뢰성이 높다.

⑤ 신체적 조건…체력, 체격, 체능, 체중, 용모 등과 같이 직업에
특별히 요구되는 조건을 고려한다.

⑥ 진로정보…교육정보, 직업정보, 개인사회적 정보를 의미한다.

⑦ 가정의 경제적 배경…가족구성, 가정의 사회적…경제적 지위,
종교, 부모의 직업과 교육수준, 가치관

⑧ 의사결정방법…진로목표를 성취하는 데 도움이 되는 활동이나
방법을 선택하는 것. 진로의사 결정의 전략은 목표의 명백화,

---

20) 장석민 외 5인, 나의뜻 나의길, 서울 : 한국교육개발원, 1986, p. 355.
21) 장석민 외 5인, 나의뜻 나의길, 서울 : 한국교육개발원, 1986, p. 355.

대안의 탐색, 기준의 확인, 대안의 평가 및 결정, 계획의 개발 등 5가지 과정으로 이루어진다.

⑨ 미래사회의 모습…장래의 전망이나 인력의 수급과정을 탐색하고 적절히 고용될 수 있는 여건을 알아본다. 또한 장래 발전가능성과 첨단 산업의 유망직종 등의 탐색도 포함된다.

종합적으로 진로 계획시에 고려할 점을 요약하면 다음과 같다.

① 개인적 적성요인

○능력
- 신체적 능력(허약체, 색약, 약시, 맹아. 농아 등 고려)
- 적성능력(잠재력 가능성, 지능·적성검사실지, 언어능력, 공간지각, 계산력, 추리력, 기계추리력, 사고능력, 사무지각, 기억력, 형태지각)
- 실력(후천력 학력과 기능)
  학력…학과 성적, 성취도
  기능…피아노, 타자, 운동, 미술, 웅변

○인격적 요인
- 성결(외향성·내향성·활동형·사색형·안정성·사교형·예술형·지배형)
- 흥미(문학, 물상, 생물, 사회, 기계, 전자, 상업, 봉사, 사무, 옥외활동)
- 가치관(이론형, 권력형, 경제형, 사회봉사형, 심미형, 종교형)
- 태도(삶의 방식과 습관, 관습, 도덕)

② 환경적 요인

○가정환경…경제적 여건, 문화수준, 본인의 위치, 부모의 기대, 부모의 직업, 교육정도, 주거지, 가치관, 종교

○학교환경…교사의 영향, 교육시설, 환경, 학교의 역사와 전통, 동창회 활동상황

○미래예측…먼 안목에서 발전 가능성 첨단 산업구조의 발전전망

③ 사회적 요인
○교육제도의 변화
○국가정책사업 추진
○직업직장윤리의 확립
○교육 및 직업의 기회균등
○임금구조의 합리적 분배
○사회 복지제도의 확립
○민주주의의 토착화

7. 결　론

진로계획은 인생계획의 하위개념으로 진학계획과 직업계획을 포함한다. 이러한 계획은 저마다의 인생의 목표를 달성하고자 하는 설계도와 마찬가지이다. 설계가 잘 이루어지면 아름다운 건축이 이루어진다. 마찬가지로 개인도 자신의 잠재가능성을 최대한으로 개발시키기 위해서 노력하여야 한다. 그러나 아무리 능력이 있고 금전적으로 여유가 있다 하더라도 무엇을 위해 있고 무엇을 위해 이것을 언제 어디서 어떻게 활용할 것인지 치밀한 계획이 없이는 인생을 헛살기 안성맞춤이다.

그러므로 학생들의 장래를 위한 진로계획은 어렸을 때부터 단계적으로 지도함으로써 헛된 인력의 낭비를 방지하고 개인의 능력을 효율적으로 발휘시키도록 노력하는 데 진로계획은 필요한 것이다.

따라서 진로계획의 목표와 기본원리에 근거하여 진로계획의 수립과정을 다각도로 탐색하여 실천할 수 있는 가능성의 제안을 시도해 보았다.

참 고 문 헌

金忠起, 進路敎育의 本質, 서울 : 平民社, 1983.

金忠起, 進路敎育과 進路指導, 서울 : 培英社, 1986.

金忠起, 職業敎育과 進路敎育, 서울 : 敎育科學社, 1987.

김태길외 3인, 삶과 일, 서울 : 정음사, 1986. 서울대학교 사범대학 교육
　　　연구소편, 교육학용어 사전, 서울시 카운슬러협회 호보 42·43호,
　　　서울시 카운슬러협회편, 1987, 서울 : 배영사, 1981 유네스코 한
　　　국위원회, 일반계 고등학생의 진로지도, 서울 한국 카운슬러협회,
　　　1984.

李民樹譯, 「明心寶鑑」서울 : 乙酉文化社, 1980

李定根, 進路指導와 進路相談, 서울 : 中央適性硏究所, 1978.

장석민, 서혜경, 임재석, 김홍원, 하종덕, 진로교육의 이론과 실제, 서
　　　울 : 한국교육개발원, 1986.

장석민, 김애송, 진로교육에 관한 문헌분석 연구, 서울 : 한국교육개발원,
　　　1985.

장석민 외 4인, 자녀의 길 부모의 지혜, 서울 : 한국교육개발원, 1986.

鄭元植, "韓國大學社會에서의 學生生活硏究所의 役割", 大學學生生活硏
　　　究所 機能定立을 위한 學術심포지움, 忠北大學生生活硏究所全國
　　　大學 카운슬러 硏究協議會, 1982. 한국교육개발원, 진로교육자료,
　　　서울 : 한국교육개발원, 1982.

第 7 章　進路選擇의　基礎的　姿勢

1. 문제점의　인식

지난해 12월 30일은 예비고사 시험결과의 발표날이다. 고등학교 3학년학생들의 관심의 초점은 모두가 이 점수에 모아진다. 학생들뿐만 아니라 그들의 부모, 형제, 자매 그리고 가까운 친척들도 역시 점수가 얼마나 되는가에 집중된다. 이처럼 점수가 모든 인생의 전부인 것과 같이 관련자들은 가슴조이면서 많은 점수 받기를 고대하고 기대한다.

이윽고 예비고사 점수가 발표되었다. 수험생들은 벌써부터 회비가 엇갈리는 가운데 행, 불행이 일순간에 결정되는 느낌이다.

각급학교 진학담당 교사나 학교당국에서는 긴급회의를 소집하면서 자기네 학생들이 얼마만큼 성과를 올렸는가에 호기심과 관심이 총집중되는 가운데 분주하게 대책을 세우고 있다. 각 가정에서는 벌써부터 어느 대학 어느 학과에 지원할 것인가 매우 망설이면서 분주하게 점치면서 각 대학의 성적 수준을 탐색하고 있다.

이번 예비고사는 작년보다 약간 쉬웠던 평이 나있어 고득점자가 조금 많게 나타나고 있다. 그리고 일반적으로 점수가 조금 높아진 관계로 (평균 7.1점정도) 학부형들이나 학생 당사자, 고3 담임교사, 진학담당교사들은 획득한 점수수준보다 좀 낮게 하향지원하는 경향이 두드러지고 있다.

매년 입시철만 되면 한결같이 되풀이 되는 무정견한 눈치와 배짱지원이 학원가에서 판을 치게 되는 입시현장을 어떻게 평가할 것인가? 과연 이것이 바람직한 일인가?

학생들이 점수로써 모든 인생행로를 결정하는 바로메타가 되는 타성에 사로잡혀서 언제까지 이러한 방법에 의존하여 머물러 있어야만 하는가? 어찌하여 일생을 좌우하는 전공학과 선택이나 진로를 일순간의 점수에 의존하고 있는가? 소질이나 능력, 흥미나 적성, 성격에 알맞은 방향으로 이끌지 못하고 점수에만 의존하여 생의 설계를 될대로 되라는 식의 비교육적인 선택을 해야만 하는 입시정책은? 아무리 보아도 큰 모순을 안고 있음에 틀림없다.

87학년도 대입학력고사의 채점결과가 발표되고 개인별 성적도 통지됨에 따라 그동안 막연하게 지원대학 및 학과선택 문제를 놓고 고심해 오던 수험생들이 구체적으로 제시된 배치사정기준표의 합격예상점수를 토대로 진학지도 교사와 본격적인 진학상담을 시작해 눈치와 요행이 시작되었다. 역시 기계적인 배치뿐이다.

신문지상이나 TV, 라디오 등 모든 매스컴들이 총동원하여 앞을 다투어 대학입시에 대한 심층보도는 모든 국민들의 관심을 자아내는 촉매제의 역할을 하게 되는 데 크게 기여하고 있다. 반면에 예비고사 응시자 71만명 가운데 대학에 갈 수 없는 형편이나 능력부족에 따라 적어도 70% 정도는 탈락될 학생들에 대한 대책 보도는 없다. 그렇다면 대학에 못 가는 계층에도 관심의 표명이 마땅이 있어야 할 것이 아닌가? 전국이 온통 대학입시란 소용돌이 속에서 왈가왈부하는 풍토도 이제는 시급히 사라져야할 문제이다. 이것은 매스컴의 과잉보도에도 문제점은 있는 것이다.

인생의 최종목적이 모두가 대학에 꼭 들어가야만 되는 획일적인 가치관도 학생들이나 학부형들의 사고의 틀 속에서부터 일찌감치 배제되어야 한다. 진정한 진로는 여러 가지 조건, 즉 신체적, 경제적, 능력, 적성, 흥미, 성격, 포부 가치관 등의 제반여건을 고루 참작하여 고려되어야 한다고 지적한다.

그런데 이러한 조건은 뒷전에 접어두고 오로지 점수로만 인생행로인 진로를 선택하는 일은 개인적 차원이나 국가적인 차원에서 보아 크나큰 손실과 함께 사행심만 조장하게 되고 불행을 야기하게 된다. 그래서 하루속히 진로선택에 대한 과학적이고도 객관적인 방법이 모색되어야 한다.

입시제도는 해방이후 9번이나 바뀌었으나 별로 신통한 묘안을 찾아내지 못하고 10여 전에 시행했던 입시제도로 다시 돌아가고 말았다. 그동안 시행했던 제도는 문제만 계속 낳아 결국에는 교육개혁심의회의 최종 결정안 대로 문교당국은 대학입시제도를 「선지원 후시험」이란 입시제도의 골격이 88학년부터 적용되게 되었다. 늦은 감은 있으나 제도를 바꾼 것은 잘한 처사라고 볼 수 있다. 그러나 이 제도를 현명하게 잘 이용하여야 한다.

2. 진로선택은 어떻게?

일정한 물건의 가격결정은 고객의 수요와 공급의 상호관계에서 이루어진다. 수요가 많고 공급이 적으면 값이 오르고 비싸게 되며, 수요가 적고 공급이 많으면 값이 내리고 싼값에 팔리게 마련인 것이 상업거래의 일반원칙이다. 인간의 인력적인 대우 면이나 진로선택, 직업선택에 있어서도 마찬가지의 논리가 적용된다. 그러므로 좋은 직업은 제한되어 있으므로 이를 쟁취하기 위해서는 선의의 경쟁은 자연적으로 발생하게 마련이다. 그렇다고 무리한 경쟁으로 개인의 분수를 넘어서는 안 될 것이다. 진로선택의 기초는 자신의 능력, 적성에 알맞은 자기분석에서 시작되는 것이다.

요즈음 진로선택의 문제가 날이 갈수록 심해지고 더욱 심각해지고 있다. 그것은 산업사회가 도래하기 시작하면서부터 더욱 관심이 총집중되고 있다. 또한 고학력사회로 옮아가면서 대학의 선택, 전공학과의 선택이 점점 어려워지고 있다. 그 원인은 일반사회에서 기업체,

산업기관에서 대학 졸업자를 선호하는 데에서 비롯되고 있다. 대학을 나와야 좋은 취직도 할 수 있고 대우도 좋으며 임금수준도 학력수준에 따라 차이가 크기 때문이다. 또한 최소한의 대학이라도 나와야 취업이 가능한 현실이기 때문에 무작정 대학에 가는 것을 막을 수는 없겠으나 무조건 아무데라도 대학에 들어가야 하겠다는 풍조는 뭔가 크게 잘못되어 가고 있는 점이다.

원래 대학은 학문하는 곳이요 진리탐구, 상아탑적인 존재로서 학자를 양성하는 곳이 이제는 직업선택의 장소로 변질되고 말았다. 어떤 점에서 자연현상이요, 당연한 귀결이라 볼 수 있다. 직업의 세계는 다양하고 대학출신만이 필요로 하는 직업 이외에도 상당히 많이 있는데 가정형편이나 개인의 능력, 적성, 흥미를 고려하지 않고 무조건 대학에 선호하는 현상은 개인적, 국가적인 측면에서 인적 소모와 물적 낭비임에 틀림없음을 인식하여야 한다. 대학을 졸업하고 취업할 수 있는 전문직은 전체 직업 가운데 불과 **10%**도 안 되는 비율을 차지하고 있다. 그러므로 비록 대학을 졸업한다 하여도 모두가 전문직에 들어갈 수 없고 그 이하의 다른 영역에 취업을 해야 되며 종국에 가서는 사회적인 불안요소로 이끌게 되므로 뚜렷한 판단 없이 대학에만 가는 것만이 능사가 아니다.

모든 직업이 균형있게 발전하려면 고등학교 수준 정도로서도 충분히 직업을 찾을 수 있고 응분의 대가도 균형있게 이루어져야 한다. 또한 직업의 귀천의식도 개선되어야 하겠고 대학 졸업자와 고등학교 졸업자의 임금격차도 소폭으로 정책적인 차원에서 줄여 나감으로써 대학생이나 대학졸업자의 특권의식을 배제시켜야 한다.

최근 진로지도에 상당한 관심이 고조되고 있다. 진로지도를 단순히 진학지도로만 착각하고 진학은 오로지 대학입시지도로서 학생들의 적성과 흥미를 무시한 채 예비고사 점수에 따라 눈치와 배짱 또는 사행심에서 선택하려는 경향이 대부분이다. 이런 현상은 입시제도에서 오는 모순이 그런 결과를 가져오는 요인이 되기도 하겠지만 누구나 무조건 대학에만 가려고 하는 획일적인 가치관의 부산물이기도 하다.

본래 진로지도는 개인의 진로선택 및 작용, 발달에 초점을 둔 교육적 작용으로 개인이 만족스럽고 생산적인 삶을 누릴 수 있도록 진로에 대한 방향을 세우고 선택하며 그에 대한 준비를 하고 선택한 진로에 들어가 계속적인 발달을 꾀할 수 있도록 돕기 위하여 제공되는 교육과정이며 일체의 생활경험이다.

그런데 이와 같은 방법이 학교나 가정에서 균등하게 인적 사항을 파악하여 이루어지지 못하고 생애의 목적 및 목표와 직결되는 진로에 대해 학생들이나 학부모, 그리고 교육자들은 너무나 안일하게 생각하여 진로준비를 소홀히 하고 다만 점수만 잘 받으면 그것이 진로준비요, 일류대학만 보내면 그것이 좋은 진학 지도라는 비교육적인 사고에서 벗어나지 못하고 있다. 이러한 병폐가 하루 속히 정상적 궤도에 올라서 전인교육이 이루어져야 한다.

진로란 곧 그 사람의 장래요, 희망이며 일생이므로 적합하고도 훌륭한 자신과 환경에 알맞은 인생관을 갖는 것이 매우 중요하다.

인생의 중요한 성공의 향방인 진로선택을 일순간의 점수에 따른 결정의 방향으로 이루어서는 안된다. 초등학교 때부터 일의 고마움, 나의 소질, 일의 소중함, 장래의 계획을 일차적으로 세워야 한다. 중학교 때부터 잠정적인 진로계획을 세우고 다양한 직업세계를 탐색해야 한다. 고등학교 때는 구체적인 진로계획을 세워야 한다. 그러므로 진학을 위한 선정은 청년초기에 선정되어야 한다.

진로계획이란 자신의 이해과정을 통하여 소질, 능력, 지능, 적성, 흥미, 성격, 개인의 포부, 가정여건, 신체적 조건, 가치관의 정립, 직업세계의 이해와 분석, 미래의 전망, 부모의 기대, 학업성취도, 직업윤리 등을 기초로 시작하여야 하는 개인적인 과업이다.

진로계획은 자신의 삶의 목표와 능력을 바탕으로 분수에 알맞게 세워야 한다. 금전과 권력이 아무리 중요한 의미를 지닌다 해도 그

것이 자신의 진로선택을 지배해서는 안된다. 또한 장래 하고 싶은 일을 한꺼번에 결정하려는 것도 현명한 처사가 아니다. 구체적이고 현실적인 것에서부터 시작하고 끊임없이 다양한 진로정보를 탐색하여 자신에게 필요한 것을 선택하여야 한다.

그러므로 진로선택은 참된 꿈을 가지고 자기에게 알맞은 적성을 찾아야 한다. 흥미를 살펴야 한다. 지적 능력을 고려하고 성격을 살펴야 한다. 신체적 조건과 가정환경, 직업환경을 살피고 부모님의 의견도 고려되어야 한다. 사회의 공헌도도 참작해야 한다. 첨단산업의 직업구조도 살펴야 한다. 무엇보다도 자신의 가치관이 확립될 수 있도록 건전한 판단력을 길러야 하고 직업윤리도 고려되어야 한다.

그런 바탕 위에 적재적소를 찾아 분수에 맞게 직업을 선택하면 만족스럽고 행복한 삶을 누릴 수 있으며 보람과 긍지를 지니면서 자아실현의 경지에 도달되는 것이다. 그러므로 누구나 자신의 객관적인 판단력을 기르고 세칭 인기나 유행에 현혹되지 말고 자신의 열망에 기초하여 밀고 나가야 할 것이다.

진로선택은 고등학교 이전에 잠정적으로 계획되어야 한다. 고3때나 대학에 들어와서 결정하는 일은 이미 늦은 것이다. 그러므로 일찍부터 서둘러 계획되고 준비되어야 한다. 너무 점수에만 의존하지 말고 학생자신이 미래에 어떠한 보람있는 일과 생활을 할 것인가를 미리 계획하여 진로를 탐색하고 준비하는 습관을 가져야 한다. 따라서 학생들은 각종 진학정보나 직업정보에 익숙하도록 다각적인 노력을 기울여 확고한 신념을 갖도록 각종 정보입수에 눈을 돌려야 할 것이다.

새로운 입시제도의 장점은 눈치와 배짱으로 결정되는 것이 아니라 미리 학습자의 흥미와 능력에 알맞은 전공학과를 정하고 나서 노력에 의해서 결정되는 것이므로 이제부터는 각종 정보의 세밀한 탐색과 자신의 객관적 이해 및 능력을 고려해서 현명한 선택을 하도록 자신이 결정할 수 있는 계기가 될 것이므로 누구의 탓으로 돌릴 수는 없게 될 것이다.

3. 저명인사들의 진로선택 경험

흔히 저명인사들이라고 하면 사회의 각계 각 분야에서 두각을 나타낸 성공인들이다. 반드시 권력을 가졌거나 재물을 남보다 두드러지게 많이 얻은 사람만을 지칭하는 것이 아니고 소속된 주어진 분야에서 꾸준히 인내하고 노력하여 명성을 드높인 사람들이다.

이미 저명인사들은 현재의 학생들의 가정환경이나 학교, 사회환경이 다른 여건에서 자라왔기 때문에 똑같이 비교도 할 수 없이 어려운 역경 속에서 견디어 온 사람들이 많다. 오늘의 발달된 고도의 근대화된 산업사회처럼 물질적 풍요을 누리지 못하고 있는 층이 대부분일 것이다. 그러나 그들은 역경을 딛고 일어서는 지혜를 가지고 있었다. 몇 사람은 부모의 사회적·경제적 지위의 영향으로 순풍에 돛달듯이 순조롭게 생애의 목표를 달성할 수 있겠으나 대부분의 사람들은 꾸준한 노력, 인내, 근면, 그리고 한 우물을 평생토록 파고드는 지구력의 결과일 것이라고 생각한다. 물론 개인이 타고난 능력, 즉 지적 능력이 유감없이 발휘하여 소기의 목표를 달성할 수 있었을 것이다. 지금처럼 일률적으로 가정여건이 윤택했던 것도 아니고 부모의 관심과 기대, 진로에 관심이 지대한 상황도 아니었다. 그럼에도 불구하고 성공한 사람들은 남보다 부지런하고 쉬지 않고 노력하면서 한 길을 걸어왔던 것이다. 즉 전력투구의 정신과 적극적인 사고방식이 밑거름이 되었다.

속담에 이르기를 「하늘은 스스로 돕는자를 돕는다」, 「우물을 파도 한 우물을 파라」, 「불가능은 없다」, 「늦었다고 생각할 때가 가장 빠른 것이다」, 「적극적인 사고방식」, 「성공은 1%의 영감과 99%의 땀으로 이루어진다」이러한 격언을 생활의 신조로 삼고 불철주야 노력한 사람들이다. 이들의 진로계획이나 선택은 오늘날의 그것처럼 강도있고 밀도있게 계획되지는 못했을 것이다. 그러나 현대사회는 60년대 이후 매우 복잡한 산업 경제사회, 공업사회로 변천함에 따라 각별한 배려와 지도지침이 뒷받침하지 못한다면 현대 산업사회에서 현명한 선택과 적응을 하기에는 시간적, 공간적으로 매우 어려움을 면하지 못하므로 무조건 인내와 노력 그리고 지구력을 강요할 수는 없으나 공통적으로 제시할 수 있는 것은 성공한 사람은 남보다 무엇이 달랐기 때문에 저명인사가 되었음을 명심해야 할 것이다.

여기서는 일일이 성공한 사람들의 면모와 실재 인물을 나열할 필요가 없다. 공통적인 특성을 제시해 줄 따름이다.

순간의 선택이 일생을 좌우한다. 그 순간이란 무엇인가? 학생들이 얻은 예비고사 점수에만 의존하여 일생을 선택하려들지 말고 일찍부터 진로에 관심을 가지고 진로계획을 구체적으로 세워야 한다. 이러한 진로계획은 자신의 소질과 능력, 적성을 파악하도록 노력해야 한다. 그리고 진학정보자료, 사회적 정보자료를 찾아서 우선 정보에 민첩하도록 풍부한 자료탐색을 서둘러야 한다. 아울러 성공적인 직업인들의 입지전이나 경험을 얻을 수 있도록 기회를 포착하여야 한다. 물론 학업성취를 높일 수 있도록 노력하는 일은 필수적이다. 남이 한다고 덩달아 뒤쫓아 가는 일보다는 남이 안하는 독특한 분야와 창의적인 사고로 타의추종을 불허하는 독보적인 존재가 될 수 있도록 부지런하고 끈기 있게 노력한다면 어떤 진로를 선택해도 가능성 있는 보람된 생애목표를 이룩할 수 있을 것이다.

인간의 행·불행은 기초적인 진로선택에 좌우된다고 볼 수 있다. 누구나 성공과 행복을 추구하려면 올바른 진로관을 형성하고 그 토대 위에 현명한 진로탐색과 선택을 위해 미리 준비하는 자세를 가져야 한다. 이것은 학교교육과정 중에서 중핵을 이룰 수 있어야 마땅하다. 앞으로 성공한 사람들의 진로선택 경험을 많이 듣고 실천하는 노력인이 되도록 당부한다.

第8章 適性과 進路指導

1. 문제의 실마리

이 세상에서 개인이 가장 중요하다고 생각하는 것은 무엇일까? 돈, 명예, 권력이나 지위, 재능, 가치관? —이러한 모두를 누구나 갖고자 희망할 것이다. 물론 이런 요소들이 사회생활을 영위해 나가는 데 필수적으로 필요하고 긴요할 것이다.

그렇다고 이것을 전부 향유할 수 있는 조건이나 형편이 누구에게나 공평하게 배분되는 것이 아니고 오직 노력하는 사람에게만 돌아갈 수 있을 것이다. 그러나 전부를 독차지할 수는 없는 것이다. 다만 하나의 희망이요, 소원일 뿐이다.

그렇다면 무엇이 가장 소중하다고 생각할 수 있을까? 개인에 따라 다르겠으나 무엇보다도 중요한 것은 주어진 자신의 삶을 풍요롭게 영위하기 위해서는 각자가 타고난 잠재력(potentiality)을 기본으로 하여 이를 개발하고 흥미와 노력, 적성과 인성, 가치관, 신체적 조건, 개인의 여건에 알맞은 포부에 적합하게 선택하여 적재적소에 알맞은 직업을 선택하고, 선택한 직업에 들어가 유능한 일꾼으로 만족하고 행복한 삶을 누릴 수 있는 활동이라고 생각할 수 있다.

그러나 가정에서나 학교 또는 사회의 각계각층에서 학부모들이나 학생들은 장차 자신이 성인이 되었을 때 무엇을 해야만 가장 가치있고 보람된 생활을 누리면서 성공할 수 있는가에 대하여 온갖 신경을 곤두세우고 수많은 고민에 빠져 있다.

중·고등학생들은 현재 모두가 시험공부에 열중하고 있다. 공부하는 목적은 무엇인가? 이것은 누구나 공부의 결과를 통하여 자신들의 보다 나은 참된 삶의 추구라고 할 수 있다고 본다. 그런데 이런 활동이 빗나가서 공부하는 행동이 현실적으로 보아 대학입시를 겨냥한 입시위주로만 흐르고 있어 문제가 심각해진다. 본래 교육이란 홍익인간의 이념구현이라고 하는데 현실과 같은 경쟁사회 여건 속에서 막연히 홍익인간이 되기는 어렵다. 현실사회에서 잘 팔리는(?) 소위 인기있는 전공학과나 일류대학에 들어가는 것만이 성공이요, 문제해결의 전부라고 생각하는 학생이나 부모들이 많은데, 이것은 큰 잘못을 범하는 일이다.

생사를 가리지 않고 치열한 점수따기 경쟁에만 혈안이 되어 수많은 시간을 소비하고 있으며 인간교육이나 교양교육은 소홀히 하여 비인간적이고 이기적이며 살벌한 경쟁만이 학교생활의 전부를 차지한다고 해도 지나친 말은 아닐 정도다.

이처럼 대학선택을 위해 몸부림치는 이유는 일류대학＝일류직장＝일류보수＝일류 행복이란 등식의 신뢰높은 기대속에서 움직이는 것일게다. 그러나 과연 전공학과 선택이나 선택한 대학이 자신의 적성이나 흥미, 능력이나 성격에 알맞게 택한 것일까?

어느 한 연구보고에 의하면, 고등학교를 졸업하고 무조건 대학에 들어가야 한다고 하는 긴박감 속에서 적성이나 능력을 무시하고 대학에 들어와 공부하는 동안 이에 맞지 않아 부적응을 일으켜 불만을 표시하는 대학생의 비율이 약 50%는 된다고 한다.

이러한 불만족의 원인을 조사해 보면 학생들의 적성을 무시한 채 눈치나 배짱으로 단순히 학력고사 점수에만 의존하여 지원하는 결과로 말미암아 대학에 입학한 후 대학생활에서 능력이나 적성에 맞지 않아 후회를 하거나 적응을 못하여 막대한 인력의 낭비를 가져오고 있다. 이것은 개인적으로나 국가적인 차원에서 볼 때 그리 좋은 현상은 아니다. 또한, 고등학교 학생들의 약 90%는 진로에 대한 고민을 하고 있다는 연구보고를 보면 진로지도가 심각함을 대변해 주고 있는 것이다.

　개인에게 지극히 소중한 진로문제를 학력고사 점수에만 의존하여 결정함은 인력을 적재적소에 배치한다는 데도 위배되며 또한 만족한 학업생활을 누리지 못하고 낙오되는 현상만 빚어내고 말기 때문에 진로지도의 필요성이 제기되며 적절한 적성지도가 요청되는 것이다.

2. 적성이란?

　그러면 적성이란 무엇인가? 적성이란 일정한 훈련에 의해 숙달될 수 있는 개인의 능력, 즉 어떤 특정활동이나 작업을 수행하는 데 필요한 능력이 어느 정도 있으며, 그러한 능력의 가능성을 지칭하는 데 반해서 적성은 구체적인 특정활동이나 작업에 대한 미래의 성공가능성을 예언하는데 주안점을 두는 것이다.

　따라서 학력이나 학업성취도까지도 넓은 의미의 적성에 포함된다. 쉽게 표현하면 어떤 일을 용이하게 해낼 수 있는 능력을 적성이라 부르며 이것은 사람들이 어떤 것을 잘 배울 수 있는가를 암시하는 지표가 된다. 따라서 어떤 일에 흥미가 있어도 그 일에 대한 적성이 부족하면 그 일을 잘 하는 데에는 어려움이 있게 된다.

　어떤 사람이 어떤 일을 잘 할 수 있는가? 즉 사람마다의 적성은 서로 다르다. 어떤 사람은 운동을, 어떤 사람은 음악을, 어떤 사람은 손재주가, 어떤 사람은 글쓰기를, 어떤 사람은 말을 잘 하는 것을 볼 수 있다. 따라서 자신의 적성을 아는 것은 자신이 어떤 활동이나 작업활동을 수행하는 것을 얼마나 빨리 배울 수 있는가를 판단하는 데 도움을 준다.

　또한 적성이란 일반적인 또는 특수한 지식, 기술을 숙달할 수 있는 개인의 잠재력을 지시하는 것으로 전자를 일반적성, 후자를 특수적성으로 부르기도 한다.

가. 적성의 유형 및 수준

적성은 적성이 문제시하고 예언하고자 하는 구체적 활동, 작업의 성질과 내용에 비추어 여러 가지로 구분되는데, 학업성취에 관련된 적성을 학업적성, 직업활동에 관련된 적성을 직업적성이라 부른다. 또 특수적성은 다음과 같이 11가지의 적성유형으로 분류하고 있다.

① 일반능력(G) : 지시사항, 사실, 배경, 논리 등의 이해의 정도, 추론하고 판단할 수 있는 능력, 학교 성적과 밀접한 관련이 있다.

② 언어능력(V) : 언어와 아이디어의 이해력·언어를 사용해서 정보나 아이디어를 명확히 제시한다.

③ 공간력(S) : 평면도형을 보고 공간적인 물체의 상을 쉽게 파악하는 능력

④ 형태지각력(P) : 물체나 도면의 세부사항을 관찰하고 형태나 명암의 차이를 감지한다.

⑤사무능력(O) : 유인물, 괘도, 표 등에서 숫자, 철자법, 문법 등의 세부적인 사항을 검토하여 틀린 것을 쉽게 찾을 수 있으며 사무처리를 잘한다.

⑥ 수리력(N) : 신속하고 산술적인 조작을 잘 이해하고 처리한다.

⑦ 운동협응력(MC) : 운동기능에 민첩하고 재주가 뛰어난 능력

⑧ 손가락 기능력(F) : 손가락을 사용하여 작은 물체들을 신속하고 정확하게 움직이는 능력

⑨ 손 기능력(M) : 물체를 옮기거나 돌리는 데 손율 기능적이고 숙련된 움직임을 잘 수행할 수 있는 능력

⑩ 눈손발의 협응 기능력(E) : 시각적 신호나 관찰을 따라 손과 발을 움직이는 민첩하고 섬세한 능력

⑪ 색 분별력(C) : 색상의 유사 및 유의도를 판단하여 색을 판별하고 배합하는 데 뛰어난 능력

　사람들은 위에 제시한 적성을 선별적으로 모두 갖추고 있다고 볼 수 있다. 그러나 사람에 따라 정도의 차이가 있다. 이러한 것을 특수능력을 가졌다고 한다.

나. 적성의 평가방법

　적성을 평가하는 방법으로는 표준화된 적성검사가 있고 관찰이나 일화기록, 상담을 통해서 적성을 알 수가 있다. 그러나 어느 방법이거나 완전한 것은 없다고 본다.

　① 관찰

　관찰법은 관찰대상의 특성이나 능력을 관찰자가 시각·청각 등의 감각을 통하여 직접 살펴봄으로써 적성을 평가할 수 있다. 학생 스스로 관찰할 수도 있으나 친구, 부모, 친척, 선생님께 자신의 취미활동, 독서, 습관, 스포츠 활동 등을 관찰해서 적성유형을 알게 할 수도 있다.

　② 상담

　전문적인 자격을 갖춘 상담교사와 함께 자신의 학교성적, 성장환경, 가정환경, 과외활동 등을 검토함으로써 자신이 어떤 활동을 쉽고 빠르게 배울 수 있는가의 판단은 상담을 통해서도 가능하다.

　③ 적성검사

　진로결정에 가장 객관적인 정보를 줄 수 있고 시간과 노력을 절약할 수 있는 평가방법이 적성검사이다.

　적성검사(aptitude test)는 교육이나 훈련을 받기 전에 잠재적으로 소유하고 있는 능력의 일종으로서 특정분야의 교육훈련 또는 직업과 관계되는 활동을 성공적으로 수행하는 데 필요한 특수능력의 소유정도를 측정하기 위하여 만들어진 객관화 적성검사이다. 적성검사에는 학업적성검사(SAT·DATB), 직업적성검사(GATB), 직업흥미검사가 있고 미술, 음악, 기계 등에 관한 재능을 독립적으로 측정하는 특수적성검사가 있다.

이러한 검사를 실시해 보려면, 코리아테스팅센터, 한국행동과학연구소, 한국상담심리연구소, 교육과학사, 사립·중고등학교 교장연합회 부설 교육연구소(사설), 한국중앙교육진흥원 등에서 실시하고 있으므로 직접 찾아가 검사를 받아보고 그 결과를 어느 정도 알아볼 수 있다.

그런데 만약 적성검사의 결과가 어느 한 분야에 높은 점수가 나왔으면 그 분야에 적성이 높다는 것을 이해할 수 있다. 그러나 가령 언어능력, 사무능력 또는 공간지각력 등에 똑같이 적성점수가 높게 나왔다면 이 세 분야의 적성수준이 높으므로 어느 분야이든 가능성이 높다는 것을 인식하고 있으므로 본인의 취향과 기호에 따라 선택하는 것이 바람직하다. 그것은 이 세 분야의 어느 적성도 가능성이 높다는 것을 예언해 주기 때문이다.

3. 진로교육과 진로지도의 필요

진로교육이란 넓은 의미의 직업교육이며 직업적성교육이다. 다시 말하면 진학지도, 직업지도, 생활지도를 포함하는 넓은 의미에 있어서 삶의 교육이다.

사실상 요즈음 진로지도에 관심이 높아지고 있는 것은 그만큼 학생 개인의 장래진로에 대한 관심이 상당히 고조되고 있기 때문이다. 진로지도를 단순히 진학지도로만 착각하는 경향이 짙은데 진로지도는 진학지도와 취업지도를 포함하는 개념으로 인식함이 옳은 판단일 것이다.

진학지도의 상위개념인 진로교육은 학교교육이 학생들을 행복한 개인으로 그리고 생산적인 사회성원으로 육성함으로써 각 개인의 자아실현에 공헌해야 한다는 교육이념에서 출발된 것이다.

베일리(Bailey)는 진로교육을 개인이 만족스럽고 생산적인 삶을 누릴 수 있도록 진로에 대한 방향을 세우고 선택하며, 그에 대한 준비를 하여 선택한 진로에 들어가 계속적인 발달을 꾀할 수 있도록 돕기 위하여 제공되는 일체의 경험으로 언급하고 있다.

결국 저마다 타고난 잠재력을 흥미와 적성, 능력과 인성, 신체적 조건, 사회문화적 여건에 알맞게 탐색하여 진학 또는 취업(직업) 선택에 현명하게 적응할 수 있도록 적재적소에 알맞게 인식·탐색·준비의 과정을 거쳐 선택한 진학·직업에 들어가 만족하고 행복한 삶을 누릴 수 있도록 조직적이며 체계적인 지도활동이라 할 수 있다.

그러면 이와 같은 지도는 어떻게 해야 할 것인가?

인간이 일생을 만족하고 행복하게, 그리고 보람과 긍지를 느끼면서 참된 삶을 추구하고자 하는 일은 누구나 공통적인 염원일 것이다. 이와 같은 바람은 반드시 대학선택만이 해결해 주는 것은 아니다.

생애의 중요한 진로선택이 필요하다. 그렇다면 어떠한 선택이 가장 현명하고 지혜로운 것인가? 그것은 개인 나름대로의 진로설계를 세우는 작업이 중요하다.

오두막이나 초가삼간 정도라면 설계도가 없더라도 집을 지을 수 있다. 그러나 웅장하거나 복잡한 예술적인 건축을 위해서는 치밀한 설계도가 필요하다. 인생의 경우에도 사정은 비슷하다. 아무렇게나 살기를 작정한다면 굳이 인생설계를 거론할 필요가 없다. 좀 더 보람있고 뜻있는 가치 있는 삶을 영위하기 위해서는 미리 청사진을 그릴 필요가 있다.

인생이란 건축처럼 단순하고 기계적인 과정이 아니어서 항상 변동 변화하는 상황에 대처하는 데 주체적이어야 한다. 그런 까닭에 개인에게 필요한 조언자 또는 지도자(교사, 학부모, 전문가)가 붙어 다닐 수 없는 한, 남이 만든 설계는 쓸모가 없고 또 나에게 적합하지 못하다. 내 인생을 스스로 설계하고 실천하기 위한 진로계획이 요청된다.

진로(career)란 미래의 나아갈 방향 또는 길로서 인간이 일생을 통해 수행하는 일의 총체이다. 계획(planning)이란 사전에 목표를 세우고 그 목표를 달성하기 위한 사전준비요, 설계라고 본다.

그렇다면 진로계획(설계)은 인생 설계를 개인적 요인(적성, 흥미, 성격, 가치관, 학력, 신체적 조건, 포부), 환경적 요인(부모의 직업, 교육수준, 자녀에 대한 기대, 가정의 전통과 종교, 가정의 경제적 여건, 가정의 사회경제적 지위, 교사의 영향), 직업적 요인(직업의 의미, 직업에 대한 태도 및 가치관, 직업분야에 대한 이해, 직업세계의 변화에 대한 인식), 진학 요인(학과특성, 교과과정, 관련진로분야, 취업전망, 유사학과, 설치대학), 취업요인(직업특성, 직업선정과 그 기준, 작업조건, 직업의 발전성, 취업정보현황, 교육 및 훈련, 직업윤리, 임금관계, 승진 등) 등의 필요와 요구를 보다 합리적이고 객관적으로 수립하는 계속적인 미래 탐색과정이라고 본다. 여기에는 진학계획과 직업준비 계획이 모두 포함된다.

직업과 진로계획은 불가분의 관계이다. 이와 같은 과정을 종합하면 다음과 같이 실천모형으로 제시할 수 있다.

「그림 1」에 따르면 인생의 중대한 진로결정은 앞서 언급한 바와 같이 눈치나 배짱지원 또는 학력고사 점수에만 의존하여 결정해서는 성공률이 높지 못하고 후회하거나 부적으로 인하여 불만을 야기시키므로 제시하는 바대로 일차적으로 개인적·내재적 가치요인을 검토하고 다음에는 환경적 요인과 직업적 요인을 인식 내지 탐색하여 진로를 결정하는 것이 가장 합리적인 방법일 것이다.

대학에 진학하고자 하는 학생은 물론 학교 성적이 중요하고 비중도 많이 차지하고 있지만 진학요인을 참작해야 한다. 그러한 작업을 효과있게 이룩하기 위해서 진학정보자료를 찾아 치밀하게 탐독하고 자신과 적합한 방향에로 선택하여 진학준비를 해야 마땅하다.

대학에 진학이 되면 일차적으로 진학에 성공하였고 주어진 학업에 열중하게 되며 흥미나 적성, 능력에 알맞게 선택되었으므로 학업능률향상에 이바지하게 된다.

 고등학교만 졸업 후 취업하고자 하는 학생은 취업요인(그림1참조)을 탐색, 준비하여 취업에 임하는 것이 개인의 직업능률향상과 직무만족에 기여하게 될 것이다.

 이와 같이 진로결정은 진학이든 취업이든 간에 자기 자신이 잠재력 개발에 초점이 되고 여러가지 여건을 고려해 결정하였기 때문에 불만이나 부적응이 일어날 수가 없게 된다. 그렇게 지도가 철저히 이루어진다면 누구나 선택한 분야에 만족하고 행복감을 누리며 참된 삶을 이룩할 수 있게 된다고 확신한다.

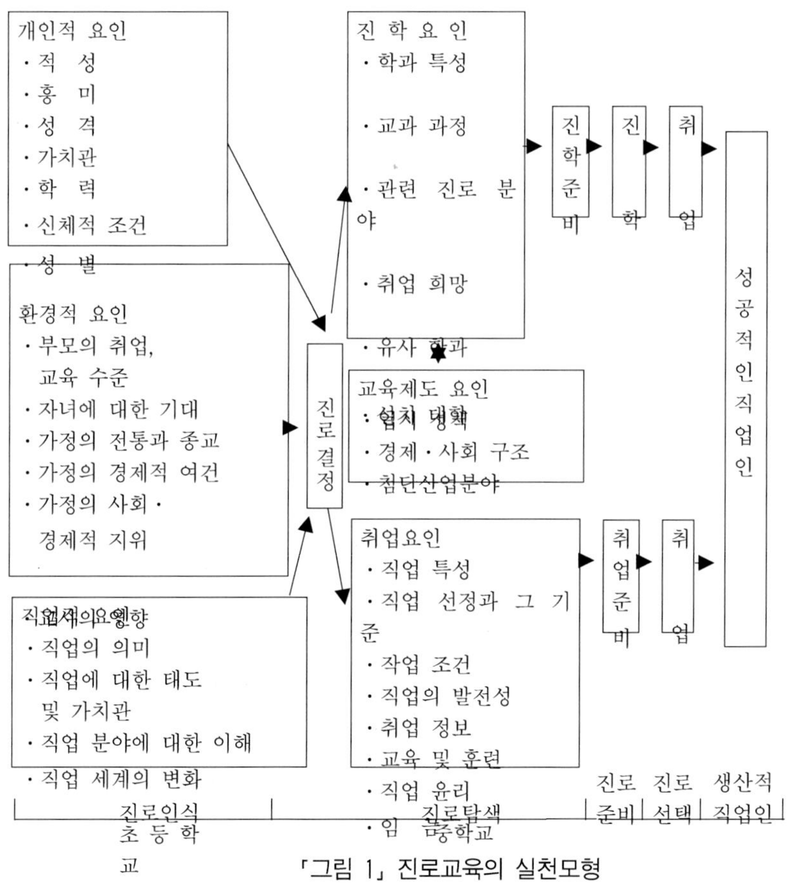

「그림 1」 진로교육의 실천모형

4. 적성과 진로지도

여기서는 주로 적성과 진로지도와의 관계를 논의해야 하기 때문에 진로 선택시에 고려해야 할 문제 가운데 가장 중요한 적성요인을 들추어 소개하고자 한다. 일반적으로 앞에서 진로교육 실천모형에서 제시한 것처럼 광범위하고 포괄적인 문제에 관심을 집중시키도록 권장하는 바이지만 특히 중요한 것은 개인적 요인 중에 적성이라고 지칭할 수 있겠다.

적성은 어떤 의미에서 능력안에 포함시킬 수도 있지만 앞에서 제시하였듯이 적성요인을 파악할 수 있도록 다각적인 교육활동이 요구된다. 더구나 현대산업사회는 나날이 급격하게 변화를 거듭하고 있고, 직업의 세계도 다양화·세분화·전문화 되어가고 있기 때문에 장차 학교를 마친 후 직업을 선택할 때 적성에 맞지 않는 일을 평생토록 하게 된다면 생지옥이 아닐 수 없다.

결국 고등학교나 대학을 졸업한 후에는 누구나가 직업을 갖게 마련이다. 직업을 갖게 되는 이유는 생계유지를 위한 수단으로서 중요한 의미와 역할을 하게 되지만 더 나아가 직업을 통하여 사회적 역할 분담과 사회적 봉사라는 차원의 임무를 수행하게 되며 평생 동안 직업을 떠나 생활이나 생존을 할 수 없게 되므로 적성에 맞는 직업 선택이 무엇보다 중요하게 인식된다고 본다.

직업은 자신을 대표할 수 있는 떳떳한 행위이므로 자기실현 또는 자아실현의 수단이 되어야 성공적인 삶을 유지하여 참된 행복을 누리며 살아갈 수 있는 것이 된다. 우리사회는 이제 민주주의가 토착화되어 가고 있는 과정이며 민주화의 실천과 개성을 존중하는 사회로 발전하고 있는 터에 적재적소에 알맞은 적성교육이 시급히 요청되고 있는 현실임을 감안해서 누구나가 성공적인 삶을 이룩할 수 있는 적성지도는 아무리 강조해도 지나치지 않을 것이라고 믿는다.

第 9 章 進路指導를 위한 適性檢査 活用方案

1. 서 론

1960년대 이후 우리나라는 정부주도형 경제지상주의 정책에 따라 산업이 발전하기 시작하였다. 농본주의사회를 벗어나 산업사회로 옮겨감에 따라 직업의 세계도 발전하여 다양화, 세분화, 전문화되고 직업의 종류도 크게 변화되어 60년대 당시 2천여 종에 불과했던 것이 2만여 종으로 불어나면서 학생들은 생활유지 수단인 직업선택의 어려움을 느끼기 시작하였다.

한편 요즈음 청소년들은 급격한 사회의 변화와 물량가치의 팽배로 말미암아 이기주의, 요령주의, 편법주의, 황금만능주의에 젖어들고 있다(이재창 1988). 따라서 수단과 방법을 가리지 않고 돈을 벌거나 출세만 하면 그만이라는, 세속적이고 퇴폐적인 부정한 가치관에 사로잡혀 격심한 혼란과 경쟁 속에서 물불을 가리지 않고 입신출세에 혈안이 되어 있다. 이러한 경향으로 말미암아 장래 진로선택의 중요성에 비추어 그 길은 오로지 세칭 일류대학 일류학과에 들어가겠다는 욕심과 의욕만이 가득찬 채 적성이나 흥미를 고려하지 않고 무조건 대학에 가야만 한다는 생각에 사로잡혀 입시준비에 몸부림치고 있다. 그러나 모든 고등학교 졸업자를 대학에서 요구하는 것은 아니다.

매년 입시철만 되면 전국이 온통 대학입시 현장에만 몰두되어 입시 소용돌이 속에 빠져들고 있다. 약 70%의 고등학교 졸업자는 대학입시에 낙방되어 소외된 채 고등학교 졸업자 중 약 30% 정도는 대학진학에 뜻을 둔 학생이나 그들의 학부모, 고등학교의 졸업반 학생들인데 불구하고 이들만을 위한 것처럼, 사회의 일각에서 매스컴의 초점은 입시현장에 모아진다. 이러한 매스컴의 요란스런 보도는 자제되어야 한다.

일생일대의 중요한 선택이 사전에 인식과 탐색 그리고 철저한 준비를 통하여 이루어지는 것이 아니라 대학입학원서 제출 마감날인 현장에서 일생을 좌우하는 전공학과의 선택이나 대학선택이 단순히 눈치나 배짱에 의해서 이루어지고 있는 현실이다. 일생을 좌우하는 진로선택을 순간에 맡기는 어리석음을 자행하고 있는 것은 크게 우려되는 바이다.

자기의 적성과 능력, 흥미와 인성에 알맞게 선택되어야 할 전공학과를 즉석 투기지원에 맡기고 있으며 또는 「안내지원」, 「입찰합격」 등 신조어가 생길 정도로 입시현장은 난장판이다(김충기, 1986).

대학입시─이래서야 되겠는가? 무엇인가 크게 잘못되어가고 있음이 틀림없는 사실이다. 입시제도는 정부수립이후 41년이 지나는 동안 9번이나 바뀌었으나 신통한 묘안을 발견해 내지 못하고 있으며 시대의 요청에 부응하기 위하여 92년부터 새롭게 입시제도를 바꾸고자 하는 문교부(문교부명칭은 1991년도부터 교육부로 개칭되었음) 당국의 정책이나 의도도 이해할만하다.

대학입시제도가 미치는 파급효과는 고등학교의 정상교육에 질을 좌우하는 열쇠가 되며 그 이하 교육기관에도 크게 영향을 끼칠 것을 고려하여 신중히 검토되어야 할 것이다.

이처럼 인생의 중대한 행·불행을 좌우하는 중요한 진로선택이 비교육적이고 비합리적 방법으로 일관되어 「순간이 좌우하는 인생의 갈림길」, 「점쟁이가 배정하는 대학」, 「눈치대학 배짱학과」, 「하나도 안 맞는 예상」이라는 지적이 나오고 있어 수많은 학생들이 방황하고 불행을 가져오며 갈등을 경험하고 있다.

손충기와(1982)와 그의 동료들이 연구한 「고등학교학생의 진로의식」

에 의하면 고등학생의 고민 가운데 가장 큰 요인이 진로에 대한 고민 (90 %)으로 나타나고 있는 결과를 볼 때 진로지도가 학교교육에서 절실하게 요구되고 있음을 증명하고 있다. 그밖에 진로의식에 관한 연구 (이진호, 1987·이핵락, 1987·유병언, 1988·박정숙, 1988·정진구 1987)에서도 지 적한 바와 같이 진로교육 내지 진로지도가 학교교육의 핵심적 과제로 실천되어야 함을 강력하게 제시하고 있음을 볼 때, 복잡 다양한 현대산업사회에서 현명하게 선택하고 적응하기 위해서는, 진로지도를 통한 교육이 절실하게 요청되고 있는 것이다.

인구의 폭발적인 증가와 도시집중경향, 지식의 폭발적 증가와 이용, 과학기술문명의 발달과 고도화, 직업세계의 변천과 가치관의 변화, 교육의 보편화·대중화 추세, 민주주의 발전과 토착화, 경제발전과 산업화, 개인차와 인권존중사상, 자율화의 표방 등 평생교육시대를 맞이하여 이제 전통적 폐쇄적인 사회에서 벗어나 개방화시대를 추구해 가는 산업사회에서 일생을 만족하고 행복하게 살아가기 위해서는 현명한 선택과 적합한 적응이 요청되고 있다.

그러므로 전통적 사고방식에서 벗어나 새 시대에 걸맞는 새로운 가치관확립이 절실하게 요구되고 있다. 누구나 개인은 소중한 존재이므로 개인이 추구하는 가치관의 방향에 따라 인생행로를 결정할 때가 온 것이다. 내 자신에 알맞고 분수에 적합한 방향에서 생애설계를 해야 한다.

사회가 균형있게 발전하고 유지존속하려면 모든 분야가 골고루 발전·향상되어야 하고 어떠한 해당분야도 모두가 소중한 것임을 인식하여야 한다. 그러므로 남의 눈치나 남이 무엇을 하든지 의식하여 경솔하게 따라갈 것이 아니라 주체는 자신의 자아인식탐색 수준에서 자기중심으로의 결정이 중요한 것이다. 따라서 일찍부터 자신의 소질과 적성을 발견하도록 노력하고 그 적성과 흥미, 소질에 맞는 방향으로 자신의 인생행로를 이끌어 나가도록 사전의 준비교육이 요청되는 것이다.

80년대를 접어들면서 학교나 각계각층에서 진로에 대한 관심이 높아지고 있다. 이것은 바로 인간생활에서 장차 미래에 대한 생활터전을 공고히 하기 위해서 진학이나 직업선택 또는 취업이 올바르게 이루어져야 평생 동안 개인의 생활이 만족하고 행복해질 수 있는 요건이 될 수 있기 때문이다.

얼마 전까지만 해도(1970년대) 진로교육이나 진로지도란 용어가 생소하게 들렸지만 1980년대 이후부터 이 분야에 대한 관심이 고조되고 있다. 문교부 정책당국이나 서울시 교육위원회를 비롯하여 각급학교에서 진로교육의 활성화와 강화를 위한 지침을 발표하고 학교현장에서 실시할 것을 권장하고 있으며 실제로 현장연구에 전력을 다하고 있다.

이러한 상황은 시대적인 변화와 급격한 산업발전에 자극을 받고 산업사회에 적절한 적응을 위한 적재적소에 알맞은 유능한 인재를 육성코자 하는데 뜻을 두고 있다. 즉 유능한 인재양성을 대학입시에 두고 있는 것이 아니라 평생 동안의 만족과 행복 그리고 적응생활을 위해 베푸는 기초작업이 진로지도에서부터 시작되어야 하는 이유가 있기 때문이다.

따라서 본 연구는 진로지도의 활성화를 위해 사용되는 적성검사의 활용방안을 모색하는 데 목적을 둔다. 그리고 진로지도의 개념과 필요성을 제기하고 또한 적성검사의 종류 등을 열거하여 학교현장에서 이용가능한 방법을 제시하고자 한다.

2. 진로지도의 개념과 필요

가. 진로지도의 개념

진로지도(career guidance)란 진로교육(career education)의 하위개념

으로 진학지도(educational guidance)와 직업지도(vocational guidance) 의 뜻으로 사용된다. 따라서 진로지도의 상위개념인 진로교육이 무엇인 가를 이해하고 진로지도의 성격을 알아보는 것이 순서일 것이다.

진로교육이란 진로(career)에 초점을 둔 종합적인 교육 프로그램으 로서, 초·중·고등·대학에 이르기까지 모든 교육제도 내에서 이루 어질 뿐 아니라 지역사회와 산업기관, 기업체와의 밀접한 상호관련을 갖고 수행하는 교육과정이다. 인간교육의 기초가 되는 개념으로 진로 교육에 포함되는 범주는 ① 개인의 가치와 열망(aspiration)에 두고 ② 일의 가치와 존엄에 있으며 ③ 평생 동안 끊임없이 변화되는 과정이 고 ④ 자아개념의 발달이 직업과 관련됨을 인식하며 ⑤ 직업선택에 필요한 정보의 수집·제공이 이루어지고 ⑥ 적재적소에 알맞은 진로 선택이 이루어지도록 개인의 흥미·적성·능력·성격·포부를 발달 단계에 알맞게 지도함으로써 ⑦ 보다 현명한 선택과 적응에 필요한 요소와 분수를 알게 되어 ⑧ 참된 행복의 추구를 위한 만족한 직업수 행과 보람긍지를 느끼게 되어 성공적인 직업인으로서 종국에 가서는 자아실현의 경지에 도달하는 것이다 (김충기b, 1989, p. 63).

필자 나름대로 종합적인 진로교육의 개념을 정립해 보면

> "진로교육이란 넓은 의미의 직업교육이며 직업적성교육이다. 다시 말 하면, 자신의 진로를 합리적으로 의식하고 선택하며 적재적소에 알맞은 유능한 인재를 양성하는 바람직한 인간교육이다. 즉, 학생 개개인의 잠 재가능성을 토대로 하여 타고난 흥미와 적성, 능력과 인성, 포부, 환경 에 알맞은 진학 및 직업과정을 단계적으로 인식·탐색·계획·선택, 준 비과정을 통하여 현실에 올바로 직업생활에 적응될 수 있도록 하며 선 택한 진학 및 취업해서는 자신의 잠재력을 최대한으로 발휘하여 여건에 적극 적응하며 저마다의 행복한 참된 삶을 유지하도록 지도하는 일체의 조직적이고 체계적인 교육활동 프로그램이다. 그리하여 종국에 가서는 교육의 지표인 전인교육을 추진하기 위함이며 미래지향의 자아실현을 위한 준비과정이다.(김충기 b, 1989, pp. 63-64)"

따라서 모든 학생을 졸업 후 적재적소에 알맞게 배치함으로써 인력수급의 효율화를 기하고 과열된 입시문제도 해소될 수 있다.

그러면 구체적으로 진로지도란 무엇인가? 진로는 앞에서 언급한 바와 같이 두 가지 뜻으로 해석된다. 즉 넓은 의미에서 개인이 나아갈 인생의 방향이란 의미이다. 개인이 인생의 어떤 방향으로 향하여 활동하는가가 문제가 된다. 이것은 주로 인생관에 관한 문제이다. 좁은 의미에서 보면, 비교적 일찍이 학교생활을 끝마치고 직업을 갖는 인생의 길을 택할 것인가, 대학 내지 그 이상의 학문을 깊이 연구하기 위하여 어떤 학교를 선택할 것인가와 같이, 직업과의 관계에서 본 진로의 뜻으로 활용된다. 이와같이 협의의 진로는 광의의 진로와의 관계 밑에서 의미를 갖는다. 즉 인생관에 기초를 두지 못한 진로에 대한 생각은 표면적인 것에 지나지 않는다.

현재 미국에서 쓰여지고 있는 **Career Guidance**는 1960년대까지만 하여도 **Vocational guidance** 란 용어로 쓰여졌다. **Vocational Guidance**(직업지도)는 **Frank Parsons**가 1908년 처음으로 미국 **Boston** 에서 직업보도국을 세워 효과적인 일을 선택하는데 도움을 주는 과학적이고 체계적인 직업지도기술을 제공·준비하여 수많은 젊은 학생들, 특히 학업중퇴자나 경제여건이 허락지 못한 학생들, 대학진학을 못하는 학생들을 위해 적절한 직업선택을 위한 준비교육을 실시한 데서 비롯되었다. 이와같은 활동이 학생들에게 큰 효과를 거두어 학교교육에까지 보급되어 생활지도 활동의 일부로서 온전한 기틀을 마련하게 되었다. 그 후 **1970**년대 초반에 미국 문교부(USOE) 교육위원이었던 **Sidney P. Marland**에 의해서 교육의 당면한 문제점 해결을 위한 방안으로서 새로이 고안된 진로교육1)이 강조되면서 미국 전역에 걸쳐 활성화되고 있는데 한때는 **Vocational Guidance**와 **Carreer Guidance**가 함께 쓰여져 왔다.

---

1) **Sidney P. Marland**는 1971년 1월, 미국 **Houston**시에서 전국 중등학교 교장연합회 강연에서 "**Career Education New**" 라는 주제로 연설한 바가 계기가 되었다.

미국직업협회(American Vocational Association)와 직업지도협회(National Vocational Guidance Association, NVGA)가 공동으로 진로발달에 관한 의견서(position paper)를 1973년에 제시하면서 진로지도의 개념이 정립되었다.

AVA-NVGA가 진로지도에 관한 개념을 어떻게 정의하였는가를 살펴보면 다음과 같다(김충기 c, 1986, p. 6)[2].

진로란 직업 또는 경력생애를 뜻하며 일생을 통하여 행하게 되는 모든 활동을 포함한다. 또한 사회학자나 심리학자들은 인생을 살아가는 과정에서 갖게 되는 직업, 직무, 직위의 연속이라고 한다. 그런데 AVA와 NVGA의 의견서에는 진로란 개인에 의하여 수행되는 일을 통하여 계획된 삶을 이루게 하는 시간적으로 계속되는 일이라고 하였다. 따라서 진로란 일(work)에 핵심을 두고 있다. 일이란 이렇게 중요하기 때문에 Fer-rin 등은 교육을 정의하면서 교육의 궁극적인 목적은 일을 진전, 발견, 개선시킬 수 있도록 하는 데 있다고 한다.

요약하면, 일이란 인간만이 수행하는 독특한 행위로서 어떤 목적 달성을 위한 도구적 행동이며 인간의 환경을 변화시키는 의도적 개조행동이라고 할 수 있다. 또 일이란 자신 또는 자신과 타인에게 혜택을 주는 것을 목적으로 하는 의도적인 노력으로서 그 노력의 대가로 보수를 받고 안 받는 것이 문제가 아니라 인간의 기본욕구를 성취하는 데 그 중요성이 있다. 일(직업)을 위한 다섯 가지 기능은 ① 생계를 유지하기 위한 수입 또는 방법과 수단을 제공하고 ② 생활을 윤택하게 규칙화 하며 ③ 개인의 위치를 확인해 주며 ④ 사회적 역할분담과 사회의 봉사적 기능을 제공해 주며 ⑤ 자아실현의 수단이 되는 유익한 생활 경험을 제공해 주는 것이다.

따라서 누구나 자신의 능력·적성수준에 알맞은 일 또는 직업을

---

2) 김충기 c(1986). "진로지도의 개념", 학생지도-진로지도, 제25호, 서울 : 서울특별시 교육위원회.

선택하여 직업 속에서 자기의 꿈을 실현하고 소망을 실현할 수 있도록 다각적인 방법으로 도와주는 체계적인 교육지도활동이 바로 진로지도이다.

진로지도는 자신의 진로를 계획하고 그 진로에 대한 준비를 하여 적절한 시기에 진학 또는 직업을 잘 선택한 분야에 잘 적응하여 더욱 발전할 수 있도록 하기 위해 계속적으로 체계적이고 조직적인 사전지도를 실시해가는 교육활동의 과정인 것이다(한국교육개발원, 1983).

결국 진로지도는 직업지도와 진학지도와의 관계로 집약된다. 직업지도와의 관계는 직업의 입장에서 하는 진로지도라고 한다. 진학지도와의 관계는 두 가지 뜻으로 사용된다. 첫째는 직업지도의 일부를 의미하는데 학문의 방향이나 학교의 선택에 관한 원조의 뜻으로 사용된다. 즉, 학교교육은 결국에 가서는 직업의 준비라고 생각되므로 진학지도를 직업지도의 일부로 보는 것이다. 둘째로는 예를 들어 G. E. Myers에서 볼 수 있으며, 그는 직업적 의미를 포함하지 않는 진학지도로서 개인이 일반교양을 높이기 위하여 학문이나 학교를 선택하는 경우에 실시되는 지도를 내세우고 있다.

(1) 직업지도란?

따라서 직업지도의 내용으로서 ① 기초활동(개성조사·직업연구·상급학교 조사) ② 진로상담(진학상담·선택상담) ③ 소개알선 ④ 종업(終業) 후의 원조 등을 생각할 수 있는데 진로상담은 진로선택에 관한 상담이 되는 것이다. 지도의 내용은 선택에 관한 지도에 한정되며, 진학지도에 있어서도 그대로 적용되어 학문이나 학교의 선택에 관한 원조가 지도의 내용이 되는 것이다.

그러므로 선택한 학교에 입학하기 위한 지도는 가볍게 취급되며, 입학지도의 일부인 수험지도는 말초적인 문제이고 지도의 본질에서 이탈된 것이라고 주장하는 입장도 있다.

보통 직업지도는 개인의 직업선택, 직업준비, 취직활동, 취직 후의 적응에 대한 일련의 원조과정이라고 본다. 진학지도에 있어서도 생활방향의 선택, 선택된 생활을 실시하기 위한 준비, 실시활동에 대한 원조, 실시 후 그것으로 행복한 생활이 이루어지고 있는지의 추적 등 일련의 원조가 필요하게 될 경우가 있다. 특별한 예로서 사회부적응이라든가 정신박약아를 지도하게 될 경우를 들 수 있고 진학지도에 있어서도 마찬가지다.

지도상의 주의점으로 제시할 것은 다음과 같다.

① 지도의 궁극적인 목표는 상대로 하여금 진로의 선택, 선택한 진로에 대한 준비, 그 진로의 실현유지까지의 일련의 일을 스스로의 판단이나 노력으로 할 수 있도록 하는 데 있다.

② 상대로부터 선택의 자유를 빼앗는 것과 같은 지도는 피해야 한다. 선택의 기초를 주기 위하여 자기분석, 가정분석, 사회정세의 현황분석에서 얻을 수 있는 자료를 수집해 주거나, 종래의 지도의 예를 들어 판단의 실마리를 주는 것이 지도의 한계이다.

③ 지도에는 이상과 현실이라는 두 가지의 측면이 있다. 이상을 무시하게 되면 사상이 갖는 의의를 잃게 되고, 현실을 무시한 지도는 허공에 떠버리고 만다.

④ 각각 처지에 따라 적절한 방법을 선택해야 한다는 것은 어떤 지도에 있어서나 중요한 일이다.

직업지도란 학생으로 하여금 적극적인 이해와 홍미를 가지고 스스로 적합한 직업을 선택하여 종사할 수 있도록 능력을 기르는 동시에 적절한 안내와 조언을 함으로써 복잡 다양한 직업생활에 올바르게 적응시키는 지도를 말한다.

직업지도의 필요성으로는 ① 학생의 직업선택의 설정을 살펴볼 때 합당한 결정적 의견을 갖지 못하였고 ② 취직한 청소년의 직업적 부적응 현상이 나타나고 ③ 오늘날 가정이나 직장에서 청소년을 장래 유능한 직업인으로서 육성하려는 친절한 준비 태세를 갖추지 못한

점을 들 수 있다.

　이러한 직업지도는 학교내의 직업지도와 학교외의 직업지도로 나누어 설명할 수 있다. 전자는 장래 어떤 직업을 택할 것인가를 학생의 성능체질 등의 입장에서 지도하는 것으로 성능검사에 의하여 또는 사회정세를 검토함으로써 이루어진다. 후자는 직업상담 혹은 직업지도를 목적으로 한 공·사(公·社)의 시설에서 하게 된다. 여기서는 취직하지 않는 사람에게 직업선택에 대한 지도를 하여, 현직에 필요한 지식기능의 개선을 위하여 상담에 응한다.

(2) 진학지도란?

　진학지도란 상급학교에의 진학에 관한 제반지도를 말한다. 과거 학교에서 실시된 것은 수험지도였다. 학생의 흥미·개성·각 교과의 학습상황을 조사하여 이에 입각해서 적절한 학교를 선정하도록 돕는 일은 등한시 되어왔다. 또 장래 직업활동과 관련시켜 신중히 생각하는 경향도 볼 수 없었다. 지금은 초등학교에서는 따로 문제시되고 있지 않은 것이 상례이다. 그러나 중학교 수준에서 인문계 고등학교 또는 고등학교 또는 실업계 고등학교로 진학하는 데 적성과 흥미, 성격, 장래의 전망 등을 고려해서 선택의 신중을 기해야 할 것이 요구된다. 또한 고등학교에서 대학으로 진학하는 데 있어서 더욱 위와 같은 사항을 고려해 보아야 성공적인 학업과 '만족' 그리고 장래의 적응을 보장받을 수 있는 것이다. 진학지도를 할 때 상급학교(대학선택)에 입학만 하면 된다는 맹목적인 태도는 시정되어야 한다. 즉 학생의 학습능력, 지적 소질, 특수기능, 흥미의 방향 등을 파악하고 진학이 큰 도움이 될 것인가를 숙고할 필요가 있다. 또 상급학교라 할지라도 결국 직업활동과 연결되는 것이므로 선정에 있어서 어떤 종류의 학과나 학교를 진출할 직업분야와 관련지어 생각하여야 한다.

나. 진로지도의 필요

진로지도의 개념을 기초로 하여 이것이 학생들에게 절대적으로 필요성이 제기되어 문교부 정책차원에서나 각급학교에서 적극 실천되어야 할 것을 강조하고 있다. 특히 초등학교 수준에서부터 고등학교에 이르기까지 단계별로 진로지도가 실시되어야 함은 교육과정 속에 포함시켜 교육이 전개되도록 제시되고 있다. 따라서 진로지도는 개인적 측면과 국가사회적 측면에서 필요성이 제기된다.

(1) 개인적 측면에서의 필요

① 현대 산업사회를 살아가는 대부분의 국민들에게 진로문제가 절실하게 요구됨에도 불구하고 오늘날 학교교육이 제대로 대응하지 못하고 있는 문제점은 학생들에게 일과 직업세계에서 관련된 자아인식(self-awareness)의 능력을 길러주지 못하고 오로지 주지교육에만 치우쳐 있어 사회 및 직업생활 준비의 적응문제가 심각하다.

② 산업사회의 급격한 발전추세에 따라 복잡다양한 일과 직업의 종류 및 본질에 대한 객관적 이해가 필요한 데 비하여 학교교육은 이에 대하여 아무런 대책이나 역할도 하지 못하고 전통주의를 벗어나지 못하고 있다.

③ 학생들에게 일과 직업에 대한 올바른 가치관이나 태도 및 윤리형성에 대한 요청이 요구된다.

④ 학생들이 인생의 목표설정과 직업선택에 있어서 유연성과 다양성을 결여하고 있다.

⑤ 학교교육에서 교과위주의 주입식 교육과 대학입시를 겨냥한 학력위주의 교육은 학생들의 적성·흥미·능력·인성을 무시한 채 점수 따기 경쟁에 혈안이 되어 소신을 가지고 자기의 생애 목표를 달성하는 데 큰 장애요인으로 지적되고 있다.

⑥ 개인의 가정여건과 능력을 고려하지 않고 무조건 고학력 선호
에 집착되어 개인적으로 물심양면의 손해를 보고 있다. 즉 분
수에 알맞은 선택에 문제가 있다.

(2) 국가사회적 측면에서의 필요

① 진로지도가 학교교육에서 철저히 실시됨으로써 사회와 국가발전
에 필요한 다양한 인력의 균형 된 개발을 유도하는 데 크게 기
여한다.
② 과열과외 및 재수생 누적에 대한 문제해결의 방편이 될 수 있다.
③ 무직 청소년 문제를 해결하기 위한 묘안이 될 수 있다.
④ 국민들이 직업수행에 있어서 생산성과 적응이 긍정적으로 고양
될 수 있다.
⑤ 적재적소에 알맞은 인재를 양성함으로써 건전한 직업인이 될
것이며 따라서 개인적 사회적 요구를 만족시켜 줄 수 있다.
⑥ 누구나 타고난 재능을 유감없이 발휘하여 선택한 직업에 만족
하고 보람과 긍지를 느끼며 행복한 인생을 누리면서 자아실현
의 경지에 도달할 수 있다.
⑦ 가치관 및 직업윤리관 교육을 통하여 장래의 원만한 직업생활
과 성공적 자아상을 정립하여 충분한 인생을 즐기며 복지사회
건설에 이바지할 수 있다.

3. 진로지도의 방법

진로지도의 방법은 먼저 진로결정요인을 고려하여 적합한 지도방
법을 채택·활용하지 못하면 소기의 목적을 달성할 수 없다.
진로를 결정할 때 고려해야 할 점은 ① 능력요인(지능·적성) ②
직업적 흥미(표현된 흥미, 행동화된 흥미, 검사된 흥미) ③ 인성(자

아개념, 가치관, 욕구) ④ 학력(교육수준·학업성취) ⑤ 가정배경(경제적 지위·종교·성장과정) ⑥ 경제상태(직업세계의 구조와 봉급·승진 전망) ⑦ 신체적 조건(체력, 체격, 체질, 용모) ⑧ 학교(인문계·실업계 교육과정, 교사의 질, 클럽활동) 등의 요인을 전제조건으로 지도해야 한다. 구체적인 진로지도의 방법은 다음과 같다.

① 인쇄매체를 이용한 지도

학생들에게 진로정보(career information)를 수록한 인쇄물로서 직업사전, 직업전망 사전, 직업안내를 위한 각종 인쇄물(신문, 포스터, 선전광고 등)을 통하여 직업의 관계를 소개한다.

② 기타 매체를 통한 지도

각종 시청각 매체, 즉 TV, VTR, 슬라이드, 줄사진, 영화, 마이크로필름 등 교육용 내지 상업용 매체나 게시판, 전시회 등이 이에 포함된다.

③ 각종 집회를 통한 지도

강연회, 토론회, 진로의 날(career day) 또는 수업활동을 통해서 진로지도를 실시한다. 초등학교 수준에서는 도덕, 사회, 국어, 실과 등의 과목, 중등학교에서는 각 교과와 관련된 직업을 수업활동에서 전개한다.

④ 면담을 통한 지도

면담은 어떤 분야의 권위자 또는 담당자를 내담자에게 소개해 주고 그와 면담을 할 수 있도록 조치하여 비교적 깊고 자세하게 해당 정보를 습득할 수 있게 한다.

⑤ 흉내내기(Simulation)에 의한 지도

이 방법은 게임이나 역할극 등의 탐색활동을 통해 자세하게 진로에 대한 간접경험을 제공하는 것이다.

⑥ 견학(Field-Thp)을 통한 지도

학생들로 하여금 공장이나 회사, 병원, 학교 등을 방문하게 하여 필요한 직업정보나 교육정보를 얻고 실제 작업상황에서 수행되는 일

을 직접 관찰하고 분위기에 젖어볼 수 있는 경험이나 기회를 갖게
한다.

⑦ 학교교육과정을 통한 전달방법

이 방법은 초등학교부터 중고등학교에 이르기까지 교육과정에 「진
로교육」에 대한 내용을 의도적으로 반영하여 자연히 직업에 대한 지
식과 태도를 습득케 하는 것이다.

⑧ 현장실습을 통한 지도

이 방법은 직접 작업현장에 나가 일을 직접 해봄으로써 직업세계
의 체험을 쌓고 정보를 얻게 하는 방식이다.

⑨ 진로상담을 통한 방법

진로상담을 통하여 자아개념의 구체화, 일의 세계에 대한 이해,
진로계획에 대한 책임감, 의사결정능력, 협동적인 사회행동, 일에 대
한 태도 등 적합한 진로를 개척해 나갈 수 있도록 상담을 통해 지도
한다.

⑩ 컴퓨터를 이용

진로정보를 컴퓨터에 수록했다가 필요할 때 적당한 형태로 찾아
쓰는 자료처리 도구로 이용하여 지도한다(이정근,1988).

4. 적성검사의 개념과 종류

가. 적성의 개념과 적성 요인

인간의 능력이란 단일역동체이기 때문에 그것을 분석하여 명백히
규정하기란 어렵다. 대체로 심리학자들은 인간의 능력을 일반능력과
특수능력으로 나누고 특수능력을 흔히 적성(aptitude)이란 말로 표현
하고 있다(중앙적성연구소, 1982). 적성은 어떤 직업이나 구체적인
과업(일)에 대한 장래의 성공가능성을 예언하는 심리적 특성이라고

도 한다. 따라서 적성이라는 말은 언제나 "무엇에 대한" 적성이라는 방식으로 표현되곤 한다. 그러나 그 "무엇"을 어떻게 규정하는가에 따라서 적성검사는 여러 가지 형태로 달라진다.

어떤 한 가지 작업에서 성공한다는 것은 그 직업에서 필요로 하는 다양한 기능의 고차적 수준에 도달한다는 것과 또 하나의 그 기능을 학습하는 속도가 빠르다는 것을 의미한다.

이처럼 직업선택이나 대학진학에 있어서 전공학과를 선택하는 데 적성을 고려해야 하는 점은 바로 학업성취에 매우 밀접하게 관련되어 적응을 잘 할 수 있어서 성취도를 높일 수가 있다. 만일 적성에 맞지 않는다면 잠재가능성과 성공가능성을 예측하기가 어렵게 된다.

그런데 일반적으로 학생들은 자기의 적성이 어느 분야인 것인가를 잘 모르고 있다. 그래서 직업선택이나 진학하는 데 전공학과를 무조건 눈치나 배짱으로 아니면 무조건 대학에만 들어가야 하겠다는 단순한 생각에 사로잡혀 예비고사 또는 학력고사 점수에만 의존하여 진로결정을 내리는 무모한 의사결정에서 과정상의 부적응을 많이 일으키곤 한다. 이러한 행위는 결국 개인적인 인력을 헛되이 낭비하게 되며 나아가 소중한 국가의 인력을 소모하게 되는 결과를 가져오게 된다.

그러므로 학교에서의 진로지도는 적성이나 흥미에 비추어 장래의 중대한 인생행로의 결정을 반드시 적재적소에 알맞은 적성을 파악하고 이에 걸맞은 방향으로 지도되어야 한다.

그러면 적성검사는 어떠한 기능을 가지고 있으며 그 내용은 무엇인가?

적성검사는 대체로 다음과 같은 기능을 가지고 있다(Gibson & Mitchell, 1981).

첫째, 개인이 미처 인식하지 못하고 있는 잠재력을 발견할 수 있다.

둘째, 개인의 특수능력이나 잠재력을 개발하도록 격려할 수 있다.

셋째, 학업이나 진로를 결정하는 데 중요한 정보를 제공할 수 있다.

넷째, 개인의 미래학업이나 직업에 있어서의 성공 가능성을 예측할 수 있다.

다섯째, 다른 발달이나 교육적인 목적에 따라서 학생들을 적성에 따라 분류할 수 있다.

각 적성검사는 그 이론적 입장에 따라 차이가 있으나 많은 적성검사들이 측정하고 있는 적성요인들을 살펴보면 대략 다음과 같은 하위요인들로 구성되어 있다.

(1) 언어능력

정확한 의사소통을 위해 정확한 단어를 선택하고 어휘를 연상하고 문장의 뜻을 이해하고 의사를 발표하는 능력을 말한다. 이 능력은 언어적 개념을 중요한 요인으로 하는 인문 사회과학 분야에서 요구하는 적성이다.

(2) 공간지각

입체적 공간관계를 이해하는 능력으로 시각을 통하여 실체적 물체를 취급하고 실체적 물체를 회전 또는 분해했을 때의 형태를 상상하는 능력이다. 이 능력은 제도, 설계, 건축, 미술, 가구 등 제도에서부터 재단에 이르기까지 입체구성 능력을 요구하는 직업분야의 적성요인이다.

(3) 계산력

정확하고 빠르게 계산하는 능력을 말하며, 이 능력은 대부분의 직업에서 필요한 기초적 능력이지만, 특히 사무분야에서 적합한 적성이다.

(4) 척도해독력

척도, 그래프, 차트, 계기 등을 신속·정확하게 읽는 능력을 말하며, 이 능력은 이공학, 화학, 생물, 수학, 의학 등의 과학분야와 실업 및 기술분야에서 요구되는 적성이다.

(5) 수공능력

운동감각의 정확성과 신속히 반응하는 능력이다. 이 능력은 전자공, 전기공, 인쇄공, 세공 등의 직업분야에서 중요한 적성이다.

(6) 기억력

복잡한 자료나 항목들의 분류 및 상징, 기호를 학습하고 암기하는 능력을 말하여, 이 능력은 사회과학, 실업, 사무 분야에서 중요한 적성이다.

(7) 사무지각

문자나 기호를 정확하고 신속하게 식별하는 능력을 말하며, 사무, 경리, 서기, 전화교환 등 사무분야에서 필요한 적성이다.

(8) 형태지각

실물이나 도해를 정확하고 빠르게 비교·판별하는 능력을 말하여, 이 능력은 통신, 타자 등의 사무분야와 도안, 디자인 등의 응용미술 분야 그리고 기타 기능직분야에서 필요한 적성이다.

이와 같이 적성요인을 중심으로 직무군(occupational cluster)별로 직업의 예를 제시하여 요약한 일람표를 제시하면 다음 「표 1」과 같다(한국교육개발원, 1986, pp. 82-86).

[표 1] 직업과 적성과의 관계

직 무 군		직업의 예	적성요인
인문계 전문직	·인문계통의 전문직 ·저작, 편집 및 보도직 (Ⅱ)	사회과학 연구가, 판사, 검사, 평론가, 논설위원, 뉴스 해설가	언어능력, 추리력, 기억력
	·법무 관제직 ·저작, 편집 및 보도직 (Ⅱ)	사법서사, 입회서기, 신문·잡지 편집원, 신문기자, 번역가	언어능력, 추리력, 기억력
자연계 전문직	·연구개발직 ·의료·보건직(I) ·운항직(I)	자연과학기술자, 자연과학 연구가 의사 항공기 조종사, 각종 항해사	계산능력, 공간지각, 수리력, 기억력, 기계추리력, 수공능력, 척도해독력
	·전자계산기 조작력(Ⅰ) ·운항직 (Ⅰ)	전자 계산기 분해·조작기술자 을·병종 항해사, 선박 기관사	계산능력, 공간지각, 기계 추리력, 수공능력, 척도해독력
	·기술직 ·의료 보건직(Ⅱ)	시험공, 분석공, 기사, 물리요법사	추리력, 척도해독력
공안직	·공안 및 관련직 (Ⅰ)	경찰관, 소방관	사무지각, 수공능력, 언어능력, 추리력
사무직 I (언어능력 중심)	·기획·관리 사무직	전문직 기획 사무원, 인사관리 사무원	언어능력, 사무지각, 기억력
	·일반기획사무직 ·상담·면접 사무직	일반계획 사무원, 자재 계획 사무원 카운슬러, 세일즈맨	언어능력, 사무지각, 기억력
	·저작·편집·보도직 (Ⅲ)	아나운서	
	·경리 및 관련직 (Ⅰ)	전문직 경리 사무원, 회계, 감사계	계산능력, 사무지각, 수공능력, 기억력
	·경리 및 관련직(Ⅱ)	일반 경리 사무원, 현금출납계	계산능력, 사무지각, 기억력, 수공능력
사무직 Ⅱ (수리능력 중심)	전자계산기 관련직(Ⅱ)	전자 계산기 조작원	계산능력, 기억력, 사무지각, 수공능력
	·계수·기록직	일반사무원, 각종 계산기	
	·속기 및 통신 사무직	속기사, 무선 통신사	사무지각, 형태지각
	·사무용 기계 조작직	타자원, 전화 교환수	
	·인쇄 관련직(Ⅰ)	식자공, 제판공	사무지각, 기억력, 형태지각, 수공능력

직 무 군		직업의 예	적성요인
기계 조작 및 운전직	・각종 차류의 운전직 ・인쇄 관련직(Ⅱ) ・기계 장치의 조작 및 감시직	자동차 운전수 윤전기 인쇄공, 옵셋 인쇄공 자동 제어 기계 조작원	사무지각, 수공능력, 기계 추리력
	・화학 장치의 조작 감시직 ・의료 보건직(Ⅲ) ・대인 봉사직(Ⅰ)	합성공, 섬유 정세공 보건원, 조산원, 간호원 비서, 항공기 안내원	사무지각, 언어능력 기억력
봉사 및 판매직	・판매직 ・대인 봉사직(Ⅱ) ・통신업무직 ・공안 및 관력직(Ⅱ)	점원, 판매원 버스안내원 집배원 수위, 경비원	계산능력, 언어능력, 기억력, 사무지각
응용 미술직	・도안 및 관련직 ・미술적 배열직	상업 디자이너 복장 디자이너, 무대 장치가	공간지각, 형태지각, 수공능력력, 기억력
	・대인 봉사직(Ⅲ)	이용사, 미용사	공간지각, 형태지각
설계, 제도 및 전기 관계직	・설계에 관한 기술직	설계사(토목, 건축, 선박 등)	계산능력, 공간지각, 수공능력, 척도해독력
	・제도 및 관련직(I)	제도공, 현도공(철구 조물, 선박 등)	계산능력, 공간지각, 수공능력, 기계추리력, 척도 해독력
	・전기 기능직	발전공, 배전공	계산능력, 공간지각, 수공능력, 기계추리력
제판 및 제화직	・인쇄 관련직(Ⅲ) ・제도 및 관련직(Ⅱ)	문선공, 사진 제판 제도공, 현도공	사무지각, 형태지각, 수공능력
검사 및 선별직	・정밀 검사직	・검사공 (전기 기기, 식료품)	사무지각, 형태지각
	・간이검사직	검사공(목, 죽, 지류), 선별공	

직 무 군	직업의 예	적성요인
	·전기 기기 조립 및 수선직	전기 통신기 조립공, 수리공	공간지각, 형태지각, 수공능력, 기계추리력
	·계기, 광학 기계기구 조립, 수리직	렌즈 조정공, 기구 조립공, 수리공	
	·기능직(I)	화공, 인쇄 화공, 봉제공	
기계 조립 및 가공직	·전기 기구 조립 수리직	전구 진공판 조립공 금속 세물공	공간지각, 형태 지각, 수공능력
	·금속 재료 기능직(I)		
	·편물, 봉제 관련직	의류봉제공, 편공물	
	·제조직(I)	석세공	
	·기능직(II)	귀금속, 보세 세공공	
	·목제품가공직	가구공	
조형 및 세공직	·금속 인쇄기류 조작직	선반공	공간지각, 형태지각, 수공능력, 기계추리력
	·기계 금속 부품 조립 및 그 관련직	기계 조립공	
	·수송 기계 조립, 수리직(I)		
	·금속재료 가공직(II)	판금공	
	·목조 건설작업	목공	
	·석적 기능직	건축석공	
	·파이프 접속 및 관련직	파이프 접속공	
	·건실관련 기능직	미장공	
	·금속 재료 가공직(III)	주형공 제강공	
	·수공기계 조립, 수리직(II)	자동차 조립공	
	·기능직(III)	악기 제조공	
	·봉제 재료 재단직	재단공	
	·인쇄 관련직(IV)	제책공	
	·고무제품 관련직(I)	고무제품 완성공	
	·피혁 제품 제조, 수리직(I)	가방 제조공	

직　무　군		직업의 예	적성요인
기타분야의 기술 및 기능직	·요업·토석 제품 제조직(Ⅱ) ·화학 제품 제조 관 련직(Ⅰ) ·기능직 (Ⅳ) ·수송 관련직 ·금속가공 기계 조작직 ·제지 및 가공직 ·고무제품 관련직(Ⅱ) ·피혁 제품제조, 수리 직(Ⅱ)	초자 제품 기계 성 형공 화학 제조공 칠기공 역구내원, 화물정리원 금속 재단공 펄프공, 융지 재단공 고무제품 성형공	형태지각, 수공능력
	·요업·토석 제품 제 조직(Ⅲ) ·건설 관련직	판석자공, 공판 성형공 벽돌공, 타일공	형태지각, 수공능력
	·임·어업 ·채굴직 ·하역직 ·공익 공급직 ·전기 부품 조립직 ·제사, 방직 기계조작 및 관련직 ·기계 봉제직 ·죽·초류 가공직 ·지가공기계 조작직 ·요업·토석 제품 제 조직 ·죽·초류 가공직 ·지가공기계 조작직 ·요업·토석 제품 제 조직 ·식료품 제조 기계조 작 및 관련직 ·화학 제품 제조 관 련직(Ⅱ) ·기능직(Ⅴ)	임·어업 종사가 광부 하역부 개스공급인, 급수공 바테리 조립공 조사공, 직포공, 표 백공 미싱공 죽세공 지제품 제조공 도자기 소성공, 시멘 트 제조공 죽세공 지제품 제조공 도자기 소성공, 시멘 트 제조공 통조림 식품공 유지공 도금공, 도장공, 포 장공	형태지각, 수공능력

나. 적성검사의 종류와 성격

우리나라에 소개된 대표적인 표준화 적성검사의 종류를 제시하면 「표 2」와 같다.

「표 2」 대표적 표준화 적성검사

	검 사 명	제 작 자	대 상 범 위	출 판 사	초판 년도
중·고·대·일반용	일반적성분류검사	정 범 모	중3·고·대·일반	K·T·C	1967
	종합적성검사I	행동과학연구소	중 1~3년	능력개발사	1969
	간편형종합적성검사I	행동과학연구소	중 1~3년	능력개발사	1969
	종합적성검사II	행동과학연구소	중 1~3년	능력개발사	1969
	종합적성검사III	행동과학연구소	대학·일반	능력개발사	1969
	적성진단검사	이상로·김경린	중·고·대·일반	중앙적성연구소	1974
	GATB 진학 직업 적성검사 I	중앙적성연구소	중3·고·대·일반	중앙적성연구소	1968
	GATB 진학 직업 적성검사 II	중앙적성연구소	중3·고·대·일반	중앙적성연구소	1968
특수적성	I-D적성검사	행동과학연구소	중·고교공업계	능력개발사	1969
	음악재능검사	황웅연·유덕회	국 4~6, 중·고등	중앙적성연구소	1972
	독서기능검사	행동과학연구소	국 4~중 2년	능력개발사	1972
	수량기능검사	행동과학연구소	국 4~중 2년	능력개발사	1972
	과학적성검사	행동과학연구소	고교 3년	능력개발사	1969

위에 제시한 적성검사의 종류는 출판년도가 대개 1967년에서부터 1974년까지 나온 것이다. 최근 1982년도 이후에 우리나라에서 제작, 번안된 표준적성검사들을 종류별로 제시하면 다음과 같다.

· GATB 적성검사, 중앙적성 연구소, 1987.

· GATB 진학, 직업 적성검사(II型) 중앙적성연구소, 1982.

· 적성 진단검사(고등학교~성인용) 중앙적성연구소, 1983.

· 적성 진단검사(중학교~성인용) 이상로·김경린 엮음, 중앙적성

연구소, 1983.

· 기초 적성검사(초등학교, 중학교용) 서울특별시 교육위원회, 1985.

· 표준 적성검사(검사 1 언어능력 검사, 검사 2 척도해독검사) 고등학교용, 임인재·장상호 엮음, 대한사립중고등학교장회 발행, 1989.

· 표준적성검사(감사 4 도구점검검사, 검사 5 단순계산 검사) 고등학교용, 임인재 엮음, 대한사립중고등학교장회 발행, 1989.

· 진로적성검사(중·고등학교용) 임인재 엮음, 대한사립중고등학교장회발행, 1988.

· 적성 분류검사(중고등학교용) 한국심리검사연구소 등이 있다.

그런데 일반적으로 적성검사는 대략 다음과 같은 형태로 분류될 수있다(이재창, 1988 pp. 126-128).

첫째, 특수 적성검사(Special Aptitude Test)

특수적성검사는 특정한 직업이나 활동영역에 있어서 개인의 수행능력이나 가능성을 측정하도록 제작된 검사이다.

이 검사는 구체적인 하나의 적성을 측정하기 때문에 단일적성검사라고도 불리운다. 이는 주로 기계사무예능과 같은 단일능력을 측정하는데 사용되고 또한 대학원이나 전문직종의 학교에서 사용되고 있다. 특수적성검사는 또한 수학이나 외국어와 같은 특수교과에 대한 능력을 측정하기도 한다. 그러나 종합적성검사가 보편화됨에 따라 그 사용도가 하락하는 추세를 보이고 있다.

둘째, 종합 적성검사(Aptitude Batteries)

이 검사는 여러 직업이나 직업과 관련이 있는 활동과 연관이 있는 여러개의 하위검사로 구성되어 있어서 적성의 형태를 측정하는 검사이다. 이 검사의 장점은 ① 한 가지 검사로 다양한 활동에 대한 가능성을 측정할수 있기 때문에 실시하는 데 편리하고 ② 모든 하위검사가 같은 모집단을 대상으로 해서 표준화 작업을 했기 때문에 비교 가능한 하위검사의 기준을 제시할 수 있고 ③ 하나의 검사로 광범한 영역의 잠재력을 비교할 기회를 가질 수 있다.

여기에 가장 대표적인 검사로는 GATB(GenerAL Aptitude Test BatteY)와 DAT(Differential Apititude Test)를 들 수 있다.

GATB(일반 직업적성 종합검사)는 미국 연방정부 직업안정국(United States Employment Service)에서 제작한 것으로 12개 하위검사로 구성되어 있고 9개의 점수로 표시된다. DAT는 미국의 Psychological Corporation에 의해서 제작된 것으로 중학교 3학년부터 고등학교 3학년을 대상으로 하여 8개의 하위검사로 구성되어 있고 직업과 진학상담에 가장 많이 사용되는 검사이다.

우리나라에서도 DAT와 GATB를 번안하여 발간한 적성종합검사(정범모)와 GATB 적성검사(중앙적성 연구소)가 사용되고 있다.

GATB는 지능(G-intelligence), 언어능력(V-verbal aptitude), 산수능력(N-numerical aptitude), 사무지각(Q-clerical perception), 공간적성(S-spacial aptitude), 형태지각(P-form perception), 조준 및 눈과 손의 공응(A-aiming and eye-hand coordination), 손의 운동속도(T-motor speed), 손가락 재능(F-finger dexterity), 손 재능(M-manual dexterity)등의 성능을 알아본다.

이 검사는 중고등학교에서 진학과 직업지도를 위해서 개발되었으나 대학생과 일반성인들에게도 사용할 수 있도록 대상범위를 넓혔다.

5. 적성검사의 활용방안

가. 표준 적성검사의 내용 및 방법

적성검사의 종류에 따라 내용이나 방법은 위에서 제시한바 여러 가지가 있으나 여기서는 주로 대한사립중고등학교장회편 표준적성검사를 중심으로 소개할 것이다.

이 표준적성검사는 우리나라의 중고등학교 학생들이 진학 또는 취업과 관련된 결정을 내릴 때에는 유용한 정보를 제공할 수 있도록 꾸며진 것이다(임인재, 장상호, 1989).

본 검사의 특색은 각 학생들의 기본적인 적성요인의 수준을 측정함은 물론이고 각 적성에 부합하는 고교의 계열에 대학의 학과, 그리고 직장의 분야와 종류를 시사해 준다는 데 있다. 즉 본 표준적성검사를 받은 학생은 모두 채점절차를 거쳐서 결론적으로 어떤 종류의 학과, 계열 또는 직장이 그의 적성에 부합하는지에 대한 정보를 얻게 된다.

본 검사는 우리나라 중학교 3학년, 고등학교 1,2,3학년 학생에게 사용될 수 있도록 꾸며졌다. 구체적으로 이 검사가 목적하고 있는 바는 다음과 같다.

첫째, 고등학교 3학년 학생들의 경우에

① 대학에 진학하고자 하는 학생에게는 대학의 학과나 계열선택에 도움이 될 각자의 적성수준을 알려주며 ② 직장을 선택하고자 하는 학생에게는 구체적인 직업에 대한 적성수준을 알려준다.

둘째, 고등학교 1,2학년의 경우에

① 대학의 진학을 목표로 하는 학생에게 문과 또는 이과 등의 진로방향의 사전결정에 도움을 주고 ② 취업을 준비하는 학생에게는 취업의 직종이나 분야에 대한 적성수준을 알려준다.

셋째, 중학교 3학년인 경우에 ① 인문계고등학교에 진학하려는 학생에게 문과반, 이과반에 대한 적성을 시사해 주며 ② 실업계 고등학교에 진학하려는 학생에게는 학과계 각 계열에 대한 적성수준을 제시해 주며 ③ 졸업 후 취업하려는 학생에게는 각 취업분야에 대한 적성수준을 알려준다.

본 검사는 8개의 하위검사(중학교의 경우 6개 하위검사)로 구성되어 있다. 고등학교용의 경우에는 ① 언어능력 검사 ② 척도해독 검사 ③ 기억력 검사 ④ 도구점검 검사 ⑤ 단순계산 검사 ⑥ 이해 및

판단력 검사 ⑦ 도형인지 검사 ⑧ 기계조립 검사 등 8개 요인이며
중학교에서는 이상의 8개요인중에 도구점검과 단순계산이 제의된 6
개 요인이다.

　검사지와 답안지는 다음 「표 3」과 같다.

[표 3]

a. 고등학교용

검 사 군	하 위 검 사 명
제Ⅰ군	검사1 : 언어능력검사 검사2 : 언어능력검사
제Ⅱ군	검사3 : 언어능력검사
제Ⅲ군	검사4 : 언어능력검사 검사5 : 언어능력검사 검사6 : 언어능력검사
제Ⅳ군	검사7 : 언어능력검사 검사8 : 언어능력검사

a. 고등학교용

검사군	답안지 용지별 해당검사	용지수
제Ⅰ군	① 언어능력검사 ② 척도해독검사	1장
제Ⅱ군	③ 기억력검사	
제Ⅲ군	④ 도구점검검사 ⑤ 단순계산검사 ⑥ 이해 및 판단력검사	1장
제Ⅳ군	⑦ 도형인지검사 ⑧ 기계조립검사	1장

b. 중학교용

검 사 군	하 위 검 사 명
제Ⅰ군	검사1 : 언어능력검사 검사2 : 척도해독검사
제Ⅱ군	검사3 : 기억력검사
제Ⅲ군	검사4 : 이해 및 판단력검사 검사5 : 도형인지검사 검사6 : 기계조립검사

b. 중학교용

검사군	답안지 용지별 해당검사	용지수
제Ⅰ군	① 언어능력검사 ② 척도해독검사	
제Ⅱ군	③ 기억력검사	1장
제Ⅲ군	④ 이해 및 판단력검사 ⑤ 도형인지검사 ⑥ 기계조립검사	

　검사명과 검사시간은 중학교용, 고등학교용으로 분류되어 있는데
그것은 「표 4, 5」에 제시되어 있다.

[표 4] 중학교용

검사군	검 사 명			문항수	검사실시기간	
					지시시간	검사시간
제 I 군	검사1 : 언어능력검사			60	약8분	20분
	검사 2 : 척도해독검사		제1부	40	약4분	6분
			제2부	20	약6분	8분

검사군	검 사 명			문항수	검사실시기간		
					지시시간	검사시간	
						암기 page	문제 page
제 II 군	검사3 : 기억력검사	단어 · 숫자 짝짓기	1번~15번	30	약3분	3분	2분
			16번~30번			3분	2분
		도형암기	1번~30번	60	약3분	40초	2분
			31번~60번			40초	2분
제 III 군	검사4 : 이해 및 판단력검사			24	약5분	20분	
	검사5 : 도형인지검사		제1부	16	약5분	8분	
			제2부	16		8분	
	검사6 : 기계조립검사		제1부	10	약5분	6분	
			제2부	10		6분	

[표 5] 고등학교용

검사군	검 사 명			문항수	검사실시기간		
					지시시간	검사시간	
제 I 군	검사1 : 언어능력검사			60	약8분	20분	
	검사 2 : 척도해독검사일		제1부	40	약4분	6분	
			제2부	20	약6분	8분	
						암기 page	문제 page
제 II 군	검사3 : 기억력검사	단어 · 숫자 짝짓기	1번~20번	40	약3분	3분	2분
			21번~40번			3분	2분
		도형암기	1번~30번	60	약3분	40초	2분
			31번~60번			40초	2분

검사군	검 사 명		문항수	검사실시시간	
				지시시간	검사시간
제Ⅲ군	검사 4 : 도구정검조사	제1부	15	약5분	3분 30초
		제2부	15		3분 30초
	검사 5 : 단순계산검사	제1부	45	약5분	6
		제2부	20		2
		제3부	30		3
제Ⅳ군	검사6 : 이해 및 판단력검사		24	약5분	20분
	검사7 : 도형인지검사	제1부	16	약5분	8분
		제2부	24		8분

검사군	검 사 명		문항수	검사실시시간	
				지시시간	검사시간
	검사8 : 기계조립검사	제1부	10	약5분	6분
		제2부	10		6분

* 　기억검사의 검사실시시간은 「암기 페이지」와 「문자 페이지」로 구분되어 있음을 주의 할 것.

** 총시간 : 지시시간 49분 검사시간 115분 20초

　본 검사의 실시에 소요되는 총시간은 고등학교 3시간, 중학교용은 2시간 30분정도이다. 검사장소는 원래 공부하던 학급이 좋다.

나. 표준적성 Profile 작성 및 해석

　이곳에서는 본 검사의 실시결과를 처리하여 실제 진로지도에 활용될 수 있는 표준적성 **Profile**을 작성하는 방법을 구체적으로 설명하고자 한다. **Profile** 작성단계는 아래와 같다.

1단계 : 각 하위 검사의 원점수 채점

정답판 오답판을 사용하여 pp. 17~18의 설명에 따라 각 하위검사의 원점수를 산출한다.

표준적성 profile ①난에 기재한다.
2단계 : profile ①난의 점수를 백분 위 점수와 T점수로 환산한다.

pp. 28~60에 해당 기준표를 통하여 원점수에 해당하는 백분위 점수와 T점수를 찾는다.

표준적성 profile에 백분위점수는 ②난에, T 점수는 ③ 난에 기재한다.
3단계 : profile ③난의 T 점수를 ④)난의 ▲ 표시된 난에 내려 적는다.
4단계 : ▲표시된 부분의 T점수를 합산하여 ⑤난에 기재한다.
5단계 : ⑤난의 점수를 ③난의 요인수로 나누고, 그 값을 ⑦난에 기재한다.
6단계 : ⑦난의 점수를 ⑧난의 profile선상에 점(點)으로 표시한다.
⑧난의 각 점을 직선으로 연결시킨다.
7단계 : 표준적성 profile의 완성

표준적성검사 **Profile**의 해석방법은 다음과 같다.

본 검사는 고등학교의 경우 **8**개의 하위검사를 가지고 **29**개 분야에 대한 적성요인을, 중학교의 경우에 **6**개의 하위검사로 **18**개 분야에 대한 적성을 재도록 되어 있다.

모든 적성수준은 **T**−점수로 표시되며 백분위점수도 아울러 제시되어 있다. 따라서 본 검사는 **8**개(중학교 **6**개) 하위검사의 적성수준을 **T**−점수와 백분위점수로 알 수 있을 뿐 아니라, 진학적성과 직업에 대한 적성수준 역시 **T**−점수로 해석할 수 있다. 위에 제시된 「표 **7**」의 홍길동의 적성 **Profile**을 참고하면 잘 알 수 있다.

홍길동의 적성 **Profile**에서 ⑦난을 보면, ⑦난의 점수는 각 진학매 직업분야에 해당되는 **8**개(중학교는 **6**개) 하위검사 중의 몇몇 점수들을 합산하여 그 요인 수로 나누어 준 값이다. 이 ⑦난의 점수를 ⑧난에 **Profile**로 그려본 것이 바로 홍길동의 적성 **Profile**이다.

홍길동이 대학에 진학하려고 한다면 그는 진학적성란에 점수가 높은 곳을 찾아야 한다. 이 표에서는 이공계의 공학과가 가장 높다. 한편 길동이가 고등학교 졸업 후 직업을 가지려고 한다면 직업적성란에 가장 점수가 높은 곳을 찾아야 하는데 이 표에서는 비서직에 대한 적성이 가장 높게 나타나 있다.

이 때 표준적성 **Profile** 해석에서 주의해야 할 점은 높은 적성분야가 곧 그 학과, 그 직장을 선택하면 성공할 것이라는 단정적인 결론을 내려주는 것이 아니라, 다만 성공의 가능성이 다른 분야보다 높다라는 확률적인 의미로서 해석되어야 한다는 점을 명심해야 할 것이다.

[표 6] 標準適性 Profile（中學校用）

학 교 명	○ ○ 中	학 년 반	1-1	번 호	1
학교소재지	서울 종로구	연 령	14	남·여	남
성 명	김 철수	실시일자	1 학기		

區分 ＼ 下位檢査名稱	言語能力檢査	尺度解讀檢査	記憶力檢査	理解및判斷檢査	圖形認知檢査	機械組立檢査
① 原點數	38	18	52	9	15	18
② 百分位點數	79	66	86	21	51	99.8
③ 規準點數（T-點數）	58	54	61	42	50	79

④ · ⑤ 計 ／ ⑥ 檢査數 · ⑦ 標準適性點數（T-點數）／ T-點數 Profile

	下位檢査	言語能力檢査	尺度解讀檢査	記憶力檢査	理解및判斷檢査	圖形認知檢査	機械組立檢査	⑤ 計 / ⑥ 檢査數	⑦ 標準適性點數（T-點數）
進學適性	人文系 文 科	▲		▲	▲	▲		211 /4=	52
	人文系 理 科	▲	▲		▲		▲	233 /4=	58
	實業系 工 業 系		▲		▲	▲	▲	225 /4=	56
	實業系 商 業 系	▲	▲	▲	▲			215 /4=	53
	實業系 藝·體能系	▲		▲			▲	198 /3=	66
	實業系 農業·水産·海洋		▲	▲		▲	▲	244 /4=	61
	一般進學適性	▲		▲	▲	▲		211 /4=	52
職業適性	商 業		▲	▲	▲			157 /3=	52
	會 計				▲	▲	▲	190 /3=	63
	事 務 職	▲	▲	▲			▲	252 /4=	63
	販 賣 職	▲	▲	▲				173 /3=	57
	秘 書 職	▲	▲		▲			154 /3=	51
	農 業		▲	▲	▲		▲	236 /4=	59
	建 築		▲		▲	▲	▲	225 /4=	56
	製圖 · 圖案		▲			▲	▲	183 /3=	61
	電氣 · 電子		▲		▲		▲	175 /3=	58
	機械運轉 · 修理		▲	▲			▲	194 /3=	64
	軍人 · 警察	▲	▲			▲	▲	241 /4=	60

[표7] 標準適性 Profile （高等學校用）

下位檢査名稱 / 區分	言語能力檢査	尺度解讀檢査	記憶力檢査	道具點檢檢査	單純計算檢査	理解 및 判斷檢査	圖形認知檢査	機械組立檢査
1 原點數	32	27	5	114	59	12	21	14
2 百分位點數	73	76	0.3	8	99	51	88	86
3 標準點數（T-點數）	56	59	22	36	73	50	62	61

학 교 명	○ ○ 고	학 년 반	1-7	번 호	14
학교소재지	서울 종로구	연 령	17	남·녀	남
성 명	홍 길동	측정일자			학기

標準適性點數（T-點數） Profile

구분	직업(전공)	言語能力	尺度解讀	記憶力	道具點檢	單純計算	理解및判斷	圖形認知	機械組立	計／檢査數	T-點數
理工系	工學		▲				▲	▲	▲	230 /4	57
理工系	物理學		▲				▲	▲		169 /3	56
理工系	化學	▲	▲				▲			163 /3	54
理工系	生物學	▲	▲				▲	▲		225 /4	56
理工系	數學	▲	▲				▲		▲	224 /4	55
醫學系	醫學		▲	▲			▲	▲	▲	252 /5	50
醫學系	齒科學		▲	▲	▲		▲		▲	231 /5	46
醫學系	看護學		▲	▲			▲			129 /3	47
人文社會系	法學	▲		▲			▲	▲	▲	251 /5	50
人文社會系	人文科學	▲		▲			▲			128 /3	42
人文社會系	社會科學	▲					▲	▲		168 /3	56
人文社會系	圖書學	▲	▲	▲			▲			185 /4	46
其他	師範系	▲		▲			▲			128 /3	42
其他	藝術系	▲		▲	▲				▲	175 /4	43
其他	商經系	▲	▲	▲	▲	▲	▲			294 /6	49
	大學一般適性	▲		▲			▲	▲		190 /4	47
職業適性	商業		▲			▲	▲			143 /3	47
職業適性	會計			▲		▲	▲			145 /3	48
職業適性	事務職		▲	▲			▲			152 /3	50
職業適性	販賣職	▲	▲	▲			▲			208 /4	52
職業適性	秘書職	▲	▲			▲				186 /3	62
職業適性	農業				▲		▲		▲	147 /3	49
職業適性	航空		▲				▲	▲	▲	230 /4	57
職業適性	建築		▲	▲				▲	▲	202 /4	50
職業適性	製圖·圖案		▲					▲	▲	180 /3	60
職業適性	電氣·電子		▲				▲		▲	168 /3	56
職業適性	機械運轉·修理		▲					▲	▲	180 /3	60
職業適性	軍人·警察			▲				▲	▲	145 /3	48

*각 직업별로 네모란의 ▲ 表는 위의 8개의 적성요인 중 각 직업별로 요구되는 적성요인을 나타낸다.

*오른쪽 프로파일(profile)작성에 사용되고 있는 T 점수는 평균이 50이고 (표준편차10) 최하20부터 최고 80정도까지의 분포를 이루는 척도점수이다.

*위의 오른쪽 프로파일에서 각 전공이나 직업별로 자기의 평균 T 점수를 막대그래프로 나타내고 있다. 각 꼭지점을 연결하여 그래프로 표시하면 전체 직업분야간의 관계가 더욱 명료하게 드러난다.

*위의 꺾임 그래프를 해석하는데 있어서 전체적인 높, 낮음 보다는 상대적인 입장에서 가장 높은 것이 무엇이며 다음으로 높은 것이 무엇인지를 살펴본다.

*대학에 진학코자하는 학생은 진학적성란의 계열이나 전공 분야에, 고등학교를 졸업하고 취직을 하려는 학생은 아래쪽의 직업적성란에 보다 더 깊은 관심을 갖고 살펴보아야 한다.

6. 결   론

일반적으로 진로지도는 진학지도와 직업지도를 포함하여 학생 자신의 적성과 직업과의 양자가 합치하도록 결합시키는 일이다. 그러나 정말로 올바른 진로선정은 단순히 검사(test)에 의한 분석만으로 기계적으로 결정할 수 있는 성질의 것이 아니다. 검사는 직업적성의 영역을 찾아내고 그것을 선정하는 데 하나의 자료일 뿐이지 그것이 모든 것을 결정해 줄 수 있을 만큼 전능한 것은 결코 아니다.

최근에 산업사회의 발전과 더불어 직업의 세계가 복잡다양해지고 선택의 어려움을 겪게 됨에 따라 진로지도가 필요하게 되었으므로 진로지도를 원활히 하기 위한 방안으로서 적성검사와 같은 표준화검사를 많이 이용하게 되므로 적성검사의 활용방안을 구체적으로 살펴보고 이해하는 것이 더욱 필요성을 가중하게 되므로 본 논문에서는 진로지도를 위한 적성검사활용방안을 모색해 본 것이다.

최근에 진로선택 문제에 있어서 발견된 중요한 사실은 단순히 학생의 현재의 여러 특징을 보여주는 자료만으로는 장래의 성공여부에 대해 정확한 예언이 불가능하므로 그 학생의 과거의 생활경험, 가정에서 받은 교육과 훈육 가치관, 학습의 성취도 등과 같은 것을 보여주는 자료도 중요한 구실을 한다. 즉, 개인의 생육사적 자료가 여러 테스트의 결과와 결합될 때 더 정확한 판단과 예언이 가능할 것이다.

그러나 기본적으로 학생이 지닌 잠재력을 토대로 개인의 소질·적성·흥미를 찾아내어 그에 알맞게 적재적소에 배치하는 일이 가장 객관성이 있고 능력을 최대한으로 발휘할 수 있는 것으로 볼 때 진로지도가 더욱 중요함을 느끼게 되고, 인력을 최대한 발휘할 수 있는 계기가 되어 선택한 진학, 직업에 들어가 만족하고 적응하며 행복한 인생을 누릴 수 있기 때문에 진로지도시에 적성검사를 충분히 활용하는 방안이 가장 바람직할 것이다.

인간의 적성이나 재능은 태어나면서 가지고 나오는 소질의 영향을 받지만 오랜 기간에 걸쳐서 형성되어진 후천적인 영향이나 교육의 영향도 받기 때문에 엄밀하게 선천적이거나 후천적이라거나 단정해서 말하기는 어렵다. 현재로서는 적성이나 재능은 후천적인 경험이나 교육으로 길러질 수 있다는 이론들이 우세한 듯하다.

따라서 지능이나 적성검사를 올바르게 살리기 의해서는 아동의 유아기 때부터 경험의 내용을 고려해서 단계별로 진로지도를 실시하고, 객관적인 적성을 조사하여 진학이나 취업에 널리 활용함으로써 개인의 인력을 알맞게 효율적으로 활용할 수 있어야 한다.

참 고 문 헌

金忠起(1986), 進路敎育과 進路指導, 서울 : 培英社, 1986.

金忠起(1988), 子女指導와 父母敎育, 서울 : 星苑社, 1988.

金忠起(1989), 進路相談의 理論과 實際, 서울 : 星苑社, 1989.

金忠起(1986), 進路指導의 槪念, 學生指導 第25號, 서울 : 서울特別市 敎育委員會.

대한사립중고등학교장회(1982), 표준적성 검사 실시 및 해석요강.

박정숙(1988), 중학생의 직업관과 진로선택에 관한 연구, 건국대학교 교육대학원 석사학위논문.

손충기 외(1983), 고등학교 학생의 진로의식, 서울 : 행동과학연구소

유기섭·김재은(1979), 심리검사의 활용, 서울 : 중앙적성연구소

유병언(1988), 진로의식 성숙과 내외통제성 및 일반성격 검사 하위변인과의 관계, 공주사범대학 교육대학원 석사학위논문.

이무근(1983), 실업기술교육론, 서울 : 배영사.

서울시교육위원회(1988), 기초적성검사 실시요강.

李裁昌(1988), 生活指導, 서울 : 文音社.

李定根(1988), 進路指導의 實際, 서울 : 星苑社.

李晋鎬(1988), 國民學校 進路敎育의 問題點과 改善方案, 建國大學校 敎育大學院 碩士學位論文, 1988.

이해란(1988), 중학생 및 교사의 진로의식에 관한 연구, 고려대학교 교육대학원 석사학위논문.

장석민 외3인(1986), 진로교육의 이론과 실제, 서울 : 한국교육개발원

임인재·장상호(1989), 표준적성검사 실시 및 해석 요강, 대한사립중고등학교장회.

정진구(1987), 인문계 고교생의 진로선택 경향에 관한 연구, 충북대 교육대학원 석사학위논문.

한국교육개발원(1986), 나의 뜻 나의 길, 서울 : 한국교육개발원.

한국교육개발원(1982), 진로교육자료, 서울 : 한국교육개발원.

Bailey L. J. and Stadt, R. (1973). Career education : New Approaches to human development, Bloomongton, Ill : Mcnight Publishing Co .,

Tobelt, E. L. (1980), Counseling For career development, Boston : Houghton Mifnin co.,

Kaplan, R. M. and Saccuzzo, D. P. (1989), Psychological testing : Principles, Applications, and Issues, Pacific Grove, (A : Books / Cole PublishingCo.,).

第10章 韓國人의 職業觀 變化

1. 직업의 개념과 의식

직업은 개인이 속하는 직무(job)의 세계이다. 직업은 일상생활에 종사하는 업무요 생계를 유지하기 위해 필요한 일이다. 직업은 사회적인 역할분담과 사회적 봉사의 기능을 가진다. 직업은 개인이 평생 동안 자아실현(self-actualization)의 수단이 되어야 한다.

인생은 저마다 자기의 직분과 책임을 수행하는 창조의 일터다. 이러한 창조의 일터에서 자기의 사명을 다 해야 하는 창조적 인간이다.

그러므로 인간은 일을 해야 건강하고 기쁨을 느낀다. 직업은 생활의 방편이 아니요 생활의 목적이다. 일한다는 것은 인생의 가치요 환희요 행복이다. 직업활동이 인간 존재의 근본이요 책임이다. 우리는 자기 직업에 대하여 적어도 세 가지의 태도를 가져야 한다. 첫째는 자기 직업을 사랑하는 것이요, 둘째는 자기 직업을 자랑스럽게 생각하는 것이며, 셋째는 자기 직업에 열성을 갖고 애정을 가져야 한다. 그리하여 직업을 통하여 보람과 긍지를 느끼고 행복한 삶을 영위해야 하는 것이다.

직업은 이처럼 생명적, 경제적, 사회적, 종교적, 정신적 의미를 지닌다.

2. 산업구조의 변화

우리나라는 예부터 「農者天下之大本」이라 하여 농본국으로 농업이 국가의 근본산업이요 농민은 한국의 상징이었다. 높은 인구밀도와 제한된 토지자원으로 인하여 「보릿고개」라는 말이 상징하듯이 항상 식량이 부족하였고 국민생활도 가난과 굶주림에 허덕일 수밖에 없었던 전형적인 농업국가였고 농업에 의존하는 농업경제 사회였다.

그러나 1960년대를 들어서면서 제3공화국이 출범되고 정부주도의 경제제일주의 정책에 따라 우리나라 산업구조는 차츰 탈바꿈하기 시작하였다. 60년대 국민총생산액 가운데 농림수산업이 40.2%, 사회간접자본·서비스업의 비중은 44.6%, 광공업의 비중은 15.2%에 지나지 않았다. 1988년도 현재로 국민총생산액에 대한 산업별 비중을 보면 농수산업이 11.4%, 광공업이 31.8%, 사회간접자본·서비스업이 56.8%로 크게 변화하였다.

향후 2000년대의 한국 산업구조는 어떻게 변화할 것인가? KDI (한국개발연구원)의 산업구조의 장기전망에 의한 2000년대의 산업구조를 살펴보면 다음과 같다.

[그림 1] 산업구조의 변화추세

자료 : 경제기획원, KDI

농업부문은 경지면적 제약에도 불구하고 유전공학 등을 이용한 신품종개발, 영농기계화 등으로 2000년까지 연평균 2.8% 성장이 가능할 것이다. 광공업 부문은 2000년까지 연평균 8.2% 성장하고 서비

스 산업은 **59.6%**로 증가될 것이라고 전망한다(그림 **1** 참조)

따라서 앞으로 산업구조는 ① 첨단산업 가운데 개발경쟁이 가능한 반도체, 컴퓨터, 통신 및 메카트로닉스 부문 ② 재래산업 중 한국형 성장산업분야,③ 레포츠(Leisure-Sports) ④ 서비스 산업 등이 주도가 되어 산업구조를 변화시킬 것으로 예상된다. 아울러 산업구조의 특징을 제시하면, 첫째, 공장자동화로 자본재 산업이 발달할 것이다. 둘째, 첨단기술산업의 발전으로 기술집약형 산업구조가 예상된다. 셋째, 감성지향적 문화산업이 크게 발달할 것이다. 넷째, 국제화가 가속될 것이다. 다섯째 전산업의 정보화가 이루어질 것이다.

3. 향후 취업전망

1960년대 산업별 취업구조를 보면, 전산업 종사자 가운데 농림수산업이 **63.1%**, 광공업이 **8.7%**, 사회간접자본·서비스업이 **28.2%**인 전형적인 농본국이 취업구조였다. 그러나 **1988**년도 산업별 취업구조를 보면 농림수산업종사자가 **20.5%**, 광공업종사자가 **28.6%**, 사회간접자본·서비스업종사자가 **50.9%**로 크게 변화하였다.

[표 1] 직종별 취업구조 전망

(단위: %)

	1985	1996	연중가율	일본 (1985)	미국 (1980)
전 문 기 술 · 관 리 직	6.9	8.8	4.1	12.9	27.3
(공 학 기 술 자)	(1.1)	(2.2)	(8.7)		
(의 료 인 력)	(0.8)	(1.1)	(5.6)		
(교 원)	(2.2)	(2.6)	(3.4)		
사 무 직	13.8	15.7	3.0	17.6	18.6
판 매 · 서 비 스 직	24.5	30.1	3.7	23.9	19.6
생 산 직	30.1	31.9	2.3	37.0	31.7
농 수 산 직	24.7	13.5	△3.6	8.6	2.8
계	100.0	100.0		100.0	100.0

자료 : 김중수, 장기인력수급전망과 대응과제, KDI, 1986. 10.

[그림 2] 직종별 취업추세

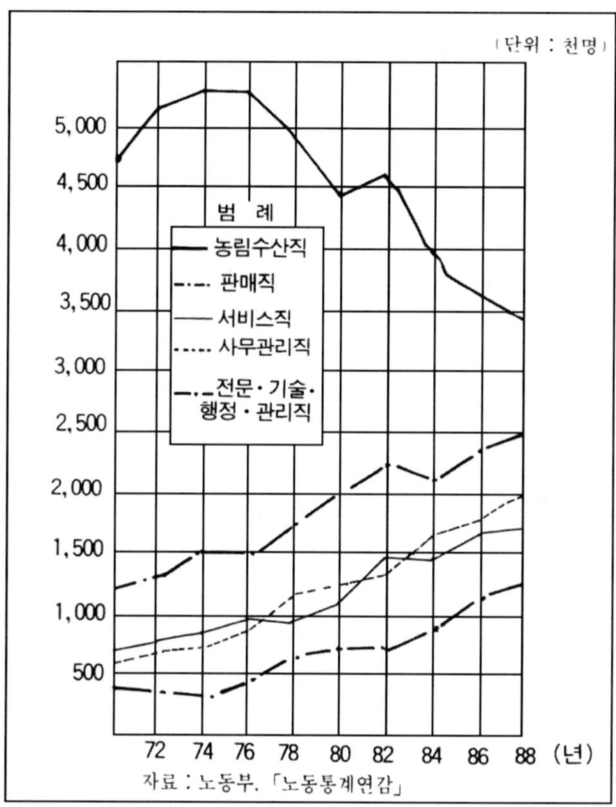

앞으로 산업구조 고도화에 따라 전문기술 및 관리직에서 보면(표1 참조) 8.8%로 증가하고 사무직이 15.7%, 판매 서비스직이 30.1%, 생산직이 31.9%, 농수산직이 13.5%로 전향될 것으로 예측한다. 특히 제조업 분야의 취업전망을 보면 다음과 같다.

[표 2] 제조업 분야의 취업전망

(단위 : 천명, %)

구분 업종별	취업인원		2000년까지 취 업 증 가 인 원	증가율(%)
	1990년	2000년		
기 계 공 업	449	650	201	44.8
전 자 공 업	356	461	105	29.5
자 동 차 공 업	134	212	78	58.2
조 선 공 업	98	121	23	23.5
석 유 화 학	18	28	10	55.6
정 밀 화 학	83	167	84	101.2
석 유 정 제	6	8	2	33.3
철 강 공 업	75	87	12	16.0
섬 유 공 업	700	640	△60	△8.6
식 품 가 공 업	197	213	16	8.0
스포츠·레저산업	245	306	601	34.7
기 타	4,099	5,231	1,132	27,6

자료 : KIET, 2000년을 향한 국가장기발전구상(공업부문), 1989. 2.

[표 3] 첨단산업분야의 인력수요전망

분 야 별	200I년까지 소요인원
마 이 크 로 일 랙 트 로 닉 스	209,400명
메 카 트 로 닉 스	46,000
우 주 항 공	26,000
신 소 재	16,000
유 전 공 학	9,500
광 기 술	5,400
신 에 너 지	1,100

대졸이상 소요인원임

[표 4] 대졸 이상 연구개발 및 엔지니어링요원의 취업전망

(단위 : 명)

	1984	1991	2001
이공계	26,779	57,790	101,280
(박사급)	(3,652)	(7,610)	(15,760)
(석사급)	(8,510)	(19,620)	(42,760)
기타자연계	10,324	22,770	48,720

자료 : 과학기술처, 「2000 년대를 향한 과학기술발전장기계획(1987~2001년)」, 1986. 12.

[표 5] 세계 및 국내의 첨단산업 개발전망

	세	계	국	내
	1986~1990	1991~2000	1986~1990	1991~2000
반도체	·4M DRAM, 16M DRAM 개발 ·광소자(IOC)개발 ·조셉슨소자, 칼륨 비소소자의 실용화	·64M DRAM, 256M DRAM개발 ·대용량 광소자개발	·1M DRAM, 4M DRAM 개발	·16M DRAM, 6M DRAM 개발 ·광소자 개발 ·조셉슨 소자 개발
컴퓨터	·제5세대 컴퓨터 개발 ·32비트 마이크로 컴퓨터의 개발 및 판매	·제 5세대 컴퓨터의 실용화	·16비트, 32비트 마이크로 컴퓨터의 조립생산 및 개발연구	·제 5세대 컴퓨터, 광컴퓨터의 개발 연구 ·C&C의 개발 연구 및 부분적 활용
광통신	·대도시간 국가간 종합적 광통신 시스템구축 ·광교환기 연구	·코히런트 광통신의 실현 ·광 교환기 개발 및 실용화	·기술도입에 의한 광섬유 생산 ·광통신 시스템개발 연구 및 실험적 사용	·대도시적 종합적 광통신 시스템 구축 ·광 교환기 연구
산업용 로봇트	·제2세대 로봇의 실용화 및 제 3세대 로봇개발 연구	·무인 생산공장의 실용화	·제 1 세대 로봇생산 및 제 2 세대 로봇 개발연구	·제 2 세대 로봇의 개발 및 실용화
신소재	·파인세라믹스, 탄소섬유, 엔지니어링 플라스틱 등의 광범위한 활용 ·세라믹디젤엔진의 실용화	·세라믹가스터빈 엔진의 개발 및 실용화 ·생체 적용 재료의 실용화	·파인 세라믹스, 탄소 섬유, 엔지니어링 플라스틱의 이용범위확대 ·세라믹디젤엔진 연구	
생명공학	·암, 알레르기 진단 시약의 상품화 ·바이오리액터 및 바이오애스기술에 의한 알콜 생산의 실용화	·암백신 및 치료약의 상품화 ·미생물에 의한 탈황 및 광물농축 미생물전지 개발 ·농축산물 품종개량의 실용화	·간염, 암, 임신 등을 진단할 수 있는 첨단 시약품 연구 및 개발	·유전 공학 기술에 의한 농축산물의 품종개량 연구

앞으로 2000년대에는 정밀화학분야, 자동차공업, 석유화학, 기계공업, 전자공업, 스포츠·레저산업, 조선공업 순으로 취업전망이 밝을 것이다.

향후 2000년대에는 첨단산업이 경제를 주도할 것은 명확하지만 우리나라의 성장 방향은 해외에서 원자재를 수입, 가공조립하여 고부가가치를 창출한 후 이를 다시 해외로 수출하는 방향으로 나아가야 할 것이다. 이를 위해 한국에 있어 성장 산업은 지식, 기술, 자본 집약적이며 고부가가치 창출이 가능하고 또한 국제경쟁력이 높아 해외 수출시장에서 외화획득이 용이할 것이다.

4. 직업관이 바뀌고 있다.

앞에서 우리나라의 산업구조와 변화추세, 직종별 취업구조와 전망 등을 제시하여 직업의 세계가 변하고 있음을 입증하였다.

우리나라가 산업사회가 되기 이전에는 소수의 관리 또는 지배자와 다수의 농업을 주로 하는 농민으로 사회구조가 형성되어 있어서 전통적 농본사회 속에서 수천년을 내려왔기 때문에 관존민비사상이 지배되었다. 그리하여 소수의 특권 지배층이 다수를 지배하는 전제주의 틀 속에서 살아왔기 때문에 보통 백성들은 관리가 되고자 하는 희망이 높게 일게 되었다. 따라서 직업선호에 있어서도 권력을 향유하는 국회의원, 판·검사, 관리 등이 제일 우선이었다. 또한 돈을 많이 벌 수 있는 의사, 경제인 등이었다.

아직도 전통적 가치관 속에서 얽매이어 사법고시 선호나 의사가 되고자하는 부류가 있으나 점점 관심이 다른 방향으로 옮아가고 있다.

산업사회가 뿌리 깊게 파고들면서부터는 직업의 세계(World of work)도 다양화, 세분화, 전문화되기 시작하였고 그 종류도 1만 5천여 종을 능가하는 복잡다양한 직업으로 증가되었다. 여기에 직업가치관도 변화하기 시작하였다. 인문숭상의 가치관에서 벗어나 산업사회의 일꾼으로서 자연계, 상업계, 공학계, 예술계, 서비스업계 등 직업의 귀천의식도 점점 사라지게 되어 직업선택에서도 권력지향 가치관에서 실용주의 가치관으로 변모하고 있음을 관찰하여 개인 자신의 소질과 적성, 능력에 기초하여 선택하는 경향이 농후하게 되었다.

따라서 앞으로의 한국인들이 직업을 선택하는 데 있어서 전통적 관념에서 벗어나 새로이 발전하는 21세기에 필요한 유망직종으로 눈을 돌리고 있다.

특히 직업의 선택은 순간에 의한 선택이 아니라 장래성 있는 분야 가운데서 자신의 적성 등을 고려하여 적합한 직업을 선택하는 것이 바람직하다.

그러면 어떤 직업이 유망직종인가를 파악하여야 한다. 그 유망직업은 다음과 같다.

(1) 정보산업과 관련된 직종

정보화 사회가 다가오고 있으므로 이에 대한 수요가 높아짐에 따라 이 분야에 대한 직업수요가 증가된 것이다. 예를 들면, 정보관리자, 컴퓨터안전관리자, 컴퓨터 그래픽 디자이너, 정보기기, 컴퓨터와 관련된 교육 및 훈련담당자, 상담자

(2) 국제문제와 관련된 직종

국제화시대가 도래됨에 따라 국제문제에 대한 직업수요가 다양해질 전망이다. 예를 들면, 국제법률전문가, 회계사, 통역사

(3) 해양산업과 관련된 직종

이 직종에는 해양채광직, 해저탐사, 해양 양식업이 해당된다.

(4) 환경과 관련된 직종

여기에는 환경오염 측정기사, 환경영양 평가기사, 환경변호사 등이 포함된다.

(5) 건강과 관련된 직종

노인복지 전문가, 노인건강 관계전문가, 가족문제 상담원, 청소년

상담원, 알코올중독치료 및 금연치료 전문가

(6) 인적 관리와 관련된 직종

조직관리에 관련한 판매 등에서 사람을 조직 관리하는 경영전문인력이 요구된다.

(7) 서비스와 관련된 직종

각종 정보제공 컨설턴트, 리스(lease)업, 대행업, 스포츠 관련 직업, 레저산업 등

(8) 에너지와 관련된 직종

원자력 관련직업 및 대체에너지 개발

(9) 우주개발에 관련된 직종

우주산업 관련직업, 항공조종사, 항공기술자

(10) 로봇 공학과 관련된 직종

로봇 계획, 설치, 작동 등과 관련된 직업 등

위와 같이 2000년대에는 현재와 같은 전통적 가치관에 따른 직업분야에서 벗어나 첨단산업분야로 발돋움하게 되므로 현실 적응을 위한 방향으로 직업선택이나 직업관도 바뀌고 있음을 깨달아야 한다. 따라서 직업선택에서 유의해야할 점은 적재적소에 알맞은 선택과 장래 유망직종을 파악하고 이에 적극적인 선택이 요구된다.

第11章 一般系 高等學校 進路敎育의 問題點과 實踐方案

1. 문제의 제기

교육을 통해 이룩하고자 하는 본질적인 문제들이 많겠지만 무엇보다도 저마다 타고난 소질과 적성을 살려 알맞은 삶의 준비를 할 수 있도록 지도해 주는 일은 그 어느 것보다도 중요하다.

과학기술 문명의 발달로 우리 사회는 급격하게 변화를 거듭하여 산업사회를 이룩하게 되어 각계각층에서는 서로 다른 독특한 인재를 요구하고 있다. 특히 오늘날의 직업세계는 날로 세분화되고 전문화되어 가고 있으므로 교육이 이에 능동적으로 적응해 대처해야 함은 부정할 수 없는 현실이다.

인문교육에 바탕을 둔 우리의 전통적인 중등교육체제는 학생들의 장래진로와 실생활에 필요한 지식과 기술교육을 등한시 해 온 것은 사실이다.

문교부는 해방이후 다섯 차례나 교육과정을 개정해 가면서 미래사회에 적합한 인간상의 구현을 추진 중에 있음에도 불구하고 고등학교 교육의 심각성은 청소년들의 장래를 염려하는 지경에까지 이르게 되었다.

현재 당면한 문제점을 제시하면 구호뿐인 전인교육, 입시위주의 학관교육, 맹목적인 대학진학관, 개성무시교육, 그릇된 교육관, 생활지도의 문제, 부모의 지나친 기대감이 수험생의 불안을 가중시켜 강박관념, 파행적 진학준비, 과열과외, 고학력병 환자, 눈치와 배짱지원에 의한 전공학과 선택으로 인한 부적응과 불만족, 30%의 고졸자만이 대학진학을 위한 제도적 모순과 **70%**의 낙방생들은 본의 아닌 들러리 교육에 임해야 하는 등 우리가 안고 있는 교육의 문제가 수 없이 쌓여 있다.

이와 같은 문제들이 파생된 이유는 단지 국민들의 지나친 교육열의 향상에 기인되기도 하지만 대학교육의 획득이 오로지 사회적 지위향상에 지름길이 되고 대학 졸업장을 취득해야만 이 사회에서 사람구실과 대접을 받을 수 있다는 획일적이고 단편적인 편견에 사로잡혀 그릇된 사회적 가치관이 팽배하여 생존을 위한 투쟁으로서 살벌한 경쟁의식이 극도에 달한 지경에 이르고야 말았다. 이러한 문제들이 과연 정상적일까?

이러한 문제들이 온전하게 해결되지 못하고 그냥 계속적으로 답습해 나간다면 가정과 학교, 이 사회는 어느 지경에 도달할 것인가를 예측할 필요조차 없이 살벌하고 비인간적인 교육이 자행되어 걷잡을 수 없는 사회병리적 문제를 야기하게 될 것임은 뻔한 일이다.

그리하여 오늘날처럼 시대적 요청에 따라 고등학교에서의 진로교육이 절실하게 요구된 이유가 바로 그것이다.

사회변화의 속도가 느리고 직업구조가 단순하여 생활양태 자체가 그리 복잡하지 않았던 과거에는 가정에서 부모가 자녀를 위한 자연스러운 사회화 과정에서 명실상부한 진로지도를 했으며 학교에서도 특별한 계획이나 교육과정, 전문적 지식 없이도 그 나름대로의 진로지도가 가능했었다.

그러나 현대사회에 와서는 우리 교육현장에 진로교육을 도입하지 않을 수 없는 긴급한 사정에 놓여 있음을 인식할 때가 왔다. 거기에는 여러 가지 배경이 있지만

첫째로, 고도산업사회에서의 직업세계의 구조가 세분화·전문화됨에 따라 고도의 지식과 기능을 요구하게 되어 진로선택이 어렵게 되었고,

둘째, 직업의 분화와 새로운 직업의 탄생, 직업시장의 급속한 변동으

로 인한 직업세계의 다양화는 직업선택을 더욱 어렵게 하고 있으며,

셋째, 급속한 사회변화는 일에 대한 가치관과 태도의 정착을 어렵게 하여 혼란을 빚어 직업세계에의 적응을 어렵게 하고 있다.

넷째, 고학력 선호사상에 힘입어 학생인구의 팽창을 가져왔고 오로지 대학에 무조건 붙고 보자는 심리가 지배적이지만 반면에 대학의 문호는 학생들 모두를 수용할 수 없는 여건이 문제점이기도 하다.

다섯째, 입신출세의 획일적인 가치관이 팽배하여 대학을 나와야 한다는 고정관념에 사로잡혀 수단과 방법을 가리지 않고 학생의 적성, 홍미, 능력, 인성을 고려하지 않고 간판주의에 사로잡혀 과열경쟁에 허덕이게 되었다.

이러한 배경 속에서 초·중학교는 물론이려니와 고등학교에서도 진로교육이 필요불가결한 핵심적 교육활동이 되어야 한다고 주장한다.

흔히 진로라고 하면 직업만을 생각하기 쉬우나 그보다는 직업을 포함하는 전 인생과정이 진로라고 할 수 있다. 따라서 생애를 슬기롭게 계획하고 선택하며 생산적인 삶을 추구해 나갈 수 있도록 도와주는 것이 진로교육의 핵심이라고 할 수 있다.

2. 진로교육의 의미와 목표

가. 진로교육의 의미

진로교육은 새로운 사상이나 획기적인 교육개혁을 주도하고자 하는 이념에서 나온 것이 아니고 오늘날 학교교육에서 빚어지고 있는 당면한 문제점을 시정하고 보완하기 위해서 고안된 새로운 교육이념이요 내용이다.

보다 실질적이고 실용성 있는 직업교육의 일환으로 학생들이 학교

교육을 통하여 습득한 지식과 기술이 실사회에 나가서 직업생활을 영위할 때에 부적응 문제를 해결하고 직업에 들어가서 성공적으로 만족하고 행복한 삶을 누릴 수 있는 기본교육을 수행하도록 도와주는 종합적인 교육활동프로그램이다.

그러므로 진로교육은 일찍이 직업교육에서 발전된 교육내용이다. 흔히 진로교육의 하위개념인 진로지도를 진학지도, 즉 대학입시를 위한 선택지도로만 착각하는 사람이 많은데 이것은 크게 잘못 인식하고 있는 개념이다.

진로지도는 진학지도와 직업지도를 포함하는 포괄적인 지도내용으로서 적재적소에 알맞은 직업적성교육 또는 넓은 의미의 직업교육이라고도 부른다.

진로교육은 일찍이 1971년도 미국에서 시작된 새로운 이념을 실천하는 교육활동으로서 미국교육의 당면한 제반 문제점을 시정보완하기 위하여 그 당시 미국 문교부 교육위원인 **Sidney P. Marland**의 주창에 의해 비롯되었다.

그는 텍사스 주 휴스톤 시에서 전국 중등학교 교장연합회 주제강연을 통해 진로교육의 필요성을 역설한 이후 전국적으로 진로교육의 필요성을 받아들여 학교현장에서 진로교육 실시가 성공적으로 이루어지고 있다.

우리나라의 경우는 1978년에야 비로소 필자는 미국의 진로교육 이념을 도입하고자 하여 「생애교육의 이론적 접근」이라는 논문발표를 통하여 한국에의 적용가능성을 역설하기 시작하였다. 그 후 1980년대에 들어서면서 생애교육을 진로교육이라는 개념으로 용어를 변경하여 진로교육강화에 대한 필요성을 적극적으로 주장해 왔다.

한국교육개발원 직업기술연구실 책임연구원인 장석민 박사도 이와 같은 진로교육 연구의 책임을 통감하고 1984년 이후 연구팀에 의해 수많은 진로교육 실천을 위한 방안과 자료를 개발하기 시작하였다.

1990년도에 들어와서야 교육문제의 심각성을 절감한 문교부 정책당국에서 「진로교육의 강화」를 위한 방안시책이 내려져 이제 전국적으로 확산일로에 놓이게 됨은 우연의 일이 아니다.

그동안 여러 관심 있는 전문가, 학자들의 연구와 노력 끝에 결실을 보게 됨은 한국교육의 획기적인 전환점이요, 일대 교육개혁이라 할 수 있다.

이와 같은 정부로부터의 강한 의지는 바로 만시지탄이지만 우리의 교육적·사회적 요구가 절실하게 요청됨에 부응한 사필귀정임을 말해 주는 것이라고 할 수 있다.

그러면 진로교육이란 무엇인가?

진로교육이란 자신의 진로를 합리적으로 의식하는 인간을 육성하는 데 있다.

초·중·고등·대학에 이르기까지 모든 교육제도 안에서 학생의 심리적 발달단계에 따라 진로의 인식, 탐색, 준비, 전문화 과정이 이루어지도록 교육과정 속에서 이루어지며 적재적소에 알맞은 유능한 인재를 양성하는 생산적인 교육활동 프로그램이라고 한다.

학교교육의 핵심은 이와 같이 개개인이 저마다 지니고 있는 잠재 가능성을 탐색·발견하고 이를 충분히 계발시켜 학생이 원하는 직업을 선정할 수 있게 해 주고 의미 있고 행복한 삶을 준비하도록 하여 보람있는 삶을 추구하여 자아실현에 이르도록 사전에 준비교육을 강화시키는 것이다.

진로교육은 이처럼 개인의 진로선택 및 적응발달에 초점을 둔 교육적 작용이라고 할 수 있다.

일찍이 **Bailey**와 **Stadt**는 「진로교육을 개인이 만족스럽고 생산적인 삶을 누릴 수 있도록 진로에 대한 방향을 세우고 선택하며, 그에 대한 준비를 하고 선택한 진로에 들어가 계속적인 발달을 꾀할 수 있도록 돕기 위하여 제공되는 일체의 교육경험」으로 정의하고 있다. 인간교육의 기초가 되는 개념은

① 개인의 가치와 열망(**aspiration**)에 있고

② 일의 가치와 존엄에 있으며

③ 평생동안 끊임없이 변화하는 과정이며

④ 자아개념의 발달이 직업과 관련됨을 인식·탐색하며

⑤ 직업선택에 필요한 정보와 수집·제공이 이루어지고

⑥ 적재적소에 알맞는 진로선택이 이루어지도록 개인의 흥미, 적성, 능력, 성격, 포부를 발 달수준에 알맞게 지도함으로써

⑦ 보다 현명한 선택과 적응에 필요한 요소와 분수를 알게 되어

⑧ 참된 삶과 행복의 추구를 위해 만족한 직업수행으로 보람과 긍지를 느끼게 되어 성공적인 직업인으로서 사회에 봉사하고 종국에는 자아실현의 경지에 도달하게 하는 계획적인 교육활동이 전개되는 것이다.

종합적으로 필자는 10여 년 간의 연구와 노력 끝에 내린 결론은 교육의 종합적인 개념을 제시하고자 한다.

"진로교육은 넓은 의미의 직업교육이며 직업적성교육이다. 자신의 진로를 합리적으로 의식하는 능력을 길러 주고 합리적 진로계획을 세워 진학 또는 직업선택에 들어가서는 만족하고 행복한 삶을 누릴 수 있도록 적재적소에 알맞은 유능한 인재를 양성하는 인간교육이다.

즉, 학생 개개인의 잠재가능성을 발견하고 타고난 흥미와 적성, 능력과 인성, 신체적 조건, 개인적 열망, 가치관의 형성을 기초로 하여 주어진 여건에 알맞은 진학 또는 직업과정을 인식, 탐색, 선택, 준비과정에 따라 얻어진 토대 위에 자신의 잠재력을 최대한으로 신장시키며 새로운 환경에 현명하게 적응하여 창조적인 삶을 행복스럽게 누릴 수 있도록 하여 자아실현의 경지에 도달하도록 계획적으로 지도하는 체계적인 교육활동 프로그램이다."라고 제시한다.

나. 진로교육의 목표와 내용

진로교육은 앞에서 제기된 문제들을 효율적으로 수용하고 해결하

기 위해서 다음과 같은 포괄적인 목표를 제시한다.

① 학생 개개인의 적성, 흥미, 능력, 인성을 정확히 이해한다.

② 현대 산업사회의 정치, 경제, 문화적 측면에서 요구되는 복잡 다양한 직업의 세계를 이해시키고 순응하도록 한다.

③ 학생 개인별로 적합한 진로계획을 수립하고 가정배경이나 사회, 경제, 문화적 요인을 고려하여 능력에 따르는 진학 또는 취업에 필요한 지식과 기능, 기술 등을 습득하도록 한다.

④ 일과 직업에 대한 건전한 가치관이나 태도, 즉 직업윤리를 형성하도록 한다.

이와 같이 포괄적인 진로교육의 목표를 중심으로 각급학교에서는 발달단계에 알맞게 구체적인 진로교육 목표를 추출해 낼 수 있다.

진로발달 이론에 의하면 초등학교는 진로의 인식단계, 중학교는 진로의 탐색단계, 고등학교에서는 진로의 준비단계로 구분하고 있다.

그런데 고등학교는 인문계와 실업계로 나누어지므로 인문계 고등학교는 대학진학을 주요목표로 하고 있으므로 진로탐색 단계에 머무르게 되며 실업계 고등학교는 진로준비 단계에 해당한다.

여기서는 일반계 고등학교의 진로교육 실천방안을 제시해야 하기 때문에 다음과 같은 구체적 목표와 내용을 제시하겠다.

한국교육개발원의 한 연구보고서에서는 고등학교 진로교육의 영역별, 학년별 지도목표와 내용을 다음과 같이 제시하고 있다.(진로교육 목표 및 내용체계 연구, KEDI, 1985.)

진로교육의 목표와 내용은 종합적으로,

① 자아이해의 영역

② 일과 직업세계

③ 일에 대한 긍정적 태도 및 가치관

④ 의사결정 능력

⑤ 인간관계 기술

⑥ 일과 직업의 경제적 측면 이해

⑦ 일과 직업의 교육적 측면이해 등으로 나누어 제시할 수 있다.

(1) 자아 이해의 영역

1학년

① 목표 : 자신에 대한 긍정적인 태도가 직업세계에서의 성공과 만족에 상호관련이 있음을 이해한다.

② 내용

· 자신의 장점을 확인하여 미래의 직업준비에 고려

· 사회개선에 공헌할 능력소유자로서의 자아이해

· 자신에 대한 긍정적인 태도

2학년

① 목표 : 직무수행에 성공적인 바람직한 인성특성과 사회적 기술, 작업습관과 태도 등을 이해할 수 있다.

② 내용

· 고용주가 기대하는 바람직한 인성특성과 성격특성의 이해

· 직무의 성공적인 수행에 외모, 건강, 습관, 예절 등의 중요성 인식

3학년

① 목표 : 자신의 자아상 형성에 미치는 요인들을 이해할 수 있다.

② 내용

· 자신의 진로선택에 영향을 미치는 요인(인성특성, 부모의 태도, 금전, 문화적 장애)을 분석

· 자신의 직업성공에 요구되는 자아개념을 이해

(2) 일과 직업의 세계

1학년

① 목표 : 직업선택에서 학생들에게 자신의 능력, 태도, 흥미 및 가치를 재평가하여 그들의 장래직업이 그들에게 보다 만족스

럽고 보상을 준다는것을 이해시킨다.

② 내용

· 3개의 직업군이 요구하는 교육적 필요요건, 기능, 인성 특성 및 행동 특성의 이해

· 10개의 인성적인 흥미와 능력의 표현

· 10개의 가치를 구별하여 순서대로 배열하고 그 이유를 설명

2학년

① 목표 : 자신이 잠정적으로 선정한 직업의 직무수행에 요구되는 요건들을 알 수 있다.

② 내용

· 선택한 직업의 직무에 요구되는 조건과 관련하여 자신의 장점 및 단점 이해

· 직업세계에서 성공하기 위해서는 바람직한 인성적 특성의 중요성 인식

· 일(직업)을 구하여 신청하는 데 요구되는 절차를 이해

3학년

① 목표 : 자신의 흥미와 능력에 일치하는 10개 이상의 직업을 확인할 수 있다.

② 내용

· 15개 직업군의 이름을 확인

· 자신이 관심을 갖는 직업에서 보수, 훈련 및 생활양식 등의 장단점 열거

· 잠정적으로 선정된 자신의 진로에 관한 자신의 능력, 훈련 및 흥미를 분석

· 자신의 능력, 흥미, 그리고 훈련에 적당한 3개의 직업을 선택

(3) 일에 대한 긍정적 태도 및 가치관

1학년

① 목표 : 모든 일은 신성하다는 것을 이해한다.

② 내용

· 모든 일은 바람직한 또는 원치 않는 책무가 있음을 이해

· 적어도 5개 직업에 있어서의 직업에서 요구하는 바람직한 또는
원치 않는 책무를 분석

· 자신이 선택한 진로의 바람직하지 않는 직업책무에 대한 긍정적
태도

2학년

① 목표 : 일의 사회적·경제적 필요를 알 수 있다.

② 내용

· 각 직업과 그 공헌의 중요성 확인

· 일에 대한 개념의 이해

3학년

① 목표 : 자신의 진로선택을 분석하여 그것의 성공에 요구되는 태
도를 발견할 수 있다.

② 내용

· 개인의 태도와 일의 세계에서의 성공과 실패와의 관계 인식

· 일에 대한 자신의 태도분석

· 진로선택을 하여 그 잠정적인 진로를 분석하여 그 직업에서의
성공을 위한 태도 발견

(4) 의사결정 능력

1학년

① 목표 : 진로결정의 융통성을 인식할 수 있다.

② 내용

· 사람들이 직업을 바꾸는 이유를 인식

· 직업을 바꾸는 것에 따른 영향 이해

2학년

① 목표 : 일상생활에서의 의사결정 능력을 향상시킨다.

② 내용

· 일상생활에 포함되어 있는 의사결정의 측면(법적, 재정적 등)을 인식

· 일상생활에 관련하여 수입의 획득, 현명한 구매계획, 저축계획, 시간계획 등을 수립

3학년

① 목표 : 자신의 진로선택에 관련하여 의사결정의 기술과 과정을 이해할 수 있다.

② 내용

· 의사결정 과정을 이용한 잠정적인 진로를 선택수립

· 자신의 진로선택에 따른 관계들을 설명

· 자신의 진로에 적합한 학교의 자원을 이용

(5) 인간 관계 기술

1학년

① 목표 : 인간관계 기술에서 자신이 갖고 있는 장단점을 인식할 수 있다.

② 내용

· 자신의 인간관계 기술을 보강할 수 있는 자기개선 계획의 발전

2학년

① 목표 : 자신이 잠정적으로 선정한 진로에 요구되는 인간관계 기술을 향상시킨다.

② 내용

· 타인의 견해에 보다 관용을 갖는 태도

· 예의바른 행동과 타인을 편안히 해 줄 수 있는 태도 이해

·기본적인 인간욕구의 이해를 통한 자신과 타인의 행동 이해
3학년
① 목표 : 자신이 잠정적으로 선정한 진로에 요구되는 인간관계의
  특성을 알 수 있다.
② 내용
·인간 관계의 여러 가지 측면 이해

(6) 일과 직업의 경제적 측면 이해

1학년
① 목표 : 자신이 잠정적으로 선정한 진로에서의 생활양식과 보수
  와의 상호관계를 이해할 수 있다.
② 내용
·자신이 좋아하는 생활양식 실명
·선정한 직업의 보수와의 가장 만족하는 생활양식을 비교
2학년
① 목표 : 효과적인 재무관리의 개념을 이해한다.
② 내용
·적어도 5개 직업군에 포함되어 있는 작업조건과 생활양식을 인식
·적어도 5개 직업군에 관계된 경제적 보상인식
·수입 범위내의 생활과 수입 초과의 방지 이해
·특별급여, 총수입, 순수입, 연금, 사회보장보험, 원천과세 등의
  개념과 관련된 보수를 인식
3학년
① 목표 : 자신의 생활에 대한 경제적 요인들의 영향을 알 수 있다.

(7) 일과 직업의 교육적 측면 이해

1학년
① 목표 : 자신이 잠정적으로 선정한 직업에 요구되는 특정기술과

관련한 자신의 제능력을 인식한다.

② 내용

· 자신의 능력을 인식하여 선정된 직업이 자신에게 적합한 것인지를 구별, 자신이 잠정적으로 선정한 직업에 요구되는 특정기술의 인식

2학년

① 목표 : 자신이 흥미를 갖는 분야의 직업에서 요구하는 기능 습득을 위한 개인적인 계획을 수립할 수 있다.

② 내용

· 진로선택에서의 자신의 특정흥미를 확인

· 어떤 특정 진로에 어떤 특정 기술이 요구되는지 이해

· 진로선택에서 특정기능을 발전시키기 위한 전략수집

3학년

① 목표 : 자신이 잠정적으로 선정한 직업수행에 요구되는 교육적 요건을 알 수 있다.

이러한 진로교육의 목표와 내용을 중심으로 각 교과별 관련성을 검토하고, 교과 속에서 진로지도가 이루어질 수 있도록 노력하여야 할 것이다.

교과를 생생한 삶의 문제나 직업의 문제와 관련하여 지도한다면 그것은 이미 훌륭한 진로교육이 될 수 있으며, 교과를 학생들에게 의미 있고 흥미 있게 가르치는 방법이 될 것이다.

이러한 진로지도의 관점에서 앞에서 제시된 진로교육의 목표와 내용이 각 교과의 지도과정 속에서 진로교육의 준거(準據)로써 검토될 수 있을 것이다.

3. 진로결정과정요인과 진학설계

가. 진로결정 과정요인

고등학교의 시기는 구체적인 진로결정과정을 통해 앞으로 자기의 미래에 어떠한 분야에 종사할 것인가를 사전에 준비작업이 요구되는 때이다.

개인의 진로결정은 우선,
① 진로발달에 따른 위치확인
② 직업세계의 구체적인 탐색
③ 교육과정의 이수와 훈련관계
④ 성장과정

이러한 **4**가지 요소의 상호작용으로 이루어져야 하며 이러한 결정은 개인에게 주어진 환경요인을 고려해야 한다. 즉,
① 가정형편
② 학교교육과정 요인
③ 사회·경제적 요인
④ 가치관 요인 등을 참조하여 진로결정을 하도록 유도한다.

이러한 요인을 구체적으로 제시하면 다음과 같다.

(1) 개인적 차원

진로의 결정은 학생의 내면세계를 파악해야 되는데 여기에는 주관적인 요인과 객관적인 요인을 참작해야 될 것이다.
① 주관적 요인

학생자신의 객관적 이해와 탐색, 개인의 인생관, 가치관의 확립, 욕구와 태도, 성취동기 유발, 개인의 포부 등을 확인하는 작업이 요구된다.
② 객관적 요인

학생의 연령, 성별관계, 지능정도, 개인이 지니고 있는 적성과 흥미, 성격파악, 학업성적의 고려, 신체적 조건의 확인, 즉 용모, 체질, 체격, 체능 등을 알아본다. 즉 학생의 인적 사항을 객관적으로 파악하는 것이다.

(2) 사회·경제적 차원

여기서는 주로 학생을 둘러싼 가정환경, 학교환경, 이웃사회환경, 국가환경 등을 모두 포함하는데 이를 구체적으로 제시하면 다음과 같다.

① 학생을 둘러싼 환경

㉠ 가정에서의 부모의 교육정도와 직업이 어떠하냐에 따라 진로에 영향을 미칠 수 있다. 가정형편에 따라 진학을 시도하고 분수에 맞도록 조정하여야 한다.

㉡ 부모의 가치관이 학생의 진로방향에 영향을 끼칠 수 있다. 그러나 반드시 부모의 가치관에 따를 필요는 없다. 학생(자녀)의 인생은 그들 자신의 것이므로 강요할 성질이 아니다. 개성과 개인차를 존중하는 차원에서 자신이 선택할 수 있는 여건과 기회를 주어야 한다.

㉢ 가정에서 학생의 성장과정과 배경이 중요하다. 부모의 관심과 가정 분위기, 양육 방식과 태도, 가정에서 신봉하는 종교에 따라 영향을 미칠 수도 있다.

㉣ 학교에서의 교사의 영향도 크게 작용된다. 교사의 인격, 전공분야, 강조사항에 따라 또는 학업성취의 우열에 따라 흥미나 적성이 길러질 수 있고 방향설정에 영향을 미친다.

㉤ 학생이 거주하는 환경이 어느 곳이냐에 따라 환경의 영향을 많이 받게 되므로 환경을 조성해 줄 필요가 있다.

㉥ 성공한 사람들의 행적을 기록한 자서전이나 위인전 같은 독서활동을 통하여 감화감동을 받아 자신의 진로와 연관시켜 진로계획을 수립할 수 있도록 도와준다.

ⓐ 매스컴을 통하여 강조되고 있는 두드러진 인물들의 성장과정과 결과를 소개하는 과정 속에서 학생들은 영향을 많이 받을 수 있게 된다.

②직업분석의 실시

직업의 기능은 생계유지 수단이나 생활을 유지하기 위한 방편으로서 대단히 소중하다. 뿐만 아니라 사회적 봉사나 사회의 역할분담이라는 차원에서 그 기능이 높이 평가되고 있다.

아울러 자아실현의 수단으로서 역할이 이루어지도록 직업의 소중함과 마땅히 가져야 할 필수적 요소임을 인식시킨다.

그렇게 하기 위해서는 산업사회에 존재하는 여러 직업의 종류를 이해하고 각 직업영역에서의 필요한 정보를 입수하여 파악하는 활동이 전개되어야 한다.

즉, 직업의 성질이 무엇이며 작업조건은 어떠하며, 어떠한 교육과 훈련을 받아야 하는가, 그리고 보수, 승진관계, 장래의 전망 등을 탐색하도록 지도한다.

③ 직업의 세계 파악

㉠ 직업군(occupational cluster)

한국표준직업분류에 따르면 직업을 9가지의 직업군으로 분류한다. 즉 전문직, 행정관리직, 사무직, 생산직, 판매직, 서비스직, 교통체신직, 농공상 수산업직, 단순 노무직이 그것이다.

이러한 직업군의 종류 속에 포함되는 세부적인 직업의 종류를 제시하고 각 직업의 특성을 이해시킨다.

④ 교육기관의 소개

우리나라 교육기관을 소개하면 다음과 같다.

1989년 문교부 통계에 의하면 초등학교가 6,396개 교에 학생은 4894,261명이고, 중학교는 2,450개 교에 학생은 2371,251 명이며 고등학교는 1,672개 교에 2326,062 명이다. 대학은 전문대학을 포함하여 232개 교에 학생수는 1311,812 명에 이르고 있다.

　전공학과의 계열분포는 어문학계(28개 학과), 인문과학계(25개 학과), 사회과학계(37개 학과), 예·체능계(44개 학과), 교육학계(50개 학과), 이학계(42개 학과), 공학계(51개 학과), 수·해양학계(18개 학과), 의약학계(11개 학과), 농림학계(28개 학과)를 포함하여 10개 계열학계에 335개 학과가 설치되어 있다.

　전문대학의 경우 공업계는 41개 학과, 농업계 18개 학과, 수·해운계 8개 학과, 실업계 43개 학과, 보건계 11개 학과, 간호계 1개 학과 등 모두 122개 학과가 있다.(한국교육개발원, 대학안내자료, 1982 참조.)

　이와 같은 전공학과는 사회발전과 더불어 계속 늘어나고 있다.

　위와 같은 학과의 특성을 학생들에게 알려주고 교육과정은 어떠하며 설치대학은 어느 곳이며 각 학과에 따른 장래의 진로전망은 어떠한가를 정보자료를 제시하고 탐색하도록 기회를 제공해 준다.

　위와 같은 진로결정과정을 정리하여 도표화하면 「그림 1」과 같다.

탐색단계		준비단계		결정단계
학생의 내면세계	주관적 요인	인생관, 가치관, 욕구, 태도, 자아개념, 이상, 분수		
	객관적 요인	연령, 성, 지능, 적성, 흥미, 성격, 성취동기, 성적, 신체조건		
사회경제적 환경	학생	부모의 직업 및 교육정도, 부모의 기대, 가정경제조건, 성장사, 교사영향, 생활근거지, 종교, 가치관		
	직업분석	변천, 작업조건, 수요, 교육, 사회의 경제사정, 보수, 기회, 전망		
직업세계	종류	행정직, 사무직, 전문직, 기술직, 봉사직, 노동직, 생산직, 판매직, 교통체신직		
	교육기관	중등교육, 전문대학, 대학, 대학원, 특수교육, 개방대, 교육정책, 방송통신대, 독학		

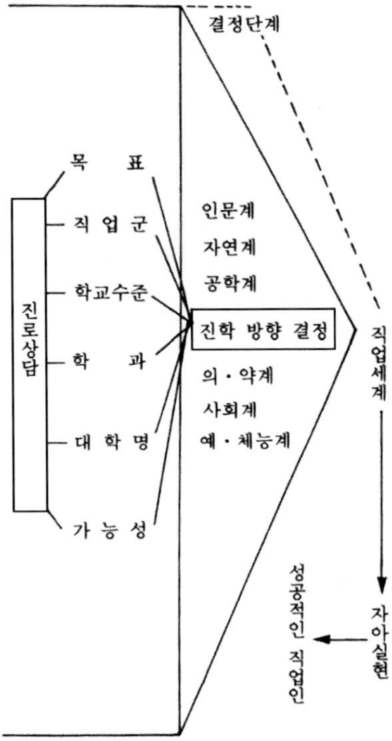

진로상담: 목표, 직업군, 학교수준, 학과, 대학명, 가능성

진학 방향 결정: 인문계, 자연계, 공학계, 의·약계, 사회계, 예·체능계

직업세계 → 자아실현 ← 성공적인 직업인

[그림 1] 진로결정과정 요인

　이와 같이 철저한 진로탐색과 준비과정 속에서 학생의 내면세계의 이해, 사회경제적 환경의 탐색, 직업세계의 준비과정을 통하여 얻어진 객관적 요인을 참작하여 진로상담에 들어간다. 상담의 결과 개인을 적재적소에 배치함으로써 유능하고 적응력 있는 능력을 발휘하여 주어진 직업선택과 실천과정에서 만족할 수 있고 보람도 느끼면서 건전한 직업수행과 사회생활을 유지할 수 있는 계기가 된다.

나. 진학설계(계획)

　진학계획은 진로교육의 하위개념으로서 대학진학에 초점을 둔다.

진학계획을 세우려면 우선 자신이 앞으로 무엇을 할 것인가, 내가
원하는 일은 무엇인가, 또 그 일(직업)을 하기 위해서는 어느 수준의
교육이 필요한가, 어떤 전공 분야에서 공부하게 될 것인가, 전공학과
가 얼마나 나에게 중요한 것인가, 대학에 진학할 만한 능력과 재정
적 뒷받침은 충분한가 등 사전계획이 수립되어야 한다.

진로교육의 하위개념인 진학지도는 진학지도와 직업지도의 조화를
의미하기 때문에 이 두 가지 요소가 충족되어야 함으로 학교에서 진
학지도에 있어서 무엇이 문제점으로 인식되는가를 확인하고 이에 현
명한 대안을 제시하여야 한다.

진학지도의 문제점으로 지적되는 사항은 다음 「그림 2」에 제시한
바와 같다.

첫째, 가치관의 확립에 대한 문제가 심각하다. 학부모의 획일적인
가치관, 과잉욕망과 일류병에 사로잡혀 개인의 능력과 적성을 무시
한 채 일류대학, 일류학과를 선호하기 때문에 진로지도상의 애로가
있다.

둘째, 교육제도상의 문제가 진로지도를 어렵게 만들고 있다.

셋째, 제도적 취약점으로 대학졸업자격증과 고졸자의 임금격차로
인한 무조건 대학지망에 문제가 있다.

넷째, 진학상담 또는 진로상담이 단순히 학력고사 점수에 따른 전
공학과의 배정으로 이루어져 눈치와 배짱지원 등의 사행심리가 팽배
해져 가고 있다.

다섯째, 과다한 학생수, 학생의 이질집단, 학부모의 이견, 적성·능
력평가의 객관적 파악 등 진로지도에 애로점이 있다.

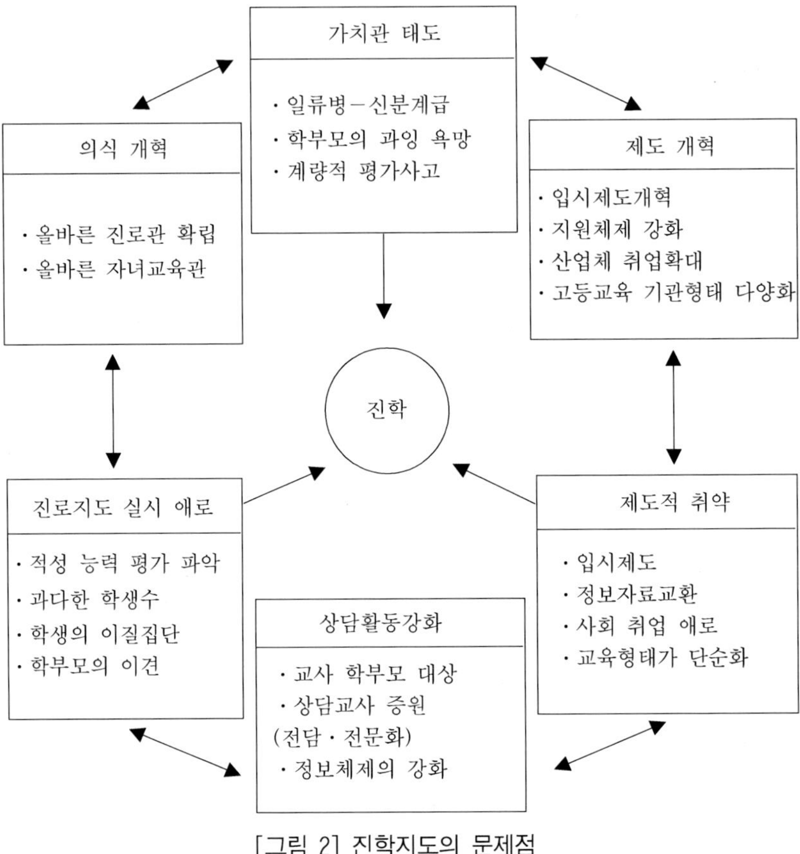

[그림 2] 진학지도의 문제점

여섯째, 전통적 가치관에 얽매어 쉽사리 의식개혁이 이루어지지 못하고 있다.

올바른 진로관 확립에 큰 어려움을 겪고 있다.

위와 같은 문제점을 시정하고 보완하기 위하여 다음과 같이 학과 계열 선택과정을 지도한다.

계열선택은 정확한 교육정보를 중심으로 체계적인 사고과정을 거쳐서 수립되어야 한다. 보다 바람직한 계열선택과정은 능력을 과신하거나 감정에 치우치지 말고 자신의 진로설계를 학부모와 담임교사와 또는 진로담당교사, 그리고 자신의 객관적 이해를 기초로 하여 학과의 특성 이해, 장래 전망 등을 고려하여 계열을 결정하여야 한다. 계열선택과정을 소개하면 다음과 같다.

개인특성검사 확인(흥미, 적성) → 계열선택 정보안내 → 계열희망 조사
→ 개별면담(진로상담) (담임 및 상담교사) → 계열확정

계열편성을 위하여 고려해야 할 점은,
① 개인의 특성검사 ② 진로정보(교육직업 및 개인사회적 정보 포함)
③ 미래의 설계　　④ 전문가 또는 학부모의 조언
⑤ 계열결정 및 편성이 이루어져야 한다.(서울시 교육연구원, 진로
  교육자료, 1990.)

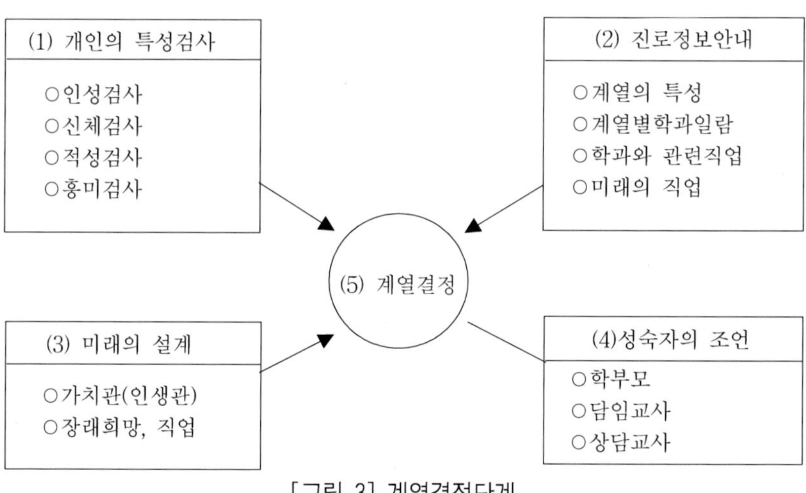

[그림 3] 계열결정단계

다. 각종 정보의 탐색

2,000년대를 향한 한국의 사회발전 전망을 참조하여 각종 정보에 익숙하도록 지도한다. 참고적으로 전통공학분야와 첨단공학 영역, 국책연구지원 분야, 컴퓨터 분야, 2,000년대 유망직종, 미개척분야의 전망 등을 재시하고자 한다.

① 전통공학 및 첨단공학 영역

전통공학		첨단공학		
화 학 공 학	토 목 공 학	정 밀 기 계 공 학	열 공 학	시 스 템 공 학
기 계 공 학	섬 유 공 학	기 계 물 리 공 학	통 신 공 학	환 경 공 학
전 기 공 학	재 료 공 학	해 양 공 학	응 용 전 자 공 학	교 통 공 학
건 축 공 학	전 자 공 학	우 주 공 학	계 산 기 공 학	산 업 공 학
조 선 공 학	원 자 력 공 학	로 켓 공 학	생 물 공 학	경 영 관 리 공 학
항 공 공 학		전 자 물 리 공 학	생 체 공 학	수 리 계 측 공 학
		핵 공 학	컴 퓨 터 공 학	사 회 공 학
		에 너 지 공 학	소프트웨어공학	미 래 공 학
		제 어 공 학	정 보 공 학	교 육 공 학

② 국책지원분야/ 정부당국에서 미래의 고도첨단사회에 대처하기 위해 중점적으로 지원하는 분야는 다음과 같다.

분 야	관 련 학 과
반 도 체, 컴 퓨 터	전자 공학, 전자 계산, 전기 공학
정 밀 화 학 공 업	화학 공학, 공업 화학
기 계 공 업 고 도 화	기계, 정밀기계, 생산기계 공학, 기계설계 공학
에 너 지 및 자 원 이 용	자원공학, 원자핵, 원자력, 지질학
시 스 템 산 업	제어계측, 전자, 공업화학, 생산기계 공학
생 물 공 업	생화학, 생물공학, 농학, 축산, 유전공학, 생물학, 수의학
소 재 공 업	무기재료, 요업공학, 금속공학
섬 유 고 분 자 공 업	섬유, 재료공학, 고분자 공학
건 설, 환 경, 플 랜 트	환경공학, 건축 토목

③ 컴퓨터 분야/ 컴퓨터는 단순한 기계 장치인 하드웨어보다 그에 따른 응용기술인 소프트웨어의 개발이 더욱 중요하다.

분　야	내　용	관　련　학　과
하드웨어 산업(컴퓨터의 기계적 설비)	컴퓨터 제작, 반도체 직접 회로의 제조, 판매 등	전자계산공학과, 전자공학과 그 외 전기, 기계, 물리학과 출신자가 진출이 용이하다.
소프트웨어 산업(컴퓨터 프로그램의 처리)	각종 프로그램개발, 응용, 정보처리, 청보제공 및 처리 서비스업	기초 소프트웨어(컴퓨터 제조업체, 대형 컴퓨터 소유 업체에 인력 필요) : 전산학과, 정보 공학과, 계산통계학과, 수학과 응용 소프트웨어 분야 : 사회 모든 분야의 전공자가 전자 계산기 응용기술을 익혀 개인의 전공 분야에 개발 활용하는 것이다.

④ 정보화 시대의 유망직종

구　분	관　련　된　직　종
정　보　산　업	정보를 유력한 자원으로 활용하는 정보화 사회에 관련된 LAN*, VAN*, FAX*, ISDN*등 정보 통신 분야의 응용 S/W와 H/W를 개발하는 직종
메카트로닉스 (Mechatronics)	CAD/CAM(컴퓨터 디자인/제작), CNC(컴퓨터 수치제어)기계, 정밀기계, 로봇, 가정자동화(HA), 공장자동화(FA), 사무자동화(OA), 관련직종
해　양　산　업	인간의 손이 미치지 않는 미지의 바다에 관련된 유망 직종은 해양 채광, 해저 고고학, 해저 탐사, 해양축산업(양식)에 관련된 직업들이다.
우　주　개　발	우주 개발과 관련하여 우주 항공사와 조종사, 우주선 안에서 약이나 전자 장비를 만들 전문가나 우주 개발 전문가들도 유망 직종이다.
건　　　강	유전공학, 저온학, 레이저 광선을 이용한 수술 방법의 개발과 생물학과 전자학이 결합된 생물학과 전자학을 이용한 인공 장기의 개발, 인구의 노령화에 따른 노인 복지 전문가, 노인병학 전문가, 가족 문제 상담원, 알콜중독치료 전문가들이 건강 분야의 유망 직종이다.

에 너 지	평화를 목적으로 원자력을 이용하는 원자력 에너지의 개발이나 석유·석탄과 같은 화석연료의 이용률을 높이는 일, 그리고 태양·바람·유기 폐기물·지열·수력을 이용한 이른바 대체 에너지의 개발에 관련된 직종이다.

* LAN : Local Area Network(근거리 통신망)
　VAN : Value Added Network(부가가치 통신망)
　FAX : Facsimile(사진전송)
　ISDN : Integrated Service Digital Network(종합정보통신망)

⑤ 미개척 분야의 전망

남이 잘 모르거나 소홀히 하는 분야의 탐색도 중요하다.

구　분	관　련　된　직　종
교　육　분　야	국가 발전의 근간인 인재를 양성하는 일은 어느 분야보다도 보람된 삶을 살수 있는 영역이다. 특히 특수 교육 분야는 현재 소외되고 있는 편이지만 앞으로 GNP가 증가되고 인간의 존엄성과 가치를 더욱 존중하는 풍토가 도래할 때, 신체적·지적 장애자를 돌보아주는 사업이 관심의 대상이 될 것이다.
기 초 과 학 분 야	과학 한국의 미래를 위해서는 기초 과학인 수학, 물리학, 화학, 생물학 등이 더욱 장려되어야 한다는 것이 필연적인 요청이다.
새로운 서비스분야	소득수준의 향상, 문화적 정신적 욕구의 증대, 자동화에 따른 여가증대로 레저, 스포츠, 관광 등 새로운 서비스 관련 분야
한　국　학　분　야	세계 속의 한국이 되어감에 따라 한국에 대한 인식이 세계에 더욱 널리 알려지게 된다. 이에 따라 우리 고유의 문화에 대한 연구의 필요성은 커진다. 이 분야의 학자. 저술가, 교육자들이 많이 배출되어야 하는데 사학과, 국문과, 유학과, 실학과 등이 이에 해당한다.
무　역　분　야	우리나라 현실로 보아 무역은 주요 산업으로 계속 남을 것이며 발전속도가 빠르고, 능력에 따라 얼마든지 성장할 수 있는 분야이다. 외국어에 능통해야 하고, 사교술이나 대인 관계 등 신용과 친절이 근본이 된다. 또한 기계제품이나 플랜트(Plant) 수출분야에서는 공대출신자가 필요하다.
기　타	기업경영상담(Consultancy), 의학진단용 영상기술자, 인공지능 기술자 등

4. 진로교육 실천방안

고등학교에서의 진로교육 내용은 앞에서 제시한 교육목표와 내용을 기본으로 하여 진로담당교사(상담교사·교도주임)가 주축이 되어 학교교육계획 프로그램의 일부로서 학교장의 협력하에 적극 추진되어야 한다. 그리고 각 교과담당교사도 진로교육 활성화를 위해 교과시간을 이용하여 각 학교 나름대로 프로그램 내용을 실천하도록 제도적 장치를 강화한다.

가. 진로교육을 위한 학교의 역할

학교가 진로교육을 원만하게 수행하기 위해서는 학교장, 교감, 진로담당교사, 그리고 교과담당교사가 각자 자기가 맡은 역할을 갈등없이 실천하여야 한다.

각 교사들이나 학교장, 진로담당교사, 지역사회에서 수행해야 할 역할을 제시하면 다음과 같다.

① 교과지도 교사의 역할

㉠교과지도교사는 교과지도에 충실함을 기본으로 하지만 각 교과와 관련된 직업의 종류를 제시하고 직업의 특성, 직업선택의 준비과정, 장래의 전망과 결부시켜 지도한다. 이 때 진로담당교사나 지역사회 자원인사들로부터 교과의 직업적 시사점에 관한 지식, 정보 및 자료들을 협조 받을 수 있다.

㉡ 모든 교과지도교사는 학생들로 하여금 일에 대한 긍정적인 습관과 태도를 형성할 수 있도록 다양한 지도방법을 구안한다.

㉢ 모든 교과지도교사는 학생들로 하여금 일에 대한 가치관 형성과 직업세계에서 일하는 모든 직업인들의 소중함을 인식하고 직업윤

리를 강화시키도록 지도하여야 한다.

　② 진로교육 담당교사의 역할

　현재까지 진로교육 전담교사가 전무한 상태이므로 전문가 양성이 이룩될 때까지 잠정적으로 상담교사(교도교사)가 책임을 가지고 학생들의 진로지도에 대한 내용, 방법, 자료실 확충에 전념해야 한다.

　　㉠ 일반교과 담임교사가 각 학급에서 진로지도가 원활히 이루어지도록 연계체제를 강화하고 지원해 주어야 한다.

　　㉡ 진로교육 실천의 일환으로 학생들의 계열선택 지도프로그램을 제시하고 추진계획에 앞장서야 한다.

　　㉢ 진로교육 담당교사는 진로교육 프로그램 실시를 위하여 학교와 지역사회 인사간의 연결과 조정의 역할을 해야 한다. 아울러 학부모와도 긴밀한 협조를 얻는 데 온 힘을 다해야 한다.

　　㉣ 진로교육 담당교사는 취업지도(직업지도) 프로그램을 주관하고 직업배치와 추수지도를 수행해야 한다.

　　㉤ 진로교육 담당교사는 학교내에 상담실 옆에 「진로정보실」(career resource center)을 마련하고 각종정보 제공활동을 모든 학생들이 열람할 수 있도록 하며 계열선택지도, 학과선택지도, 직업지도 등 진로상담활동을 계획된 프로그램에 따라 정기적으로 실시하도록 한다.

　③ 학교장의 역할

　　㉠ 학교장은 진로교육이 실현되도록 조직을 강화하고 실천에 필요한 시설환경, 자료수집과 개발, 교과활동을 통한 지도가 가능하도록 지원체제를 확립하는 데 주도적인 책임을 지녀야 한다.

　　㉡ 진로교육 프로그램을 개발하고 실천하는 데 지도력을 발휘하고 방향제시자의 역할을 충실히 한다.

　　㉢ 진로교육 실시를 위한 시간배당을 주당 1시간씩 배려하여 정규과목으로 강화하도록 한다.

나. 진로지도의 방법

일반적으로 학교에서 진로지도를 실시할 때 공통적으로 동원될 수 있는 지도방법을 제시하면 다음과 같다.

① 인쇄매채의 이용

가장 보편적인 방법이며 각종 정보, 즉 교육에 관한 정보, 직업에 관한 정보, 개인·사회적 정보를 학생들에게 전달해 줄 수 있는 방법은 인쇄매체를 이용하는 것이다.

진학에 관련된 정보로서는 대학입시 안내자료, 고등학교 학생을 대상으로 하는 대입 월간지 즉,『진학』,『대학입시』,『수험생활』,『대학으로 가는 길』,『면학』등의 잡지 같은 인쇄매체이다. 그리고 학습방법, 진로지도 지침서, 진로교육 전문서적, 한국교육개발원에서 개발된 각종 진로교육자료, 직업정보자료서는 직업사전, 각 기업체 홍보자료, 간행물, 회사연감, 기업체 연감 등의 직업소개자료와 같은 인쇄물이 진로교육활동에 많이 이용되어야 한다.

개인·사회적 정보자료에는 처세술, 대인관계, 예의와 범절, 성취동기, 가치관, 위인전 같은 사회적응에 필요한 것들인데 이 인쇄매체야말로 진로지도에 필수적인 자료임으로 조직적이고 체계적으로 많이 수집하고 열람시켜 진로탐색의 기회를 충분히 제공하도록 한다.

② 기타 매체를 이용한 자료

인쇄물 이외에 각종 시청각 매체, 즉 게시판, 전시(회), 교육용이나 상업용 텔레비전, **VTR**, 슬라이드, 줄사진, 영화, 마이크로필름, 컴퓨터 등이 필요하다.

③ 각종집회를 개최하고 참가한다.

강연회, 토론회, 진로의 날(career day) 또는 수업활동을 통해 실시할 수 있다.

④ 면담

면담은 어떤 분야의 권위자 혹은 담당자를 소개해주고 그와 면담할 수 있도록 조치하여 비교적 깊고 자세하게 해당 정보를 습득할 수 있게 한다.

⑤ 시뮬레이션

이 방법은 게임이나 역할극 등의 탐색활동을 통해 진로에 대한 간접경험을 제공하는 것이다.

⑥ 견학(field trip)

학생들로 하여금 일정한 계획을 세워 공장이나 회사, 학교, 병원, 공공기관 등을 방문케 하여 교육정보나 직업정보를 얻게 하는 방법이다.

⑦ 교육과정을 통한 진로지도

이 방법은 앞에서 열거한 방법으로 초등학교 수준에서부터 고등학교에 이르기까지 학생들이 배우는 교과목을 통한 관련된 진로문제를 의도적으로 반영하여 직업에 대한 지식 및 태도를 습득하게 한다.

⑧ 실습

이 방법은 직접 작업현장, 직무에 직업수행을 해보는 것으로, 시간제일(part iime job)의 폭넓은 경험이나 현장경험을 가져 풍부한 작업경험을 해 보는 것이다.

⑨ 컴퓨터의 이용

컴퓨터에 직업정보, 교육정보를 입력시켜 수시로 필요할 때, 구인처를 알아보고 정보를 얻을 수 있다.

⑩ 진로상담

진학, 직업선택 등에 관련된 문제를 중심으로 진로상담자와의 진지하고 전문적 대화를 통해 학과선택, 직업선택 등 구체화된 결과를 얻는 데 중요하다.

5. 앞으로의 과제

고등학교에서 진로교육이 정착화되려면 다음과 같은 내용이 시급
히 해결되어야 한다.

① 교육과정 교과서에 진로교육 관련내용을 반영하여야 한다.

② 고등학교 기술교과와 가정교과에 편성되어 있는 진로교육 관련
내용이 좀 더 구체적으로 확충되어야 한다. 이를 통합하여 「진로교
육」교재로 개발하여야 한다.

③ 기술과 가정과 담당교사와 전 교사에게 진로교육 실천을 위한
끊임없는 연수를 실시해야 한다.

④ 진로교육 관련자료를 개발하고 이미 개발된 자료는 널리 보급
되어야 한다.

⑤ 진로교육 전담시간이 주당 1시간씩 지도할 수 있도록 시간편
성이 되어야 한다.

⑥ 진로교육 전담교사를 사범대학에서 교육학과 학생들을 이 분야
의 전문교사로 지도할 수 있도록 유도하여 제도적 장치를 마련하는
일이 시급하다. 사범대학에 진로교육학과의 설치가 요청된다.

⑦ 진로교육이 활성화되려면 각급 학교장의 이해와 협조가 필요하
므로 전국적으로 각급 학교장에 대한 연수교육이 수시로 전개되어야
한다.

⑧ 각 교과지도 교사들에게도 진로교육의 실천을 위해 연수교육이
정기적으로 이루어져야 한다.

⑨ 각 시도 교육연구원에는 「진로교육부」가 설치되고 「진로정보실」
을 마련했지만 각급학교에서도 「진로정보센터」를 설치하도록 행·재정
적지원을 강화하고 각종 정보자료(교육, 직업, 개인사회적 정보)를 비치
하여 수시로 열람하고 진로상담의 정기적인 실시가 가능해야 한다.

⑩ 산학협동체제가 시급히 이루어지도록 하여 학생들의 진로탐색
과 준비에 도움을 주도록 한다.

⑪ 교육방송 프로그램에 「진로교육강좌」를 정기적으로 실시하도록 제도화 하여야 한다.

참고 문헌

김충기, 『진로교육과 진로지도』, 서울 : 배영사, 1986.

김충기, 『직업교육과 진로교육』, 서울 : 교육과학사, 1987.

김충기, 『진로상담의 이론과 실제』, 서울 : 성원사, 1989.

김충기, 『자녀지도와 부모교육』, 서울 : 성원사, 1988.

김충기, 『생활지도와 상담』, 서울 : 교육과학사, 1990.

이정근, 『진로지도의 실제』, 서울 : 성원사, 1988.

장석민 외, 『나의 뜻 나의 길』, 서울 : 한국교육개발원, 1986.

유네스코 한국위원회, 『일반계 고등학생의 진로지도』,1984.

서울특별시 교육연구원, 『진로교육자료』, 1990.

한국교육개발원, 『진로교육자료』, 1982.

한국교육개발원, 『대학안내자료』, 1982.

Hendrix, Mary, W. Career Investigation : Opportunities. Choices Decisions, New York : Delmar Publishers, Inc., 1990.

Hoyt, Kenneth, Evans, Rupert, Mangum, G., Bowen, Ella, and Gale, Donald, Career Education in the High School, Salt Lake City , Utah : Olympus Prblishing Co., 1977.

Mangum, Garth L., Becher, games W., Combs, Gam., and Marshall, Patricia, Career Education in the Academic Classroom, Salt Lake City, Utah : Olympus Publishing Co., 1975.

Zunker, Vemon G., Career Counseling Applied Concepts of life Planning Monterey, Calif : Brooks, Cole Publishing Co., 1986.

第12章 就業하는 靑少年의 問題

1. 문제의식

청소년들의 문제는 실로 다양하다. 진학하는 청소년, 재수하는 청소년, 방황하는 청소년, 취업하는 청소년 등 이들의 문제에는 나름대로 개인의 능력, 사회적 요구와 여건, 가정배경, 수요와 공급의 차질, 직업 가치관과 윤리, 전통적 사고, 고학력 선호와 입시 지옥, 직업기술 교육의 결여, 노동시장의 불투명, 사회적·경제적 대우, 장래의 전망 등 수많은 변인들이 작용하고 있으며, 이는 청소년들로 하여금 진로선택의 틈바귀에서 큰 고민과 갈등을 겪게 하고 있다.

위와 같은 청소년들의 행로(진로)에 대한 문제는 어제 오늘의 일이 아니다.

이러한 문제는 특히 1960년대 이후 산업화 과정을 겪는 시대적인 변천과 더불어 가속화하기 시작하였다. 더욱이 1970년대부터 그 동안의 경제개발 5개년 계획의 성공적인 달성으로 폐쇄적인 농본주의를 탈피하고 '보릿고개'가 없어지게 되는, 역사 이래 드문 이변을 일으켜 가난을 극복하고 구미 선진국과 같은 대열에 동참할 수 있게 되었다. 이에 국가적인 차원에서 경제제일주의 정책에 따라 산업사회가 급격하게 발전하게 되어 이제는 적재적소에 알맞은 유능한 일꾼을 요구하기에 이르렀다.

단순했던 직업의 종류는 급격한 산업의 발전과 더불어 차차 복잡·다양해지기 시작했고 그 종류도 크게 변천하였다. 이제 2만여 종을 헤아리는 다양한 직종의 팽창은 내용면에서도 전문화·세분화·다양화되어 자라나는 청소년들에게 직업선택의 어려움을 안겨 주고 있다.

뿐만 아니라 국가의 인력수급 정책이 전문가를 요구하는 전문적 수요로 변화함에 따라 대학의 고급인력도 양산체제로 방향을 바꾸어 80년대 초반부터 87년에 이르기까지 약 4배의 대학생 인구의 팽창을 가져 왔다. 소위 고학력 인플레 현상을 초래하였다.

한편, 경제성장의 추세에 따라 교육열도 가중되기 시작하여 1945년 당시 대학생 인구가 불과 7891명에 불과하던 것이 89년 말에는 115만 명으로 늘어났고, 고등학교 재학생 233만여 명 중 **94.6%**가 대학에 입학하고자 하였다. 그러나 대학에서 수용할 수 있는 입학정원은 한정이 되어 있어 고교 졸업생 모두를 수용할 수는 없고 그 중에 대략 **30~35%**에 해당하는 고교 졸업자만이 대학에 갈 수 있고 나머지 **65~70%** 정도의 낙방생이 쏟아져 나오게 되었다. 「표 1」 참조)

[표 1] 상급 학교 진학률

(%)

구 분	초등학교→중학교	중학교→고등 학교	고등 학교→대 학	일반계 고→대 학	실업계 고→대 학
1965	54.3	69.1	32.3	–	–
70	66.1	70.1	26.9	40.2	9.5
75	77.2	74.7	25.8	41.5	8.8
80	95.8	84.5	27.2	34.0	10.1
85	99.2	90.7	36.4	53.8	13.3
86	99.4	91.2	36.4	53.6	12.6
87	99.5	91.9	36.7	53.5	11.0
88	99.5	93.5	35.0	50.2	10.2
89	99.7	94.6	35.2	49.9	9.5

$$*진학률 = \frac{진학자}{졸업자} \times 100$$

* 대학은 전문 대학, 교육 대학, 각종 대학 포함.

이러한 현실을 놓고 볼 때 결국 고교 교육은 **30%**의 대입 합격자를 위한 교육이 되어 버렸으며, **70%** 정도의 대입 낙방생은 이를 위한 들러리로 전락하여 이들은 아무런 사전의 준비교육도 없이 입시 위주의 주입식교육만 강요당하고 있으며, 대입 실패 후에는 결국 재수의 길을 걷거나 아니면 무작정 사회에 배출되고 마는 형편이므로 이들의 장래에 대한 해결방안의 모색이 시급하다.

결국 낙방생들의 진로는 어떻게 구제할 것인가? 이에 대한 적극적인 대책이 마련되어 있지 않으므로 이들은 예비교육이 전무한 상태에서 무직청소년 또는 비진학 청소년으로서 사회에 배출되어 문제의 심각성이 고조되고 있다.

사전의 직업준비교육의 미비로 인한 이러한 비진학·미취업 상태는 진로개척의 좌절감을 맛보게 하여 청소년들이 꿈과 희망을 잃고 방황하게 만든다. 한창 감수성이 예민한 시기에 겪게 되는 이런 패배감으로 말미암아 온갖 비행과 반사회적 일탈행동으로 변하지 않는다고 누가 장담할 수 있겠는가?

비진학·미취업, 무직 청소년을 대량으로 배출하게 된 이유는 기본학제에 원인을 돌릴 수 있다. 우리의 학제는 대학진학을 위한 인문계 학교중심으로 되어 있다고 볼 수 있다. 물론 실업계 고등학교를 포함하여 전문대학, 개방대학, 기술학교, 산업체 부설학교 등 직업 계통의 학교가 있지만 이들은 일반교육 중심의 기간학제에 덧붙여진 제도로서 설계되어 운영되고 있는 실정이다.

정부는 해방이후 인문교육 중심의 교육정책에만 역점을 두어, 인문계대 실업계 비율이 **68** 대 **32**로 인문숭상에 큰 비중을 두고 있음을 알 수 있으며 1974년 고교 평준화 이후 제도적으로 실업계 고등학교 학생들은 대개 인문계 고등학교에 가지 못하는 학생들로서 질적으로 매우 떨어지는 집단으로 전락하고 말았다. 그리하여 학생들은 실업계 고등학교로 진학하는 것을 기피하거나 그들 자체가 열등감에 사로잡혀 계층간의 갈등이 더욱 심화되어 왔다.

이러한 현상으로 고등학교 수준의 직업교육이 국민이나 학생들로부터 배척되거나 경시되는 경향마저 나타나게 되었다.

오늘날 대학진학열이 과열되고 고학력 실업률이 가중되는 것도 결국에는 인문 편중 교육의 학제와 무관하지 않다고 보아야한다. 이 점이 실업계 고등학교를 포함한 직업계통의 진학이 기피되고 인문계로의 진학이 과열된 연유일 것이다.

한편 1990학년도 초기부터 문교부 정책당국이 진로교육 강화를 부르짖고 나오게 된 이유는 진로교육의 기회를 제공해 주지 않았기 때문에 비진학·무직 청소년이 쏟아져 나오게 되었기 때문이라고 인식할 수 있다.

사회적 측면에서 보면 직업훈련기회의 부족이나 취업여건의 문제, 취업알선이나 직업홍보 기능의 부족 또는 비진학 청소년을 고용하고 수용하는 사회정책의 빈곤 등이 문제점으로 지적될 수 있다.

2. 취업하는 청소년 현황

그러면 취업하는 청소년의 현황은 어떠한가?

우리 나라의 청소년 인구(14세~19세) 현황을 보면 「표 2」와 같다.

[표 2] 14~19세 청소년 인구의 전망

(단위 : 천명)

연도	전체	총 인구에 대한 비중(%)	남자	여자
1980	5,376.6	14.10	2,788.6	2,588.0
1985	5,367.8	13.04	2,774.2	2,593.5
1986	5,446.0	13.03	2,811.9	2,634.1
1987	5,468.0	12.90	2,833.9	2,634.1
1988	5,447.9	12.68	2,822.8	2,625.1
1989	5,339.8	12.26	2,758.2	2,572.6
1990	5,179.4	11.74	2,679.8	2,495.6
1995	4,766.1	10.16	2.462.1	2,304.0
2000	5,089.2	10.26	2.628.2	2,461.0

*자료 : 한국 인구 보건 연구원, 국가 장기 발전 구상 (인구 보건 부문)

1990년도 기준으로 대략 총인구의 **11.74%**를 차지하는 청소년들은 현재 여러 가지 형태로 교육을 받고 있거나 장차 취업을 해야 할 입장에 놓여 있다.

한편 각 학교 재학생 수의 현황을 제시하면 「표 3」과 같이 재학생 수는 총 1152만 8676 명이며 그 중에서 중학생 237만 1215 명, 고등학생이 232만 6062 명이다(인문고 149만 846명, 실업고 83만 5216명).

[표 3] 각 학교 현황

구 분	학 교 수	재 학 생 수	교 원 수	학급 수(과)
총 계	19,483	11,528,676	363,558	229,334
유 치 원	8,246	470,824	14,886	13,922
국 민 학 교	6,396	4,894,261	134,898	116,170
중 학 교	2,450	2,371,215	81,699	45,301
고 등 학 교	1,672	2,326,062	87,277	42,672
일 반 고	1,084	1,490,846	54,333	26,964
실 업 고	588	835,216	32,944	15,708
특 수 학 교	100	19,137	2,485	1,624
방 송 통 신 고	(50)	(41,363)	-	(782)
고 등 교 육 기 관	536	1,434,259	39,950	8,243
전 문 대 학	117	291,041	6,999	1,161
교 육 대 학	11	17,182	679	346
대 학 (교)	104	1,020,771	31,675	3,854
대 학 원	278	81,171	-	2,774
각 종 대 학	26	24,094	597	108
개 방 대	(6)	(14,779)	(827)	(110)
방 송 통 신 대	(1)	(148,817)	(132)	(13)
기 타 학 교	83	72,918	2,363	1,402

*( )내 숫자는 총계에 미포함.

*중앙 교육 평가원, 문교 통계 편람(1989)

이 중에서 고등학교(인문계)를 졸업하고 진학하거나 취업, 입대, 무직, 미상 등 밝혀진 자료를 제시하면 「표 4」와 같다.

[표 4] 고교 출업생 진로 상황

진로	졸 업 자 수			진학 희망자		진로상황							
						진학자		취업자		입대자		무직 · 미상	
	합계	남	여	남	여	남	여	남	여	남	여	남	여
'85	386,965	212,586	174,379			117,241	90,200	10,377	19,543	1,584	29	83,384	64,607
'86	412,146	231,840	180,306			165,142	95,196	12,024	21,714	1,428		93,246	63,396
'87	412,146	231,840	180,306	204,701	142,501	125,142	95,196	12,024	21,714	1,428		93,246	63,396
'88	425,625	241,612	184,013	356,274	142,505	120,867	92,599	14,952	26,038	1,664		140,131	65,374
'89	450,118	252,649	197,469	381,304	157,658	122,413	102,635	17,009	28,579	1,927	1	111,301	66,254

위 「표 4」에서 제시된 고교졸업자 수는 해마다 늘어나고 있으며 89년도의 경우, 졸업자는 45만 118 명이고 진학자 수는 53만 8962 명으로 여기에는 전년도 재수생 8만 8844 명에 포함된 것이다. 진학자는 남 · 여 모두 합하여 22만 5048 명으로, 낙방생은 31만 5914 명이나 된다.

이와 같은 낙방생들은 과연 어디로 갈 것인가? 고등학교 졸업자 모두가 대학에 갈 수 없는 현재의 여건을 개선하거나 아니면 낙방생들의 취업에 필요한 사전 직업적응교육 또는 직업교육이 절대로 필요한 것이다.

실업계 고등학교의 경우는 어떠한가? 실업계 고등학교는 그 목적 자체가 완성 교육으로 기능직 양성을 위한 직업교육기관이다. 그럼에도 불구하고 「표 5」에 나타난 바와 같이 고교졸업자 25만 9711 명 중 진학 희망자가 5만 6557 명으로 21.77%나 되며 실제로 진학(대학 입학)하는 학생도 2만 4728명이나 되어 9.51%는 대학진학을 하고 있는 실정이다.

[표 5] 실업고 졸업자의 진학 현황

구 분	총 계		남 자		여 자	
	해당자 수	비 율	해당자수	비 율	해당자 수	비 율
졸 업 자	259,771		128,441		131,330	
진학희망자	56,557	21.77	35,964	28.0	20,593	15.68
진 학 자	24,728	9.51	14,937	11.62	9,791	7.45

*자료 : 문교 통계 연보, 1989

한편 실업고 졸업자의 취업현황을 보면 「표 6」에 제시한 바와 같이 농림계 **78.55%**, 공업계 **84.04%**, 상업계 **82.2%**, 해양·수산계 **80.67%**의 취업률을 보이고 있다.

그러나 **1979**년부터 **1989**년의 **10**년간 실업계 고등학교 학생수의 추이를 보면, **1980**년도의 학생수가 **91**만 **6983** 명으로 가장 많았으며, 점점 줄어드는 추세로 **1989**년도에는 **8**만 **1767** 명이 적은 **83**만 **5216** 명으로 나타나고 있다. 이는 **1984**년의 학교수 **644**개 교에서 **1989**년 **588**개 교에 따른 **56**개교의 축소에도 영향이 있으며, **1980**년대의 노동집약의 산업구조에서 기술집약적 산업구조로의 변화에 따른 현격한 실업학교에 대한 거부현상으로 파악할 수 있다. 「표 7」에 보면 학생수의 변화를 알 수 있다. 인문계열에 비해 훨씬 적은 수효가 실업계 고등학교에 다니고 있어 부족현상을 면치 못하고 있다.

[표 6] 실업고 졸업자의 진로 및 취업 현황

영역별 직업별	농림계	공업계	상업계	수산·해양	가정계	인문계
졸 업 자	16,757	63,605	142,677	3,338	220	450,118
취 업 자	13,164	53,454	117,283	2,693	200	45,588
비 율	78.55	84.004	82.20	80.67		
전 문 기 술 직	1,088	27,597	3,010	363	240	1,885
행 정 직	91	217	4,734			1,395
사 무 직	266	691	68,652	82	26	8,451
판 매	681	412	12,681	88	28	5,819
서 비 스 직	1,031	787	10,041	38	4	7,010
농업 및 수산업	5,101	846	697	1,594		2,577
생 산 종 사 자	4.095	21,751	13,473	458	1	3,595
분 류 불 능 직	777	364	3.848	48	1	14,542
군 인	52	789	1,473	22		314

[표 7] 실업계 고등 학교 학생 수

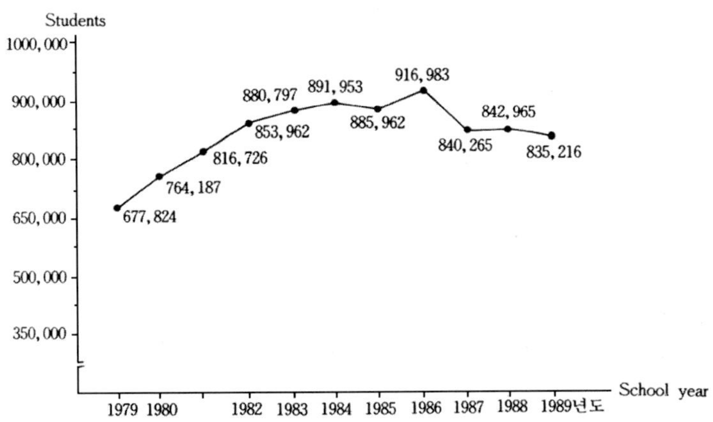

* 자료 : 문교 통계 연보, 1989.

위와 같은 자료제시를 종합해 보면 「표 8」과 같은 현황으로 집약
될 수 있다.

[표 8] 고등 학교 졸업자의 진로 빛 취업 상황 ('89)

계열\구 분	일반계	실 업 계					총 계
		농림계	공업계	상업계	수산·해양계	소 계	
졸 업 자	450,118	16,757	63,605	142,677	3,308	226,377	676,495
	(63.4)						(100.0)
취 업 자	45,588	53,454	117,283	117,283	2,693	186,594	232,182
	(10.1)	(78.6)	(84.0)	(82.2)	(80.7)	(82.4)	(34.3)
진 학 자	225,048	1,370	6,337	4,624	321	12,652	237,700
	(49.9)	(8.2)	(10.0)	(9.6)	(9.6)	(5.6)	(35.1)
무 직 자	64,567	662	877	8,950	100	10,589	75,156
	(14.3)	(4.0)	(1.4)	(6.3)	(3.0)	(4.7)	(11.1)
임 대 자	1,927	280	356	649	57	1,342	3,269
	(0.4)	(1.7)	(0.6)	(0.5)	(1.7)	(0.6)	(0.5)
미 상	112,388	1,281	2,574	11,171	167	15,193	131,450

	계열\구 분	일반계	실 업 계					총 계
			농림계	공업계	상업계	수산·해양계	소 계	
	전문·기술직	1,885	1,088	27,597	3,010	363	32,058	33,943
		(4.1)	(8.3)	(51.6)	(2.6)	(13.5)	(17.2)	(14.6)
	행정·관리직	1,395	91	217	4,743	–	5,042	6,437
		(3.1)	(0.7)	(0.4)	(4.0)	–	(2.7)	(2.8)
직	사 무 직	8,415	266	691	68,652	82	69,691	78,100
		(18.5)	(2.0)	(1.3)	(58.5)	(3.0)	(37.3)	(33.6)
	판 매 직	5,819	681	412	12,681	88	13,862	19,681
		(12.8)	(5.2)	(0.8)	(10.8)	(3.3)	(7.4)	(8.5)
업	서 비 스 직	7,010	1,013	787	10,041	38	11,879	18,883
		(15.4)	(7.7)	(1.5)	(8.6)	(1.4)	(6.4)	(8.1)
	농업·임업·어업·수산업	2,577	5,101	846	697	1,594	8,238	10,815
		(5.7)	(38.7)	(1.6)	(0.6)	(59.2)	(4.4)	(4.7)
별	생산직·운수장비·운전사노무사	14,542	4,095	21,751	13,473	458	39,777	54,319
		(31.9)	(31.1)	(40.7)	(11.5)	(17.6)	(21.3)	(23.4)
	분 류 불 능 직	3,595	777	364	3,848	48	5,037	8,632
		(7.9)	(5.9)	(0.7)	(3.3)	(1.8)	(2.7)	(3,7)
	군 인	314	52	789	147	22	1,010	1,324
		(0.6)	(0.4)	(1.5)	(0.1)	(0.8)	(0.5)	(0.6)

취업경로별	학 교 추 천	17,225	5,299	23,765	74,363	733	104,165	121,391
		(37.8)	(40.3)	(44.5)	(63.4)	(27.4)	(55.8)	(52.3)
	채 용 시 험	3,070	275	4,302	14,597	64	19,238	22,398
		(6.7)	(2.1)	(8.0)	(12.4)	(2.4)	(10.3)	(9.6)
	친 구 및 친 지 소 개	14,921	1,637	2.044	18,277	124	22,082	37,003
		(32.7)	(12.4)	(3.8)	(15.6)	(4.6)	(11.8)	(15.9)
	실 습	1,876	2,876	21,733	3,576	1,499	29,686	31,480
		(3.9)	(21.9)	(40.7)	(3.0)	(55.7)	(15.9)	(13.6)
	부모경영사업	2,937	482	208	1,590	35	2,315	5,252
		(6.4)	(3.7)	(0.4)	(1.4)	(1.3)	(1.2)	(2.3)
	자 영	1,206	1,909	154	557	29	2,649	3,675
		(2.6)	(14.5)	(0.3)	(0.5)	(1.1)	(1.4)	(1.6)
	기 타	4,434	684	1,248	4,323	204	6,459	10,893
		(9.3)	(5.2)	(2.3)	(3.7)	(7.6)	(3.5)	(4.7)
분야별	전 공 분 야		6,558	49,731	99,775	2,508	158,572	
			(50.2)	(7.0)	(14.9)	(6.3)	(15.0)	
	다 른 분 야		6,606	3,723	17,508	185	28,022	
			(50.2)	(7.0)	(14.9)	(6.9)	(15.0)	

*자료 : 문교 통계 연보, 1989.

이 표에 의하면 일반계 고등학교라고 할지라도 학생 모두가 대학 진학을 하는 것이 아니고 졸업자 **45만 119** 명 중 진학자가 **49.9%**, 취업자가 **10.1%**, 무직자가 **14.3%**, 입대자 **0.4%**, 그리고 기타 미상으로 **11만 2386**명은 방황하면서 소속을 찾지 못한 채 인력이 낭비되는 것이다.

실업계도 **5.6%**의 진학자, 취업자는 **82.4%**, 무직자 **4.7%**, 입대자 **0.6%**를 제외한, 미상으로 알려진 **1만 5193** 명은 역시 방황하게 된다.

일반적으로 실업계는 요즈음 취업률이 높아가고 있는 반면에, 인문계에서 대학진학을 못하는 학생은 재수를 하거나 아니면 낙방생으로서 삶의 터전을 마련할 수 있는 직업적응교육도 받지 못한 상태로 배출되고 있는 실정이다.

끝으로 근로청소년의 현황은 어떠한가?

1988년 현재 전국 **5**인 이상 고용사업체 **11만 6728**개 소에서 근무하고 있는 청소년 근로자 수는 **145만 9698**명으로 전체 근로자

512만 7972명의 **28.4%**를 차지하고 있다. 이는 청소년 근로자의 3분의 1을 차지하는 많은 수가 공부하면서 일하는 취약계층의 청소년임을 말해 주고 있다.

업종별로 종사하고 있는 근로청소년의 구체적 현황을 살펴보면 「표 9」와 같다.

[표 9] 산업별 청소년 근로자 현황

(단위 : 명, %)

구 분	계	남 자	여 자
전 산 업	1,459,698(100.0)	476,444	983,254
농 림 업	2,455 (0.2)	1,862	593
광 업	6,239 (0.4)	5,039	1,200
제 조 업	1,129,598(77.3)	374,664	754,934
전 기 가 스 업	3,753 (0.3)	2,146	1,607
건 설 업	23,189 (1.6)	13,888	9,301
도 · 소 매 업	102,150 (7.0)	29,310	72,840
운 수 창 고 업	44,371(3.0)	18,332	26,039
금 융 업	72,650 (5.0)	16,154	56,496
서 비 스 업	75,293 (5.2)	15,049	60,244

*자료 : 사업체 노동 실태 조사표(노동부), 1988.

3. 취업하는 청소년의 대책

청소년들은 다음세대를 이어갈 일꾼들이다. 이들이 성인이 되었을 때 누구나 직업선택을 하게 된다. 그렇다면 청소년들이 일정한 기간 동안 학업을 연마한 것이 장차 직업준비나 직업선택을 하는 데 필수적으로 이용되어야 마땅하다.

그런데 과연 그런가?

인문계 고등학교를 졸업하고 대학에 진학하고자 하지만 모두 들어갈 수 없는 여건이므로 앞에서 지적한 바와 같이 고등학교 졸업자의 약 **70%**에 이르는 낙방생을 위한 대책마련이 심각하다. 지금의 교육은 결국 **30%**정도의 대학진학자를 위한 들러리교육에 불과하다는 비난을 면치 못한다.

입시위주의 교육은 막대한 인력의 낭비를 가져올 뿐 아니라, 고등학교를 졸업하고도 취업할 곳도 많지 않지만 취업하려고 해도 사전에 직업준비교육이 이루어지지 않고 입시준비를 위한 주입식 문제풀기 교육에만 일관해 왔기 때문에 쓸모없는 인간만 양산해 낸 셈이 된다.

그러므로 위와 같은 학생들의 현황과 문제점이 무엇인가를 뚜렷하게 확인하고 이해하여 낭비 없는 인간교육, 적재적소에 알맞는 전인교육 등의, 방황하는 학생들의 필요와 요구를 충족시킬 수 있는 바람직한 대안을 제시함으로써 청소년들이 희망을 갖고 건전하게 이상을 향해 꿈을 키우고 안정된 직업을 얻기 위한 사전준비교육을 강화시키는 제도적인 행정·재정적인 지원은 물론, 가정과 학교, 사회 등 여러 측면에서 합리적이고 객관성 있는 교육개혁조치가 뒤따라야 한다.

다행히 **1990**년도 신학기부터 고등학교 교육이 당면한 문제점을 시정보완하기 위해 문교부 정책 당국에서 제시한 '진로교육의 강화'는 시의적절한 결단이며, 시대적 상황으로 보아 마땅히 이루어져야 할 근본문제를 제시한 것으로 평가된다.

필자는 **1978**년도 우리나라의 교육의 문제점을 해결하기 위한 방안으로 이미 미국에서 **1970**년대 초부터 발전하기 시작한 진로교육(**career educa-tion**)의 실시를 주장해 왔다. 초·중·고등학교 각 학교별로 발달 단계로 맞춘 진로의 인식탐색준비 과정을 거쳐 진학 및 취업(직업) 후에는 만족하고 행복한 삶을 추구할 수 있는 직업적성 교육의 추진이야말로 우리교육계에 골머리를 앓고 있는 문제의 단면을 해결하는 열쇠임을 강조하여 오늘에 이르고 있는데, 결국 이번 주제발표의 내용에 따라 이에 걸맞은 해결방안을 제시하는 내용 가운데 고등학교에서의 직업교육 실시가 필연적으로 이루어져야 함을 강조하는 바이다.

그러면 고등학교에서 직업교육의 대책방안은 무엇인가?

취업이란 직업을 선택하는 것이다. 초등학교만 졸업하고도 취업은 할 수 있다. 또한 중·고등·학교만 나와도 취업은 가능하다. 그러나 어떤 직업을 선택하느냐에 따라 차이가 있을 것이고, 쉽게 얻을 수 있느냐에 따라 개인에게 주어지는 기회는 다르다. 그리고 개별적인 노력이 뒤따라야 한다.

요즘처럼 대학을 졸업하고도 취업을 못하는 대졸자가 전체 졸업자의 반수도 넘는 현실에서 날이 갈수록 취업전망은 그리 밝지 못하다. 그런데 하물며 고등학교 졸업자들이 취업할 곳이 그리 많지 않은 현 상황에서 고등학교만 졸업하고 취업하라고 하는 것은 무리일 것이다. 그러나 대학졸업을 모두 해야만 한다는 논리는 성립할 수 없다. 왜냐하면 직업세계(world of work)에서 적어도 대졸자가 취업할 수 있는 전문직은 전체 직업세계 가운데 불과 **5.1%**에 불과하므로 자연히 하향 직업을 찾을 수밖에 없는 형편이다.

이렇게 고급인력은 많이 남아도는데, 고등학교 수준의 기능직·건설직·노무직 등은 오히려 부족한 실정이어서 기업체 건설 업체, 기타 회사등 중간기술자를 요구하는 업종은 오히려 많다고 보아야 할 것이다.

그런데 왜 기능직으로 취업하지 않고 전문직으로만 몰리게 되는가? 그것은 재언의 필요조차 없이 학력별·직업별에 따른 임금격차와 사회적·경제적 대우의 차이일 것이다. 또한 기능직에 대한 경시풍조와 낮은 대우, 장래에 대한 전망이나 가치관의 혼란으로 직업선택이 균형 있게 선택되지 못하고 있는, 한국적인 고유의 인문숭상이 뿌리 깊게 박혀 있는 까닭도 들 수 있겠다.

그러면 앞으로의 직업선택은 어떤 방향으로 이루어져야 하는가?

우선 직업에 대한 긍정적 평가가 있어야 한다. 직업이라면 단순히 노동직이나 기능직 등을 떠올려 낮게 평가하는 부정적 사고를 고쳐 나가야 할 것이다.

직업이란 첫째, 생계유지 또는 생활유지 수단으로서 필요하다. 둘째로 직업은 생계유지뿐 아니라 사회봉사적 기능으로서 한 분야의 역할을 분담하고 있으며, 어느 직업이나 소중하고 그 직분이 필수적으로 필요한 존재로서 고귀하다는 것이다. 셋째, 직업은 먹고 사는 자체를 해결하는 데 역점을 두기보다는 오히려 참된 삶을 추구하는 자아실현의 수단이 되어야하는 것이다.

직업은 이처럼 위의 세 가지 모두를 만족시켜 주는 것이므로 우리는 직업을 소중히 여겨야 할 것이고 어떤 직업도 이 사회에서 필요한 요소이므로 직업선택이야말로 일생일대의 중대사라고 아니할 수 없다.

그러면 취업하는 학생들의 대책은 어떻게 세워 주어야 할 것인가? 종합적인 대책을 나름대로 제시해 보고자 한다.

1. 각 학교별로 진로교육의 실시 및 강화이다.

진로교육이란, 직업의 세계를 인식·탐색·준비하는 과정을 거쳐 진로계획을 세우고 진로 결정을 올바르게 할 수 있도록 도와주어 일생 동안 만족스럽고 행복한 삶을 누리게 할 수 있는 직업적성교육이다. 한편 넓은 의미의 직업교육으로서 '직업'이 핵심이 된다.

그렇다고 초·중·고등학교에서 직업만을 가르치라는 의도는 아니다. 여기에는 교양교육이 기본이 되며 장차 직업영역에서 능히 직무를 수행할 수 있는 가용기술(salabel skill)을 길러 주도록 학교교육 과정에 투입시켜 단계별로 지도해 주어야 하는 것이다.

진로교육은 인생전반의 진로를 선택하고 그에 대처할 수 있는 능력과 소질, 적성과 태도, 가치관을 계획적으로 길러 나갈 수 있도록 하기 위하여 학교교육 전체 프로그램의 변화를 요구한다. 모든 학생들에게 적재적소에 알맞은 진로선택의 가능성을 폭 넓게 인식시키고 합리적인 진로계획을 세우고 준비해 나가도록 하는 교육적 노력으로 해석된다.

이와 같이 진로교육이 실시됨으로써 현재 당면하고 있는 여러 가지 교육의 문제를 순조롭게 해결하는 데 기여할 것이다. 따라서 가정에서의 학부모, 학교에서의 교사와 학생, 학교를 운영 관리하는 학교장, 그리고 사회 각계각층에서도 진로교육의 이념이나 실제에 대한 이해가 절실히 요구되며 적극적으로 실천에 앞장서야 할 것이다.

2. 직업 가치관 교육 또는 진로관 확립을 위한 교육이 이루어져야 한다.

이미 앞에서 언급한 바와 같이 우리나라는 뿌리박힌 유교적 전통 속에서 사농공상이라는 계급의식과 반상제도의 가치체계가 수백 년 동안 골수에 맺혀 관존민비의 사상이 지배해 왔기 때문에 기술인을 천시하는 이른바 "쟁이" 정신이 그릇된 가치관으로 오랫동안 형성되어 왔다.

그로 인해 다른 나라에 비하여 산업발전이 더디게 이루어졌다고 본다. 그러나 해방이후 자본주의를 기본으로 하는 민주주의가 발달하기 시작하고 서구의 산업문물을 받아들임으로써 가치의식이 조금씩 변모하고 있음은 틀림없는 사실이다.

그러나 아직도 올바른 가치관, 특히 직업가치관의 확립이 제대로 이루어지지 못하고 있는 상태이다. 그러므로 청소년들에게 절실히 요구되는 것은 진로교육의 보편화와 올바른 진로관형성을 위한 적극적인 지도가 필요하게 된다. 즉 분수에 맞는 직업지도와 직업윤리교육이 실천되어야 한다.

3. 인문계 고등학교에서는 모든 학생을 대학입시준비 교육으로 일관할 것이 아니라 능력별로 대학진학반과 직업적응 준비교육반으로 분류하여 교육활동을 전개해 나가야 한다.

문교부교육 정책에서도 제시한 바와 같이 초등학교 고학년, 중학교 저학년 과정에서 적성, 흥미 검사 등을 실시하여 자신의 적성이 뚜렷하게 발견되는 방향에 따라 진학 내지 취업반 등으로 자신의 이해 토대 위에 선택이 이루어져야 한다.

이러한 진로선택과정은 어디까지나 객관적인 판단 위에 학부모와 교사, 학생 자신과의 진정한 진로상담과정을 거쳐 자기결정에 이르도록 권장되어야 바람직하다.

왜냐하면 진로계획이나 선택준비는 중학교 때부터 시작되어야 하며 학부모의 획일적인 가치관이나 강요에 지배되거나 교사, 친구 등의 영향으로 결정된다면, 선택이 성공적일 경우에는 문제될 것이 없으나 잘못되는 경우에는 누구에게 탓을 돌릴 것인가 큰 문제가 아닐 수 없다. 직업선택이 일생 동안 한 번만으로 만족할 수 있는 계기가 될 수 있도록 선택에 신중을 기해야 할 것이다.

상당수의 고등학교 학생들이 대학입시 준비생의 '들러리 교육'을 지양하기 위해서는 인문 고교라 할지라도 직업교육반을 개설하고 직업선택에 필요한 기술교육(예컨대 자동차, 컴퓨터, 전기전자, 인쇄, 상업 미술, 미용, 비서 등)을 실시하는 방안을 강구한다. 한편 이 과정을 담당할 전문교사의 양성과 배치, 또는 직업학교나 직업훈련 관리공단, 직업훈련원 등에 위탁교육 등의 차선책을 강구하며 재정·행정적인 지원을 원활히 해주어야 한다.

4. 인문계 고등학교의 학교수나 학생비율을 점차 축소하고 실업계 고등학교의 수나 학생수를 늘려가는 방향으로 전환하여야 한다.

현재는 인문계 : 실업계 비율이 68 : 32로서 압도적으로 인문계 비중이 너무 크기 때문에 산업사회에서 요구되는 인력수요에 크게 미치지 못하고 균형을 이루지 못해 실업자가 늘어나게 된다.

따라서 앞으로는 직업세계에서 절실히 요구되는 기능인력을 감안하여 이에 적합한 인재를 양성할 수 있는 방향으로 재조정되어야 한다. 문교부의 안으로는 오는 95년도까지 50 : 50의 비율로 인문계와 실업계의 수를 조정한다고 하는데 이 방침은 타당한 조치라고 인정된다.

5. 신입사원 채용시 학력위주의 고용을 지양하고 학벌을 철폐하고 유능한 기술과 능력을 가진 자를 선발하는 제도로 바뀌어야 한다.

대개 신입사원 채용광고를 보면 무조건 대학졸업자를 우선으로 하고 있으며 제한된 전공학과 영역만을 제시하고 있는데 이를 과감하게 철폐하고 어느 학과 출신, 어느 대학을 졸업했느냐에 기준을 둘 것이 아니라 공개경쟁을 통한 능력자를 선발하도록 하여, 그 선발대상에 제한을 두는 경직된 방법을 철폐해야 할 것이다.

6. 각종직업 분야에서의 학력별 임금격차의 차이를 축소하거나 재조정이 필요하다.

현재는 「표 1」에서 제시한 바와 같이 대기업의 대졸·고졸자들이 중·소기업의 임금보다 높고 여자보다는 남자가 높은 편이며, 학력이 낮을수록 더욱 그 격차는 심해진다. 이와 같은 현상이 고학력 선호를 자극하게 되어 입시경쟁을 야기하며 교육을 파행적으로 몰고 가는 역기능이 있기 때문에 바로 잡아야 한다. 이웃나라인 일본의 경우와 비교해 볼 때 일본은 우리나라보다 직종별·학력별 임금격차가 훨씬 적음을 참고해 볼 만하다.

[표 10] 87년 기업 규모간 임금 격차

(단위 : 원, 지수)

구 분		1,000인 이상	500~ 999인	300~ 499인	200~ 299인	100~ 199인	20~ 99인
사무직	대 졸 남 자	434,230(100.0)	94.7	91.3	87.6	86.1	83.8
	고 졸 남 자	334,336(100.0)	92.6	90.0	86.9	86.1	83.3
	고 졸 여 자	262,050(100.0)	93.8	91.2	86.0	84.9	81.6
	과 장	780,177(100.0)	90.5	68.3	83.6	80.3	74.9
	부 장	1,051,570(100.0)	89.9	88.2	84.6	81.1	73.5
생산직	대 졸 남 자	451,832(100.0)	94.8	89.2	86.3	83.0	84.9
	전 문 대 졸	388,906(100.0)	92.9	87.9	86.3	83.0	83.4
	고 졸 남 자	340,786(100.0)	97.7	92.4	87.3	85.0	84.4
	고 졸 여 자	256,372(100.0)	99.8	93.7	92.4	69.4	88.4
	중 졸 남 자	315,310(100.0)	97.2	92.4	88.1	85.3	86.6
	중 졸 여 자	245,418(100.0)	99.4	91.4	91.6	89.3	89.9
	과 장	781,926(100.0)	92.2	89.9	85.3	81.7	75.7
	부 장	1,059,270(100.0)	92.9	89.8	84.2	80.5	73.5

주 : "초임"기준 대비임

*자료 : 상공회의소 1989년도 표준자 모델임금조사 보고서, 1990, p. 12.

[표 11] 한국과 일본의 학력별 임금 격차

(단위 : 천 원, 엔, %)

구분	중졸이하		고졸		전문대졸		대졸이상	
한국('85)	204.0	79.3	257.3	100.0	333.3	129.5	552.5	214.7
일본('84)	170.9	92.7	184.3	100.0	193.4	104.9	233.4	126.6

*자료 : 1) 노동부, 직종별 임금 실태 조사 보고서, 1986.
　　　　 2) 한국 경영자 총협회, 각국의 임금·생산성 비교 자료, 1986.

따라서 앞으로는 학벌보다는 능력을 위주로 하고 고등학교를 졸업하고 **4**년 경력을 가진 자는 적어도 대졸 초임과 같거나 비슷한 수준으로 임금대우면에서 균등한 배려가 있어야 하며 각종 기업, 산업체에서는 적극 협력하는 방향으로 개선되도록 정부와 기업간의 유기적 관계 속에서 협조해야 한다.

　7. 인문계 고등학교에 직업교육반의 운영을 효율적으로 운영되도록 지원해야 한다.

　특히 학생들의 소질·적성·흥미·학업성취 능력을 고려하여 직업교육반 학생들의 사기를 북돋우기 위한 장학금제도가 요구되며 취업하고도 야간대학, 방송통신대학, 개방대학, 독학을 통한 학사학위 취득 등 진학의 길이 얼마든지 열려 있음을 주지시키고 직업인의 보람과 긍지를 심어주며 자아실현의 방법을 강구할 수 있는 방향제시를 통한 인생교육이 이루어지도록 노력해야 한다.

　8. 직업교육의 일환으로 각종 정보제공 활동이 필요하다.

　특히 세계 및 국내 첨단산업의 개발전망에 관한 다양한 정보를 제공해 주고 폭 넓은 직업세계를 탐색하고 준비하며 취업한 후에는 만족하고 행복한 삶의 터전을 구축하는 데 힘쓰도록 노력하여야 한다. 예를 들면, 앞으로 21세기에 각광을 받을 수 있는 첨단산업분야로서 유망한 반도체, 컴퓨터, 광통신, 산업용 로봇, 신소재, 환경 관련직, 생명 공학 분야 등 관련 내용을 소개하면서 관심을 불러일으킨다. 직업의 선택은 장래성이 있는 분야 가운데서 자신의 소질·적성에 적합한 직업을 준비하고 선택하는 일이 바람직하다.

9. 실업계 고등학교는 교육목적상 완성교육임을 인식하도록 하고 교육과정에 제시된, 이른바 실제·실습을 충실하게 마스터하여"장이"정신의 고귀함을 불어넣어 긍지를 심어 주어야 한다.

실업계 고등학교만 나와도 사회에서 충분한 역할수행과 자기직무에 만족할 만한 응분의 대가를 지불해야 할 것이며 일하면서 배울 수 있는 충분한 기회도 제공해 주도록 장학금 지급 등의 해택을 부여한다.

한편 기능인으로서 사회적 역할과 봉사의 기능이 얼마나 소중한가를 확립하기 위한 직업관 및 직업윤리교육을 강화하여야 한다.

10. 초등학교→중학교→실업계 고교→전문대학→기술대학으로 이어지는 학교 체계를 학제상 계속교육이 가능한 교육의 주된 통로로 설계하고 운영한다.

11. 직업훈련의 기회를 대폭 확대하고 직업훈련의 매력을 강화한다. 또한 취업여건을 개선하고 자격과 능력 위주로 고용하며 산업안전을 강화하고 근로조건을 개선하며 한 직장에서 종신토록 봉사할 수 있게끔 각종 유인체제를 대폭 확대한다.

12. 근로청소년을 위한 근무조건 개선, 복지대책 강화, 진학기회의 부여 등 정보제공과 정부차원의 특별한 지원이 필요하다.

4. 결　론

이상과 같이 취업하는 청소년의 문제의식을 찾아보고 청소년 각계각층의 현황을 제시하여 각 계열별로, 특히 실업고 근로청소년들의 앞으로의 발전대책을 논의해 보았다.

어느 계통이든 청소년들의 위상은 매우 소중하다. 모두가 이 나라의 장래를 걸머질 귀한 존재로서 그들이 처한 환경여건 속에서 미래의 삶을 보다 효율적이고 아름답게 꾸미기 위한 활동은 비단 정상교육기관을 통해서 이루어질 수 있다는 가정에서 벗어나 실업계, 근로 청소년들의 입지여건에 알맞은 설계와 방향설정을 보다 긍정적 차원에서 이끌어 나감이 현명한 처사이다.

그러므로 청소년들, 특히 취업하고자 하는 청소년, 일하고 있는 청소년들의 행로가 바른길로 안내되고, 안내된 방향에서 자신의 삶을 보람 있게 구축해 줄 수 있는 사회적인 인식과 배려가 뒷받침되어 건전한 직업관확립이 이루어질 때 이들은 건전한 생활철학을 가지고 만족스럽게 인생을 만끽할 수 있게 될 것이다.

참 고 문 헌

김충기, 『진로교육과 진로지도』, 서울 : 배영사, 1986.

김충기, 『생활지도와 상담』, 서울 : 교육과학사, 1990.

김충기, 『직업교육과 진로교육』, 서울 : 교육과학사, 1987.

김충기, 고등학교에서의 직업지도의 문제와 개선방안, 『한국 국·공립 고등 학교 교육 연구 세미나 보고서』, 학국·공립 고등학교 교장회, 1990. 4. 7, 포항 공대.

문교부, 『문교부통계연보』, 서울 : 문교부, 1989.

산업연구원, 『한국산업의 현위상과 발전방향』, 서울 : 산업연구원, 1989. 12. 이성수, 『직업선택과 개척』, 서울 : 스몰 비즈니스, 1990.

장석민, 비진학 미취업 청소년의 취업 촉진 대책, 『기술시대』, 제9권 2호, 서울 : 한국직업훈련 관리공단, 1990.

조경동, 『이런 직업이 당신을 기다리고 있다』, 서울 : 나라출판사, 1990.

청소년육성위원회, 『청소년 백서』, 서울 : 삼진인쇄주식회사, 1989.

한국교원단체총연합회감, 『한국교육연감』, 1990.

한국교육개발원, 『진로교육의 이론과 실제』, 서울 : 한국교육개발원, 1987.

第Ⅱ部
産業社會에 要求되는
職業選擇과 敎育

第1章　人間敎育과 職業敎育

1. 인간교육과 직업교육과의 관계

교육은 인간행동의 계획적인 변화의 과정으로서 인간으로 하여금 자주적이고 능력있는 생활을 할 수 있도록 소양과 기능을 길러 주는 데에 목적을 두고 있다.

이러한 목적에 비추어 보면 인간교육은 넓은 의미의 직업교육과 분리될 수 없는 성격의 것이다.

인간이 바라는 삶의 목적이 생을 보다 뜻있게 보내는 행복의 영위에 있다면 교육은 또한 삶의 가치를 발견하고 행복을 찾을 수 있는 모든 여건을 조성하고 기본능력을 갖추도록 하여 생활유지를 하도록 이끄는 과정이다.

인간은 사회구성의 일원으로서 맡은 바 임무를 수행해야 하기 때문에 삶의 뜻과 행복은 사회적 임무수행의 바탕위에서 찾을 수밖에 없다. 아울러 교육은 문화의 유산을 전수하고 유지·발전시키며 새로운 문화의 창조에 이바지할 수 있도록 각자의 임무를 수행하는 데 초점을 두고 있다.

서울특별시 교육위원회가 교육의 지표로서 미래지향의 인간교육을 강조하였는데 여기서 주목할 것은 급변하는 미래사회를 여는데 직업교육이 중심되어야 한다는 것이다.

따라서 학교는 인간형성의 기저로서 삶의 행복추구와 사회적 봉사 내지는 자아실현을 도구로 삼아야 할 직업교육의 문제를 인간교육 측면에서 필수적인 과제로 인식시키는 데 주력해야 한다.

이러한 주장과 관련하여 주로 직업교육에 대한 현대적 의미와 문제점을 제시하고 직업교육이 지향할 방향을 제시하고자 한다.

2. 직업교육에 대한 이해와 문제

직업이란 영어로 Vocation, Occupation, 또는 독일어로 Beruf라는 말로 표현된다. Vocation에는 특별한 행동이나 생애를 위하여 인간이 신으로부터 소명되었다는 뜻과 인간이 신에 대한 봉사를 위해 불리움을 받았다는 뜻이 내포되어 있다.

Beruf란 말은 「berufen」에서 유래된 것으로서 직업, 직무 및 전문이라는 뜻을 가지고 있었는데, 그 본래의 뜻은 역시 천직 또는 신의 소명이라는 것이다.

이러한 용어들은 종교상의 직업이라는 함축성 있는 뜻으로 사용됨으로서 신에게서 받은 것을 의미하게 되어 신성한 사명의식을 포함하게 되었다. 그런데 직업을 인간의 사회생활에 대한 방법이나 수단으로서 생각하는 경향이 날로 늘어감에 따라 Vocation이나 Beruf의 용어가 포함하고 있는 천직적 직업관은 점점 퇴색되어 갔다.

현대산업사회에서 생존하는 인간은 누구나 직업을 필수적으로 가져야 한다. 직업은 단순히 생계유지의 수단으로서만이 아니라 인간의 기본적 욕구로서 소속감을 느끼게 하고 사회적 봉사의 일익을 담당케 하는 것으로서 자기실현으로서 보람과 긍지, 그리고 행복에의 추구가 이를 통해서 이루어진다. 이에 직업은 누구에게나 소중하고 중요한 것이기 때문에 그 선택에 있어서 매우 신중을 기하고 있는 것이다.

이와 같이 소중한 직업선택은 인생의 선택 중에서 제일 중요한 요소로 간주된다. 이 직업의 선택은 적절한 직업교육을 통해서 이루어지는 것이므로 직업교육에 대한 의미를 탐색하고 이에 대한 지도대책을 강구하는 일은 아무리 강조해도 지나치지 않을 것이다.

그렇다면 과연 직업교육이란 무엇인가?

직업교육이란 백과사전의 기록에 의하면 개인의 취미를 찾고 사회가 필요로 하는 어떤 직업의 종류, 즉 일을 위한 교육으로 되어 있다. 즉 직업교육은 일반교양교육과 다른 특별화된 교육이다. 미국직업교육협회에서는 직업교육을 직업인(worker)이 일하는데 필요한 기술, 능력, 이해, 태도, 작업습관 및 평가를 할 수 있도록 계획된 교육이며 유용하고 생산성을 토대로 고용에 유리하도록 도와주는 교육활동으로 보고 있다.

이러한 정의는 일에 대한 적합한(fitting) 인간의 육성을 의미한다. 직업교육은 전체 교육프로그램의 통합된 부분이며 또한 학생들이 낮은 학력수준에서도 능력을 갖추지 못한다해도 일정한 자격을 요구하고 있다.

이와 같이 직업교육은 철학적인 차원에서 경험과 가시적 자극, 정의적 인식, 인지적 정보 또는 운동기능적 기술을 제공하며 직업세계에 자신을 탐색하고 수립하며 유지하는 직업발달적 과정을 거쳐야 한다. 이 직업교육은 예외가 없이 모든 사람들에게 중요한 것이다. 즉 직업교육은 단순히 농·공·상·수산고등학교 수준의 실업학교만을 의미하는 것은 아니다. 물론 좁은 의미로는 기능인을 양성하는 실업고등학교 수준을 포함한다. 그러나 넓은 의미에서 보면 모든 교육은 직업교육의 준비과정으로서 적절한 준비교육이 요구되는 것이다. 결국 직업교육은 교양교육의 터전위에 전문화된 교육이 이루어짐으로써 교양있는 인간으로서 선택한 직업에 만족하고 능률과 발전있는 직무를 수행하면서 보람있는 일생을 보낼 수 있도록 사전에 실시하는 교육이라고 할 수 있다.

이러한 견해에서 보면 대학교육도 넓은 의미로 보아 직업교육임에 틀림없다. 왜냐하면 대학교육이 실질적인 측면에서 그 교육을 받은 인재들로 하여금 직업세계의 한 부분을 담당해야할 전문 직업인의 양성이다라고 해도 지나친 말이 아니기 때문이다. 대학교육에 대한 이러한 견해에는 대학의 사명이나 이념으로서 학문·진리탐구·상아탑적 이념이 도외시되는 것이 아니며 이러한 사명을 전제로 한 토대 위에서 전문인의 육성을 위하는 직업교육의 확대·해석의 입장을 취하고 있는 것이다.

실제로 현대의 많은 사람들은 직업교육의 중요성과 필요성에 대하여 공감을 하면서도 이를 학교교육에서 등한시 하거나 회의를 갖는 경향이 많다. 이는 전통적 사회에서 젖어온 관습이나 사고 방식이 뿌리박고 있는 데서 원인을 찾아볼 수 있다.

즉, 과거의 전통적 관념에서 볼 때, 직업교육은 ① 학문성이 없는 것 ② 정도가 낮은 것 ③ 지능수준이 낮은 자를 위한 것 ④ 직업이라는 말이 붙는 한 속인들의 것 ⑤ 저소득층을 위한 것 ⑥ 피지배자가 되게 하는 것 ⑦ 죄수들의 구제로 쓰이던 것 등의 선입견(prejudice)이 크게 지배하고 있었기 때문이다.

이러한 관념은 원시사회나 농본사회를 주축으로 하는 전제주의 시대의 유물로서 사회가 매우 단순하고 농업을 위주로 하는 사회 속에서는 지배적이었다.

그러나 그동안 사회는 많이 변화하여, 봉건주의 또는 전제주의 사회가 민주주의 사회로 전환되면서 가치관도 상당히 변화되었다. 교육의 기회균등이 강조되고 일의 귀천에 대한 가치관도 과거의 그것과는 거리가 있는 현실적인 방향으로 바뀌어진 것이다. 즉, 직업의 귀천이 점차로 사라지기 시작했고 개인의 능력을 중요시하는 능력사회로 변천함에 따라 누구나 노력하고 기술과 지식을 월등하게 갖고 있으면 응분의 대가를 받을 수 있는 사회로 옮겨지고 있는 것이다.

이러한 능력사회로 전환됨에 따라 직업교육에 대한 관념도 바뀌어지기 시작 하였고 또한 마땅히 바뀌어져야 한다. 아울러 직업교육에 대한 이해도 수정되어야 한다. 과거로부터 틀에 박힌 직업천시의 사상은 단호히 배격되어야 하며 새로운 시대가 요구하는 직업교육의 내용으로 일대 전환이 필요한 것이다.

따라서 직업교육은 광의와 협의의 직업교육으로 구분되어야 한다. 우선 넓은 의미로는 모든 교육은 직업교육이며 또한 그렇게 되어야 하는 것이다. 한편, 좁은 의미로는 실업계 고등학교 수준의 기능인을 육성하는 직업교육이다. 이렇게 나누어 본다면, 직업교육에 대한 편견은 쉽게 사라지고 긍정적으로 이해될 수 있을 것이다. 그럼에도 불구하고 아직까지 구태의연한 관습 속에서 벗어나지 못한 채 직업교육은 수준이 낮은 것으로만 착각하고 있기 때문에 직업교육의 발전이 더딘 것이라 본다.

그렇지만 어느 누구이든지 간에 좋은 직업, 좋은 보수를 원하고 있다. 이러한 조건의 직업을 얻기 위해 소위 일류대학, 일류학과를 선호하는 경향이 높아만 가고 있는 것이다. 즉 일류대학을 나와야만 좋은 직업을 얻을 수 있다는 관념 때문에 대학입시경쟁은 자연히 극심하게 될 수밖에 없다. 결국 대학을 졸업해야 하겠다는 것은 직업선택에서 좋은 조건을 갖게 되기 때문인 것으로 나타난다. 그렇다면 대학교육도 종국에 가서는 학문을 위한 학문이 아니라 직업교육의 연장임을 인식할 수밖에 없는 것이다. 따라서 현대적 의미의 직업교육은 현대 산업기술과 과학문명의 사회에서 직업을 현명하게 선택하고 그것에 적응할 수 있는 준비작업으로서 조직적이고 체계적으로 운영되어야 한다. 그렇다고 기술습득에만 전념하는 것이 아닌 인간으로서 사회생활을 영위하는 데 기본적으로 필요한 교양교육이 기초가 되어야 하며 그 바탕 위에 전문적인 직업교육이 실시됨으로써 인간다운 생활을 유지할 수 있는 기틀이 마련되는 것이며 사회의 역군으로서 자신의 보람된 삶과 행복의 추구에 이바지 하는 것이 포함되어 있다.

3. 직업교육의 당면과제와 개선방향

우리나라 직업교육의 당면문제로서 지적할 수 있는 것은 단선형 교육제도에서 파생되는 전통관념의 인문화 정책이다. 누구나 고등학교를 나와(졸업률 95%) 대학에 진학하지 않고서는 적합한 직업을 구할 수 없다는 것이다. 그러므로 매년 70여만 명의 고등학교 졸업자들은 대학에서 받아만 준다면 모두 진학을 희망한다.

그러나 고급인력수급의 정책적 차원에서 모두 수용할 능력이나 필요가 없기 때문에 고교 졸업자의 30% 정도인 25만여 명이 대학에 진학한다. 이들은 졸업 후에 모두가 취업을 희망하는데 수용할 수 있는 전문직업이 원하는 만큼 되어있지 못하다는 데 또한 문제가 있다. 최대한의 취업을 계산해서 30~40% 정도밖에 수용을 못하는 현실이니 만큼 고급인력의 양성은 그만큼 인력의 소모를 가져오게 된다.

우리나라의 경우 전문직의 수요는 전체 직업세계 가운데 차지하는 비율도 불과 약 7% 정도에 머물고 있으니 비록 대학을 졸업했다 하여도 그중 30~40% 정도의 수용에 7%의 전문직 수준의 상태에 이르고 있으니 무조건 대학에 진학하는 문제도 고려해 보아야 한다.

아울러 전문직업 선택에 요구되는 대학교육의 양성문제도 재고해 보아야 한다. 왜냐하면 대학에 진학을 하지 못하는 70% 정도의 고등학교 졸업자는 그동안 학교교육에서 주입식 대학입시에만 치중했기 때문에 대학에 들어가지 못하면 쓸모없는 인력낭비에 불과하여 심각한 문제가 아닐 수 없기 때문이다.

인문계 고등학교나 실업계 고등학교를 졸업하고 대학에 진학을 못하는 학생들은 그들은 학교교육을 통하여 적절한 직업기술교육도 받지 못하고 사회에 배출되고 있어서 직업선택에 있어서 큰 문제점으로 지적되고 있다. 고등학교 교육수준으로는 산업체, 기업체, 공공기관 등 직업의 세계에서 받아주지도 않을 뿐 아니라 직업적응에도 큰 어려움이 있다. 그렇기 때문에 개인이 원하는 직업을 구할 수도 없고 단순 노무직에 수용될 수밖에 없는 실정이다. 그 뿐만 아니라 산업체, 기업체에서도 고등학교수준의 졸업자를 기피하는 현상이 지배적이어서 직업을 얻기 위해서 대학을 자연적으로 선호하게 되는 것이다. 따라서 고등학교 졸업 후 직업선택이란 현실적으로 매우 어려운 상태이다.

여기에는 고등학교가 단순히 대학입시 준비만을 목표로 교육이 실시되고 있기 때문에 만일 대학에 못가면 그 나머지는 실의에 빠지고 실업자의 입장을 면치 못하게 되는 것이 지배적인 원인인데 이를 개선하기 위한 방안으로서 고등학교 수준에서 실업계 고등학교뿐만 아니라 인문계 고등학교에서도 고등학교가 완성교육이 될 수 있는 직업교육이 강화되어야 하는 것이다.

직업교육은 평생의 직업선택을 위한 준비과정으로 초등학교 수준에서부터 단계적으로 지도되어야 한다. 즉 넓은 의미의 진로교육이 실시되어야 한다는 것이다.

필자는 진로교육의 실시가 전체 교육과정을 통해서 이룩되어야 한다고 강조해 왔다. 진로교육은 넓은 의미의 실업교육이며 직업적성교육인 것이다. 이러한 방향으로 직업지도가 이루어져야 누구나 직업을 선택했을 때, 직업에 만족하고 작업능률을 높일 수 있으며 직업에의 소명과 긍지, 보람과 기쁨을 느끼면서 행복한 삶을 누릴 수 있을 것이다.

발전된 과학기술문명시대에 있어서의 산업사회는 이러한 직업교육과 인간교육을 불가분의 관계로 만들고 있다. 즉 인간교육을 떠나서 직업교육을 생각할 수 없으며, 반대로 직업교육을 떠나서 인간교육을 생각할 수가 없는 것이다. 오늘날에 와서는 인간교육과 직업교육의 개념적 구별이 거의 무의미할 정도가 되었다. 실제로 오늘날의 거의 모든 직장에서 요청되는 것은 일정한 지식이나 기술이라기보다는 오히려 책임감 있고 성실한 인물로 나타난다. 즉, 지식과 기술은 급속도로 발전·변화하는 상태에서 보다 더 중요한 것으로 새로운 지식과 정보기술들을 성실하게 계속 배우려고 하는 직장인의 자세를 요구하고 있는 것이다.

결국 인간의 모든 기능들이 세분화되고 전문화된 오늘날의 상황에서 직업교육을 완전히 떠난 인간교육은 생각할 수 없다. 즉, 인간교육은 직업교육을 전제로 하여 전개되어야 한다.

끝으로 직업교육에서는 바람직한 직업관 형성의 지도가 요청된다. 요즈음의 사회일각에서 벌어지고 있는"기업은 망해도 기업인은 건재하다"는 풍조는 기업윤리의 기본원리가 실천되지 못한 병폐가 나타난 결과이다.

직업인으로서의 직업관이나 직업윤리가 지켜져야 만이 건전한 직업활동을 전개할 수 있을 것이다.

바람직한 직업관을 제시하면 다음과 같다.

① 직업의 선택은 자유로워야 한다.

② 선택한 직업에 들어가서는 성실한 노력을 하고 그 대가는 생산에 공헌한 것에 비례해서 받아야 하는 반면 학력이나 면허증 소지에 의해서만 그 대가나 보상이 결정되어서는 안된다.

③ 취업의 기회는 누구에게나 공평하게 주어져야 하지만 적성, 능력, 흥미, 인성에 따라 선택되어야 한다.

④ 직업에는 귀천이 없어야 한다.

⑤ 직업이 생활의 수단이지만 이를 통해서 자기완성과 행복을 추구할 수 있도록 직무를 다양화함으로써 고차원의 동기유발을 꾀하여야 한다.

⑥ 책임을 강조하는 윤리는 권리가 충분히 주어진 자에게 제시되는 것이 원칙이다.

⑦ 각 직업별로 요구되는 직업윤리가 지켜져야 건전한 직업생활을 유지할 수 있다.

第 2 章 高等學校에서의 職業指導의 問題와 改善方案

1. 문제의 제기

고등학교는 중학교에서 받은 교육의 기초 위에 고등보통교육과 전문교육을 하는 것을 목적으로 한다(교육법 제104조).

이러한 목적을 실현하기 위하여 교육법 제105조에서는 다음과 같은 목표를 달성하도록 노력하여야 한다고 규정하고 있다(교육법 제105조).

① 중학교 교육의 성과를 더욱 발전·확충시켜 중견국민으로서 필요한 품성과 기능을 기르고 ② 국가사회에 대한 이해와 건전한 비판력을 기르며 ③ 민족의 사명을 자각하고 신체의 향상을 도모하며, 개성에 맞는 장래의 진로를 결정케 하며, 일반적 교양을 높이고 전문적 기술을 기른다고 강조하고 있다.

교육법에 규정된 고등학교 교육목적과 이 교육과정 구성의 방향을 토대로 하여 고등학교 교육과정에서 설정한 교육의 목표는 다음과 같다.

① 성숙한 자아의식과 조화로운 인격을 형성하고 강인한 체력과 의지를 가지게 한다.
② 인간의 존엄성을 인식하고 민주주의 이념을 실현하며, 국가사회의 발전과 인류행복의 증진에 기여하려는 태도를 가지게 한다.

③ 언어, 수리 등 학문과 생활에 필요한 기본능력을 신장시키고 논리적이고 창의적인 사고력과 표현력을 길러 이를 활용할 수 있게 한다.

④ 자연과 사회현상의 기본원리를 이해시키고, 정보처리력과 탐구능력을 길러, 합리적이고 진취적인 생활을 영위해 나갈 수 있게 한다.

⑤ 다양한 미적 체험을 통하여 심미감과 창조성을 신장시키고 취미를 살려 여가를 선용할 수 있게 한다.

⑥ 자신의 적성과 능력에 따라 진로를 탐색·선택하고, 이에 필요한 학문적·직업적 기반을 형성하게 한다.

그런데 과연 현재 고등학교 교육에서 이와 같이 설정한 교육과정상의 교육의 목표를 달성하기 위하여 얼마나 구체적으로 접근하고 있는가를 살펴볼 필요가 있다.

고등학교는 일반적으로 인문계와 실업계로 구분되어 있다. 인문계 고등학교는 교육의 목표가 대학진학을 위한 준비교육으로 인식되어 있고 실업계(농·공·상·수산업) 고등학교는 하나의 완성교육으로 기능인을 육성하는 목적으로 설립되어 있다.

그런데 이러한 인문계나 실업계 고등학교가 교육목표를 달성하지 못하고 파행적으로 운영되고 있어 사회적으로 문제가 심각해진다.

즉, 각급 학교에서는 교육목표에 알맞은 교육이 실천되어야 함에도 불구하고 인문계 고등학교는 물론이려니와 실업계 고등학교에서까지 대학입시를 겨냥한 준비교육에 혈안이 되어 있으므로 교육의 제 기능을 발휘 못하고 있다는 실정이다.

특히 일반계 고등학교의 학생들은 대학진학을 목적으로 하여 실제로 입학을 하지만 상당수(고등학교 졸업자의 약 **70%** 정도는 진학을 못하고 있는 실정이므로) 이들에게도 학교교육을 통하여 진로에 대한 적극적인 지도를 해야 할 필요성이 제기되고 있다.

　　따라서 새 교육과정이 바라는 중등교육의 기능은 대학의 입시준비 기관적인 기능으로서가 아니라 장래를 준비하는 교육기능으로 시급히 전환되어야 할 것이다.

　　그러나, 사실상 많은 일반계 인문고등학교에서는 이러한 교육기능을 외면한 채 수십 년 동안 획일적인 입시위주의 교육에만 치중해 온 감이 없지 않다.

　　우리나라 인문계 고등학교 졸업자 중 약 **30%**만이 대학에 갈 수 있고, 나머지는 재수를 하거나 아무런 사전의 취업준비 교육이 이루어지지 못한 상태로 사회에 그냥 배출되고 마는 현실이다.

　　이와 같은 현상은 앞으로 더욱 치열해질 전망이어서 막대한 인력의 낭비와 인생행로에 방향감을 상실한 채 허송세월을 하게 되거나 개인에게 적합한 진로교육이 이루어지지 못하여 사회생활에 큰 문제를 야기시키고 있다.

　　따라서 본 장에서는 고등학교 교육에서의 현안 문제와 이에 따른 지도대책이나 개선방안을 제시해 보고자 한다.

2. 고등학교 교육의 현안 문제

　　고등학교(특히 인문계 고등학교)는 대학입시 준비교육의 과열현상으로 인하여 지식편중, 학생의 능력과 적성에 대한 배려의 부족, 질을 무시한 교육의 양적 확대, 교육내용과 방법의 문제에 있어 교과지도의 획일화, 암기위주, 창의성 교육의 결여, 도덕교육의 부족, 교사의 자율권과 지도력의 위축, 변칙적 교과운영, 보충수업과 자율학습의 역기능 현상, 평준화로 인한 개인차에 따른 지도의 어려움, 학생 생활지도의 어려움으로 인한 비행 청소년 문제의 증가 등이 현재 인문계 및 실업계 고등학교가 공통적으로 안고 있는 문제점들이다. (한국교육연감, 1988.)

특히 진학위주의 수험교육 일변도적 사고방식은 교사들로 하여금 반인간적 교육을 자행하도록 하고 있다. 소위 대학입학이 가능한 학생을 위주로 한 교육은 대다수 보통 및 그 이하의 학력을 가진 학생들의 교육을 포기 또는 박탈하고 있다.

이런 문제는 「표 1」의 현황을 보면 잘 파악할 수 있다.

[표 1] 대입지원자중 재수생 비율

(대학정원엔 전문대 포함, 단위 : 천명)

학년도	지원자	재학생	재수생	비율(%)	대학정원
70	120.6	74.9	45.7	37.9	46.3
73	182.7	118.2	64.5	35.3	53.3
74	194.9	130.7	64.2	32.9	56.6
75	223.2	156.5	66.7	29.9	58.0
76	253.7	177.5	76.2	30.0	60.6
77	290.2	196.7	93.5	32.2	65.8
78	319.8	202.6	117.2	36.6	76.4
79	400.0	259.5	140.5	35.1	182.5
80	501.5	317.6	183.9	36.7	205.8
81	575.1	357.8	217.3	37.8	305.2
82	591.7	389.2	202.5	34.2	323.7
83	674.2	426.6	247.6	36.7	327.4
84	687.7	439.6	248.1	36.1	328.9
85	725.9	459.3	266.5	36.7	314.5
86	713.5	473.2	240.3	33.7	311.0
87	732.9	502.1	230.8	31.5	306.8
88	765.6	509.3	256.3	33.5	296.8
89	803.1	529.0	274.2	34.1	307.1

자료 : 동아연감, 1989년도 p. 246.

「표 1」의 자료에 의하면 70년도의 경우 대학지원자가 12만 6백명으로 **37.9%**의 학생이 대학에 들어가고 재수생이 4만 5천 7백 명이 남았다.

80년도에는 경제발전 추세와 더불어 교육의 요구가 팽창되어 대학지원자가 훨씬 늘어나 50만 1,500명이나 되었고 입학비율은 36.7%로 조금 줄어들었다.

한편 대학정원은 20만 5,800명으로 늘어났으나 재수생은 누적되어 18만 3,900명으로 불어났다.

최근 89년도의 경우를 보면 대학지원자가 재수생을 포함하여 80만 3,100명으로 입학비율은 34.1%로 떨어지고 대학정원도 30만 7,100명(전문대 포함)으로 늘어났으나 고등학교 졸업자 52만 900명을 모두 수용할 수 없는 현실에서 재수생은 여전히 누적되어 27만 4,200여 명으로 계속 늘어나 90년대에 와서는 재수생이 30여 만 명에 고등학교 졸업자 53만여 명을 합하면 83만여 명이 대학에 응시할 것으로 기대된다.

이와 같이 고등학교 재학생이 전국적으로 70년도에는 불과 7만 4,900명 정도였으나 20년이 지난 오늘에 와서는 53만 명으로 늘어나 89년 현재로 94.6%의 고등학교 졸업자를 배출하게 되는 현상으로 대부분이 고등학교를 졸업하게 되는 양적 팽창을 가져왔다.

대학입학 정원도 70년대 초에는 4만 6,300여 명 정도이던 것이 89년도에는 30만 7,100명으로 6.6배 정도 불어났지만 재수생을 포함한 고교졸업자와 함께 대입지원자는 80만 3,100명으로 고교졸업자의 34.1% 수준인 30만 7,100명만이 대학에 들어갈 수 있는 형편에 이르러 고등학교 졸업자의 63.9% 정도는 대학에 갈 수 없는 낙방생이 된다.

이러한 통계에서 명확히 알 수 있는 것은 대략 70~75% 정도의 고교졸업자는 대학에 가고 싶으나 갈 수 없는 T.O상의 문제로 남아 과연 이들은 어디로 갈 것인가?

계속 대학에 합격할 수 있도록 재수생으로 남으면서 될 때까지 시험에 응시하거나 안 될 경우에는 시간만 낭비하고 그만 고교 졸업으로서 아무런 직업기술의 습득이나 직업준비의 계획 없이 사회의 일원으로 나아가 직업을 찾으려 할 것이다.

이런 식으로 고등학교 시절에 직업에 대한 사전교육 즉, 직업교육을 받지 못하고 오로지 대학입시의 들러리로 허송세월을 보내다가 목적도 달성하지 못한 채 사회에 배출되고 마니 결국 인력의 낭비와 손실이 엄청날 수밖에 없다.

뿐만 아니라, 가용기술(可用技術)이나 직업적응교육을 준비하지 못한채 고등학교 교육목표에도 위배되는 대학입시만을 위한 주입식 주지교육이 70~75% 정도의 고교 졸업자 즉 무능인을 배출해 내는 결과를 가져오고 있는 것이다.

이러한 결과는 개인적으로나 국가인력차원에서 막대한 손실이 아닐 수 없다. 또한 12년간(초·중·고등)의 교육결과를 포함하여 특히 고교졸업자의 30%만을 위한 교육으로서 대학입시 합격생의 들러리로서 값비싼 고등학교 교육이 허사가 되고 마는 현실이니 이 같은 문제들에 근거해서도 더 이상 고등학교 교육이 대학입시만을 위한 준비장소로서의 기능을 좌시 할 수 없다고 본다.

즉, 대학에 갈 수 없는 70~75%의 고등학교 학생들의 장래 진로를 위한 직업준비교육이 실시되어야 하며 이를 통하여 낭비 없는 고등학교 교육을 건전하게 이룩하여야 할 것이다.

현재 우리나라의 교육인구는 유치원에서 대학교육에 이르기까지 1,153만 1,500여 명으로 총 인구의 4분의 1을 차지하는 교육왕국이다(표 2 참조).

[표 2] 학교현황

구 분	학 교 수				학 생 수			
	계	국립	공립	사립	계	국립	공립	사립
총　　　　계	19,266	144	13,530	5,592	11.531,457	350,068	7,550,457	3,630,932
유　치　원	8,030	1	4.609	3,420	405,255	61	162,453	242,741
국　민　학　교	6,463	17	6,370	76	4,819,857	15,764	4,734,878	69,215
중　학　교	2,429	9	1,711	699	2.523,515	9,131	1,769,575	744,809
일반계고등학교	1,063	11	496	556	1,457,617	12,923	549,281	895.413
실업계고등학교	590	3	310	277	842,965	6,641	320,692	515,632
특　수　학　교	97	2	27	68	18,392	840	5,742	11,810
공　민　학　교	1			1	142			142
고등공민학교	13		1	12	1,082		43	1.039
기　술　학　교	1			1	25			25
고등기술학교	30			30	23,637			23,637
각종학교(중학)	7			7	4,655			4,655
각종학교(고교)	31	1	3	27	47,145	1,092	2,166	43,887
전　문　대　학	119	16		103	266,844	23,710		243,134
교　육　대　학	11	11			18,765	18,765		
대　학　(　교　)	104	22	1	81	1,003,648	240,130	5,353	758,165
대　학　원	251	51	2	198	75,117	21,011	274	53,832
각종학교(대학)	26			26	22,796			22,796

자료 : 문고부 통계연감(1988년 9월 현재)

　「표 2」에 의하면 초등학교 학생수는 약 482만여 명, 중학교 학생수는 252만 4천여 명, 인문계 고등학교 학생수는 145만 8천여 명, 실업계 고등학교 학생수는 84만 3천여 명으로 모두 230여만 명이나 된다. 여기서 인문계 고등학교 학생수가 실업계 고등학교 학생수보다 61만 5천여 명이 더 많음을 알 수 있다.

즉, 인문계 학생수가 실업계 보다 대략 6 : 4의 비율로 20% 정도 많은 것이다. 이와 같은 학생비율도 대학입시 준비교육에 문제가 될 수 있다.

3. 고교교육에서 직업교육의 문제점

고등학교 교육은 이미 앞에서 언급한 바와 같이 인문계와 실업계로 나뉘어 있지만 전인교육 차원에서 볼 때 현실적으로 모두가 제기능을 충분히 달성하지 못하고 있다.

해마다 누적되고 있는 재수생 문제를 해결하고 현재의 입시위주 교육을 탈피하기 위하여 다각도로 문교부 당국이 고심하고 있는 것으로 알고있다.

여기에서는 고등학교에서의 직업교육이 안고 있는 문제점과 이에 대한 해결점을 제시하고자 한다.

가. 인문계 고등학교에서의 직업교육의 문제점

문교부는 1989년 대학입시 탈락자가 49만 6천여 명에 이르렀고 금년 재수생도 30만 명을 넘어설 것으로 예상하고 있다. 이러한 와중에 일반계 고교에서는 대학에 진학하는 25% 가량의 학생을 중심으로 수업이 진행되어 대다수(70~75%)의 학생들이 대학입시를 위한 들러리 교육이라는 불만과 불평이 지배적이며 허송세월로 고등학교를 졸업하고 난 뒤에 적절한 취업도 할 수 없는 사전 준비교육도 이루어지지 않은 채 사회에 배출되는 결과는 개인적으로나 국가적인 차원에서 막대한 인력의 낭비라는 비판과 여론이 잇따라 이에 대한 시급한 대책이 요구되고 있다.

심지어 인문계 고등학교에 있어 일부의 교육목적이 대학입학준비를 위한 교육으로 인식되고 있다. 학생이나 교사, 학부형들도 인문고등학교는 완성교육이 아니라 대학을 들어가기 위한 준비로 인식하고 있기 때문에 어느 누구도 인문계 고등학교의 직업반 편성에 거부적인 태도를 보일 것은 자명한 일이다.

이론적으로나 이상적인 차원에서 우선 인문계 고등학교에서도 대학진학을 위한 반편성과 아울러 희망에 따라 대학진학의 능력이 모자라는 점을 스스로 인식하고 직업반이나 직업교육을 받아 졸업후 취업을 하겠다는 학생들로 나누면 될 것이라는 가정을 할 수 있다.

그러나 실제로 인문고등학교에 들어온 학생이 대학을 꿈꾸고 있으며, 오로지 대학에 합격하고자 하는 방향으로 분투노력을 할 것으로 기대하고 있는데 직업교육을 받아 취업하겠다고 나서는 어떤 학생이 있을 것이며 또 어떤 학부형들이 이를 동조하겠는가 하는 것을 고려해 보아야 한다.

과거에도 한때는 인문계 고등학교에서 대입반과 직업반으로 능력에 따라 반편성하여 교육을 시켜 보았지만 실패로 돌아간 사실을 기억하고 있을 것이다.

대입반에 소속된 학생들은 우수한 학업 능력을 가진 자로 우월감과 소속감에 안주하면서 고등학교 교육을 잘 이수할 수 있을 것이다.

그러나 능력에 따라 편성된 직업반 학생들은 만족하고 직업교육을 잘 받을 수 있을 것인가?

같은 학교 내에서 동료간에 우월의식과 열등감이 교차되는 가운데 갈등이 오히려 더욱 심화되어 사기진작에 어려움이 있을 것이며 대부분 학부모들도 여기에 대해서 달갑지 않게 생각할 것이다.

능력별 반편성도 현실적인 거부감으로 어려울 것이며 평등한 교육기회균등이라는 차원에서도 위배된다고 볼 수 있다.

이러한 문제와 더불어 희망에 따라 선택하도록 기회를 부여하는데 무조건적인 희망은 곤란하다고 보아 그 선정기준이 또한 용이한 것이 아닐 것이다.

물론 기계적으로 성적순위에 따라 입시반과 직업반을 나눌 수는 있으나 여기에 따를 부작용을 어떻게 감당하고 해결할 수 있을 것인가도 고려해 보아야 할 것이다.

나. 실업계 고등학교에서의 직업교육의 문제점

실업계 고등학교는 그 성격이 완성교육으로서 졸업 후 취업(직업선택)에 임하는 것을 목적으로 하고 있다. 그래서 좁은 의미의 직업교육을 실시하는 장소로 인식되고 있다.

그런데 실업계 고등학교에 들어오는 지원자는 자의에 의한 선택이라기보다는 오히려 인문계 고등학교를 들어갈 수 없는 능력의 소유자 즉 인문고교에 낙방한 학생들만이 모이는 곳으로 인식되고 있기 때문에 교육열과 그 사기가 매우 떨어져 있는 상태이다.

농·공·상·수산 고등학교를 선택하는 과정에서 자신의 소질·적성·능력·흥미·포부 등을 고려하여 선택한 학교가 아니라 단순히 학업성적의 부진에 따른 기계적인 선택이어서 불만과 부적응 속에서 수학을 하고 있는 학생들이 대부분이다.

여기에다 약 **30%** 정도의 학생들은 실업계 고등학교의 교육목표에 부합되지 않은 방향에서 대학진학을 위한 시험준비교육을 하고 있다는 것 또한 재고해 보아야 한다.

이처럼 실업계 고등학교도 그 문제가 많은 실정이다. 학생들 스스로가 실업계 고등학교를 선택하여 교육을 받은 후 장차 직업사회의 기능인으로 직업을 갖겠다는 학생들이 과연 얼마나 될 것인가?

고등학교를 졸업하고 취업하면 우선 임금수준이 대학졸업자의 그 수준과 상당한 차이(약 2.3배 정도)가 나므로 어떻게 해서라도 대학을 가야겠다고 몸부림치는 까닭에 실업고등학교 교육을 기꺼이 받지 못할 것이다.

학교운영차원에서 보면 실업계 고등학교의 교육에는 실험, 실습 등이 많아야 되며 충분히 노작을 통한 교육이 이루어져야 함에도 불구하고 인문계 고등학교의 교육과정과 별로 다르지 않은 이론중심 교육이라든가 입시준비를 하는 학교도 많다.

즉 실업계 고등학교 자체에서도 변칙적으로 교육과정을 운영하여 실험실습이 잘 지켜지지 않고 인문계 고등학교와 다를 바가 없다는 지적을 하고 있다.

이렇듯 명목상 실업계 고등학교이지 대학진학을 위한 준비교육을 한다면 이는 시급히 시정되어야 할 것이다.

실업기술교육 진흥을 위한 노력은 대한민국 정부수립 이후 문교시책의 중점과제로서 계속 강조되어 왔다.

1960년대에 들어서면서 경제성장에 기여하도록 실질적인 실업기술교육진흥에 역점을 두었는데 이는 농·공·상·수산·해양 등의 계열에 대한 실습시설 확충, 교원의 우대를 위한 대책 강구, 산학협동의 강화, 취업기회의 확대 등 다각적인 지원책의 강화를 의미한다.

1963년 9월 산업교육 진흥법의 법제화로써 실업교육에 대한 투자의 증대, 행정의 강화, 실업계 고등학교 학생들의 현장실습 의무화 등 다양한 조성진흥책을 법적으로 뒷받침하는 계기가 마련되었다.

1970년대의 급속한 산업발전에 따른 기술인력의 수요를 충족시키기 위해 1970년 3월에는 문교부령으로 실업교육과정 각종 실무능력 검정규칙이 재정되었고 1973년 12월에는 법률로 국가기술 자격법이 공포되어 각종 기능검정이 시행되어 기술인력 양성에 박차를 가하였다.

1978년에는 산업체와 공업고등학교와의 자매결연 추진으로 산학협동체제의 구축에 주력하여 한때 성과를 거두긴 했으나 1980년대에 들어서면서 대부분이 지속되지 못하였다.

1984년 실업계 고등학교에 새 교육과정을 적용하였는데 새 한국인을 양성하기 위한 국민정신교육의 체계화, 과학기술교육의 강화, 전인교육의 충실에 역점을 두어 교육내용의 양과 수준을 축소, 조정한 것이 특색으로 되어 있다.

1987년 3월 초에는 제5차 교육과정 개정을 위한 세미나가 개최되었으며 고도산업사회에 대비한 실업·가정교과교육의 성격규명과 개선방향 등 세미나가 1988년 10월초에 개최되는 등 부산한 발전방향을 모색하고 있다.

정부에서는 실업계 고등학교의 교육정상화롤 기하여 전인교육을 지향함으로써 인격과 기술을 겸비한 기술인력 양성을 위한 시책을 추진하고 있다.

그러나 학생 및 학부모의 한결같은 인문계고교 선호경향과 실업계 고교졸업자와 대학졸업자간의 임금격차로 인해 실업계 고교에 대한 입학 기피현상과 실업계 고등학교 학생들의 진학희망경향이 농후할 뿐 아니라 중도탈락자의 증가와. 일부 실업계 고교졸업자의 취업기회의 불투명, 실습 시설의 노후화와 기자재의 불충분 등의 사유로 인하여 실업계고교는 학교경영이 곤란할 뿐만 아니라 재학생 및 졸업생의 사기가 저하되어 있는 등 많은 갈등을 안고 있다.

4. 해 결 방 안

재수생 문제와 관련하여 가능한 지도대책으로 우선 인문고교에서 기술교육을 병행하여 대학진학에 부적격한 학생들을 가려내어 미리 직업교육을 시켜 장차 사회에 나아가 직업인으로 가능한 기능인력을 양성하는 방안이 있고 현재의 대학정원을 대폭 늘려 상대적으로 재수생의 숫자를 줄여 나가는 방안도 고려해 볼 만하다.

그러나 대학정원을 늘리는 방안은 사회적 고급인력의 수급이 원활하게 유지되어야 하므로 자칫하면 학력인플레를 야기시킬 소지가 있기 때문에 신중을 기하여야 한다. 그렇지 않아도 대학졸업의 고급인력의 상당수가(54%) 남아도는 현실에서 단순히 재수생 방지를 위한 정원만을 늘리는 것은 곤란할 것이다.

한편, 고등학교(인문계)에서의 직업교육의 실시도 학생들 자신과 학부모들의 동의가 있어야 한다. 아무리 대학교육수업에 부적격한 학생이라도 본인이나 학부모가 한사코 진학을 고집하고 재수·삼수를 해서라도 대학진학을 원한다면, 이들에 대한 기술교육은 현실적으로 어려운 것이다.

현시점에서 정책당국이 유의해야 할 점은 약 50만 명의 재수생 숫자이나 이들이 사회적 문제를 야기할 것이라는 점을 의식하여, 그 숫자를 일시에 줄여 보겠다는 성급한 발상은 금물이다.

수년간 해마다 평균 10%씩 증가한 재수생은 하루아침에 이루어진 것이 아닌 계속 누적되어 온 까닭에 쉽게 줄어들 전망은 희박하다. 따라서 우선 그 원인을 밝히고 이에 대한 근본적인 대책을 세워나가야 할 것이다.

이에 관련하여 최근 논의되고 있는 학력간의 임금격차의 해소와 각 직장의 고학력우대제도의 폐지는 우리사회에 팽배된 대학진학 열기를 다소 해소시킬 수 있는 구체적인 방안이 될 수 있다.

인문주의 전통이 수백 년을 뿌리 깊게 내려온 우리나라의 고질적인 가치관이 고학력 선호에 부채질을 하게 되었고, 또한 학력간의 임금격차가 커서 좋은 보수를 선호하는 쪽을 택하게 됨으로써 고등학교 교육문제가 더욱 가시화되었다.

각급 직장의 불필요한 고학력 취향의 인력관리가 해소되고 학력 대신에 능력과 업무성격에 따라 대우되는 제도가 정착된 다음에라야 인문주의적 전통이 점차로 사라지게 될 것이다.

최근에 몇몇 기업들이 시도하고 있는 신입사원 모집 때의 학력철폐는 고학력 선호의 문제해결에 간접적인 효과가 있을 수 있을 것이다. 이와 같은 방법을 전국적으로 모든 기업들에 적용시켜야 한다. 고등학교의 직업교육의 문제는 단순히 문교부 정책당국만의 일일 수 없으며 온 사회가 함께 걱정해야 할 문제이다.

우선 인문계 고등학교에서 진학반, 직업반을 분리하여 설정하고 대학입시반에서는 대학진학을 위한 입시지도와 선과, 선교지도를 위한 진로지도가 철저히 이루어져야 한다.

직업반의 경우도 대학을 진학하고자 할 때 취업 후 방송통신대학이나 개방대학, 야간대학 혹은 독학에 의한 학위취득 등 정부차원의 제도적 장치가 마련되어야 한다.

또한 각급 사회단체나 직장 등 사회가 학벌중심의 인사관리 대신에 앞서 제시한 개인의 능력평가를 통한 인력운영의 기틀을 마련해야 한다.

가. 인문계 고등학교에서의 해결점

문교부에서는 인문계 고등학교의 당면한 문제점을 해결하기 위한 방안으로 인문고등학교에서 직업교육을 강화하기로 하였다(동아일보, 1990. 1. 18).

재수생 문제와 입시위주 교육의 병폐를 시정하기 위해 일반계 고교에서 비진학자를 위한 직업교육이 강화되고 또 현행 고교교육과정에서 26∼27개에 이르는 필수과목이 대폭 줄어들고 선택과목은 크게 늘어나게 된다.

문교부는 이 같은 고교교육 개혁방안을 지난 2월말에 확정하였고, 우선 실험학교를 선정하여 서울사대부고, 전남사대부고, 서울 무학여고, 김해여고 등 4개 고등학교에서 실험을 거쳐 문제점을 보완한 뒤 빠르면 오는 94학년도부터 전면 실시할 방침이라고 1월 17일 밝힌 바 있다.

문교부는 또 지난 해 대학입시 탈락자가 49만 6천여 명에 이르고 금년재수생도 30만 명을 넘어설 것으로 예상하는 데다 일반계 고교에서 대학에 진학하는 25% 가량의 학생을 중심으로 수업이 진행되어 대다수(75%)학생들이 들러리 교육이나 마구잡이로 방치되는 실정을 파악함과 동시에 고교교육의 전면 개혁이 불가피하다는 여론에 따라 금년 초부터 관계학자들로 연구전담반을 구성하였다.

이 개혁방안에 따르면 일반계 고교교육과정에 전자계산, 자동차, 상업미술, 미용, 비서, 실무 등 다양한 교과목을 설치하고 직업학교, 사회교육시설 등에서 위탁교육을 하도록 하고 수업시간이 적은 과목의 교사는 한 교사가 여러 학교를 돌며 수업하는 순회교사제도를 실시한다는 것이다.

문교부는 특히 수용능력부족으로 금년(90년) 실업계 고교 희망자 중 12만 4천 명이 일반계 고교에 배정된 현실을 감안하여 실업계 고교를 확충하고 전원 수용할 계획이라고 한다. 여태까지는 실업계 고교학생 수가 인문계보다 적기 때문에 그와 같은 현상을 빚어내어 희망대로 되지 못하고 인문계로 배정된 경우가 있었다.

문교부는 이에 따라 일반계 고등학교의 신설을 억제하고 실업계 고교에로 전환을 유도하려 한다.

이와 같은 시행방침은 매우 종은 방안이라고 본다. 필자 역시 강조하는 바로서 인문계 고등학교 수나 학생 수를 대폭 축소하고 실업계 고등학교수를 확대하는 방안을 제시하고자 한다.

왜냐하면 현대 산업발전과 더불어 유능한 기능인을 각계 직업세계에서 요구하고 있는데 현실적으로 인력난, 구인난에 봉착해 있음을 볼 때 기능인의 육성이 시급한 과제이다.

대학졸업수준의 고급인력은 수없이 남아돌고 있지만 중견기술자 또는 기능인은 태부족임을 감안, 기능인 양성에 주력해야 할 때이다. 다만 앞에서 지적한 바와 같이 기술자나 기능인이 우대받는 풍토의 조성이 시급하고 마땅히 응분의 대가를 지급하여야 한다.

적어도 고등학교를 졸업하고(직업교육 수료자) 취업하여 4년 동안 경력을 쌓아 받는 임금수준이 대학교를 졸업한 자의 초임 임금수준과 같거나 비슷하다면 구태여 대학교육을 받지 않아도 충분히 직무수행을 할 수 있고 임금수준면에서 차이가 적다면 결사적으로 대학진학을 하지 않을 것이다.

선진국인 미국이나 구라파 제국에서도 실시하고 있는 바와 같이 기술자를 우대하는 풍토가 이루어지고 임금격차도 우리나라처럼 그 폭이 크지 않기 때문에 특별히 우수한 능력의 소유자가 아니면 고등학교 졸업만으로도 충실하게 직업수행에 지장이 없을 것이며 대학선호면에서도 우리처럼 심하지 않아 입시경쟁에 막대한 인력을 소모하지 않고 있다.

아울러 학생들이나 학부모들에 대한 건전한 직업관, 가치관 확립을 위한 특별교육이 실시되어야 하고, 각계각층의 기업체, 산업체, 공공기관등 직업세계에서 학력철폐가 실시되어야 하며 능력있는 자가 고학력 취득에 관계없이 적정한 임금을 받을 수 있는 제도적 장치를 마련하고 골고루 실천되도록 행정력을 강화하고 지도계몽에 앞장서야 할 것이다.

쓸데없는 고학력에만 근거하지 말고 임금책정, 승진 및 장래전망 등에 대하여 균등한 기회를 보장하도록 하여야 한다.

그리고 취업 후 일에 종사하면서 야간대학, 방송통신대, 개방대학, 독학을 통한 학위취득 등 고등학력을 얻을 수 있는 기회에 특전을 부여하고 능력, 능률에 따라 임금이나 승진의 기회도 똑같이 제공해 주도록 하여야한다.

인문계나 실업계 고등학교의 학교수나 학생수를 현재 **68 : 32**의 비율에서 **4 : 6**의 비율로 과감히 전환시켜야 한다. 실업계로 전환하는 학교에 대해서는 정부에서 재정적인 전면 또는 부분지원을 약속하고 실천하여야 할 것이다.

한편, 직업이 무엇이며 어떤 기능을 가지고 있으며 건전한 직업윤리나 직업관 형성을 위한 구체적인 진로교육이 고등학교 전학년 과정을 통해 이루어져야 한다.

그렇게 함으로써 적재적소에 알맞은 유능한 능력자를 기르고 어느 직업이고 소중한 가치가 있음을 인식시켜 주도록 범국민운동을 전개시켜야한다.

끝으로 학생, 학부모, 교사, 기업경영인 등 온 국민이 직업선택에 임하는 자세와 올바르고 건전한 의식개혁이 이루어져야 한다.

삶의 목표가 분수와 능력에 맞는 행복의 추구에 있다는 가치관 형성에 총력을 기울여야 누구나 행복한 삶을 영위할 수 있을 것이다.

나. 실업계 고등학교에서의 해결점

실업계 고등학교는 교육목표상으로 보아 완성교육이며 기능인을 양성하는 것을 목적으로 하고 있다. 따라서 교육목표에 알맞는 충실한 교육이 이루어져야 함은 당연하다.

현시점에서 사회의 각계각층의 직업세계에서는 기능인이 절대부족인 상태이다. 그럼에도 불구하고 실업계 고등학교가 제기능을 다하지 못하고 편법적으로 대학입시 준비를 한다든가 실험·실습위주의 교육을 게을리 해서는 안 된다.

실업계 고등학교별 교육목표에 따라 농업계열에서는 농업과, 임업과, 축산과, 원예과, 잠업과, 농업토목과, 식품가공과, 농업기계과, 농업가정과, 자영농과, 원예과로 나누어지는데 여기에 요구되는 필수과목과 선택과목 이수에 충실해야 할 것이다.

공업계열에서는 기계과, 금속과, 자원과, 전기과, 전자과, 통신과, 전자계산과, 토목과, 전축과, 디자인과, 화학공학과, 요업과, 식품공업과, 섬유과, 인쇄과, 자동차과, 조선과, 항공정비과 등이 있는데 여기에 필요한 필수과목과 선택과목을 철저히 수련해야 한다.

상업계열에서는 상업과, 회계과, 무역과, 정보처리과 등이 있는데 산업사회에서 특히 필요한 분야이므로 직업수행에 필요한 기능을 충분히 습득하여야 한다.

수산·해운 계열에서는 어업과, 수산양식과, 수산가공과, 항해과, 기관과, 통신과, 자영수산과 등이 있는데 여기에 요구되는 필수과목과 선택과목을 주어진 시간배당에 따라 충실히 지도할 것이 요청된다.

실업계열 중에 상업계열에서는 현대산업사회에서 요구되는 전자계산, 전자, 정밀기계, 통신학과 등 취업전망이 밝은 학과를 추가로 설치하고 실업계열별로 개방대학이나 전문대학 입학시 특전을 부여하여 취업하면서 대학에도 다닐 수 있는 제도를 마련하는 것이 좋으며 이들의 무상교육을 확대해 나가는 방안도 강구하는 것이 필요하다.

5. 결 론

지금까지 고등학교에서의 직업교육(지도)의 문제점과 이에 따르는 개선방안을 인문계, 실업계별로 제시해 보았다.

종합적으로 고등학교에서 요구되는 직업지도는 문제의 심각성으로 보아 획기적인 제도의 개선과 지원이 요청되는 현실이므로 과거의 전통적, 인습적인 사고방식이나 태도에서 벗어나 보다 창의적이고 실질적인 교육에의 방향으로 전환되어야 할 것이다.

무엇보다도 재수생 누적문제의 해결과 대학입시제도의 개선이 불가피하고 고등학교 교육을 정상화시키기 위해서 요구되는 것은 인문계 고등학교를 점차적으로 축소하는 방향으로 개편되도록 노력하여야 할 것이다.

그리고 실업계 고등학교의 수를 늘려서 산업사회에서 요구되는 기능인력에 충당할 수 있도록 하면서 사회적으로는 학력철폐를 기본으로 하여 신입사원 채용에 학력제한을 두지 말아야 할 것이다.

그러자면 직업세계 각계각층의 기업체, 산업체, 공공기관 등 고용주들에게 교육·인식시켜 협조하게 하는 풍토가 조속히 실현되어야 한다.

평생교육시대를 맞이하여 고등학교만 졸업하고 사회에 배출되어 직업수행으로 일생을 보내는 것이 아니라 계속해서 공부를 하지 않으면 안 되는 사회가 되었으니 어떠한 방법을 동원하든지 간에 취업 후에도 대학진학을 할 수 있는 기회가 얼마든지 열려 있으니 분수에 알맞게 적응해 나가는 자세가 필요하다.

누구든지 소신껏 쉬지 않고 노력하는 자에게는 목적하는 바를 얼마든지 달성할 수 있다는 자부심과 긍지를 심어주고 사회의 여러 곳에서 자아실현을 할 수 있다는 의욕과 결단을 길러주어야 한다.

그리고 모든 직업은 소중하고 귀천이 없으며 적성과 흥미, 능력에 알맞은 진로지도의 실시로 선택한 직업에 만족하고 행복한 삶을 누릴 수 있도록 직업관 형성과 직업윤리, 가치관 지도육성에 박차를 가해야 할 것이다.

또한 구태의연한 인문주의 전통에서 벗어나 자유롭게 만족할 만한 직업을 선택하여 평생 동안 직업생활에서 보람과 긍지를 갖도록 의식개혁을 위한 범국민적 계몽운동과 협동적 자세를 구축해 나가야 할 것이다.

현대사회는 산업사회이며 이 산업사회에서 요구되는 기술습득은 고등학교 교육에서부터 이루어져야 한다.

직업세계가 다양화, 세분화, 전문화된 현대사회는 과거의 농본사회에서 지녀왔던 직업천시 풍조나 단순한 직업사회가 아닌 복잡·다양한 사회이다. 그러므로 직업을 선택하기 위한 사전 준비교육이 고등학교 때에 이룩되지 않으면 안 될 것이다.

즉 고등학교에 직업준비교육을 위한 제도적 장치가 마련되어야 하는데 이것이 바로 본 장에서 제시하는 직업교육의 활성화 방안이라 볼 수 있다.

앞으로의 과제는 일반적 직업교육을 모든 교과지도와 교육과정 지도활동에 관련시켜 일반교육의 "직업교육화"와 직업교육의 "일반교육화"라는 관점으로 노력을 기울이는 것이다.

참 고 문 헌

金忠起, 進路敎育과 進路指導, 서울 : 培英社, 1986.

金忠起, 職業敎育과 進路敎育, 서울 : 敎育科學社, 1987.

동아일보, 1990년 1월 18일자.

문교부, 고등학교교육과정, 서울 : 문교부, 1988.

교학사, 문교법전, 서울 : 교학사, 1984.

김성수 외, 각국의 직업교육제도비교 고찰을 통한 우리나라 직업교육의
　　　발전방향에 관한 연구, 문교부학술조성비 연구에 의한 논문,
　　　1985. 8.

문교부 통계연보, 1989.

대한교육연합회,"직업과 진로선택", 새교육 5월호, 1988.

대한교육연합회, 한국교육연감, 1987~1988.

한국교육개발원, 고도산업 사회에 대비한 실업·가정교과 교육의 성격
　　　규명과 개선 방향, 서울 : 한국교육개발원, 1988. 10.

한국직업교육학회, 직업교육연구, 제2권 1호, 서울 : 한국직업교육학회,
　　　1983.

第 3 章 高等學校에서의 職業教育

1. 문제의 제기

고등학교의 교육! 무엇이 문제인가? 두 말할 나위도 없이 전인교육이 제대로 이루어지지 못하고 있음을 지적할 수 있다.

대부분 말로만 전인교육을 부르짖고 있지만 대부분의 고등학교에서는 천편일률적인 대학입시를 겨냥한 주입식 입시경쟁이 주종을 이루고 있다고 보아야 한다. 이를 부인할 사람은 아마도 별로 없을 것이다.

그렇다면 왜 이렇게 전국적으로 파행적 교육으로만 치닫고 있어야만 하는가? 물론 이유야 자명한 것으로 입시경쟁에서 살아남아야만 학생들은 대학에 들어갈 수 있고 대학을 졸업해야만 좋은 보수, 좋은 직장이 기다려 줄 것이라는 부푼 기대와 함께 사회적인 안정도가 높기 때문이다.

이와 같은 현상이 왜 계속하여 일어나고 있는가? 그리고 대학을 졸업해도 과연 100% 취업이 가능한가? 고작 전체 졸업자의 절반도 안되는 불완전취업이 현실인 까닭에 나머지는 모두 취업 재수생으로 전락하고 마는 것이다.

수많은 고등인력이 이처럼 무참하게 낭비되는 결과를 빚어내고 있는데 그 근본적인 이유는 무엇인가?

여기에는 고급인력 수요정책 연구상의 문제도 있지만 우리 국민 모두가 수단방법을 가리지 않고 대학선호에만 몰두하는 것 또한 오늘의 교육에 있어 큰 문제거리로 보아야 한다.

대학의 기능이 일반적으로 학문의 연구나 진리탐구의 도장이니 「상아탑」이니 하는 미사여구는 이제 설득력이 없어져 가고 있다. 대학도 하나의 사회에 적응할 수 있는 전문인을 양성하는 직업대학으로서 변모해 가고 있는 것이 추세인데 취업을 못하게 된다면 수많은 인력이 쓸데없이 낭비되는 셈이 아닌가?

그런데 모든 인력의 적재적소 배치라는 차원에서 볼 때 고등학교 졸업자 모두가 대학에 갈 필요가 있는가? 그리고 그만큼 사회에서 요구가 많은가?

대학교육은 고도의 전문인 양성으로서 우리나라 전체 직업세계 속에서 차지하고 있는 비율은 불과 5.1%에 불과한데 1년에 대략 50∼60만 정도의 고졸자와 재수생을 합쳐서 70만 명 정도의 학생이 대학을 진학하고자하는데 현재 대학에서 이들을 수용할 수 있는 입학 정원은 그것에 훨씬 미치지 못하는 총지원자의 30%에 해당하는 25∼30만 명 정도이니 대입 낙방자 70% 정도의 학생은 과연 어디로 갈 것인가?

이와 같은 현상은 우선 개인적인 인력의 낭비요, 나아가서는 국가적인 차원에서 볼 때 막대한 인력의 손실이며 낭비라고 보아야 할 것이다.

그러므로 해마다 70% 정도의 50만 고등학교 졸업자인 낙방생은 고등학교 시절에 무조건 대학입시만을 치중해 왔으므로 대학에 떨어진 이들이 그대로 사회에 배출되면 사전에 학교교육에서 아무런 직업적응준비를 위한 교육이 전혀 이루어지지 못했기 때문에 오로지 합격생들의 「들러리 교육」에 불과하고 쓸모없는 시간낭비로 허송세월을 보낸 셈이 될 뿐만 아니라 일반사회에서 직접 유용하게 취업할 수도 없는 무기력한 인재로서 지루하게 목적 없이 시간을 보내는 셈이 된다.

따라서 각 학생들이 똑같이 귀중함에도 불구하고 이 같은 대부분 학생들의 「들러리 교육」을 시정하고 보완하기 위한 효율적이고 교육적인 대책이 필요하기에 이르렀다고 보아야 한다.

현재 우리나라의 고등학교 교육이 안고 있는 시급한 문제를 냉철히 분석, 파악하고 쓸데없는 인력낭비를 줄이고 모두가 맡은 바 처소에서 최대한의 직업생활을 만끽하고 행복한 삶을 구축할 수 있도록 돕기 위해서는 국가적인 차원에서 제도적인 개혁이 요청되는 것이다. 이 처방은 빠르면 빠를수록 좋다고 생각한다. 왜냐하면 그 처방을 통해서만 고교교육이 정상화될 수 있기 때문이다.

2. 고교교육체제 개혁안의 의미

때늦은 감은 있으나 황폐화된 고교교육의 정상화를 위해 문교부당국이나 교육문제에 관심을 가진 지성인, 교육학자들은 이러한 파행적 교육의 위기를 극복하기 위해 안간힘을 쏟고 있는데 이는 당연한 일이다.

다행히도 문교부는 지난 90년 5월11일자 내놓은 고교교육 체제개혁 세부개혁안을 제시하였는데 여기서 인문계 고교를 직업교육과정과 진학교육과정으로 나누었다는 점과 특히 진학과정 이수자의 수를 줄여 나감으로써 늘어나는 재수생 문제해결에 본격적으로 대처하고 나섰다는 점이 획기적이라 할 만하다. 물론 이런 제도에 부작용과 문제점이 있기는 하지만 거시적인 관점에서 볼 때 대단히 환영해야 할 일이다.

이와 같은 조치는 이미 서론에서 제기한바와 같이 우리나라 대학에 진학하는 30%를 위해 다수의 70% 정도의 학생이 들러리를 서서는 안 되는 즉 지금의 파행적 교육풍토를 어차피"대학정원의 무제한 개방"이나 또는"정원에 상응하는 만큼의 진학 희망자"라는 두 가지 대안밖에는 해결책이 없고 보면 결국 비정하지만 합리적인 후자의 방안이 선택된 것이라 할 수 있다.

문교부 당국이 제시하는 바와 같이 입시위주의 교육을 근본적으로 개혁하고 수술을 시도하기 위해 「진로교육의 강화」가 도입된 것은 우리나라 교육에 크나큰 전환점을 가져올 것으로 기대되어 크게 환영할 만한 일대 진보적인 시도라고 보아 앞으로의 실질적인 고교교육이 정상화될 것으로 확신한다.

문교부 고교교육체제 개혁연구팀은 이번 세부안의 목적에 대해 ① 과열대학진학 욕구를 합리적으로 분별토록 하고, ② 비진학자를 위한 직업 기술교육을 제도화 하며, ③ 대책 없이 사회에 진출하는 고졸자의 수를 줄이기 위한 것이라고 설명하고 있다.

사실 89년도의 경우만 보더라도 인문계 고교에서 졸업생 45만 명 가운데 대학진학 희망자는 85%인 38만 명에 이르고 있으나 대학, 전문대, 교육대, 각종학교를 망라한 고등교육기관의 수용능력은 22만 5천 명(44%)에 지나지 않는다. 결국 15만 5천 명은 재수의 길을, 진학을 희망하지 않은 7만 명은 그대로 길거리에 나설 수밖에 없는 형편이다.

따라서 이와 같은 고졸실업자의 양산을 막기 위한 방안으로 진학희망자를 가급적 줄이고, 나머지 학생들에게 직업교육을 실시하는 것은 외길 수준이나 다름없으나 바람직한 일이다.

이번 문교부의 고교교육 개선안에 의하면 앞으로 고교체제는 인문계의 경우는 ① 진학을 중심으로 하되 교양수준의 직업과정을 설치 운영하는 고등학교와 ② 위탁교육형 또는 학교자체에서 직업과정을 운영하는 형태의 고교로 나뉘게 된다.

또 실업계는 ① 계열별 학교(농업계, 공업계, 상업계) ② 계열 통합형(농업+공업+상업 등)학교 ③ 예·체능계 학교 등으로 구분되며 이밖에 과학고, 외국어 고등학교 등 특수목적의 영재교육 고교가 증설된다.

인문계 고교의 형태를 세분화하면 다음과 같다.

즉 대학진학과정, 전문대 진학과정, 위탁교육 Ⅰ·Ⅱ형, 일반계 고교직업과정 등으로 나누어진다. 여기에서 위탁교육 Ⅰ형은 3학년 때 직업학교 등에서 위탁교육을 받게 되며, Ⅱ형은 고 2학년 후반부터 노동부 직업훈련원에서 위탁교육을 받는 것이다.(주1회 정도 재적교에 등교)

또한 일반계 고교 직업과정은 주로 여학생을 대상으로 기획된 것으로서 직업과정반을 편성, 현장교육 등 별도의 수업을 받는다는 것이다.

위탁교육형 졸업생은 실업계 고교 졸업생과 같은 자격이 주어지며 일반계 고교의 직업과정 이수자는 상경계통의 사회 진출이 가능하도록 하고 있다.

앞으로 문교부안은 5년간 대학진학과정 이수자를 인문계고교 전체 학생의 40%, 전문대는20%, 위탁교육 Ⅰ－Ⅱ형은 각각 10%와 20%, 일반계 고교 직업과정은 5%에 점차적으로 근접하도록 할 계획을 갖고 있다.

한편 95년도 경에 이르면 인문계와 실업계의 학생비율이 50：50으로 대등하게 될 것이라고 한다. 이러한 조치는 실업계의 요구가 훨씬 사회에 큰 비중을 차지할 것으로 평가되기 때문이다. 그리고 인문계의 비중이 실업계의 그것보다 훨씬 높아서 조절할 필요성이 제기된 연유이다.

따라서 이제 전체고교 졸업생 중 직업교육을 받는 학생은 67.5%에 이르게 되고, 진학에 대비하는 학생은 영재교육 2.5%를 포함 32.5%에 달하게 된다.

만일 이 안이 계획대로만 시행된다면 전체고교 졸업생 중 직업교육 수료자는 현재의 38.9%(실업계 출신 31.6%+인문계 직업과정 출신 7.3%)보다 2배 가까이 늘어나게 되어 기능인력 공급이 원활하게 되며, 대학응시자는 현재의 58%선에서 절반 가까이 줄어드는 효과를 낼 수 있다.

이러한 안에 대해 전적으로 문제가 없는 것은 아니다. 과연 어느 누가 직업반을 선택하느냐 하는 문제와 위탁교육 시설환경과 이를 지도하는 요원의 부족과 학생들이 직업반을 택하는 경우가 많아질 때 수용할 능력이 태부족임을 감안하여 시급히 그 대책을 강구해 나가야 하는 제도적 지원이 뒤따라야 할 것이다.

위의 내용을 종합한 고교교육체제 개혁방안을 요약하여 도표화하면 다음과 같다.

[고교 교육체제 개혁 방안]

코스	형 태	진 로 과 정	기대되는 적정비율	취업가능성 (자격증)
A	실업계고교	현 실업고와 동일(수용능력 확대)	50%	각종기능사 자격증 취득, 취업률 1백%
B	일반계고교 직업과정 (여학교)	직업과정반 편성, 별도의 교육(현장교육 등)	2.5%	실업고와 같은 자격, 여자 상경계 회사 진출
C	위탁교육 I형	3학년 : 직업학교 등에 위탁교육 2학년 : 교과선택제 (오전 : 공통, 오후 : 직업과목선택)	5%	실업고와 같은 자격, 남자 공업계열 진출
D	위탁교육 II형	2학년 후반부터 노동부 직업훈련원 위탁교육(주1회 재척학교 등교) 2학년 전반기 까지 동일학급에서 교과운영	10%	실업고와 같은 자격, 산업체와 직접 연계 추진, 기능사 자격 취득 용이
E	전문대 진학 과 정	직업적응과 진학준비교육	10%	취업률 100%, 1급기능사 자격
F	대학진학과정	진학준비형교육	20%	학문직
G	영 재 교 육 (과학고 등 특수목적교)	적성과 능력, 희망에 따라 다양한 특수목적교에 진학	2.5%	동일계 진학 유리

자료 : 한겨레 신문, 1990, 5. 14일자.

3. 고등학교에서의 직업교육의 문제점

고등학교 교육은 인문계 고등학교와 실업계 고등학교로 나뉘어 있지만 현실적으로 전인교육 차원에서 볼 때 모두가 제기능을 충분히 실천하지 못하고 있다.

가. 인문계 고등학교에서의 직업교육의 문제

인문계 고등학교 교육의 목적은 대학진학 준비교육에 있다.

그러나 앞에서 제기한 바와 같이 고교교육의 문제점으로 교육의 목표의식이 결여되고 대학진학만을 위한 주입식 교육의 부작용으로 70% 정도의 대입 낙방생이 속출하여 들러리 교육을 면치 못하게 되었으며 대학진학을 희망하지 않는 학생에 대한 배려가 부족하다.

또한 실업계 고교 지망학생들을 전부 수용 못하고 있다.

아직도 전통적인 인문숭상사상에서 벗어나지 못하고 관료적인 가치관이 팽배하여 고학력을 선호하는 경향과 직업에 대한 천시풍조가 뿌리깊이 남아있어 직업교육에 대한 편견이 인문계를 선호하는 경향을 낳게 되는데 이것은 현대 산업사회에서 하나의 큰 문제점으로 지적되고 있다.

나. 실업계 고등학교에서의 직업교육의 문제

실업계 고등학교는 교육목적상 유능한 직업인·기능인을 양성하는 것으로 완성교육에 해당한다.

그럼에도 불구하고 실업계 고등학교에 들어오는 입학자는 74년 고교평준화 이후 학생의 질적 수준이 인문고의 그것에 미치지 못하는 학생들이 차지하는 비율이 높아 학생들이 열등감을 많이 지니고 있다.

뿐만 아니라 실업계 고등학교를 선택하는 과정에서 개인의 소질·적성·흥미·포부 등을 고려해 선택된 학교가 아니라 단순히 학업성적 부진에 따른 기계적인 선택이어서 여기에 파생되는 불만과 부적응은 매우 심하다고 본다.

그리고 실업계 고등학교에 들어와서 기능훈련에 관심을 쏟기 보다는 오히려 30% 정도의 학생들은 역시 대학진학을 선호하고 준비하는 경향이 있어서 실업교육이 제대로 이루어지지 못하고 있다.

한편, 실업계 고등학교가 인문계 고등학교보다 수적인 면에서도 상당히 부족하다.

예를 들면, 인문고 대 실업고의 비율이 65 : 32라는 열세에 놓여 있어 국가의 기능인력 양성이라는 측면에서도 절대적으로 부족한 실정이다.

현실적으로 산업사회에서 요구하는 생산직 기능인력은 부족하여 외국에서 기능인력을 수입하려는 움직임마저 있는 것은 우리 실업교육의 문제점으로 지적하지 않을 수 없다.

근본적인 원인으로는 기능인들의 사회 경제적 대우가 상대적으로 낮아 돈을 많이 받는 서비스업종과 사무직, 전문직 등을 선호하고 나아가 실업교육을 받는 자체를 부정적으로 보는 견해가 사회 저변에 깔려 있기 때문에 실업계 고등학교 교육을 기피하는 경향이다.

이러한 경향들이 실업계 고등학교가 안고 있는 문제점이라고 지적할 수 있다.

4. 고등학교에서의 직업교육

그러면 고등학교에서의 직업교육의 대책·방안은 무엇인가?

직업의 기능이란 생활유지 수단이나 생계를 위해 필요불가분의 요소이다. 직업을 가져야만 인간 유기체를 유지할 수 있는 여건을 조성해 주기 때문에 직업이 필요하다.

그러나 단순히 먹고 사는 문제만을 해결하기 위해 직업을 선택한다는 것은 아닐 것이다.

직업을 통하여 사회의 일원으로서 맡은 직분의 역할을 수행하고 사회봉사를 위한 책무를 이행한다고 보아야 할 것이고 나아가서는 자아실현의 수단이 되어야 한다. 자아실현이란 결국 직업을 통해서 개인마다 참된 삶을 추구하는 것이라고 보겠다.

이렇듯 인간에게 직업은 없어서는 안 될 중요한 역할을 부여하는 것이므로 누구나 직업을 선택하여 평생 동안 유지하며 살아가는 것이다.

이렇게 중요한 직업을 천시하거나 무시하고 낮게 평가하는 일은 큰 모순이 아닐 수 없다. 직업은 인간에게 무엇보다 소중하고 누구나 소속감의 매개체로서 평생을 지녀야 하는 운명이다.

그러므로 선택에서부터 신중을 기하고 소질이나 적성, 흥미나 성격, 가치관에 알맞게 가질 수 있도록 사전준비 교육이 필요하다는 것은 아무리 강조해도 지나치지 않을 것이다.

그렇다면 고등학교에서 직업교육은 어떻게 해야 성공적일 수 있을까? 현재 우리가 안고 있는 교육의 문제점은 이미 알려진 바와 같이 재수생의 누적현상과 고등학교 졸업자가 소수의 대학진학을 제외한 나머지 70%의 낙방생들의 「들러리 교육」인데 이것들을 어떻게 해소하고 치유할 것인가에 초점이 모아진다.

이것은 고등학교만 졸업하고도 사회에 진출하여 바라고 원하는 직업분야에서 성실하게 근무할 수 있는 사전의 직업적응 준비교육이 원활하게 이루어져야 문제의 실마리를 풀어 나갈 수 있기 때문이다.

대학입시문제를 해결하기 위하여 한편으로 손쉽게 대학문호를 개방한 채 원하는 학생이면 모두 받아 주도록 하는 방안을 강구하면 재수생 문제는 풀릴 것이다.

그러나 현재 수준에서도 대학졸업자의 취업률이 50% 미만밖에 안

되는데 대학정원을 늘린다는 것은 고급인력의 양산으로 오히려 더욱 사회문제가 커질 것이 예상되는 까닭에 신중을 기해야 할 것이다.

한편 고등학교(인문계)에 직업교육(직업지도)의 실시도 학생들 자신과 학부모들의 동의가 있어야 한다. 제아무리 대학교육 수업에 부적격한 학생이 있을지라도 본인이나 학부모가 한사코 대학진학을 고집하고 재수를 해서라도 원한다면 이들에 대한 직업교육 내지 기술교육은 현실적으로 어려운 것이며 갈등이 존재한다.

종합적으로 고등학교에서 정상적으로 이루어져야 할 교육과정과 내용을 제시하면 다음과 같이 몇 가지로 분류된다.

(1) 진로교육의 강화이다.

진로교육은 넓은 의미의 직업교육이며 직업적성교육이라고 한다.

저마다 타고난 잠재력의 토대 위에 흥미, 적성, 능력, 성격, 신체적 조건, 가치관에 따른 적재적소에 알맞은 교육이 이루어져야 한다.

이러한 교육은 오직 고등학교 교육에만 국한하는 것이 아니라 초등학교에서부터 중학교 수준, 고등학교에 이르기까지 발달단계에 알맞게 진로의 인식, 탐색, 준비의 과정을 거쳐 진로계획을 세우고 실천하여 직업선택에 임하도록 한다.

직업선택이란 어디까지나 자신의 이해와 탐색, 준비과정을 거쳐 자기결정에 맡기는 것이 가장 이상적이고 바람직한 방법인 것이다.

문교부 정책당국에서도 전국의 각급학교별로 「진로교육의 강화」를 강조하는 이유는 바로 개인 인력의 합리적 개발이라는 측면에서 적재적소에 알맞은 유능한 일꾼을 양성하는 데 기초를 두고 있는 것이다. 그리고 국가사회적 측면에서도 인력의 균형개발이라는 목적도 함유되어 있다고 본다.

왜냐하면 우리나라 직업의 세계는 산업사회로 발전해 감에 따라 다양화, 전문화, 세분화 되어 자라나는 제2세 국민인 학생들이 장차 어느 직업에 종사할 것인가에 상당한 어려움을 느끼고 있기 때문에 어려서부터 직업의식 고취와 직업의 탐색, 직업의 선택에 대한 사전

준비 과정을 거침으로써 선택한 직업에 만족하고 보람과 긍지를 느끼며 행복한 삶을 추구해 나갈 수 있기 때문에 직업적성교육인 진로교육의 실시야말로 교육의 당면한 시급한 문제를 해결해 주는 열쇠이며 기본이라 불 수 있기 때문이다.

진로교육(career education)은 일찍이 선진국인 미국에서부터 비롯되었다.

미국교육의 당면한 문제를 해결하기 위하여 수정·보완된 새로운 이념으로서의 진로교육이 보급됨으로써 상당히 각광을 받고 있는 터에 우리나라도 미국의 경우와 마찬가지로 당면한 교육의 문제해결을 진로교육을 통해서 점진적인 해결이 가능하다고 믿고 있기 때문에 진로교육의 보급·실시야말로 우리나라 교육의 당면문제를 해결하는 데 크게 기여할 것으로 생각된다.

따라서 가정에서의 학부모, 학교에서의 교사, 학생들이 진로교육에 대한 이해와 방법을 철저하게 실천하는 길이 중요하며 사회 각계각층에서도 진로교육의 이념이나 실제에 대한 이해가 요구되며 적극 따라주어야 할 것이다.

(2) 직업가치관 교육 또는 진로관 확립을 위한 교육이 이루어져야 한다. 우리는 과거 유교적 전통 속에서 사농공상이라는 계급의식과 가치체계가 수백 년 동안 계속하여 내려왔기 때문에 아직도 그 틀 속에서 벗어나지 못하고 있는 경우가 많다.

그리고 관(官)은 높고 민(民)은 졸(卒)인 것처럼 관존민비사상과 기술적인 천시풍조로 “쟁이”라는 낮은 인식과 기피현상으로 산업이 발달하지 못했다.

그러나 그동안 사회는 많이 바뀌어서 직업의 귀천의식이 사라지기 시작하여 어느 직업, 어느 직종에서 일하든 모두가 소중한 직무역할을 만족스럽게 수행하는 것이기 때문에 건전한 직업관 형성, 진로관 확립을 위해 적극적으로 지도하는 데 전력해야 한다.

(3) 인문계 고등학교에서도 모두가 대학진학을 위한 준비교육으로

일관할 것이 아니라 대학진학과 직업교육반으로 분류하여 교육활동을 전개해나가야 한다.

문교부 정책에서도 제시한 바와 같이 초등학교, 중학교 과정에서 적성·흥미검사 등을 실시하여 자신의 확고한 적성이 발견되는 방향에 따라 진학 또는 취업반 등으로의 자진 선택이 이루어져야 할 것이다.

이러한 진로선택과정은 어디까지나 객관적인 토대 위에 학부모, 교사, 학생자신과의 진정한 진로상담과정을 거쳐 최종적으로 자신이 선택하도록 권장되어야 바람직하다.

왜냐하면 진로선택이 학부모의 획일적인 가치관에 지배되거나 강요되고 또는 교사나 친구 등의 영향에 의해 힘없이 결정된다면 선택이 성공적이면 몰라도 잘못되는 경우에는 누구에게 탓을 돌릴 것인가. 소수의 경우라도 큰 문제가 아닐 수 없다.

인문계 고등학교의 경우 직업교육과정을 개설하고 학생들이 선택하는 경우(처음에는 잘 몰라 기피하거나 부정적일 수 있으나) 이 과정을 담당할 전문교사의 배치 또는 양성이 필요하고 위탁교육이 이루어지는 경우 행정적, 재정적인 뒷받침이 신속하게 보조를 맞추어야 한다.

(4) 인문계 고등학교의 수나 학생 비율을 점차 축소하고 실업계 고등학교의 수나 학생수를 늘려가는 방향으로 전환되어야 한다.

현재로서는 인문계 : 실업계 비율이 68 : 32로서 압도적으로 높기 때문에 인문계 비중이 너무 컸으므로 산업사회에서 요구되는 인력균형이 제대로 이루어지지 못해 양산만 하는 결과를 초래하였다.

그러나 앞으로는 직업세계에서 요구되는 기능인력을 감안하여 이에 적합한 인재를 양성하는 방향으로 재조정되어야 한다. 문교부의 안으로 95년도까지 50 : 50의 비율로 인문계와 실업계의 수를 조정한다고 하는 방침은 현실적으로 타당하다고 판단된다.

(5) 신입사원 채용시 학력위주의 고용을 지양하고 학력을 철폐하

고 유능하고 능력을 가진 자를 선발하는 제도로 바뀌어져야 한다. 대개 신입사원채용광고를 보면 대졸은 우선으로 하고 또한 제한된 전공학과만을 제시하고 채용하려는 방침을 시정하여 어느 학과 출신을 막론하든 선발대상에서 제한을 두지 말아야 할 것이다.

(6) 직업세계에서의 임금격차의 해소가 시급히 이루어져야 한다. 고등학교를 졸업하고 사회에 진출하여 직업을 가지고 4년 경력을 지녔다면 대학을 졸업한 초년생의 임금과 비슷하거나 같을 수 있도록 임금책정에서 균형을 유지하는 것이 고학력 선호와 과열경쟁을 해소하는 데 크게 도움이 될 것이다.

참고로 학력별 임금지수를 비교한 예를 제시하면 다음과 같다.

학력별 임금지수 비교

년도	중졸이하	고졸	전문대졸	대졸이상
1980	72.7	100	145.7	217.3
1985	79.3	100	129.5	214.7
1986	82.2	100	128.2	210.0
1987	84.5	100	125.7	209.2
1988	85.6	100	120.7	190.9

*자료 : 노동부 「직종별 임금실태 조사 보고서」, 1989.

이 표에 의하면 1980년대 고등학교 졸업자를 100으로 보았을 때 중졸이하는 72.7, 전문대 졸업은 145.7, 대졸 이상은 217.3으로 대학 졸업자가 고등학교 졸업자보다 2배 이상의 임금을 받는 것으로 보고되고 있다.

이러한 현상은 1988년도에 약간 시정이 되어 학력간의 임금격차가 조금씩 줄어들고 있으나 아직도 그 격차는 크기 때문에 고등학교만을 졸업하고 사회에 나가는 것 보다 대학을 더욱 선호하게 되므로 입시경쟁이 치열해질 수밖에 없는 것이다.

따라서 앞으로는 어느 대학을 졸업했느냐에 비중을 두고 선발할 것이 아니라 어떤 능력을 갖추고 있느냐에 비중을 두어 능력별 임금 책정의 방향으로 정책을 바꾸어 나가게 되면 문제는 쉽게 풀려 나갈 것이다. 여기에 기업체나 산업체, 각종 직업 분야에서 임금격차 해소를 위해 적극 협력해 주어야 가능하다.

(7) 인문계 고등학교에 직업교육반의 운영을 효율적으로 이룩하기 위한 방안으로 산업사회에서 절실히 요구되는 분야의 직종을 개설하여 직업기술, 기능교육을 실시하여야 한다.

현실수요가 많은 전자계산, 자동차, 상업미술, 미용, 비서, 실무, 은행, 부기, 컴퓨터 등 다양한 과목을 설치하고 직업학교, 사회교육시설 등에서 위탁교육을 받도록 한다. 여기에 필요한 교사들의 양성도 시급하여 최소한의 시설투자가 요구된다.

직업반에서 공부하고자 하는 학생들에게 사기를 돋우어 주기 위한 장학금제도가 요구되며 취업하고도 야간대학, 방송통신대학, 개방대학, 독학을 통한 학사학위 취득 등 진학의 길이 얼마든지 열려있음을 주지시키고 직업인의 긍지와 보람이 얼마나 소중한가를 인식시켜 주는 적합한 인생교육이 이루어지도록 노력하여야 한다.

(8) 직업교육의 일환으로 각종 정보제공활동이 필요하다. 특히 세계 및 국내 첨단산업의 개발전망에 관한 정보를 제공해 주는 것이다.

예를 들면 앞으로 21세기에 각광을 받을 수 있는 첨단산업 분야로서 유망한 반도체, 컴퓨터, 광통신, 산업용 로봇, 신소재, 환경관리직, 생명공학 분야 등에 관련 내용을 소개하면서 관심을 불러일으킨다.

직업의 선택은 장래성 있는 분야 가운데서 자신의 적성 등을 비교하여 적합한 직업을 선택, 준비하는 것이 바람직하다.

(9) 실업계 고등학교는 교육목적상 완성교육임을 인식하고 교육과정에 제시된 이론과 실제, 실습을 충실하게 마스터하여 "쟁이" 정신을 길러주어 긍지를 심어주어야 한다.

그러자면 기능인으로서 사회적 역할과 봉사의 효과가 얼마나 개인과 국가에 이익이 되며 소중한가를 가치관 교육을 통해서 직업관을 확립시켜주어야 한다.

한편 이들에게 응분의 대가가 충분히 보상될 수 있는 합리적인 임금체계를 수립하고 기능인→기능장으로 석사, 박사와 같은 상응되는 대우로서 횡적인 연결이 이루어지고 있음을 학생들이나 일반 사회인, 학부형들에게 계몽시켜야 한다.

(10) 여성의 직업교육도 강화시켜야 한다.

우리나라의 여성취업자는 대부분 ① 연소한 연령군 (15세~24세) ② 미혼자 ③ 저학력군 ④ 농림・수산・제조업과 도소매업 ⑤ 저임금의 단순 노동집약적인 농림직, 생산직, 판매직 및 서비스직에 편중되어 있다.

1988년 4월에 남녀고용평등법이 제정되었으니 이에 따라 앞으로 채용・승진・훈련・보수면에서 차별을 금하는 선언적 의미가 법정신에 포함되어 있다.

그러므로 여성들은 투철한 직업관을 확립하고 취업 후의 활동실적이 다음세대의 여성들의 취업을 위해 중요할 것이라는 사실을 인식하여야 한다.

남성들만의 고유직종으로 여겨오던 관리 사무직과 기술직, 건설업 계통, 전산계통, 연구개발부문, 영업직도 여성이 적극적으로 도전해 볼 만한 분야로 나타나고 있기 때문에, 여성의 사회적 진출과 역할을 인식하고 직업준비교육에 게을리 해서는 안 된다.

5. 결 론

고등학교 시기는 진로준비단계이다. 인문계 고등학교는 진로탐색시기이며 구체적인 진로설계가 이루어지는 시기이다. 그러므로 단순히 수험공부에만 몰두하는 일은 이 세상의 일을 너무 모르는 처사이다.

누적된 재수생 문제, 과열 대학입시 경쟁해소의 일환으로 고등학교 교육의 역할이 이분화 방향으로 구분될 시기가 도래했다고 보아야 한다.

고등학교 교육이 입시위주만을 위해 존재하는 것이 아니라 인생의 진로의 방향을 가늠하는 중대한 시기임을 인식하고 진학이냐 취업이냐를 분명히 구분해서 어느 방향으로 진출해야 자신이 일생동안 만족하고 행복한 삶을 누릴 수 있는가를 생각해 보는 중대한 시점임을 인식하는 시기이다.

누구든지 소신껏 쉬지 않고 노력하는 자에게는 목표하는 바를 얼마든지 달성할 수 있다는 긍정적인 사고와 자부심을 가지고 긍지를 느끼며 저마다의 자아실현을 할 수 있는 의욕과 결단을 길러주는 것이 고등학교에서 해야 할 중대한 과제이다.

그것도 능력에 따른 진로의 설계가 이루어질 때 자신의 성패가 좌우되는 것이므로 고등학교에서의 직업교육은 필연코 정착되어야 한다.

고학력의 선택이 일생의 행·불행을 좌우하는 바로메타가 아니며 "일반교육의 직업교육화"와 "직업교육의 일반교육화"라는 관점으로 기울어져야 하는 것이다.

결국 진로교육이 고등학교 교육에서 핵심영역으로 정착될 때 고교교육은 정상화를 찾을 수 있고 전인교육도 이런 차원에서 스스로 이루어질 것임을 확신하고 고등학교에서의 직업교육이 삶의 질을 개선하고 삶의 의미를 찾는 방향으로 인식될 때 인력이 균형 있게 개발되고 사회구성 요인이 정상적 궤도에 오를 수 있을 것이다.

참 고 문 헌

金忠起, "과열경쟁 해소를 위한 進路教育의 方向", 새교육,6월호 통권
　　　428호, 서울 : 대한교육연합회,1990.

金忠起, 進路教育과 進路指導, 서울:培英社,1986.

金忠起, 職業教育과 厓路教育, 서울:教育科學社,1987.

金忠起, "고등학교에서의 직업지도의 문제와 개선방안", 한국국공립고등
　　　학교　교육연구　세미나보고서,　한국국공립고등학교　교장회,
　　　1990.4.27.

李定根, 進路指導의 實際, 서울 : 星苑社, 1989.

이성수, 직업선택과 개척, 서울 : 스몰 비즈니스, 1990.

조경동, 이런 직업이 당신을 기다리고 있다. 서울 : 나라 출판사, 1990.

한겨레신문, 1990. 5.14일자.

한국여성개발원편, 여성과 직업, 서울 : 한국여성개발원, 1989.

第4章 職業과 進路設計

1. 서 론

인간이 일생을 만족하고 행복하게 그리고 보람과 긍지를 느끼면서 참된 삶을 추구하여 자아실현을 이룩하려면 생애의 중요한 선택이 필요하다.

어떠한 선택이 가장 현명하고 지혜로운 것인가? 인생에 있어서 중요한 선택은 먼저 잘 타고 나는 것이요, 배우자의 선택과 직업의 선택, 가치관과 인생관의 선택 그리고 친구의 선택이 중요하다.

이와 같은 선택은 자의이든, 타의이든 간에 개인적인 선택방식에 따라 이루어지며 이것에 의해 개인의 일생은 좌우된다. 이 중에 어느 것 하나도 소홀히 할 수 없는 분야이긴 하지만 특히 직업의 선택은 남여를 막론하고 현대산업사회에서 자신의 삶을 위한 방편으로 현명하게 적응하기 위해서 인생의 가장 중요한 문제로 부상되고 있다.

자고로 남자는 사업에 살고, 여자는 애정에 산다. 직업 없는 여성은 생각할 수 있지만 직업이 없는 남성은 생각할 수 없다. 그만큼 직업은 인생살이에 필수불가결한 의미를 부여한다.

일찍이 아리스토텔레스는 누구에게 있어서나 삶의 궁극 목적은 "행복"이라고 언명한 바 있다. 사람들은 각각 다른 길목에서 무엇인가를 성취하고자 애쓰고 있지만 결국에 가서는 모두가 행복을 얻고자 하는 점에서 같다는 것이다. 행복이란 즐겁고 안온하며 근심걱정 없이 만족한 삶과 보람과 긍지를 느끼면서 나름대로 노력하는 것이다.1)

    그러면 이러한 행복의 조건을 어떻게 찾을 것인가? 인간은 누구나 성공하고 싶어 하고 참된 삶과 행복을 추구하고자 한다. 그런데 그 행복은 각자 나름대로의 가치관에 따라 다르게 결단이 되고 창조적인 삶을 이룩하는 데 중요한 것이라고 본다.

    어떻게 사는 것이 가장 보람있는 생인가? 필자는 창조적 자기표현의 원리를 제시하고자 한다. 즉, 저마다 지니고 있는 잠재가능성을 개인의 외재적 요인과 내재적 요인에 비추어 인생설계를 분수에 알맞게 세운 다음 적성과 능력, 흥미와 인성, 신체적 요건, 포부 등에 결부시켜 가장 합리적인 토대 위에 열심히 노력하여 선택한 직업을 수행하여 보람과 긍지를 느끼면서 생의 과정을 만끽하는 데 있다고 생각한다.

    우리사회는 1960년대 이후 산업화 과정을 겪으면서 눈부신 경제성장과 과학기술문명의 발전을 가져왔고, 직업의 세계도 다양화, 전문화, 세분화되어감에 따라 복잡한 환경으로 인하여 현명한 선택과 적응에 어려움을 느끼게 되면서 새로운 적응방식이 요청되고 있다.

    특히, 복잡 다양해진 직업의 선택은 신중해야 하며 일생을 좌우하는 진학이나 직업의 선택을 마구잡이로 하여 일생을 결정할 수 있게 해서는 안될 것이며 꾸준하고 계속적인 자기탐색과 이해와 토대 위에서 그 선택이 이루어져야 후회 없는 삶을 향유할 수 있는 것이다. 이러한 인생의 중대한 결정은 올바른 가치관을 확립하고 난 터전 위에서 생애의 계획을 해야 할 것이다.

    오늘날 우리가 당면하고 있는 교육의 문제점은 지나친 입신출세의 지향으로 수단과 방법을 가리지 않고 대학입시에 혈안이 된채 교육의 목표인 전인교육을 해치고 있으며, 오로지 일류대학, 일류학과에만 염두에 두는 주입식 교육을 획일적인 가치관으로 학교교육과정에서 성행되고 있는 점이다.

---

1) 金忠起, "進路設計樹立"교육관리기술, 서울 : 한국교육출판, 1987, p. 96.

그리고 일생의 중요한 결단인 진학이나 직업선택을 적성이나 능력, 흥미나 성격 등을 고려하지 않고 눈치와 배짱의 선택에 맡기는 경향이 짙어만 가고 있다.

이에 따라 수많은 학생들이 부적응과 불만으로 가득하고 능력을 제대로 발휘하지 못한 채 쓸데없는 인력만 낭비하는 결과를 빚어내고야 말았다.

장래의 인생설계가 과학적이고, 합리적이며, 객관적인 방법으로 수립되어야 함에도 불구하고 공공연하게 부모의 획일적인 가치관에 좌우되거나 사회적인 병폐적 가치 속에서 눈치와 배짱으로 인생의 중대한 진로결정이나 진로설계를 순간에 맡기고 있는 현실은 시급히 시정되어야 한다. 또한 오로지 대학에만 들어가려는 학생들의 의식이나 일반 사람들의 사고방식도 정상적인 방향으로 개조되어야 한다.

대학을 하나의 출세의 수단이나 직업선택의 자료로서만 취급하여 무작정 입학만 하고 보자는 비현실적 풍토로 잘못되어 가고 있음이 현재의 실정이다. 대학은 전문인을 양성하는 지도자의 인격을 도야하는 곳으로서 고등학교 졸업자(약 70만 명)가 모두 대학에 들어갈 수 있는 문호도 개방되어 있지 않고 또한 그럴 필요도 없는 까닭에 이러한 풍토는 매우 잘못된 것이다. 대학 수준의 학력을 요하는 직업의 세계는 전체 직업구조 속에서 차지하는 비율이 불과 10% 내외에 불과하다.2)

그럼에도 불구하고 장래 인력수급에 대한 전망도 뚜렷하지 않은데 무조건 대학을 가는 것도 개인적으로나 국가적인 인력차원에서 큰 낭비가 아닐 수 없다.

진학이나 직업을 선택하기 위한 진로설계는 막연히 시대의 추세에 편승하기 보다는 오히려 개인에게 적합한 진로설계를 어려서부터 단계적으로 계획하여 그 계획에 따라 한 발짝씩 전진해 나가면서 합리

---

2) 金忠起, 職業敎育과 進路敎育, 서울 : 敎育科學社, 1987, p. 30.

적이고, 현실적인 요구에 알맞게 지도하는 것이 개인뿐만 아니라 국가적·사회적인 차원에서 바람직한 일이다.

따라서 본 논문에서는 개인의 중대한 인생행로의 진로설계를 함에 있어 보다 합리적인 방향과 현실적으로 생활 적응에 필요한 효율적인 생산인으로서 인간을 육성하는 데 초점을 두어 누구나 공통적으로 저마다의 일생을 보다 행복하고 만족스럽게 삶의 참된 추구를 위한 자아실현에의 경지로 이끌 수 있도록 적합한 사전지도에 필요한 것들을 제공하는 데 총력을 기울여 보고자 한다.

2. 직업과 진로설계

직업은 인생에서 어떤 의미와 가치를 갖는가? 과거에는 인간 삶의 참뜻을 찾는 기초로서 사고를 들었고 이러한 사고의 바탕은 교양에서 얻으려 하였다.

그리고 직업의 종류가 수적으로 제한되었고, 직업의식조차 생성되지 못하였던 과거의 전통적 사회 속에서 직업(occupation)을 갖는다는 것 자체를 천시하고 푸대접하였으며 하류계층이 노동(labour)을 주로 하여 생계를 유지하는 정도로 인식하였었다.

이러한 의식이 잠재적으로 있는데 현대산업사회에까지 전래되고 있어 직업을 갖게 하는 직업교육도 기능인을 양성하는 기술자 양성이라는 차원으로 해석하고 있는데 이것은 매우 그릇된 관념이다.

먼저, 직업을 갖는다는 사실은 우리 인간에게 필요불가결한 요소임을 인식하여야 한다. 우리는 직업에 대하여 어떠한 태도와 안목을 가져야 하는가? 직업은 인생에 있어서 생명적 의미, 경제적 의미, 사회적 의미, 종교적 의미, 정신적 의미를 지니고 있음을 알아야 한다. 즉 직업은 우리생명과 생활의 가장 중요하고 근본적인 리듬이다.

인생은 저마다 자기의 직분과 책임을 수행해야 하는 창조의 일터로서, 생활유지수단 또는 생계를 영위하기 위한 방편으로 인간의 기본적인 욕구인 생리적 욕구를 충족시킬 수 있는 터전이 되는 것이므로 직업은 인간에게 중요한 의미를 부여한다.

일(work)을 한다는 것은 인생의 가치요, 환희요, 행복이다. 프랑스의 문호 빅톨 위고는 「노동은 생명이요, 사상은 광명」이라고 갈파했듯이 노동 속에 건전한 생명이 있다.

직업은 생업으로서 문자 그대로 살기 위한 활동으로 생계유지를 위한 계속적인 경제적인 활동, 일정한 활동을 하고 보수를 받는 경제적 행위를 직업이라고 한다. 직업은 경제적 차원뿐만 아니라 사회적 차원에서 사회적 역할의 수행으로 보는 것이다. 사회봉사적 행위와 더불어 여러 가지의 직업 역할을 서로 분담해서 실천하는 행위이다.

자기 직업에 대하여 강한 책임의식·책임 관념을 갖는 것이다. 자기의 직무(job)에 대하여 강한 사명감과 성실한 태도와 헌신적 봉사의 정신을 가지고 일하는 것이다.

직업은 또한 종교적 의미로서 단순히 먹고 살기 위한 경제적 생업, 직분, 직책으로서 사회적 역할뿐 아니라 하나님이 나에게 맡긴 사명이요, 하늘이 우리에게 부여한 천직이다.

즉 직업은 하나님이 나를 불러서 나에게 맡긴 소중한 천직의식의 것이요, 직업소명 사상차원의 것이다. 그러므로 직업은 천직이요, 성직이요, 소명이다. 우리는 직업에 대하여 적어도 다음과 같은 태도를 가져야 한다.

첫째는 자기직업을 사랑하는 것이요, 둘째는 자기직업을 자랑스럽게 생각하는 것이요, 셋째는 자기 직업에 열성을 갖는 것이다. 사회가 나에게 맡긴 일을 태만하고 소중히 여기지 않는 것은 사회적 무책임이다. 우리는 자기의 직업에 대하여 긍지와 프라이드를 가져야 한다.

직업은 자아실현의 도구이다. 자아실현이란 참된 삶의 추구로서 자기의 재능과 천분과 개성을 표현하는 것이다. 직업을 통해서 이와 같은 것을 실현하는 것이다.

결국 직업은 생명의 리듬, 생활유지수단의 해결, 사회적 역할분담, 소명과 천직의식, 자아실현의 도구로 이용됨을 인식할 때 그 중요성은 인정되는 것이다.3)

진로설계란 무엇인가? 진로설계를 진로계획(career planning)과 같은 개념으로 간주하면 인생설계의 하위개념이며, 진학, 직업지도의 유사개념으로 생각할 수 있다.

진로설계는 왜 필요한가?

오두막이나 초가삼간 정도라면 설계도가 없더라도 집을 지을 수가 있다. 그러나 웅장하거나 예술적인 건축을 위해서는 설계도가 있어야 한다. 인생의 경우에도 사정은 비슷하다.

아무렇게나 살기를 작성한다면 굳이 인생설계를 거론할 필요가 없다. 그러나 좀 더 보람있고, 뜻있는 가치 있는 삶을 갖기 위해서는 미리 청사진을 그릴 필요가 있다.4)

인생이나 건축처럼 단순하고, 기계적인 과정이 아니어서 항상 변동하는 상황에 주체적 결단으로 대처해야 하는 까닭에 지도조언자가 늘 붙어 다닐 수 없는 한, 남이 만든 설계는 쓸모가 없다.

내 인생은 내가 스스로 설계해야 하고, 내가 스스로 계획하고, 살아야한다. 이러한 삶의 설계를 인생설계라고 한다.

여기서 논의하는 진로설계(career design)는 앞에서 언급한 바와 같이 인생설계의 기본적인 하위 개념으로서 평생을 의미있고 보람과 긍지, 행복한 인생을 보내기 위해서 사전에 청사진을 그리는 계획적인 과정이다.5)

인생의 계획은 개인마다 독특한 원칙을 가지고 뜻있는 보람을 찾고 후회 없는 행복한 삶을 누리기 위한 노력이 요구되는데 이것은

---

3) 안병욱, 안병욱 인생론, 서울 : 아카데미, 1978, pp. 189-229.
4) 金泰吉 外 三人, 삶과 일, 서울 : 正音社, 1986. p. 16.
5) 金忠起, 進路教育과 進路指導, 서울 : 培英社, 1988, pp. 97-98.

계획적이고, 합리적인 진로설계 또는 계획이 전제되어야 그 목적을 효과적으로 달성할 수가 있는 것이다.

진로(career)란 미래에 나아갈 방향 또는 길로서 개인의 생애 직업 발달과 그 과정내용을 가리키는 포괄적인 용어로서 인간이 일생을 통하여 수행하는 일의 총체를 의미한다. 설계(design)란 계획을 세우거나 그 계획(planning)을 의미한다.

즉, 구체적인 목적을 효율적으로 달성하기 위해 미래에 관한 행동의 순서 또는 절차이며, 목적과 수단, 방법을 합리적으로 연결시키는 지적 준비과정이다.6)

교육학 용어사전에 의하면7) 진로계획이란 개인이 진로발달 과정의 진로인식 및 진로탐색에서 얻은 진로에 대한 기초소양과 지식을 토대로 적합한 진로를 자신의 적성, 능력, 흥미에 비추어 효율적으로 선정할 수 있는 지침을 세우는 것이며, 진로계획이 수립된 후에도 준비과정을 거치면서 계속적으로 수정·보완되어야 한다는 정의를 내리고 있다.

쉽게 표현하면, 진로의 설계(계획)는 진학계획과 직업준비계획을 포함하는 것이며 인생생활의 설계를 개인의 필요와 요구에 따라 보다 합리적이고, 객관적으로 수립하는 계속적인 미래탐색의 과정이라고 본다.

진로계획은 변화를 촉구하는 수단을 제공해주며 생애에 풍요로운 기회를 부여해 준다.8) 또한 일과 가족, 가정, 여가로부터 파생되는 요구를 포함하는 발달적 과정이다.

직업과 진로설계는 필요 불가분의 관계이다. 진로설계는 「직업」을 어떻게 어떠한 방법으로 선택할 것인가에 대한 사전의 계획을 수립

---

6) 金忠起, 進路指導와 進路相談, 서울 : 中央適性研究所, 1978, pp. 138-139.
7) 서울대학교 사범대학 교육연구소편, 교육학용어사전, 서울 : 배영사, 1981, p. 526.
8) Vemon G. Zunker, Career Counseling : Applied Cocepts of Life Planning, Belmont, Calif : Wadworth Ind., 1981, p. 90.

하는 것으로서 올바른 선택이 보장될 수 있는 것이다.

그럼에도 불구하고 정확한 설계를 세우지도 않고 단순히 획일적인 가치관에 사로잡혀 소위 인기있는 분야에만 몰리는 현상은 과잉경쟁만 초래할 뿐이다. 그리고 개인의 생애목표를 세우고 그 목표를 달성하기 위해서 세부적인 시행계획도 세우지 않은 채 무조건 직업의 선택으로 일관함은 성공률이 매우 적을 것이다.

우리는 생활주변에서 수많은 부적응자와 불만으로 인생을 하직하는 청소년들을 보아왔다. 이러한 문제점을 시정하고 보완하기 위한 방편으로써 진로설계의 중요성을 아무리 강조해도 지나치지 않을 것이다.

따라서 진로설계에 있어서는 어디까지나 개인이 주체가 되며 장차 미래에 개인이 종사할 직업에 대한 인식, 탐색, 준비가 선행되어야 하고 선택한 직업에 들어가서는 만족하고 효율적인 직업수행이 이루어지며 그 속에서 사명감, 보람, 천직의식과 긍지를 느끼면서 사회적 직분과 역할수행으로 삶의 참된 의미를 만끽하면서 자아실현에 도달되어야 하는 계획의 과정이 학교교육에서 적어도 초등학교 수준에서부터 중·고등학교 수준에 이르기까지 발달단계에 알맞게 재조정되어 투입되어야 한다.

3. 진로설계의 목표

진로설계는 진로교육의 목표에서 제시하는 바를 중심으로 이루어져야 한다. 일반적인 진로교육의 목표는 다음과 같다.9)

① 학생 개개인의 적성, 흥미, 능력, 인성 등을 정확히 이해한다.

---

9) 한국교육개발원, 진로교육자료, 서울 : 한국교육개발원. 1982, p. 14.

② 현대산업사의의 정치, 경제, 사회적 측면에서 요구되는 다양한 직업의 세계를 이해시키고 순응하도록 한다.

③ 학생 개인별로 진로계획을 수립하고 가정배경이나 사회, 경제, 문화적 요인을 고려하여 능력에 따르는 진학 또는 취업에 필요한 지식과 기능 및 기술 등을 습득하도록 한다.

④ 일과 직업에 대한 건전한 가치관이나 태도 즉 직업윤리를 형성하도록 한다.

위와 같은 목표에 근거하여 개인은 자신의 진로계획을 수립하는데 있어서 가치와 흥미, 능력과 적성, 성취도 그리고 일의 경험(현재 또는 과거, 시간제 일의 경험 등)은 설계를 위한 방안으로 논의되고 평가되어 분류하여야 할 요소들을 총체적으로 고려하여야 한다.10)

진로의 설계는 자아와 기회, 구속, 선택 그리고 결과(consequences)를 알게 하고 진로와 관련된 목표를 분류하며, 일(work)과 교육정도, 방향과 시간(timing)을 제공하기 위한 관련된 발달적 경험을 프로그램화 하며 특별한 직업목표에 도달하기 위한 단계를 배열하는 계획적인 과정이다.11)

진로설계는 교육의 목표를 달성하기 위한 수단으로서 장래에 종사할 또는 종사해야 할 뚜렷한 직업선택에 목표를 둔다. 이러한 직업선택은 계속적인 학습의 과정으로서 초등학교에서부터 중·고등학교 교육에 이르기까지 단계적으로 직업발달 단계에 알맞게 개인의 생애 목표를 구체화시켜 재능의 발견, 기술의 분류, 구체적 목표의 수립, 일의 세계의 탐색, 그리고 준비, 현장에 투입하여 실패없는 인생의 과정을 위하여 사전에 의사결정의 확립을 위한 계속적인 과정이다.

직업탐색은 주로 중학교 과정에서 잠정적인 진로설계가 이루어져야 한다. 진로탐색 과정은 총 15단계로 구성되어 있다. 각 단계의

---

10) Vernon G. Zunker, op. cit., p. 79.

11) Jeong—Keun Lee, Readings in Career Guidance, Seoul : Sung Won Sa publishing Co., 1985, p. 171.

내용을 간략히 서술하면 다음과 같다.12)

1단계 : 희망직업 목록작성→2단계 : 희망직업 목록확장→3단계 : 희망·관심 조사→4단계 : 희망직업 계속탐색→5단계 : 흥미검사 결과평가6단계 : 직업정보 수집→7단계 : 희망직업 분류→8단계 : 직업탐색과정 검토→9단계 : 가치관과 직업의 대응→10단계 : 능력과 적성에 의한 희망직업 검토→11단계 : 교육투자에 의한 희망직업 검토→12단계 : 다섯개의 희망직업 선정→13단계 : 면담 실시→14단계 : 세 개의 희망직업 선정→15단계 : 최적 희망직업 결정 등이다.

이러한 탐색과정 15단계는 그 활동내용의 특성에 따라 크게 2개 과정으로 묶어 볼 수 있다.

1단계부터 8단계까지의 제1과정에서는 마음에 드는 직업을 찾아 그것을 희망직업 목록에 계속 첨가해 가는 공통적인 활동을 하게 된다. 따라서 1단계부터 8단계까지는 단계가 높아질수록 희망직업의 수가 증가된다.

9단계부터 15단계까지가 제2과정인데 이 과정의 공통점은 재1과정에서 마련한 많은 희망직업 중에서 자신의 특성에 맞지 않는 것들을 삭제해 나간다는 것이다. 이 때 고려하게 되는 자신의 특성에는 가치관, 지능, 적성, 학업성취도, 성격, 자아개념, 투자비용 등이 포함된다.

이것을 정리하면 다음과 같이 간략히 표현할 수 있다.

제1과정(1단계~8단계) : 광범위한 탐색과정을 통해 희망직업의 수를 증가시키는 과정

제2과정(9단계~15단계) : 나의 적성에 맞지 않는 희망직업을 삭제함으로써 최적의 직업을 찾아내는 과정

이러한 진로탐색 프로그램은 1주일을 단위로 하여 진행시키는 것이 바람직하다.

---

12) 金忠起, 朴性洙, 李載昌, 職業 및 進路敎育發展 方案研究, 文敎部 學術 研究造成에 의한 研究論文, 1987, pp. 46-47.

따라서 진로설계는 진로탐색 프로그램을 근간으로 하여 이룩되어야 하며 다음과 같은 내용이 포함되어야 한다.13)14)

① 자아의 발견과 이해

학생들로 하여금 자신의 능력, 적성, 흥미, 태도 등을 바르게 이해하고 키워 나가도록 해야 한다.

② 일의 세계에 대한 이해

현대 산업구조에 대한 전반적인 이해와 함께 직업세계에 대한 지식과 정보를 어느 정도 알고 있느냐 하는 것은 직업선택의 과정에 큰 영향을 미친다.

③ 일에 대한 긍정적 태도와 가치관 확립

학생들로 하여금 일과 직업인에 대한 존경심을 발전시키고 가치있고 지속적인 사회제도로서의 일에 대한 바람직한 태도를 형성한다.

④ 의사결정 능력의 파악 및 인식

학생들로 하여금 과학적, 합리적 자료에 근거하여 진로를 결정 또는 선택할 수 있는 능력을 길러 주어야 한다. 여기에는 진로정보자료가 필수적으로 이용되어야 한다.

⑤ 인간관계의 기술 함양

진로와 관련하여 학생들로 하여금 필요한 인간관계(human relationship)기술을 익히고 배울 수 있도록 한다.

⑥ 일과 직업의 경제적 측면 이해

일과 직업을 통해 돈을 벌며 인간의 필요와 욕망을 위하여 그 돈이 귀중하게 소비된다는 것을 가르쳐야 한다. 즉, 요즈음 「경제교육」과 관련이 깊다.

⑦ 일과 직업의 교육적 측면 이해

---

13) 장석민 외3人, 진로교육 목표 및 내용체계 연구, 서울 : 한국교육개발원, 1985, pp. 52-55.
14) 장석민, "초등학교에서의 진로교육", 수도교육 97호, 서울시 교육연구원, 1986, pp. 24-26.

학생들로 하여금 학문과 일의 세계가 밀접하게 관련된다는 것을 인식하게 하여야 한다. 이를 위해 학교에서는 학교가 학습의 장인 동시에 진로에 대한 지식, 기술, 태도를 형성하는 곳이라는 점을 인식시킨다.

⑧ 직업윤리의 실현

각종 기업에는 직업수행에 요구되는 자질과 윤리가 있다. 직업수행에 필요한 윤리의식은 직업에서 요구하는 직업관이 이행됨으로써 균형된 사회 국가발전을 이룩할 수 있는 기틀이 되는 것이다.

4. 진로설계의 기본원리

진로의 설계는 인생설계의 하위개념으로 구체적으로는 진학계획이나 직업계획의 이원적 목표를 모두 포함하는 과정에서 이루어진다. 따라서 보다 이상적인 직업선택이나 진학설계는 개인의 열망을 기초로 하여 합리적이고, 객관적인 자신의 이해·탐색·준비과정으로써 시작된다.

인간은 누구나 한결같이 장래에 좋은 직업을 선택하기를 바라고 많은 보수를 받으면서 평안하고 유복하게 평생을 만족하고 보람있게 긍지를 느끼면서 참된 삶을 추구하기를 갈망하고 있다.

그러나 이와 같은 계획과 설계는 개인차에 따라 다르기 때문에 실천여하에 따라 성공적인 성취자가 되기도 하고 반대로 실패의 고배를 마시기도 한다.

일반적으로 남들이 좋다고 인정되는 직업은 그렇게 흔한 것이 아니라 희귀하고 성취하기도 어렵다. 그럼에도 불구하고 출세지향의 획일적인 가치관에 사로잡혀 일류대학 일류학과 전공을 택하려는 경향이 많은 것은 그로 하여금 보다 좋은 직장, 보수가 기대되기 때문이다. 따라서 개인의 적성이나 능력, 흥미나 신체적 특성 등을 고려하지 않고 무조건 일류만을 선택하려는 경향을 나무랄 수는 없다. 아울러 치열한 경쟁의식은 불가피해 진다.

선의의 경쟁은 민주사회에서 필요불가결한 요소이다. 그러므로 경쟁에서 이긴 사람은 승리의 월계관을 쓰고 영예롭게 쾌감을 맛보지만 경쟁에 실패한 사람은 낙망과 고뇌를 안고 좌절의식에 빠져 인생을 포기하는 수도 있다.

이렇게 생존경쟁 속에 살아가는 현대 산업사회에서 자라나는 학생들은 일상생활에서 편할 날이 없다. 학생들은 눈앞에 보이는 것이 오직 경쟁에 이겨야 하겠다는 일관된 상념에 사로잡혀 수단과 방법을 가리지 않고 안절부절하면서 불안과 공포에 떨고 있어 정신건강에 큰 해독을 끼친다.

더군다나 자기의 적성, 흥미, 능력, 인성 등을 객관적인 합리적 방법으로 판단해 볼 여유도 없이 시류에 따라 무조건 상향의식과 소위 출세위주의 사고방식이 지배하게 되므로 요즈음 문제시 되고 있는 「눈치작전」, 「무조건 대학에 가야한다」, 「배짱지원」, 「점쟁이가 배정하는 대학」현상이 난무하게 되는 것이다. 한편 자녀들에 대한 학부모의 지나친 요구나 기대에도 문제점은 있고 교사나 일반 사회인들의 의식도 이러한 범주를 벗어나지 못하고 있다.

이와 같은 무절제한 현상은 진로설계의 원리에 위배되는 처사이다. 뚜렷한 목표와 계획을 설계하지도 않은 채 시대조류에 편승하여 무계획적으로 자신의 중대한 진로를 순간의 선택에 맡겨서야 되겠는가? 순간의 선택이 일생을 좌우한다는 관념을 쉽게 처리해서는 불행을 초래하기 쉽다.

수많은 학생들은 인생의 중대한 진로설계에 대한 관심을 도외시하고 뚜렷한 목적의식이 결여된 채 무조건 대학에 진학하려는 의욕 때문에 자신의 적성이나 능력, 흥미나 성격 등의 고려가 무시된 채 눈치와 배짱지원으로 자신의 일생을 선택하는 경향이 지배적이어서 선택한 전공학과에 들어가서도 만족감을 갖지 못하고 부적응과 불만으

로 표시되는 대학생이(약40%)늘어만 가고 있다.15)

　이러한 현상은 개인적인 차원에서 인력의 낭비일 뿐만 아니라 국가 인력 차원에서도 큰 손실이 아닐 수 없다. 어찌하여 일생의 중대한 선택을 순간에 맡겨서야 되겠는가?

　순간의 선택이 일생을 좌우하는 진로선택은 진로계획이나 설계하는 데 있어서 기본철학이 되는 것이므로 이와 같은 선택을 소홀히 취급할 수가 없다는 것을 인식하여야 한다.

　결국 대학생의 절반 정도는 자기 전공에 불만을 품게 됨에 따라 학습능률이 저하되고 흥미를 잃고 심지어 비관 자살하는 상태로 빠지고 마는 학생도 있어서 문제는 심각하다. 이들은 인생계획에서 실패하고 마는 사람들이 된다.

　우리는 이와 같은 문제들을 주변에서 많이 보아왔기 때문에 사전에 방지하기 위해서도 필요하고 개인의 적재적소에 알맞은 균형된 인력의 배치에도 도움이 되는 합리적이고, 적합한 진로설계의 수립을 위한 노력함은 아무리 강조해도 지나치지 않을 것이다.

　공자의 삼계도(三計圖)에 이르기를16) 「一生之計는 在於幼하고, 一年之計는 在於春하고, 一日之計는 在於寅이니 幼而不學이면 老無所知니라. 春若不耕이면 秋無所望이요, 寅若不起면 日無所辯이라」고 했다.

　이와 같은 계획은 현대사회에서도 요구되는 진로설계의 중요한 가치 있는 교훈이라고 생각된다.

　진로계획은 개인 자신의 객관적 이해, 탐색과정을 통하여 소질, 능력, 지능, 적성, 흥미, 성격, 개인적 포부, 가정여건, 신체적 조건, 가치관, 직업 세계의 이해와 분석, 미래의 전망, 부모의 기대, 학업 성취도, 직업윤리 등을 기초로 시작되어야 하는 개인적인 중대 과업

---

15) 鄭元植, "韓國大學社會에서의 學生生活研究所의 役割", 大學學生生活研究所 機能定立을 위한 學術 심포지움, 忠北大學校生活研究所, 韓國大學 카운슬러 研究協議會, 1982, p. 4.
16) 李民樹 譯, 明心寶鑑, 서울 : 乙酉文化社, 1980, p. 208.

이다.17)

이러한 여러 가지 요인들을 실현 가능한 범위내에서 구체적이고도, 현실적인 수준내에서 고려하여 자신의 진로를 설계하여야 한다. 이렇게 복잡한 문제와 혼란을 하나씩 제거시키고 필요한 분야를 포용하여 참다운 자기는 누구이며, 무엇인가 그리고 장차 어떠한 곳에서 나를 맡기고 평생의 삶의 보람을 풍요롭게 누릴 수 있는가를 점검하기 위해 진로목표를 구체화 시켜야한다.

그러면 진로설계는 어떻게 수립하는 것이 가장 현명한 일인가? 행복한 인생을 이룩하기 위한 삶의 설계를 위한 과정으로서 진로설계는 다음과 같은 기본정신에 초점을 두고 계획되어야 한다.

첫째로, 인생설계는 건축설계와 같은 것이므로 나름대로 장래 어떠한 직업을 가지고 살아갈 것인가에 포괄적이고도 구체적인 설계도를 작성하도록 한다.

그러나 모든 사람이 거울로 삼아야 할 이상적인 틀이 정해져 있다고 주장할 학설이 없는 것은 아니다. 예를 들면, 아리스토텔레스는 항상 이성적으로 사색하고, 행동하는 사람을 이상으로 삼았다.

스피노자는 정념에 의하여 흔들리지 않고 언제나 태연자약한 인물이 되라고 권장하였다. 불가에서는 세속의 번뇌를 벗어나서 열반의 경지에 이르는 것을 이상으로 가르쳤다. 유가에서는 학덕이 높은 성현의 경지에 이르는 것을 최고의 목표로 제시하였다.

이와 같이 철학이나 종교의 스승들의 교설은 이상적인 인간상의 대체적 윤곽을 제시했을 따름이며 이상적인 인간상의 세부적인 모습까지 일일이 규정한 것은 아니다.

집이 필요해서 집을 짓는 사람이 양옥을 짓든, 한옥을 짓든, 이층집을 짓든, 단층을 짓든 그것은 각자가 자유롭게 결정할 일이다. 그러나 쓸모 있고, 아름다운 집을 짓기 위해서는 건축공학과 건축미학

---

17) 金忠起, 進路敎育과 進路指導, 서울 : 培英社, 1988, p. 101.

의 기본원칙을 지켜야 한다는 것이다.

인생의 경우에는 마찬가지임을 인식해야 한다. 각자 어떤 인생을 설계하든 각 개인의 자유이긴 하지만 보람있고 뜻있는 생애를 얻기 위해서는 인생설계의 대원칙을 지키는 범위 안에서 그 자유를 누려야 할 것이다.

둘째로, 진로설계는 개인의 소질과 적성, 능력과 인성 또는 개성에 알맞게 설계되어야 한다.

인간은 누구나 무한한 성장가능성을 지닌 존재이나 소질과 취향에 있어서 서로 간에 남다른 특성을 가지고 있다. 그러나 개인이 처해 있는 사회적·경제적 환경에도 다소 차이가 있게 마련이다.

그러므로 개인에게 주어진 이러한 여건들이 진로설계를 함에 있어서 충분히 고려되어야 한다. 즉 소질과 적성, 능력과 흥미, 신체적 조건, 가치관, 포부 등이 합리적이고, 객관적인 탐색의 바탕 위에 알맞게 추진되어야 한다.

포부수준을 너무 높게 상정해 놓고 개인의 능력수준은 크게 미치지 못할 때 욕구불만이 생기기 마련이며 심하면 갈등 속에 불만이 파괴적이고, 비관적인 방향으로 전개되고 자기를 상실하여 자살에 이르기 십상이다. 이러한 실제적인 예는 초등학교, 중·고등학교, 대학생들이 겪고 있는 문제 중의 하나이다.

그러므로 자신의 구체적인 열망(aspiration)이 가장 좋은 출발점이다. 자기의 여건을 충분히 인식·탐색하여 원하는 바가 구체적으로 무엇인가를 결정해야 할 것이다.

즉 분수에 알맞은 계획을 세워 추진하게 되면 능률이 오르고 흥미를 느끼며 성취감, 만족감, 인정감이 높아질 것이므로 따라서 자부심, 긍지, 만족감, 행복감, 보람 등이 뒤따를 것이다.

그러므로 주체는 어디까지나 개인이 중심이 되고 자기결정으로 직업흥미, 적성, 능력 등을 객관적으로 검토하고 자신의 장래에 진정으로 하고자 하는 일이 무엇인가를 분석하고 구체적 방향을 찾도록 노력하는 일이다.

셋째로 진로설계는 내면적 가치를 존중하는 방향으로 계획되고 설계되어야 한다.

이것은 금전이나 권력이 아무리 중요한 의미를 지닌다해도 그것이 자신의 진로선택을 좌우해서는 안 된다는 것이다.18) 즉 외면적 가치를 강조해서는 안 된다.

"외면적 가치"라 함은 그 가치를 가지고 있는 대상이 그 가치를 경험하는 사람밖에 있거나 또는 그 가치의 실현이 그것을 경험하는 외부에 있는 조건들에 의해서 주로 결정되는 경우를 말한다.19) 대표적인 예로서 재산과 권력 그리고 지위, 명예 따위 등이 가지고 있는 가치를 들 수 있다.

한편 내면적 가치는 그 가치의 실현이 그것을 경험하는 자신의 내적인 요인에 의하여 주로 결정되는 경우를 의미한다. 그 대표적인 예로서는 인격과 사상, 학문과 예술, 보람과 긍지 또는 사랑과 우정 등에 담긴 가치들을 들 수 있다.

오늘날 한국사회에서 표면화되어 있는 가치풍토로 주로 금력과 권력 또는 지위와 같은 외면적 가치가 팽배해 있어서 내면적 가치가 소외당하고 있다. 한편 돈이나 권력과 같은 외면적 가치를 가진 목표를 달성한 사람들이 사회적으로 인정을 받고 있는 실정이다.

그래서 돈을 많이 낸 사람들은 권력을 잡거나 권력의 주변으로 접근하는 사람들이 '성공한 인물'로 인정을 받는 동시에 선망의 대상이 되기도 한다.

이와 같은 가치풍토 속에 살고 있는 까닭에 "자기에게 주어진 특성과 분수에 걸맞은 진로설계를 계획하라"는 원척이 외면당하기가 쉽다.

그러나 획일적 가치관을 벗어나 다가치사회 풍토가 전개되는 민주사회가 이룩되어야만 성공으로 가는 길이 외면적 가치가 아니고 내

---

18) 金忠起, 前揭書, p. 102.
19) 김태길 외 3인, 삶과 일, 서울 : 정음사, 1986, p. 23.

면적 가치풍토로 전향될 수 있다. 따라서 성공으로 가는 길이 온갖 방면으로 뚫려있어서 어떤 종류의 소질이든 그것을 잘 발휘하면 남의 인정도 받고 존경도 받을 수 있는 가치풍토가 되어야 사람들은 누구나 자기의 타고난 소질을 연마하고 발휘하는 일에 전념하고자 하는 강한 동기를 느낄 것이다.

넷째로, 공정한 사회가 요구하는 규범을 지키는 범위 안에서 진로가 설계되어야 한다.

우리는 각자의 생각에 따라서 자기가 원하는 진로를 계획할 수 있는 자유를 가지고 있다. 그러나 인간이 사회적 존재라는 사실은 이 자유에 있어서 제한을 가할 것을 요구한다.

예를 들면, 어떤 직업을 갖느냐 하는 문제는 각자의 자유의사에 따라 결정할 문제이지만 여기에 지켜야 할 사회적 규범이 있는 것이다. 다시 말하면 직업윤리를 지키는 범위 내에서 타인의 권익과 질서를 파괴하지 않고 국법과 윤리에 어긋남이 없도록 설계해야 한다.

다섯째로, 장래 하고 싶은 일을 한꺼번에 결정하는 것은 현명한 처사가 아니요, 오히려 혼란을 가져온다. 즉 인내와 의지력으로 구체적인데서부터 한 단계씩 차례대로 실천하는 일이 중요하다.

학생들은 일반적으로 이상이 높고, 의욕도 강하고, 감수성이나 호기심도 많으며 다양한 가능성을 지니고 있다. 이와 같은 특성을 지닌 학생들이 다양한 환경에 접촉함에 따라 주체적인 주관이 확립되어 있지 않아 흔들리기 쉽다. 그래서 닥치는 대로 한꺼번에 목표달성을 위해 바쁘게 서둘거나 우왕좌왕 하면서 허둥대다가 귀한 시간을 허송하는 사람이 많다.

계획만 세워 놓았다고 모두가 성공적으로 이루어지는 것은 아니다. 계획을 실천하는 과정에서 지혜와 덕이 요구된다. 삶의 과정이란 싸움의 연속이다.

우선 나 자신과 싸워야 하고 또 타인과 싸워야 하며 인간 이외의 자연 또는 운명과 싸워야 한다. 이 연속된 싸움에서 이긴 사람이 삶을 성공적으로 이끈 사람이며 또 행복을 쟁취한 사람이다.

여섯째로, 끊임없이 변천하는 산업사회에서 요구되는 진로정보를 수집, 탐색, 이용하여 자신에게 적합한 자료를 활용하는 것이 필요하다.

진로정보에는 교육정보, 직업정보, 개인·사회적 정보들이 있다. 그러므로 진로계획을 수립할 때에는 진로정보를 충분히 활용해야 한다. 진로정보는 ① 학생 개인의 객관적 이해와 가정환경에 대한 이해자료 ② 변천하는 직업세계에 대한 이해자료 ③ 상급학교 선택에 대한 진학정보자료④ 구체적으로 직업취업이나 진학을 준비하는데 필요한 지식체계의 준비자료 ⑤ 장래의 자기실현에 필요한 사전지식 등이 필요하다.20)

한편, 직업선택의 과정은 ① 직업선택의 필요성 확인 ② 관련정보의 수집과 이용 ③ 가능한 직업의 열거 ④ 각 직업에서의 성취 가능성 ⑤ 각 직업에 대한 가치평가 ⑥ 직업의 선택 ⑦ 결정에 따른 추수지도의 과정을 거쳐 이루어져야 한다.

진로설계의 기본요소를 요약하면 다음과 같다.21)

[그림 1] 진로계획의 요소

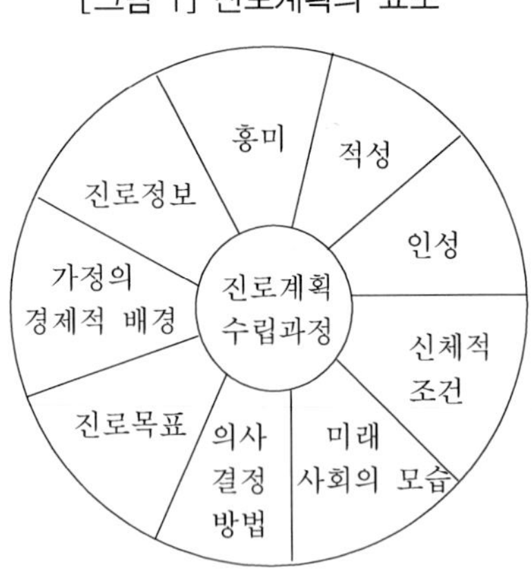

---

20) 李定根, 前揭書, p. 80.
21) 장석민 외 5인, 나의 뜻, 나의 길, 서울 : 한국교육개발원, 1986, p. 355.

위의 그림내용을 구체적으로 명기하면 다음과 같다.

① 진로목표의 수립…장래 나는 어떠한 인물이 될 것이며 어느 직업을 선택하고 포부는 어떠하며 그 가능성을 예측해 본다. 구체적 목표도 설정해 본다.

② 적성…능력으로서 일반 지능, 직업적성과 같은 특수재능을 탐색한다. 능력에는 신체적 조건(허약체, 색약, 맹아, 농아, 체질, 체격, 체능 등), 적성에는 언어능력, 공간지각, 계산력, 추리력, 기계추리력, 수공능력, 사무지각, 형태지각 등이 포함된다.

③ 인성…자아개념, 가치관, 욕구, 성격, 대인관계 등 성격적 특성을 탐색하고 발전시킨다. 인성요인의 성격에는 외·내향성, 활동형, 사교형, 사색형, 안정형, 예술형, 지배형 등이 있으며 가치관에는 이론형, 권력형, 경제형, 사회봉사형, 심미형, 종교형 등이 있다.

④ 흥미…직업적 흥미로서 표현된 흥미, 행동화된 흥미, 검사된 흥미로 구분되는데 검사된 흥미가 가장 신뢰성이 높다. 흥미의 종류에도 문학, 물상, 생물, 사회, 기계, 전자, 상업, 봉사, 사무, 옥외 활동 등의 흥미로 나누어진다.

⑤ 신체적 조건…개인의 체력, 체능, 체중, 용모 등과 같이 직업에 특별히 요구되는 조건을 고려한다.

⑥ 진로정보…교육정보, 직업정보, 개인·사회적 정보를 모두 포함한다.

⑦ 가정의 사회적·경제적 배경…가족구성원, 가정의 사회적·경제적 지위, 부모의 직업과 교육수준, 가치관, 종교, 주거지 등의 환경적 요인의 진로설계에 영향을 크게 미친다.

⑧ 의사결정 방법…진로목표를 성취하는 데 도움이 되는 활동이나 방법을 선택하는 것으로서 진로의사 결정의 전략은 목표의 명료화, 대안의 탐색, 기준의 확인, 대안의 평가 및 결정, 계획의 개발 등 5가지 과정으로 이루어진다.

⑨ 미래 사회의 모습…장래의 전망이나 인력의 수급과정을 탐색하

고 적절히 고용될 수 있는 여건을 알아본다. 또한 장래 발전 가능성과 첨단산업의 유망직종 등의 탐색도 포함된다.

그밖에 학교환경 요인으로 교사의 영향, 교육환경시설, 교재물, 시청각 교구의 사용, 역사와 전통, 동창회 활동상황 등이 영향을 끼친다. 사회적인 요인으로 교육제도의 변화, 국가정책사업의 추진, 직업·직장 윤리의 확립, 교육 및 직업의 기회 균등, 임금구조의 합리적 분배, 사회복지제도의 확립, 민주주의의 토착화 등이 진로설계에 도움이 되는 정보자료임을 제시 한다.

5. 결 론

진로설계는 인생계획의 하위개념으로 진학계획과 직업계획을 포함한다. 이러한 계획이나 설계는 저마다의 인생목표를 달성하고자 하는 설계도와 마찬가지이다.

마찬가지로 진로설계를 결국 직업을 선택하기 위한 사전계획으로서 어려서부터 계획이 설계되어야 한다. 이것은 오로지 진로교육의 차원에서 논의 될 것이며 직업선택의 기본정신으로서 실시되는 과정이다. 학생들의 진로설계는 잠재가능성을 토대로 적성·능력·인성·흥미·신체적 조건을 고려하여 이루어져야 한다.

또한 적재적소에 알맞은 유능한 인재를 양성하여 장차 선택한 직업에 들어가 만족하고 보람과 긍지를 느끼며 행복한 삶의 추구가 이루어지며 자아실현의 경지로 이끌 수 있는 원동력이 되는 것이 바로 진로설계의 초점이라고 할 수 있다.

본 장에서는 진로설계의 기본원리에 근거하여 진로계획 수립과정에 따라 그 가능성의 제안을 시도해 본 것이다.

참 고 문 헌

김영찬, "한국인의 직업관"새교육 5월호, 서울 : 대한교육연합회, 1976.

金忠起, 外 二人, "職業 및 進路教育發展方案研究", 文教部 學術振興財團 研究報告書 1987.

金忠起, "進路教育의 本質", 서울 : 平民社, 1983.

金忠起, "進路教育과 進路指導", 서울 : 培英社, 1988.

金忠起, "職業教育과 進路教育", 서울 : 教育科學社, 1987.

金泰吉 外三人, "삶과 일", 서울 : 正音社, 1986.

서울大學校 師範大學 教育研究所編, "教育學用語辭典", 서울 : 培英사, 1981.

서울특별시 「카운슬러협회보, 42호, 43호」, 서울시 카운슬러협회, 1987.

유네스코 한국위원회, "일반계 고등학교의 진로지도", 서울 : 한국카운슬러협회, 1984.

안병욱, "안병욱 인생론", 서울 : 아카데미, 1978.

李民樹 譯, 「明心寶鑑」, 서울 : 乙酉文化社, 1980.

李定根, "進路指導와 進路相談", 서울 : 中央適性研究所, 1978.

장석민, 서혜경, 임재석, 김홍원, 하종덕, "진로교육의 이론과 실제", 서울 : 한국교육개발원, 1986.

장석민 외 4인, "나의 뜻, 나의 길", 서울 : 한국교육개발원, 1986.

鄭元植, "韓國大學社會에서의 學生生活研究所의 役割" 大學學生生活研究所 「機能定立을 위한 學術 심포지움」, 忠北大學校 學生生活研究所, 1982.

정우현, "직업교육의 과제", 새교육 5월호, 서울 : 대한교육연합회, 1976.

한국교육개발원, 진로교육자료, 서울 : 한국교육개발원, 1982.

Bruce Shertzer, *Career Exploration and Planning*, Boston Houghton Mifflin Co, 1973.

Bruce Shertzer, *Career Planning Freedom to Choose*, Boston Hughton Mifflin Co, 1977.

Robert I. Radin, *Full Potential : Your Career and Life Planning Workbook*, New York : McGraw Hill Book Co., 1983.

Louise Welsh Schrank, *Life : A Practical Guide to Successful Carrer Planning*, Skokie, Ill : VGM career Horizon, 1982.

Vernon G. Zunker, *Career Cornseling : Applied Concepts of life Planning*, Montery, Calif. : Books/Cole Prblishing Co., 1986.

第5章 大學을 왜 가야 하는가

1. 대학이란 무엇하는 곳인가

가. 대학의 어원

대학의 영어 university는 어원인 라틴어의 universitas로서 다수인의 집단이라는 뜻이다. 이 말은 교수들의 집단, 학생들의 집단을 의미했을 뿐만 아니라 로마에서는 직인의 조합·상인의 조합도 의미하였다.

지금도 우리나라에서 이 말은 종합대학교의 뜻으로 사용되고 있다. 역시 대학을 지시하는 college는 collegium이라는 라틴어에서 유래된 것인데 이 말도 universitas와 흡사하게 원래 길드(guild)와 같은 실업인의 동업 조합을 의미하였다. 컬리지는 학료(學寮) 즉 학교 기숙사의 의미로 쓰여 왔으나 우리나라에서는 단과대학 또는 2년제 전문대학을 지시하는 단어로 쓰이고 있다. 지금은 대학교(university) 안에 여러 단과대학(college)이 있다.

나. 대학 일반의 본질

대학을 흔히 진리탐구의 전당이요, 인격을 함양하고 학문을 전수하며 상아탑(ivory tower)이라고 한다. 대학은 역사의 흐름에 따라 기능도 변모한다. 대학과 대학생이 국가사회에서 차지하는 비중과 의미도 시대와 장소에 따라 변한다.

그러나 대학은 변하지 않는 본질이나 사명도 있다. 대학은 지성,

자유, 진리를 이념으로 하는 지성인의 공동체이다.

그 명칭이야 무엇이었든 역사적 배경이나 설립 양식이 어떠하였든 대학은 칼 야스퍼스의 말처럼 "인류의 근본적인 지식욕이 집약되어 실현된 제도"인 것이다.

대학이 국가사회의 발전을 위해서 기여하는 바가 지대하다는 것은 주지의 사실이다. 대학은 고등전문교육을 받은 인적 자원을 양성배출하며 학문 및 과학기술 수준의 향상과 같은 지식 자원을 축적시켜 나가는 기능을 수행하고 있는 데서 비롯되었다.

그러나, 앞으로의 사회는 산업구조가 복잡다양해지는 고도산업 기술사회로 향상 발전되어 가기 때문에 지속적인 변화와 발전을 가능케 하기 위해서는 대학의 사명이나 기능은 새롭게 더욱 강조되지 않으면 안 될 것이다.

대학생은 전통적으로 사회의 수준 높은 엘리트로서 지칭되어 왔다. 그것은 대학의 수나 대학생 인구가 적었고, 교육의 기회가 제한되었고 지금처럼 보편화되기 이전의 시기였던 상태에서 지배되었던 신인문주의의 이념이 성숙해서 19세기 초 독일의 훔볼트가 주장하였던 고전적 기능이 지배하던 때의 상황이다.

당시의 대학의 기능은 이른바 상아탑이니 학문의 전당이니 진리탐구의 도장으로 일컬어 켰다.

한편 18세기 후반부터 영국의 산업혁명에 힘입어 산업의 발달, 과학기술 문명의 변화, 20세기에 들어서면서 근대화, 현대화 과정이 급격하게 이루어지기 시작하였다.

따라서 직업의 세계도 다양화, 세분화, 전문화 추세에 따라 이에 적응해야 할 전문 직업인의 요구가 절실해지는 전문화 시대가 도래하였다.

그리하여 관념론에 기반을 둔 훔볼트식의 대학 이념은 차츰 비판을 받기 시작하였다.

즉, 대학은 이제 "학문을 위한 학문"의 이념 추구의 장소가 아니라 국가나 사회가 요구하는 봉사 기능의 의미를 갖지 않으면 안 되고 직업인, 전문인을 양성하는 직업대학으로서의 기능을 충실하게 실천하는 교육기관으로서의 역할을 담당해야 할 시점에 와 있는 것이다.

사실 대학의 기능은 전통적인 학문의 연구에만 급급해서는 안 되는 현실적응의 문제가 대두된 것이다.

Alvin Toffler가 쓴 『제3의 물결』에서 제시한 바와 같이 산업사회가 도래하고 있는 이 시점에서 산업사회의 복잡한 과학기술 문명의 발전에 따른 직업세계의 문화, 다양화 현상에 현명하게 선택하고 적응하기 위해서는 이에 대응하여 적재적소에 알맞은 직업선택에 초점이 모아진다.

즉, 대학을 졸업한 후의 세계는 결국 전문가 또는 전문인으로서의 직업을 수행할 수 있는 적절한 준비교육이 대학에서 갖추어져야 하는 것이다. 그러므로 대학은 직업인, 전문인 양성을 위한 대책이 계획·수립되어야 하고, 국가사회에 유능한 전문인을 양성하는 곳으로 평가되어야 하는 것이다.

따라서 대학은 사회의 지도자로서 수준 높은 응분의 대우와 함께 발전 지향적인 요인으로 인정받게 되는 것이다.

2. 대학을 왜 가야 하는가

그 이유야 여러 가지가 있겠으나 우선 좋은 직장을 얻을 수 있고 높은 수준의 보수를 보장받을 수 있으며 사회적으로 인정받고 승진의 기회가 열려 있어 장래의 전망이 밝고 뚜렷하기 때문인 것으로 생각할 수 있다. 물론 개인차에 따라 또는 가치관의 차이에 따라 다르게 평가될 수 있다.

대학을 선호하는 일반적인 이유는 우선 보다 나은 직업을 갖기 위함일 것이다. 공부를 월등하게 잘하면 일류대학을 들어갈 수 있고, 그리고 일류대학을 나오면 일류직장을 얻을 수 있으며 여유있는 삶을 보장받을 수 있어 행복한 생활을 누릴 수 있기 때문인 것 같다.

그래서 학부형이나 교사들, 그리고 학생들은 너도나도 대학을 가야 하겠다고 몸부림치고 있는 것이다.

그런데 과연 대학만 나오면 모든 것이 만족스럽게 해결될 수 있다고 생각하는가? 해마다 약 70여만 명의 고등학교 졸업자가 쏟아져 나온다. 그중에 전국대학에서 수용할 수 있는 입학정원은 전국 고교 졸업생의 3분의 1정도인 25만여 명이 대학에 들어오고 있다.

그러면 약 60~70% 학생은 고등학교가 완성교육의 성격으로 대학을 진학할 수 없게 되는 것이다. 따라서 이들은 고등학교 졸업수준에서 인생계획을 수립해야 할 것이다.

한편 대학에 들어간 학생들도 결국 졸업 후에는 일정한 직업을 찾아 사회생활을 시작하게 되는 것이다.

그런데 대학선택을 자신의 적성이나 능력, 흥미, 성격에 알맞은 전공선택 보다는 무조건 대학에 가야 하겠다는 집념에 사로잡혀 위와 같은 적성을 무시하고 눈치나 배짱지원으로 일생의 중대한 선택을 순간에 맡겨버리는 일이 허다하여 대학에 들어와서는 적성에 맞지 않아 부적응, 불만, 학업부진 등 결함을 갖게 되어 비관을 하거나 문제행동을 일으키고 일생의 불행을 안게 되는 학생이 수없이 많다.

따라서 대학을 가고자 하는 학생은 자신의 주어진 여건을 잘 고려해야 한다. 무턱대고 남이 가니까 덩달아 쫓아가는 피동적인 인간이 되어서는 안 된다. 우선, 자신의 능력, 적성, 흥미, 성격, 신체적 조건, 가정의 뒷받침, 가치관 등을 참작해야 한다.

대학은 전문직업인을 양성하는 곳이며 이에 따른 전문직은 전체 직업세계 가운데 차지하는 비율은 불과 4.1% 정도에 그친다. 그렇기 때문에 모두 대학을 졸업한다 해도 전문직에 취직될 수 있는 뚜렷한 전망은 없다. 그러므로 대학에만 들어간다고 해서 자기가 바라던 바에 따라 뜻대로 성취될 수는 없는 것이다.

해마다 20여 만 명의 대학졸업자가 쏟아져 나오지만 이들이 갈 곳은 매우 제한되어 있다. 1990년 초만 하더라도 대학졸업자의 약 46% 정도 밖에 취업을 못하고 있는 현실이다. 대학을 졸업하고 취업을 못하면 역시 취업재수생으로 남게 마련이다.

따라서 수많은 고등교육 인력이 낭비되고 있는 현실이므로 개인의 인력소모는 물론 국가의 고급인력 손실이 되므로 모두가 대학에 가야만 한다는 생각은 버려야 한다. 그렇다고 모두 대학을 포기하라는 의미는 아니다. 능력있는 우수한 인재들은 고려해 볼 만하지만 대학에서 수학할 능력이 없는자도 남이 가니까 덩달아 가는 경우도 많이 있음을 알아야 한다.

누구나 보람과 긍지를 느끼고 행복한 삶을 추구하는 욕망이 있지만 이것이 대학에 가야만 해결된다는 생각은 잘못된 것이다. 요는 적재적소에 알맞은 유능한 일꾼이 되는 것이 가장 바람직한 일이다.

그러면 어떠한 일이 가장 보람있고 바람직한 방향인가? 그것은 자신의 분수에 알맞게 생애설계를 하는 것이다. 남을 의식할 것이 아니라 자기자신을 의식하는 직업이 중요한 것이다.

대학을 꼭 가야만 성공하는 것도 아니고 출세가 보장되는 것도 아니다. 다만 자기능력과 가정형편에 알맞은 방향에서 진로선택이 성공하는 길인 것이다.

다양한 사회로 변하고 있는 만큼 직업세계에서 남들이 거들떠보지 않는 곳이라 할지라도 자신의 소신대로 남보다 뛰어나고 추종을 불허하는 각 분야의 전문가가 되는 것이 현명한 선택인 것이다.

대학은 모든 사람의 요구를 전부 수용할 수는 없다. 대학은 전문인을 양성하는 곳이다. 각 분야에 전문가를 양성하는 대학은 매우 제한되어 있지만 능력과 노력에 따라 결정될 수 있으므로 대학을 선택하는 사람은 충분한 실력을 길러야 한다. 아울러 자신의 가정환경 등 경제적 여건의 뒷받침이 따라야 할 것이다.

第 6 章 듀이(Dewer)와 職業敎育

1. 서 론

　　현대사회는 고도의 산업사회로서 변화와 발전이 시시각각으로 급변하고 있다. 1960년대 이전만 하더라도 근대화가 이루어지지 못한 상태이어서 정치·경제·사회·문화·교육면에서 괄목할 만한 변화를 보이지 못했었다.

　　그러나, 1960년대 이후부터 경제제일주의 정책에 힘입어 사회는 점점 복잡해지고 다양해져서 산업기술·과학문명의 발달, 직업세계의 다양화·전문화로 전향됨에 따라 이러한 새로운 변화에 적응하기 위해서는 새로운 지식과 기술을 필요로 하고 습득하지 않으면 안 되는 사회로 변모해가고 있다.

　　따라서 과거의 전통적 가치 속에서 맴돌던 형편으로 현대사회를 적응해가기 위해서는 학생들이 보다 현명하게 진로를 선택하고 결정할 수 있도록 도와주는 역할과 기능이 요청된다.[1]

　　그러나, 이와 같은 직업교육의 강조는 그리스 시대 이후 우리의 교육사상을 지배하고 있는 교양교육(liberdd education, 자유교육)사상에 정면으로 도전하는 것이다. 따라서 현재 제기되고 있는 교육에서의 교양교육과 직업교육의 대립문제는 교육사상가와 이론가들 간의 주요 논쟁거리 중의 하나이며 이러한 대립은 극단에 이른다.

　　그러나, 듀이는 이러한 교양교육과 직업교육과의 이원론적 대립을 지양하고 이를 일원화하려는 노력을 하였다. 따라서 본 논문에서는

---

1) 김충기, 진로교육과 진로지도, 서울 : 배영사, 1988, pp. 10-11.

일원화를 위한 듀이의 주장을 살펴보고자 한다.

　듀이의 이러한 시도는 지배계층과 피지배계층으로 사회가 분리되어 이들에게 각기 다른 교육, 즉 지배계층을 위해서는 교양교육을, 그리고 피지배계층을 위해서는 좁은 의미의 직업교육을 실시하여 사회를 양분화 하는 것을 막고 진정한 의미의 민주주의 사회를 건설하려고 하는 것이기도 하다.

2. 본 론

가. 듀이의 직업의 정의

듀이는 직업에 관하여 다음과 같이 정의 내리고 있다.2)

　　“직업(vocation)이라는 것은 다름이 아니라 우리의 생활활동(life acti-vities)을 그것이 성취하는 결과로 말미암아 그 활동을 하는 우리 자신에게 명백한 의미를 주고 주위의 다른 사람에게도 유용한 것이 되도록 이끌어가는 것을 가리킨다. 직업생활(cdreer, 진로)에 반대되는 것은 여가도 아니요, 교양도 아니며, 오직 개인의 편에서 보면 무목적성, 방종, 경험의 누적적 성취의 결여요, 사회의 편에서 보면 안일한 자기과시, 다른 사람에 대한 기생적 의존이다.”

　한편, 직업(vocation)과 구분하여 어떤 일에 종사하는 것(occupa-tion)에 관하여는 다음과 같이 정의내리고 있다.3)

　　“어떤 일에 종사한다는 것(occupation)은 어떤 일을 계속적으로 한다는 뜻을 나타내는 구체적인 용어이다. 그것은 전문적인 분야나 기업에

---

2) J. Dewey, Democracy and Education, New York : Macmillan Publishing CO. Inc, 1944, p. 307.
3) 상게서, p. 307.

종사하는 것은 말할 것도 없고, 기계적인 노동이나 돈벌이가 되는 일을
하는 것뿐만 아니라 일체의 기술, 특수한 과학적 능력, 효과적인 공민적
자질을 발달시키는 일에 이르기까지 모든 활동에 적용되는 용어이다.”

듀이는 직업(vocation)을 당장 눈에 보이는 물건을 만들어 내는
작업활동(occupation)과 같은 좁은 의미로 보지 말아야 한다고 하면
서 위의 정의에서와 같이 직업(vocation)과 작업활동(occupation)을
구분한다.

직업은 한 사람에게 오직 하나씩 한정적으로 배분되어 있다는 생
각도 버려야 한다. 그러한 제한된 전문화는 있을 수 없다. 개인들이
장차 오직 한 가지 방향의 활동만 하리라는 생각으로 교육하는 것만
큼 불합리한 것은 없다.

왜냐하면 첫째로 각각의 개인은 반드시 여러 가지 소명(calling)-
해야 할 일-을 가지고 있으며, 그 하나하나에 다같이 지적인 효율
성을 발휘해야 하기 때문이다.

예를 들면 아무도 그냥 예술가, 그밖에 아무것도 아닌 그냥 예술
가일수는 없다. 누군가가 이런 상태에 비슷하게나마 접근한다면, 그
사람은 인간으로서 덜 발달된 사람이며, 일종의 괴물과 같은 존재이
다. 예술가일 뿐 아니라 그는 적어도 삶의 어느 기간 동안은 가족의
일원이요, 친구와 동료들 사이에서 살며, 스스로를 부양하거나 다른
사람에게 부양된다. 이런 점에서 보면 사업에 종사하는 셈이 된다.
어쩌면 그는 정치집단이나 그밖에 다른 기관의 일원일 수도 있다.

흔히 우리가 그 사람의 직업을 말할 때에는 그가 다른 사람과 공
통으로 하고 있는 일보다는 그를 다른 사람들과 구별 짓는 소명을
들어서 말하게 된다. 그러나 교육의 직업적 측면을 논의할 때에는
사람의 직업을 댈 때 쓰는 용어에 구애되어서 그가 하는 여러 가지
다른 소명들을 도외시하거나 아예 그런 것이 없다고 생각해서는 안
된다고 지적한다. 듀이의 이와 같은 직업에 대한 생각은 우리가 흔

히 직업이라고 하는 것과는 거리가 멀다는 것을 알 수 있다.

둘째로는, 어떤 일이든지 다른 관심들과 유리되어 있으면 그것은 의미를 잃어버리고 판에 박힌 일에 그냥 바쁘기 만한 상태가 되고 말기 때문이다.

예컨대 어떤 사람의 직업이 예술가라고 말하는 것은 그 사람이 하는 여러 가지 다양한 직업 활동 중의 두드러진 전문적 측면을 가리키는 것에 불과하다. 듀이는 그가 예술가라는 직업에서 얼마나 효율성-인간적인 의미에서의 효율성-을 발휘하는가 하는 것은 그것과 다른 소명들과의 관련에 의해서 결정된다고 강조한다.

그 사람의 예술이 단순한 기술적인 업적 이상의 것이 되려고 하면 그는 '경험'을 해야 한다. 여기서 경험을 해야 한다는 것은 곧 삶을 살아야한다는 것과 같은 뜻이다. 그는 자신의 예술적 활동의 소재나 내용을 그 예술 안에서 찾을 수는 없다. 그의 예술은 그가 맺은 다른 관계 속에서 그가 받는 고통과 기쁨의 표현이어야 한다.

예술가의 경우뿐만 아니라 그밖의 어떤 특별한 소명의 경우에도 마찬가지이다. 물론, 뚜렷한 직업은 어떤 것이든지 그 특별한 분야가 너무 강하게 두드러지고, 그것에만 사람들의 마음을 사로잡는 경향이 있다. 그리고 여기에 따라 의미보다는 기술이나 전문적 방법이 강조될 가능성이 있다.

그러므로 교육이 해야 할 일은 이 경향을 조장하는 것이 아니라 그것을 방지하는 것이며, 그렇게 함으로써 과학연구가는 단순히 과학자가 아니며, 교사는 단순히 가르치는 사람이 아니고, 목사는 단순히 목사복장을 하는 사람이 되지 않도록 하는 것이다.

나. 교양교육과 직업교육의 이원론

교양교육(liberal education)과 직업교육의 문제는 끊임없이 재기되는 논쟁거리 중의 하나이다. 듀이는 교육이론 간의 갈등은 궁극적으

로 교육에서 직업이 차지하는 위치의 문제로 귀착된다고 한다.4)

교양교육(자유교육, **liberal education**)과 직업교육(기술교육, **professionaland industrial education**)의 분리는 회람시대로 거슬러 올라간다. 희랍교육은 살기 위하여 노동을 해야 하는 사람과 그 필요에서 면제된 사람 사이의 계층구분을 공공연하게 표방하는 제도였다.

후자의 계층에 알맞은 자유교육은 전자의 계층에 주어지는 노예적인 훈련보다 내재적으로 높은 수준의 교육이라고 생각되었고, 이 생각은 한 계층은 자유인이고, 다른 계층은 노예적 지위에 있다는 사실을 반영한다.

이 후자의 계층에 속하는 사람의 노동은 자신의 생계유지를 위해서 필요할 뿐만 아니라, 상위 계층이 직접 직업-이것은 거의 온종일 시간을 들여야 하며, 특별히 지력을 필요로 하지도 않고 지력에 대한 대가도 주어지지 않는 그런 종류의 일이었다-에 종사하지 않고 살 수 있도록 하기 위해서도 필요하였다.

희랍인의 사고에 의하면 인간은 생물계에서 가장 높은 자리를 차지하고 있다. 인간은 어느 정도는 식물이나 동물이 가지고 있는 구조와 기능을 가지고 있다. 영양, 생식, 운동 또는 실제적 기능이 그것이다. 유독 인간만이 가지고 있는 특이한 기능은 우주의 모습을 관조하는 기능인 이성이다. 따라서 참으로 인간적인 목적은 이 인간만이 가지고 있는 특권을 가능한 한 충분히 실현하는 것이다.

관찰, 명상, 지적 탐색, 사변의 삶을 그 자체의 목적으로 추구하는 것 이것이 올바른 인간의 삶이다. 뿐만 아니라 이성은 인간성을 이루고 있는 위의 요소들-욕망과 능동적, 연속적 충동-을 적절하게 통제하는 기능을 한다.

그런데, 아리스토텔레스에 의하면 이성이 삶의 법칙으로 작용하는 것은 비교적 소수의 사람에게만 가능하다는 것이다. 대다수의 대중

---

4) 상게서, **p. 306.**

에서는 식물적 및 동물적 기능이 지배적으로 작용한다. 그들의 지력은 대단히 미약하고 불확실해서 끊임없이 신체적 욕망과 열정에 밀려난다. 오로지 이성만이 최종의 목적이 될 수 있으므로 그런 사람들은 진정한 의미에서 그 자체로서의 목적이라고 할 수가 없다.

식물이나 동물, 기계적 도구와는 달리 그들은 자기에게 주어진 일을 수행하는 데에 어느 정도의 재량을 발휘하기에 충분한 지력을 가지고 있기는 하지만 식물이나 동물, 기계적 도구와 마찬가지로 그들을 부리는 사람이 가지고 있는 목적을 달성하기 위한 수단이요, 장식이다. 그리하여 사회적 관례에 의해서만이 아니라 천성에 의해서도 노예―즉, 다른 사람의 목적을 위한 수단―인 사람들이 있다.

개인의 그냥 사는 것과 가치 있게 사는 것 사이에는 굉장한 차이가 있다. 여기서 개인이 가치 있게 살기 위해서는 먼저 살아야 한다. 단순히 사는 것, 생활의 수단을 얻는 것에 소비하는 시간과 에너지는 이성적 의미가 내재된 활동을 할 시간과 에너지를 빼앗아 간다. 또한, 그것은 이 후자의 활동과 어울리지도 않는다. 수단은 머슴노릇이며, 유용하다는 것은 노예적이라는 말과 상통한다.

참된 삶은 물질적인 필요가 아무런 노력 없이 부지불식간에 충족될 수 있을 때, 또 그 정도만큼 가능하다. 그리하여 생활의 수단은 노예와 직인, 여자들을 써서 확보하고 그 대신 지력을 충분히 갖춘 사람들은 내재적으로 가치 있는 일에 한가롭게 관심을 가지며 여가의 삶을 살 수 있게 해야 한다는 것이다.

이와 같이, 노예의 활동과 자유민의 활동으로 구분되는 두 가지 종류의 일에 각각 상응하는 두 가지 종류의 교육이 있다. 즉 천한 기계적 교육과 지적인 자유교육이 그것이다.

사람들 중의 일부는 적절한 실제적 연습을 통하여 일을 하는 능력, 다시 말하면, 물질적인 일용품을 만들어 내고 개인적 봉사를 하기 위하여 기계적 도구를 사용하는 능력을 훈련받는다. 이 훈련은 단순한 습관화와 기계적 기술에 관한 것으로서 사고를 일깨우고 기르는 것이 아니라 반복과 부지런한 적용을 통하여 이루어진다.

자유교육(교양교육)은 지력의 고유한 기능, 즉 아는 것을 훈련하는 데에 목적을 둔다. 이 지식은 물건을 만들거나 생산하는 것과 같은 실제적인 일과 관련이 없을수록 지력을 사용하는 데에 더 적합한 것이다.

그러나, 오늘날의 교육도 과거의 교육과 마찬가지로 이원론적 성격을 그대로 유지하고 있다.

교육에서의 교양과 유용성의 분리는 내재적이고 절대적인 것이라고 생각되지만, 사실에 있어서 그것은 역사적이고 사회적인 것이다. 이 구분은 앞에서 살펴본 바와 같이 희랍에서 시작되었는데, 참으로 인간다운 삶은 다른 사람의 노동의 결과에 얹혀사는 소수인들의 삶이라는 사실에 기초를 둔 것이다.

이 사실은 지성과 욕망, 이론과 실제의 관련에 관한 심리학 이론에 영향을 주었다. 또한 이 사실은 인간을, 이성의 삶을 살 수 있고 따라서 자신의 목적을 가지고 있는 사람과 오직 욕망을 가지고 있고 다른 사람이 제시하는 목적에 따라서 일해야 하는 사람의 두 부류로 영구하게 구분하는 정치이론으로 구현되었다.

심리학과 정치라는 두 가지 면에서의 구분이 교육상황에 적용되어서, 앎을 그 자체의 목적으로 추구하는 자족적 여가의 삶을 위한 자유교육과 지적, 심미적 내용이 없는 기계적인 일을 위한 유용한 실제적 훈련 사이의 분열이 생겨났다.

오늘날의 상황과 관련하여 이론에 있어서 근본적으로 다양하며 사실에 있어서도 달라진 것이 많지만, 옛날의 역사적 상황의 요인들이 여전히 그 세력을 가지고 있어서 그 교육적인 구분은 그대로 남아 있다.

다. 듀이의 직업교육을 통한 교육

(1) 교양교육과 직업교육의 이원론에 대한 비판

교양교육과 직업교육은 교육사나 교육이론에서 끊임없이 제기되는 문제이다. 듀이는 지금까지 양분되어 실시 되어온 교양교육과 직업교육에 관하여 다음과 같이 말하고 있다.

과거의 교육은 단지 직업교육이라는 이름을 붙이지 않았을 뿐이지 사실상으로는 지배계층을 위한 교육이나 대중을 위한 교육이나 모두가 직업교육의 성격을 띠고 있었다.5)

첫째로 대중의 교육은 뚜렷하게 실용적인 교육이었다. 그것은 교육이라기보다는 '도제교육'(apprenticeship)이라고 불렸다. 이것은 다른 말로 하면 경험을 통한 학습이라고 부를 수 있다.

즉, 학교에서 3R을 가르치는 것은 여러 가지를 읽고 쓰고 셈하는 능력으로서 모든 종류의 노동에 공통요소가 되어 있기 때문이다. 이 교육은 학교 바깥에서 다른 사람의 지도하에 특별한 계통의 좁고 형식적인 성격의 학교 공부는 명백히 도제교육이라고 불리는 것과 조금도 다름없는 도제교육의 한 부분이었다.

둘째로 이러한 직업교육의 성격은 지배계층의 교육에서도 마찬가지로 나타난다. 다만, 그들이 종사하는 통치와 향락은 '직업(profession)'이라는 이름으로 불리어지지 않았을 뿐이다.

직업이라든가 직장이라는 이름은 오직 육체노동, 생산수단이나 돈으로 환산하여 보수를 받는 노동, 또는 특정한 사람에게 개인적 봉사를 하는 경우에만 붙어 있었다.

예컨대 상당히 오랫동안 의과의사나 내과의사의 직업은 이발사의 직업과 거의 동등한 수준이었는데 이것은 의사의 일이 어느 정도로는 주로 몸을 써서 하는 일이었기 때문이고 어느 정도로는 어떤 특

---

5) 상게서, p. 313.

정한 사람에게 직접 봉사하고 보수를 받는 일이었기 때문이다.

그러나 만약 우리가 말 뒤에 숨은 의미를 생각해 본다면, 정치적인 면에서나, 경제적인 면에서나, 전시에나 평화시에나, 사회적 관심사를 이끄는 일은 어떤 것이든지 보통 말하는 다른 직업과 조금도 다름없이 직업(calling)이며, 교육이 완전히 전통의 손아귀에 들어있지 않던 곳에서는 고등교육은 과거 상당히 오랫동안 전체적으로 보면 바로 이 일을 위한 준비를 시켜주는 데에 목적을 두었다.

뿐만 아니라 자기과시, 개인적 장식, 위세를 얻는 데에 도움이 되는 사교생활과 오락생활, 돈을 쓰는 것, 이런 것들도 분명히 직업처럼 되어 있었다. 의식적으로 그렇게 한 것은 아니겠지만, 고등교육기관은 이런 종류의 직업을 위한 준비를 시켜주는 데에 공헌해 왔다. 오늘날에도 어떤 계층에게는 이른바 고등교육이라는 것이 일반적으로 이런 종류의 활동에 효과적으로 종사하도록 준비시키는 일이다.

특히 가장 높은 수준에서의 고등교육을 보면 그것은 대학교수와 전문연구가를 위한 직업교육이다. 누가 보더라도 빈둥빈둥 노는 일, 가르치는 일, 문필업, 지도자의 자리를 위해 준비를 시켜 주는 일을 주로 하는 교육이 비교육적 교육이요, 심지어 특이하게 교양적 교육이라고 생각되어왔다는 것은 생각할수록 묘한 미신이다.

책이든 신문 사설이든 잡지 기사이든 간에 저작활동에 간접적으로 적합한 문학 훈련은 특히 이 미신의 대상이 되고 있다. 수많은 교사와 저자가 전문화된 실제적 교육의 침범을 경계하고, 문화적, 인간적 교육을 옹호하는 글을 쓰고 주장을 펴고 하면서도, 자신이 자유교육이라고 부르는, 자신이 받은 교육이 주로 현재 그가 종사하고 있는 그 직업을 위한 훈련이었다는 것을 인정하지 않는 것이다.

단순히 그는 습관적으로 자신이 하는 일을 본질상 문화적, 교양적인 것으로 보고 그 밖에 다른 직업이 문화적, 교양적 가능성을 가지고 있다는 것을 도외시하는 것이다. 이 구분의 밑바닥에는 분명히 직업이라는 것은 오직 한 사람이 그를 고용한 특정한 고용인을 위하여 일하는 경우만을 가리킨다고 보는 전통이 깔려있다. 그 보다 더 궁극적인, 사회라는 고용인이 있다는 것을 깨닫지 못하는 것이다.

특히, 현재에는 고용하는 계층과 고용당하는 계층이 모두 지적, 정서적 제약을 받고 있는 형편이다. 고용을 당하는 사람은 그 직업에 대하여 거기서 오는 금전적인 보상 이외의 아무 다른 관심이 없는 경우가 대부분이며, 고용하는 사람은 오직 이득과 권력에 시야가 국한되어 있다.

현대사회의 최대 악은 빈곤이나 거기서 생기는 고통 같은 것에 있는 것이 아니라 그토록 많은 사람들이 그들에게 매력도 없는 직업에 오직 금전적인 보상 때문에 종사한다는 사실에 있다. 그런 직업은 그것에 종사하는 사람에게 끊임없이 혐오감, 악의, 우습게보고 회피하려는 욕망 등을 일으킨다. 마음도 머리도 그 일에 있지 않다.

그 반면에 세속적인 부귀를 누리면서 많은 사람들의 활동을 비록 독점하지는 않는다 하더라도 지나치게 통제하는 위치에 있는 사람들은 상호적 교섭의 평등성과 일반성의 범위에서 벗어나 있다. 그들은 복종과 시위의 삶에 마음이 쏠려 있다. 그들은 다른 사람과 그들을 갈라놓고 있는 거리들, 그들의 힘과 훌륭한 소유물과 향락에 대한 다른 사람들의 경탄으로 메우려고 한다.

지금까지 살펴 본 바와 같이 교양교육과 직업교육(대중기술교육)은 서로 따로 존재하는 교육형태가 아니라 양자가 다 직업교육의 성격을 포함한다고 듀이는 주장하고 있다.

(2) 직업교육으로의 통합

① 시대적 상황

아리스토텔레스 이후 상황은 이론에 있어서 근본적으로 다양하며 사회적 상황 역시. 법적인 노예제도가 폐지되고, 민주주의가 파급되고 과학과 전반적인 교육여건이 확장되었음에도 불구하고 옛날의 역사적 상황의 요인들이 여전히 세력을 떨치고 있어서 유식계층과 무식계층, 유한계층과 노동계층으로 사회가 분열되는 형편은 전과 다름이 없으며 그것들과 엉거주춤하게 타협하려는 시도는 흔히 교육적 조치의 타당성을 감소시키고 있다.

민주사회에 있어서의 교육의 문제는 그러한 교육목적의 이원론을 없애는 것이다. 다시 말하면, 모든 사람에게 있어서 사고가 자유로운 실제의 지침이 되도록 하는 교육과정, 그리고 여가는 봉사의 책임에서 면제된 상태가 아니라 그 책임을 기꺼이 받아들이는 데서 오는 보상으로 생각하도록 하는 그런 교육과정을 구성하는 것이다.

그러나 현존하는 산업체제를 출발점으로 하는 직업교육과 교양교육에 대한 통합의 시도는 그 체제가 나타내고 있는 구분과 약점을 받아들이고 영속시킬 가능성이 있으며, 따라서 사회적 지위 예정설이라는 봉건적 독단을 사실로 확립하는 도구가 될 가능성이 있다. 자기가 하고 싶은 대로할 수 있는 위치에 있는 삶들은 자유교양의 효과를 나타내는 직업을 가지려고 할 것이다.

체제를 둘로 갈라서 운수가 별로 좋지 않은 사람들에게 특수한 취직준비교육을 시키려는 것은 결국 학교를 노동과 여가, 교양과 봉사, 마음과 몸, 지도하는 계층과 지도받는 계층 등의 옛날의 구분을 명목상의 민주사회로 이월시키는 기관으로 취급하는 것이다. 그러한 직업교육은 거기서 다루는 자료와 과정에서 과학적, 역사적인 면에서의 인간적 의미를 불가피하게 감소시킨다.

한편, 현대사회는 직업교육을 강조하고 있으며 직업교육분야의 발전도 눈부시다. 이같이 오늘날 직업교육을 의식적으로 강조하고 이전의 교육이 암암리에 품고 있었던 직업교육적 성격을 의도적으로 분명하게 드러내는 데에는 그 이유가 있다.

첫째로, 민주적인 사회에서는 육체노동, 상업, 사회에 구체적인 봉사를 하는 사람들이 점점 존경의 대상이 되고 있다.

이론상으로 보아서 이제 남자나 여자나 할 것 없이, 사회로부터 받은 지적, 경제적 면에서의 지원에 대하여 무엇인가 사회에 되돌려

주어야 하는 것으로 되고 있다.

노동은 신성한 것으로 찬양되고, 봉사는 높이 찬양되는 도덕적 이상이 되고 있다. 아직까지도 안일한 자기과시의 삶을 사는 사람들에 대한 존경과 선망이 남아 있기는 하지만, 높은 도덕적 정서를 가진 사람들은 그런 삶을 백안시한다. 시간과 개인의 능력을 사회적 책임의 완수에 사용해야한다는 것이 과거 어느 때보다도 더 일반적으로 인정받고 있다.

둘째로, 지난 1세기 반 동안 산업과 밀접하게 관련된 직업이 굉장한 중요성을 띠게 되었다.

제조업과 상업은 이제 국내와 해당 거주지역의 범위를 넘어서서 세계를 상대로 하게 되었다. 이 분야는 점점 많은 사람들로부터 최선의 에너지를 모아서 활용하고 있다.

제조업자, 은행가, 산업의 우두머리들이 그전의 귀족지주들을 대신하여 사회의 업무를 직접 지도하는 형편이 되었다. 사회적 재조정의 문제라고 하면 거의 노사관계를 생각할 정도로 산업은 사회문제에서 중요한 위치를 차지하고 있다.

이와 같이 산업적 과정의 사회적 중요성이 크게 증가함에 따라 학교와 산업생활과의 관련 문제가 표면에 부각될 수밖에 없었다. 그와 같이 방대한 사회적 재조정은 전혀 상이한 사회적 조건에서 물려받은 교육제도에 필연적으로 도전을 하게 되어 있으며, 교육에 새로운 문제를 안겨 주게 되었다.

셋째로, 이제 산업은 풍속에 의해 전해 내려오는, 본질상 경험적인 주먹구구식 방법에서 벗어났다는 사실을 들 수 있다.

기술은 이제 '공학'이 되어서, 수학, 물리학, 화학 등으로 발전되어 나온 기계기술에 기초를 두고 있다. 경제혁명은 과학이 해결해야 할 문제를 제시하고 기계설비에 대하여 더욱 큰 지적 경의를 자아내도록 함으로써 과학 연구를 자극하였다. 그리고 산업은 과학으로부터 대가를 복리로 쳐서 받았다. 그 결과로 산업에 관련된 직종은 그전에 비하여 무한히 많은 지적 내용과 무한히 큰 교양적 가능성을 가지게 되었다.

따라서 노동자들에게 그들이 하는 일의 과학적, 사회적 기초와 관련하여 이해시키는 교육이 절실히 요구되고 있다. 이는 그런 교육을 받지 않은 사람은 틀림없이 그들이 조작하는 기계의 부속품과 같은 역할로 전락하고 말 것이기 때문이다. 구체제에서는 동일한 직종에서 일하는 사람들이 누구나 거의 동등한 수준의 지식과 안목을 가지고 있었다. 그들의 일은 일하는 사람이 직접 자기 마음대로 다루는 도구를 쓰는 것이었기 때문에 그들은 비록 좁은 범위에서나마 개인의 지식과 창의성을 개발할 수 있었다.

그러나 이제 기계를 조작하는 사람은 그전의 사람들이 도구를 자기의 목적에 맞추었던 것과는 달리, 자기자신을 기계에 맞추지 않으면 안 된다. 한편으로 산업이 주는 지적 가능성은 몇 배나 늘어났지만 그것에 비하여 산업의 조건을 보면 대다수의 대중에게 오늘날의 산업은 마을에 내다 팔 물건을 손으로 만들던 옛날보다 더 교육적 자원의 구실을 못하고 있다. 그리하여 일에 내재해 있는 지적 가능성을 실현하는 책임이 다시 학교에 부과되었다.

넷째로, 과학에서 지식을 추구하는 방식은 실험에 더욱 의존하게 되었고, 과학적 지식은 변증법적 추리의 방법이나 상징과는 거리가 멀다.

그 결과로 산업과 관련된 직업은 그전보다 더 과학적 내용을 포함하게 되었을 뿐 아니라, 지식이 만들어지는 방법에 익숙하게 되어 그것과 접촉할 기회도 그만큼 더 많이 제공되었다. 보통의 공장에서 일하는 직공은 너무나 직접적인 경제적 압력을 받으면서 일하기 때문에 실험실에서 일하는 사람처럼 지식을 만들어 낼 기회를 가질 수는 없다.

그러나 학교에서는 학생들이 주로 통찰을 얻는 데에 의식적인 관심을 두는 그런 조건하에서 기계를 다루고 교육과정에 접하도록 할 수 있다. 만약 이 조건이 갖추어져 있다면 공작실과 실험실의 구분은 관례적인 것에 지나지 않는다. 즉, 실험실은 문제가 요구하는 지적 관심을 자유롭게 추구할 수 있도록 해 준다는 이점이 있으며, 공작실은 과학적 원리의 사회적 관계를 강조하면서 다수의 학생들에게 생생한 흥미를 자극할 수 있다는 이점이 있는 것이다.

다섯째로, 학습심리학, 특히 아동기의 학습심리학에서 밝혀낸 새로운 사실은 삶에서 산업이 점차로 중요시 되는 것과 맥을 같이하는 주장을 하고 있다.

현대심리학은 탐색한다든가 실험한다든가 하는 원초적인 학습의 소산이 아닌 본능이 근본적으로 중요한 역할을 한다는 것을 강조하고 있다. 즉 학습이라는 것은 '마음(mind)'이라고 하는, 이미 만들어진 그 무엇이 하는 일이 아니요, '마음'이라고 하는 것 자체의 원래의 능력이 의의있는 활동 속에 조직되어 들어간 상태를 가리킨다는 것이다. 따라서 나이 어린 학생에게 놀이가 생득적인 활동 경향을 교육적으로 발달시키는 기회가 되듯이, 나이든 학생에게는 일, 즉 직업활동이 그런 기회가 된다.

② 직업교육을 통한 교육

듀이는 개인이 직업을 통해서만이 능력을 발휘하고 사회에의 봉사가 가능하다고 한다. 즉, 자유교육의 수단으로서 직업교육을 인간의 기본자세로 받아 들였으며, 특히 직업교육을 민주화의 수단으로 보았다. 따라서 개인이 그에게 알맞은 활동을 하게하고 민주사회를 건설하기 위한 교육으로 직업을 도구 삼는다. 듀이는 직업을 통한 교육의 이점을 다음과 같이 세 가지로 기술한다.

○한 개인이 그의 특이한 능력과 사회봉사 사이의 균형을 찾는 것은 오직 직업(occupation)을 통해서이다. 자신이 무엇을 하기에 적합한가를 찾아내고 그 일을 할 기회를 얻는 것은 행복의 관건이다.

○올바른 직업이라는 것은 간단하게 말하여 그 사람의 적성이 잘 발휘되면서 최소한의 마찰과 최대한의 만족을 얻을 수 있는 그런 직

업이다.

○지역사회의 다른 사람의 입장에서 이와 같은 올바른 직업을 가졌다는 것은 곧 다른 사람들이 그 사람으로부터 최선의 봉사를 받고 있다는 것을 뜻한다.

또한 직업은 목적이 있는 연속적인 활동이다. 따라서 직업적 활동을 통한 교육은 그 속에 학습으로 연결되는 요인들을 다른 어떤 방법보다도 더 많이 결합해 가지고 있다. 그런 교육은 본능과 습관을 가동하며 수동적으로 받아들이는 학습을 용납하지 않는다. 그것은 구체적인 목적을 가지고 있고 달성해야 할 결과가 분명히 제시되어 있다.

따라서 그것은 사고를 자극한다. 그것은 목표에 대한 생각을 꾸준히 간직하면서 활동이 고정된 틀에 박혀 있거나 변덕에 좌우되는 일이 없도록 요구한다. 요컨대 직업적 활동은 단순히 외적인 산물에 목적을 두는 것이 아니라 활동을 실현하는 데에 목적을 두는 그런 조건에서 이루어진다면, 여러 가지 요건을 한꺼번에 충족시킬 수 있다.

직업적 활동은 또한 필연적으로 정보와 아이디어, 지식과 지적 성장을 조장하는 계기가 된다. 그것은 엄청나게 다양한 세부 사항들 속을 뚫고 지나가는 축이 되어서, 서로 다른 경험들, 사건들, 정보들이 서로서로 질서정연하게 배열되도록 한다. 변호사, 의사, 화학의 어떤 분야에 관한 실험연구를 하는 사람, 학부모, 자기지역에 관심이 있는 시민의 모든 사람들은 각각 자기의 관심사에 관계되는 일을 눈여겨보고 관련짓도록 끊임없이 자극을 받고 있다.

그의 직업을 수행하겠다는 동기에서 무의식적으로 그들은 모든 관련된 정보를 찾으려고 손을 뻗고 그것에 매달린다. 직업은 이들의 손을 끌어당기는 자석이요, 그들을 붙이는 풀이다. 이와 같이 조직된 지식은 필요와 직결되어 있기 때문에 생생한 의미를 가지고 있다. 그런 지식은 행동으로 표현되고 행동에서 재조정되기 때문에 결코 침체되는 일이 없다.

순전히 추상적인 목적을 위하여 사실들을 분류하고 선택하고 배열한 의식적으로 만들어진 교과는 그 확실성이나 효과에 있어서 직업을 수행해야한다는 긴박감 밑에서 단단하게 조직된 그런 지식과는 도저히 비교가 되지 않는다. 이런 지식에 비하면 전자의 지식은 형식적이고 피상적이고 싸늘하게 얼어붙어 있다.

직업을 '위한' 훈련으로 적절한 것은 오직 직업을 '통한' 훈련뿐이다. 교육의 과정은 그 자체가 목적이며 나중의 할 일을 위한 충분한 준비는 오직 당장 현대의 삶을 가장 충실히 사는 것이라는 원리를 말하였거니와 이 원리는 교육의 직업적 측면에서 그 가장 풍부하고 완전한 의미를 드러낸다. 모든 시대의 모든 인간에게 으뜸가는 직업은 삶－지적, 도덕적 성장이다.

학생들이 장차 종사하게 될 직업을 미리 정하고 정확하게 그것에 들어맞는 준비를 시키기 위하여 교육하는 것은 현재의 발달 가능성을 해치는 것이며 따라서, 장차 올바른 직업생활을 위한 준비도 잘 시켜주지 못한다. 이때까지 여러 차례 말한 일이 있는 원리를 되풀이 하자면, 그러한 훈련은 고정된 방향으로 기계와 같은 기술을 길러 줄지는 모르지만 직업에서 지적인 보람을 찾을 수 있도록 해주는 기민한 관찰, 조직적이고 창의적인 계획 등의 능력은 길러주지 못한다.

이것에 대한 유일한 대안은 초기단계에서의 일체의 직업준비교육은 직접적인 것이 아니라 간접적이어야 한다는 것이다. 즉 그 단계의 학생의 필요와 흥미에 맞는 능동적 활동에 종사하도록 하는 것이다. 이렇게 함으로써 교육을 하는 사람과 받는 사람 모두에 있게 되고, 그리하여 나중에 종사할 전문분야를 올바르게 선택할 수 있게 된다.

능력과 적성의 발견을 성장이 계속되는 한 끊임없이 계속되는 과정으로 보는 것은 임의적이고 관례적인 견해이다. 가령 어떤 사람이 자신은 공학과 관련된 사물에 지적으로 또 사회적으로 흥미가 있다는 것을 발견하고 그것을 그의 소명으로 삼기로 결정했다고 하자.

기껏해야 이것은 앞으로의 성장이 방향 지어질 분야를 대체적으로 드러내는 정도일 뿐이다. 이것은 이후의 활동을 이끌어 나가는 데에 사용될 대체적인 초벌지도이다.

교육자들이 직업안내를 하면서 그것을 마치 결정적으로 돌이킬 수 없는 완전한 선택을 하도록 해 주는 것이라고 생각한다면, 교육도 나중에 선택할 직업에 모두 경직되어 계속적인 성장에 방해가 될 뿐이다. 그렇게 되면 그 직업에서 그 사람은 영구히 종속적인 위치에 있으면서 보다 융통성과 적응력을 발휘할 수 있게 하는 직업을 가진 다른 사람들의 지력을 실천에 옮기는 일밖에 할 수가 없다.

직업선택을 융통성있게 재조정해 나가는 것을 또 하나의 직업선택이라고 말하는 것은 보통의 어법으로는 어색하지만, 형편을 사실대로 말하면 바로 그렇다. 어른들도 그들의 직업이 앞길을 가로막고 그들을 화석으로 만들고 있는 것이 아닌지 늘 살펴야 한다면, 젊은 이들의 직업준비를 담당하고 있는 교육자가 그들로 하여금 목적과 방법을 끊임없이 재조직하도록 하는 데에 각별한 주의를 해야 한다.

그러나 이때까지의 논의에서 강조된 바와 같이 '이러한 교육적 재조직'은 단순히 현재 운영되는 그대로의 산업과 직업 분야에서 일할 사람들에게 기술적인 면의 준비를 시켜줌으로써 이룩되는 것이 아니요, 하물며 기존의 산업조건을 그냥 학교에 옮겨 놓음으로써 이룩되는 것은 더욱 아니다. 문제는 학교를 제조업이나 상업의 부대시설로 만드는 것이 아니라 산업을 구성하고 있는 요인들을 활용하여 학교생활을 더 활발하게 하고 직접적인 의미로 충만되게 하며 학교의 경험과 관련되도록 하는 것이다.

이 문제를 해결하기는 쉽지 않다. 교육이 선택된 소수만을 위한 옛날의 전통을 영속해나갈 위험은 항상 내재해 있으며, 새로운 경제적 조건에 맞추어 스스로를 조절한다 하더라도 어느 일방적인 편인가 하면, 오늘날의 그릇된 산업체제의 변형되지 않은, 합리화되지 않은, 사회화되지 않은 측면에 그대로 순종하는 식으로 맞출 가능성이 있다. 보다 구체적인 용어를 써서 말하자면 직업교육이 이론이나 실제에 있어서 "취직교육(trade educa-tion)"-장차의 전문적인 직업분야에 관련된 기술적 효율성을 획득하는 수단-으로 해석될 위험이 있다는 것이다.

그렇게 되면 교육은 사회의 기존 산업체계를 변형시키는 수단으로 작용하는 것이 아니라 그것을 그대로 영속시키는 수단이 될 가능성이 있다. 우리가 바라는 변형이 어떤 것인가를 형식적으로 규정하기는 어렵지 않다. 즉, 각 개인이 그의 일에 대해서 관심을 가지고 있는 관심은 강제되지 않은 지력이 요구되는 관심이며 관심의 선택은 자신의 적성과의 일치여부에 입각해서 이루어진 상태-이것이 이런 사회의 모습이다. 그것을 실현할 수 있는가 없는가는 다른 어떤 것보다도 그 변화를 일으키는데 알맞은 교육방법을 채택하는가 않는가에 달려 있다.

3. 요약 및 결론

현재의 교육이론들간에 끊임없이 제기되고 있는 논쟁거리 중의 하나는 교양교육과 직업교육의 문제이다. 이는 교육에서 직업이 차지하는 위치에 대한 문제이다. 듀이는 현재철학의 여러 이론들 사이의 갈등은 궁극적으로 교육에서 직업이 차지하는 올바른 위치와 기능문제로 귀착된다고 지적한다.

자유교육(교양교육)과 직업교육(기술교육)의 분리는 희랍시대로 거슬러 올라간다. 희랍시대는 살기 위하여 노동을 해야 하는 사람과 그 필요에서 면제된 사람간의 계층구분이 분명했다. 이와 같은 노예의 활동과 자유민의 활동에 상응하는 두 가지 종류의 교육, 즉 천한 기계적 교육과 지적인 교양교육이 그것이다.

사람들 중의 일부는 적절한 실제적 연습을 통하여 일을 하는 능력

다시 말하면 물질적인 일상품을 만들어 내고 개인적 봉사를 하기 위하여 기계적 도구를 사용하는 능력을 훈련받는다. 이 훈련은 단순한 습관화와 기계적 기술에 관한 것으로서, 사고를 일깨우고 기르는 것이 아니라 반복과 부지런한 적용을 통하여 이루어진다. 자유교육은 지력의 고유한 기능, 즉 '아는 것'을 훈련하는 데에 목적을 둔다. 이 지식은 물건을 만들거나 생산하는 것과 같은 실제적인 일과 관련이 없을수록 지력을 구사하는 데에 더 적합한 것이다.

이 같은 교양교육과 직업교육간의 구별은 현재의 특권계층(지배계층)과 대중들의 교육에서도 여전히 구별되어 나타난다. 특권계층의 교양교육이나 대중의 기술교육은 모두가 결국은 직업교육의 형태를 띠는 것이라고 주장한다.

특히, 가장 높은 수준에서의 고등교육을 보면 그것은 대학교수와 전문연구원을 위한 직업교육이다. 누가 보더라도 빈둥빈둥 노는 일, 가르치는 일, 문필업, 지도자의 자리를 위한 준비를 시켜 주는 일을 주로 하는 교육이 비직업적 교육이요, 심지어 교양적 교육이라고 생각되어 왔다는 것은 생각할수록 묘한 미신이라고 말한다.

듀이는 이같이 양분화 되는 교양교육과 좁은 의미의 직업교육의 문제를 직업을 통한 교육으로 해결하기 위해서(일원화되기 위해) 직업에 대한 개념을 통상 우리가 쓰는 직업이라는 말과는 다르게 정한다. 즉, 직업(vocation)이란 우리의 생활활동(life activities)을 그것이 성취하는 결과로 말미암아 그 활동을 하는 우리 자신에게 명백한 의미를 주고 주위의 다른 사람에게도 유용한 것이 되도록 이끌어가는 것을 가리킨다고 한다.

또한 듀이는 직업을 당장 눈에 보이는 물건을 만들어 내는 작업활동(occupation)과 같은 좁은 의미로 보지 말아야 할 뿐만 아니라, 직업은 한사람에게 오직 하나씩 한정적으로 배분되어 있다는 생각도 버려야 한다고 한다.

즉, 첫째로 개인은 반드시 여러 가지 소명을 가지고 있으며 둘째로, 어떤 일이든지 다른 관심들과 유리되어 있으면 그것은 의미를 잃어버리고 판에 박힌 일에 그냥 바쁘기만 한 상태로 되고 만다고 한다. 따라서 직업의 내용이 다양하고 서로 관련되어 있다는 점, 그리고 한 특정한 직업이 두드러지게 드러나는 이면에는 넓은 배경이 깔려 있다는 점을 염두에 두고, 이제 개인이 그에게 알맞은 활동을 할 수 있도록 하려면 직업이 수단이 되는 교육으로 가능하다고 지적한다.

첫째, 한 개인이 그의 특이한 능력과 사회봉사 사이의 균형을 찾는 것은 오직 직업을 통해서이다. 둘째, 직업은 목적이 있는 연속적인 활동이다. 따라서 직업적 활동을 통한 교육 속에서 학습으로 연결되는 요인들은 다른 어떤 방법보다도 더 많이 결합되어 있다. 셋째, 직업을 '위한'훈련으로 적절한 것은 오직 직업을 '통한'훈련뿐이다.

그러나 오늘날의 교육사태(교양교육과 직업교육간의 이원화)를 해결하기 위해 중요한 것은 사회의 여러 직업을 전형적으로 예시하는 여러 가지 형식의 작업활동을 활용하고 또 그것에 포함되어 있는 지적, 도덕적 내용을 부각시키는 방향으로 학교교육의 내용과 방법을 점진적으로 구성하는 것이다.

그렇다고 해서 이러한 교육적 재조직이 단순히 현재 운영되는 그대로의 산업과 직업 분야에서 일할 사람들에게 기술적인 면의 준비를 시켜 줌으로써 이룩되는 것이 아니요, 하물며 기존의 산업조건을 그냥 학교에 옮겨놓음으로써 이룩되는 것은 더욱 아니다. 문제는 학교를 제조업이나 상업의 부대시설로 만드는 것이 아니라 산업을 구성하고 있는 요인들을 활용하여 학교생활을 더 활발하게 하고 직접적인 의미로 충만되게 하며 학교외 경험과 관련되도록 하는 것이다.

이 문제를 해결하기는 쉽지 않다. 그러나 듀이는 교양교육과 좁은 의미의 직업교육(기술교육)을 통합하기 위한 도구로서 '직업'을 활용하는 교육이 해결하는 열쇠라 하였다. 또한 이러한 교육(직업교육을 통한 교육)은 사회계층이 구분되지 않은 진정한 의미의 민주사회를 건설하는 데 기초가 된다고 여긴다.

참 고 문 헌

김충기, 생애교육과 생활지도, 서울 : 평민사, 1981.

김충기, 진로교육과 진로지도, 서울 : 박영사, 1988.

Peters. R. S., 죤 듀이의 재고찰, 박영환(역), 서울 : 성원사, 1986.

유진수, "자유교육 이론으로서의 듀이의 경험과 Hirst의 지식의 형식" 석사학위 청구논문, 서울대학교 대학원, 1984.

Dewey, J., 학교와 사회, 이연기(역), 서울 : 박영사, 1981.

임한영, 죤듀이의 생애와 사상, 서울 : 배영사, 1983.

Dewey, J., *The Child and the Curriculum*, Chicago & London : The University of Chicago Press. 1956.

Dewey, J., *Democracy and Education*, New York : Macmilan Publishing Co. Inc, 1944.

第7章 自殺豫防과 治療를 위한 進路指導의 方向

1. 문제의 제기

5월은 청소년 보호의 달이다. 매년 5월이 오면 국가적인 연중행사를 치른다.

이것은 아마도 청소년들이 제2세 국민으로서 장차 이 나라의 주인공이 되는 소중한 사람들이기에 그와 같이 전국적인 캠페인을 벌이는 것일게다. 한편 5월은 "가정의 달"로서 가정의 역할과 중요성이 제기되기도 하였다.

그럼에도 불구하고 아리따운 청소년들이 자신의 삶에 대한 애착과 희망을 저버리고 이 시기에 자살을 기도하고 애끓는 죽음을 택했다는 매스컴의 보도를 접하고서 경악을 금치 못하고 심각성을 느꼈다.

더구나 "청소년 보호의 달"에 10여 명의 중고등학교 학생들이 성적불만이나 학업성취에 한계점을 느낀 나머지 부모의 기대에 어긋난다고 비관하여 죽음을 택했다는 사실은 우리 모두에게 충격적인 사건이 아닐 수 없다. 또한 6월에도 8명이나 되는 청소년이 같은 내용으로 비관, 자살을 하였다는 것이다. 아마도 보도되지 않은 사례까지 전부 합한다면 상당한 수에 이를 것으로 짐작된다.

왜 이렇게 하느님이 주신 고귀한 생명을 초개같이 여기고 영영 돌이킬 수 없는 죽음을 택하고 있는가? 여기에 가정이나 학교, 사회에 문제점이 도사리고 있음을 깨달아야 한다.

지나간 옛날(?)을 회상해 보면, 그것도 먼 옛이야기가 아니라

1950년대 6·25동란 때만 하더라도 모든 국민이 헐벗고 못 먹으면서 고생을 밥 먹듯이 하던 때를 생각해 본다면, 지금의 생활은 매우 윤택하고 어려움 없이 잘 지내고 있는데 그 당시 보다 오히려 불만이 더 많고 자살하는 수가 늘어만 가고 있으니 이게 웬 일인가? 이대로 방치해 두어도 괜찮은가? 자살이 점점 늘어가고 있는 원인은 무엇인가?

그 원인을 분석하고 사전에 방지하도록 노력해야 할 것이며 치료하는데 적극 서둘러야 할 것이다. 급증하는 청소년들의 자살은 자녀를 키우는 부모들에게 일대 경종을 울려주고 있다. 뿐만 아니라 학교교육기관이나 사회일반에서도 경각심을 갖게 하고 있다.

2. 자살심리와 청소년

청소년기는 "질풍노도의 시기"로 불리어지며 신체적·정서적으로 변화가 많은 시절이다. 인생행로의 험난한 풍랑에 비유될 수 있다. 어떤 청소년은 그 변화무쌍한 환경에 잘 적응하도록 노력하지만 반면에 적응을 잘못하는 학생도 있다. 이것은 마치 풍랑을 잘 헤쳐 나가, 바라던 항구에 도착하는 경우도 있지만 누구는 침몰에 비유할 수 있는 자살을 하게 된다.

청소년의 자살수행 및 자살기도가 심각한 문제라는 것은 비단 한국에만 국한된 문제가 아닌 일찍이 선진국인 미국이나 일본에서도 청소년 사망의 두 번째 원인이 될 정도로 그 정도가 매우 심각하다.

결국 자살하는 사례가 우리나라에서만 범람하고 있다는 사실이 아니므로 소홀히 넘기기 쉬우며 어떻게 보면 선진국에서 이미 성행하고 있는 사실이므로 그렇게 신경을 쓸 필요가 있겠는가 하는 생각이 들 수도 있다. 그리고 마땅히 선진국형의 전철을 밟고 있는 것이므로 자연적인 추세로 심각성을 덜 갖는 사람도 있다. 그러나 이것은 크게 잘못된 생각이다.

왜냐하면 청소년들이 앞으로 삶의 추구를 위해 한창 열을 올리고 노력하면서 긍정적인 삶을 살기 위해 진취적인 행동을 갖지 못하고 채 꽃을 피우기도 전에 그만 사라지는 형태는 아무리 보아도 국가적으로나 개인적으로 좋게 보아 넘길 수 없었기 때문이다.

사회는 그동안 많이 변했다. 단순했던 농본주의 사회에서 벗어나 고도의 산업사회로 급속하게 변모하고 있다. 과학기술문명의 발달, 인구의 폭발적인 증가, 직업세계의 다양화, 전문화, 황금만능 풍조의 범람, 가치관의 혼란, 취업의 좁은 문, 교육열의 향상, 개인주의와 요령주의 팽배, 생존경쟁을 위한 대학입시의 압박감, 학교 안에서의 우열을 겨루는 성적경쟁, 인기있는 학교로 몰려드는 새로운 학군으로의 이동현상 등의 살벌하고 숨 가쁜 생활이 전개되는 요즈음의 세태가 바로 현대 산업사회의 특징이라 할 수 있다. 이러한 변화의 소용돌이 속에서 우리는 살고 있다.

이와 같은 생존경쟁의 험악한 틈바구니 속에서 감수성이 예민하고 변화가 다양한 청소년들은 어찌할 바를 모른 채 온통 갈피를 못 잡고 방황하는 무리들이 많아진다. 이러한 청소년들을 현명하게 수용하고 이해하며 따뜻하게 지도해 주어야 하는데 그러한 겨를이 없다. 학생들에게 씌워지는 신체적, 정신적 부담이 너무 벅차 감당하지 못해 쓰러질 지경이라는 청소년들이 많이 늘어나고 있음을 목격할 수 있다. 부모나 학교의 교사들이 학생들에게 요구하는 것이 너무나 많으며 기대하는 바도 능력 이상으로 크다고 할 수 있다.

이러한 기대의 대부분은 공부를 잘해서 일류대학 일류학과에 들어가 나중에 좋은 직장, 좋은 보수를 기대하는 부모들의 욕심(?)이 자녀들에게 과잉 투사되어 학생들은 그 속에서 헤어날 길이 막연한 경우가 허다하다. 물론 자녀들의 장래를 위해 지나치게 걱정한 나머지 그 지도를 위해 노력하는 방법일 것이다.

그러나 학생들은 공부하는 데 너무 벅찬 부담을 안고 부모의 기대에 어긋나지 않기 위해 노력을 기울인 결과가 그것에 미치지 못할 때 자연히 욕구불만과 좌절에 빠져들어 비관하거나 결국에 가서는 도무지 해결할 능력이 쇠잔되어 인생을 하직하는 결과를 가져온다. 즉, 자살에까지 이르는 것 같다.

그러면 자살은 무엇 때문에, 왜 하게 되는가? 여기에 대한 해답은 다양하다. 인간은 살고자 하는 욕구와 죽음의 욕구가 있는데 아마도 삶의 욕구가 죽음의 욕구보다 조금 더 강하기 때문에 살고 있는 것이 아닌가 생각된다. 만일 죽음의 욕구가 더 강하다면 벌써 죽음을 택했을 것이다.

대개 자살하는 심리는 자신의 욕구가 순조롭게 충족되지 않았을 때 그것이 심화되면 욕구좌절이나 비관을 하게 되고 또 이것이 더욱 심해지면 자살에 이르게 된다고 한다. 즉, 스트레스가 계속 누적되면 문제가 다른 곳으로 비화되어 문제를 낳게 된다. 그러므로 스트레스가 쌓이면 곧 이것을 재빨리 풀도록 노력해야 한다. 스트레스는 해소되지 못하면 하나의 정신병에 걸리기 쉽다.

스트레스 종류에는 여러 가지가 있다. 우선 자신의 욕구충족이 마음대로 이루어지지 않았을 때 발생한다. 예를 들면 공부를 아무리 잘 해보려고 했지만 성적이 오르지 않고 남보다 뒤떨어졌을 때, 스트레스를 느낀다. 남보다 못생겼거나 능력이 부족해도 상대적으로 열등감에 사로잡히면 역시 스트레스를 받는다.

우리가 생활해 나가는 일상의 과정에서 뜻대로 안되거나 실패하게 되면 고민도 하게 되고 정신적으로 상당한 고통을 느낀다. 외부의 압력에 의해서도 일어난다. 여기에 외부의 압력이란 부모의 무분별한 강요, 사회적인 요구나 강요, 학교에서의 학력선호, 요구조건에 충족하지 못하면 부적응을 야기하며 좌절되며 불만을 갖게 되고 이것이 더욱 심하면 심적으로 불안하고 고통을 느낀다. 친구와의 대인관계에서도 원만하게 적응하지 못하면 마찬가지로 부적응 행동이 일어나고 고립상태에 빠져 외로움을 느끼게 된다.

　　자살을 기도했던 청소년은 그렇지 않은 청소년과 비교해 볼 때 더 많은 환경의 변화가 있음을 알 수 있다. 잦은 주거지 이동, 그에 따른 전학, 부모를 떠나 다른 사람과의 생활환경, 또 부모의 이혼, 사망, 별거 또는 재혼으로 인한 부모의 결손 등 일련의 환경변화가 자살기도를 하지 않았던 청소년보다 더 많음을 볼 수 있다.

　　즉 이것은 어린 시절의 예기치 않은 중요한 인간관계의 상실이 많았으므로 생활안정과 적응에 어려움을 느껴 세상을 비관하고 외롭게 느끼면서 행동의 제약을 가하고 소극적이면서도 불행함을 느끼는 것이다.

　　그밖에 부모나 친척 중 자살경험이 더 많다든지, 부모가 모두 직장을 갖고 있기 때문에 딴 사람이 돌 본 경험이 더 많다든지, 부모가 알코올중독자 등의 문제점들이 있는 경우가 많다.

　　이런 문제들은 "청소년기"란 새롭고 어려운 시기에 들어서면서 청소년들이 지금껏 이런 문제 대비해 왔던 방법이 달라짐으로 부모와의 대립과 같은 형태로 나타나게 된다. 그리하여 부모들은 아이들의 부정적 행동을 잘 이해하지 못하고 부당하게 야단만 친다고 생각한다. 이것이 분노로 변하여 불만을 표시하든지 아니면 대화가 없이 자기 혼자 지내려는 경향으로 발전하게 된다. 그러면 문제가 더욱 악화되기 쉽다.

　　청소년기에 을 수 있는 문제를 몇 가지 나누어 보면, 행동문제, 질병, 학교, 동료문제로 구분해 볼 수 있다.

　　행동문제로는 반항적 행동, 침울하든지 혹은 더 심하면 누구와도 말하지 않은 침묵을 지키든지, 거짓말을 하든지, 심하면 가출까지 하는 사태가 발생한다.

　　그러므로 한 수단으로 해결 안 되는 좌절이 있게 되면 더 나쁜 행동이 나타나는 악순환이 계속된다.

　　자살기도의 청소년을 보면 본인이나 가족 중 한 사람이 자살기도 직전에 병으로 치료, 입원, 사망하는 율이 그렇지 않은 청소년 보다 훨씬 높다는 통계로 알 수 있다. 질병에는 신체적 질병, 정신적 질병 모두 다 포함한다.

또한 자살 청소년을 보면 거의 학교에 어떤 문제가 있다. 학교를 안다닌다든지 혹은 적응의 어려움이 있다든지, 성적이 불량하고 동료와의 관계가 좋지 않았다든지 등의 학교문제를 갖는 청소년이 아주 많다. 특히 동료와의 관계형성에 문제가 적지 않다. 이들은 어른 사회에서도 소외당하고 동료들로부터도 이해되지 않는다고 생각한다. 따라서 이들은 외롭고 걱정을 나누고 대화할 대상이 없다고 생각하여 심리적으로 불안해진다. 삶의 의미를 상실하고 만다.

최근에 청소년들, 특히 중·고등학생들이 가정환경의 여건이 전보다 윤택해져서 문제가 없을 것이라고 생각하는 부모들이 많은 경향인데 청소년들은 그렇지 않다. 앞에서도 제시한 바와 같이 요즈음 학생들은 "공부공포증"에 쫓기고 있는 것이다. 하루 종일 쉴 사이 없이 공부 속에서 헤맨다. 다시 말하면, 부모의 요구나 기대수준에 아이들은 능히 쫓아갈 수 없다는 기대공포증에 사로잡혀 자신이 건전한 정신태도를 지닐 수 없다는 것이다.

학급에서 일등을 못했다고 열등감에 빠지거나 반장을 못했다고 하소연하거나 대학입시에 실패했다고 불안해하면서 비관하는 학생이 많다. 대학에 불합격했다고 불명예스러울 것도, 생각하기 나름에 따라 재기할 수 있고 또 다시 노력하면 될 터인데 참지 못하고 부모나 선생님에게 죄송스럽게 느끼고 비관하여 자살하는 소동이 벌어지곤 하는데 너무 생각을 단순하게 처리하는 습성이 문제가 된다.

사회가 생존경쟁이 심하니까 이 경쟁에서 승리하려면 피나는 노력이 요구된다. 그러나 노력해도 안 되는 경우도 있을 것이다. 그럴 때 이를 잘 소화시켜 부적응을 일으키지 않도록 사전에 준비하는 교육이 필요하다.

3. 지도방향

인생은 경쟁이다. 삶은 싸워서 이기지 않으면 안 될 몇 가지 중요한 대상이 있다. 자연과 사람과 그리고 자기자신이다. 장발장으로 하여금 반복되는 감옥생활에서 구제되게 한 빅톨 위고의 마지막 해답은 자신과의 싸움에서 이겼을 때 시장의 자리로 탈바꿈할 수 있다는 것이었다. 그래서 위고는 자연과 너와 그리고 자신과의 싸움에서 극기로 이겨낼 때 진정한 삶의 인간성이 있다고 강조하였다. 한마디로 극기할 수 있는 인간을 길러내야 한다는 것이다.

요즈음 청소년들은 과거의 생활환경이 어려웠을 때 겪었던 청소년들보다 매우 심약한 편인 것 같다. 고통과 고뇌와 고민을 씹고 인생이 무엇인가를 생각해 보는 청소년기의 당면과제를 인식할 수 있는 기회조차 없이 단순히 편리하게 살아가려는 의식구조가 팽배해져서 조금만 힘들고 어려워도 이것을 이기고 정복하려는 용기와 패기가 부족한 것 같다. 그래서 쉽게 좌절하고 무능해지고 자신을 학대하는 것이다.

청소년의 미래에 큰 영향을 미칠 수 있는 가장 중요한 고비의 하나라고 할 수 있는 대학입시를 앞둔 학생들, 앞으로 맞이하게 될 중·고등학생들은 어느 정도의 불안과 초조, 긴장 및 우울상태를 피하기 어렵다. 발달단계로 보아 청소년들은 입시나 공부문제 아니더라도 장차 자신이 어떤 사람으로 살아야 할 것인가에 대한 가치관과 주체성을 형성해 가는 과정에서 정서적인 불안정을 경험할 수 있다. 다소 불안과 긴장은 공부에 필요한 집중력을 높여주고 그 후에 오는 성취감을 더욱 크게 해 줄 수도 있다.

따라서 부모들은 자녀가 긴장과 불안을 이겨낼 수 있도록 도움을 주고 있는지 관심이 지나쳐 오히려 불안과 긴장을 더욱 악화시키고 있는지 돌이켜 볼 필요가 있다.

심리학자 에릭슨(Enkson. E)은 "주체성의 위기"라고 말하고 있는

데 첫째는 지적인 주체성, 둘째는 사회성 내지는 사교적인 관계를 원만히 풀어가야 하며, 셋째는 남자는 남성답고 여성은 여성다운 성적인 주체성이 확립되어야 적응상의 문제점이 없어질 것이다.

청소년 문제의 시발점은 아주 어린 시절, 즉 인격형성의 중요한 시기에 모성실조(mother deprivation)나 가정환경의 뒷받침, 결여, 학교에서의 학업성취의 실패 등이 주요문제이다.

여기에서는 청소년의 부적응, 자살예방과 치료를 위한 지도방향을 다음과 같이 제시하고자 한다.

가. 가정교육의 충실

가정은 인간교육의 기본이요, 부모는 가정의 교사이다. 가족구성원들의 애정을 중심으로 부모와 자녀간의 풍부한 대화를 전개하며 인간관계를 원만하게 유지하도록 해야 한다. 가정을 통하여 기본적인 인격형성 및 가치관과 윤리관이 확립되도록 가정에서의 윤리교육이 강화되어야 한다.

한편 부모의 획일적인 가치관에 얽매이지 말고 자녀중심으로 잠재력을 최대한으로 발휘할 수 있도록 분수에 알맞게 소질, 적성, 흥미, 능력, 신체적 조건에 따라 자신의 열망이 최대한으로 신장될 수 있도록 안내하고 존중해 주어야 한다. 부모의 지나친 간섭이나 억압, 요구, 기대가 크면 클수록 자녀들은 수용하기 어렵게 된다.

가정교육을 통해 올바른 가치관, 교육관, 주체성을 확립할 때 자녀들은 순조롭게 적응될 수 있는 것이다. 부모들은 자녀들에게 일등이나 일류만을 강요할 것이 아니라 얼마만큼 자신의 능력을 최대한으로 발휘하였는가에 깊은 관심을 가지고 격려해 주어야 한다.

부모와 자녀와의 관계가 원만한 화목한 가정 분위기 조성이나 적성이나 소질 발견, 그에 따르는 적재적소에 알맞은 진로지도를 초등학교 때부터 발달단계에 따라 잠정적인 진로계획을 수립하는데, 능동적으로 결정하는데 적극 지원해 주어야 한다. 그리하여 자신의 선택으로 인생계획이 마무리 되도록 지도조언을 하되 강요하지 말 것이다.

나. 학교에서의 지도방향

학교는 전인교육의 장소로서 정규교과에 충실할 것이며 학교의 명예나 교사 개인의 실적을 올리는 인기전술에 매료되어 학생들을 도구화해서는 안된다. 소위 일류대학 일류학과에 몇 명 더 입학시키기 위해 오로지 예비고사 점수에만 의존할 것이 아니라 적성이나 흥미, 능력에 알맞게 진로상담으로 개인이 원하는 방향으로 인도해 주어야 한다. 학생들은 이해와 수용, 포용력을 가지고 개인의 문제점을 분석·파악하여 항상 민주적으로 개별적인 관심과 친절로서 진정한 대화의 반려자가 되어야 한다.

또한 지나친 경쟁의식을 배제하고 상호 협동하는 동료와의 관계형성에 힘쓸 뿐만 아니라 항상 문제를 이해하고 경청하며 정신수양을 위한 교양교육을 강화시켜야 한다. 시험성적이 인생의 전부가 아니고 학교생활의 하나의 과정이라는 사고를 형성시켜야 하며 성적만능의 사고방식을 주입시켜서는 안 된다.

다. 사회기관의 협조

사회는 학교교육의 연장으로서 하나의 교육의 장이 되어야 한다. 사회구성은 다가치사회로서 어느 한 분야만 소중하고 인기 있는 곳이 아니라는 점을 인식시켜 주어야 한다. 사회환경이 교육적이고, 모범적인 곳이 되어야 한다. 정직한 사람이 잘 살 수 있고 능력에 따라 응분의 대가를 받을 수 있는 정의로운 사회가 되어야 한다.

사회는 장차 청소년들이 사회생활을 유감없이 발휘하는 장소이다.

사회의 가치관이 건전하고 청소년이 비행에 물들지 않는 깨끗하고
정의로운 환경을 마련해야 할 것이다. 다시 말하면 청소년 유해환경
정화의 강력한 추진이 요구된다. 아울러 청소년들의 극기교육을 강
화시킬 수 있는 제도환경을 마련·강화해야 한다.

第 8 章 職業指導와 職業相談

1. 실업계 고등학교의 현황과 문제

산업기술 교육진흥을 위한 노력은 대한민국 정부수립 이후 문교시책의 중점과제로서 계속 강조되어 왔다.

1950년대에 실업기술 교육진흥책의 일환으로 추진된 상황을 보면 1952년에 학제개편으로 중고가 분리되어 고등학교는 농·공·상·수산·해양 등의 실업계 고등학교로 인문계 고등학교와 분리되어 운영하고 있다.

1960년대 들어서면서 정부주도의 경제제일주의 정책에 기여하도록 실질적으로 실업교육진흥에 역점을 두었다. 따라서 각 계열에 대한 실습시설확충, 교원의 우대책 강구, 산업협동의 강화, 취업기회의 확대 등 다각적인 지원책의 강화에 힘썼다.

더욱이 1963년 9월 산업교육진흥법의 법제화로 실업교육에 대한 투자의 중대, 행정의 강화, 실업계 고등학교 학생들의 현장실습의 의무화 등 다양한 조성진흥책을 법적으로 뒷받침하는 계기가 되었다.

1970년대 들어서면서 급속한 산업발전에 따른 기술인력의 수요를 충족시키기 위해 1970년 3월 문교부령으로 실업교육과정 각종 실무능력 검정규칙이 1973년에는 법률로 국가기술자격법이 공포되어 각종 기능검정이 시행되어 기술인력양성에 박차를 가하였다.

1978년에는 산업체와 공업고등학교와의 자매결연 추진으로 산학협동체제의 구축에 주력하면서 한때 성과를 거두기도 하였으나 1980년대에 들어서면서 대부분이 지속되지 못하였다.

1980년대 이후 세계적인 경제의 불황, 동일계 대학진학 특혜의 철폐, 대학출신자와 실업계 고등학교 출신자와의 임금격차, 여전한 인문숭상의 통념으로 인해 실업계 고등학교에 대한 입학지원이 저조하고 중도탈락현상이 적지 않았다.

1984년부터 실업계 고등학교에 새 교육과정을 적용하였는데 새 한국인을 육성하기 위한 국민정신교육의 체계화, 과학기술교육의 강화, 전인교육의 충실에 역점을 두어 교육내용의 양과 수준을 축소조정한 것을 특색으로 하고 있다.

1987년 3월 초에는 제5차 교육과정 개정을 위한 세미나가 한국교육개발원에서 개최되었으며 1990년대부터 적용할 것을 목표로 개정작업이 착수되어 활발히 추진되고 있다.

한편 급변하는 산업사회에 적응하는 우수기술 인력양성을 위해 문교부에서는 실험실습시설 확충, 실험실습비 지원, 실과교사 특수연수, 연구시범학교 운영, 실업고 학생 장학금 지급, 한국 영농학생 전진대회 지원등 행·재정면의 지원노력이 계속되고 있다.

정부에서는 실업계 고등학교의 교육정상화를 기해 전인교육을 지향함으로써 인격과 기술을 겸비한 기술인력양성을 위한 시책을 추진하고 있다. 그러나 학생 및 학부모의 여전한 일반계 인문고교 선호경향과 실업계 고교졸업자와 대학졸업자 간의 임금격차로 실업계 고등학교에 진학하려는 경우가 적어지고 있다.

따라서 실업계 고등학교 재학생 및 졸업생의 사기가 저하되는 등 갈등을 형성하고 있으므로 새 시대에 대응하는 실업교육진흥을 위한 진흥대책이 시급히 요구되고 있다.

산업기술의 급속한 변화에 유능한 기술 인력양성을 위한 실업계 고등학교 육성계획에도 불구하고 입학 지원자의 감소, 취업률의 저조, 인기도가 떨어지고 있다.

1984~87년 학생, 학교수의 증감상황을 살펴보면 「표 1」, 「표 2」와 같이 인기도를 증명할 수 있다.

「표 1」에 의하면 실업계 고등학교 수가 점차 감소하고 있으며 종류별학교 현황을 보면 국공립학교 수와 사립학교 구성비는 **53%** 대 **47%**이다.

[표 1] 실업계 고등학교 학교수 비교

연도별＼학교별	농고	공고	상고	실고	종합고	수산해양고	계
1984	61	101	237	35	201	9	644
1986	61	101	224	32	204	9	631
1987	62	101	208	12	202	9	594

*자료 : 문교통계연보, 1984, 1986, 1987.

[표 2] 종류별 학교수

구분	종별	농업계	공업계	상업계	실업계	종합계	수산해운계	계
설립별	국립	–	3	–	–	–	–	3
	공립	60	52	68	7	118	8	313
	사립	2	46	140	5	84	1	278
주야별	주간	62	75	142	10	188	8	485
	야간	–	–	–	–	–	–	–
	주야간	–	26	66	2	14	1	109
남녀별	남자	5	86	31	1	31	6	160
	여자	–	–	119	3	52	–	174
	공학	57	15	58	8	119	3	260
학교별	총계	62	101	208	12	202	9	594

*자료 : 문교통계연보, 1987.

1987년도 실업계고교 학생총수는 **84만 265명**이고, 일반계고교 학생총수는 **139만 7,359명**이므로 실업계고교 학생수는 전체 학생수의 **37.6%**를 차지하고 있다.

한편 실업계고교의 과정별 학생정원을 보면 「표 4」에 제시된 바와 같이 전체 정원 확보율은 **98.2%**이지만 농림계의 경우는 입학정원의 확보 실적이 매우 저조하다.

일반적으로 인문숭상 및 고학력 지향의 사회적 가치관이나 통념에 기인하여 실업계 고교에 우수한 학생의 지원기피 현상이 두드러지고 있다.

[표 3] 학교별·지역별 실업계 고교 학생수

지역별 학교별	농고	공고	상고	실고	종합고	수산해양고	계
서 울	–	38,712	94,054	2,474	34,377	–	169,617
부 산	325	29,671	52,540	3,021	–	2,835	88,392
대 구	1,252	14,650	23,690	–	–	–	39,592
인 천	–	10,545	15,011	2,840	–	934	29,330
광 주	1,454	9,776	14,662	1,655	–	–	27,547
경 기	4,030	15,061	29,702	4,420	53,570	–	160,783
강 원	4,907	6,118	7,752	–	11,695	999	31,471
충 북	4,969	8,650	13,602	–	1,590	–	28,811
충 남	8,851	12,734	29,980	–	3,125	487	55,179
전 북	6,726	8,751	18,683	–	11,407	–	45,522
전 남	5,636	9,206	25,927	1,620	16,090	895	59,374
경 북	3,172	13,147	10,770	–	31,111	1,239	59,439
경 남	4,538	16,362	31,583	367	30,907	1,633	85,390
제 주	2,174	1,577	4,251	–	4,786	1,030	13,813
계	48,034	194,960	372,162	16,397	198,656	10,054	840,265

[표 4] 과정별 학생 정원 확보상황

과 정 별 구 분	정 원	입학자수	확보율(%)
농 림 계	25,456	21,962	86.3
공 업 계	73,579	73,323	99.7
상 업 계	164,881	164,368	99.7
수 산·해 운 계	3,866	3,732	96.5
가 정 계	231	231	100.0
인 문 계	38,419	37,447	97.5
계	306,432	301,063	98.2

이렇게 보면 실업계 고등학교의 현황이 인문계 보다 큰 문제점을 안고 있는 현실이다. 이러한 실정을 감안하여 직업지도를 어떻게 해야 하는가에 대한 대책을 제시해 보고자 한다.

2. 직업지도의 기본요소

　직업지도는 반드시 실업계 고등학교에만 국한된 것은 아니다. 그럼에도 불구하고 직업교육은 실업계 고등학교의 전유물로 생각하고 있다. 물론 좁은 의미로 보아 기능직 요원을 양성하는 기관이 실업계 고등학교 교육기능으로 보아야 할 것이다.

　그러나 오늘날과 같은 과학기술문명의 발전시대에 있어서 직업교육은 우리 모두에게 필요한 것이다. 대학교육도 결국 넓은 의미의 직업교육임을 인식하여야 한다.

　이렇게 보면 직업교육과 인간교육은 불가분의 관계가 된다. 인간교육을 떠나 직업교육을 생각할 수 없으며 직업교육을 떠나 인간교육을 생각할 수 없이 현대사회의 특징임을 깨달아야 한다.

　앞으로 산업사회가 구조적으로 더 복잡해지고 사회의 직업가치관이 다원화되어 개인차와 개성을 높게 평가하는 가치관으로 변화되는 사회 속에서는 직업선택을 위한 준비교육이 필수적으로 요청될 것이다.

　이런 의미에서 학교교육은 장래의 효과적인 직업선택을 위한 준비교육으로 더욱 강화되어야 하겠다. 이 직업선택은 일생의 행·불행을 좌우하는 관건이 되므로 직업지도의 효율화가 가장 중요한 관심이 되는 것이다.

　따라서 직업지도의 기본요소를 제시하면 다음과 같다.

　각 개인은 타고난 지능, 성격, 흥미, 적성, 신체성 특징, 학습능력, 가치관 및 인생관, 포부, 가정의 사회적·경제적 배경에 따라 차이가 있고 또한 영향을 많이 받게 된다. 여기서 직업지도에서 고려되어야 할 사항을 소개하면 다음과 같다.

가. 능력요인

능력은 주로 지능, 적성, 직업흥미, 인성, 학업성취도 등을 총칭한다. 지능은 직업선택에 있어서 큰 비중을 차지하고 있지만 이를 절대시해서는 안 된다.

적성은 어느 특정한 활동분야 예컨대 미술, 사무직, 기계직과 같은 직업분야의 활동을 해 나가는 데 필요한 인간의 일반적인 정신능력이나 학업능력을 가리키는 것으로서 지능과는 대립되는 개념이다.

적성은 그 활동분야에서의 특별한 훈련 및 교육의 영향을 덜 받으며 상당히 향상적인 특징을 가지고 있다. 즉 자신이 지니고 있는 일반능력 중 특정한 분야에서 성공할 수 있는 특수적인 잠재능력으로 직업선택과 발달에 중요시 되는 것이다.

직업흥미는 직업의 성취적 추진력으로 직업선택, 직무만족, 직업에의 종사기간과 관련되어 고려되어야 한다. 개인의 가치관, 욕구, 자아개념, 포부수준, 대인관계 등의 인성요인은 직업선택과 적응에 큰 영향을 미치고 있다.

나. 환경요인

"사람이 환경을 만들고 환경이 사람을 만든다"는 말이 있듯이 인간은 환경에 따라 많은 영향을 받는다. 환경에는 가정환경, 학교환경, 사회환경을 들 수 있다.

가정환경요인으로는 가정의 사회적·경제적 지위, 성장과정, 부모의 가치관과 교육열, 종교 등이 학생들의 직업선택에 영향을 끼친다.

학교환경으로는 학교의 전통과 성격, 교사의 질과 강조점, 교육시설 및 자료, 학교의 방침에 따라 좌우된다.

사회적 환경으로는 사회에서 요구하고 있는 가치관에 따라 산업구조의 변화와 요구에 따라 직업선택의 방향을 결정짓게 된다.

다. 신체적 요인

개인이 신체적 조건, 즉 용모, 체력, 체질, 체능, 체격, 시청력 등의 신체적 특징은 특정 직업선택에 결정적인 영향을 주게 된다. 따라서 직업지도에서 신체적 요인을 잘 파악·분석하여 직무에서 요구되는 조건과 결부시켜 적합한 선택을 하도록 권유하고 도와준다.

라. 사회적 요인

현대사회의 특징은 산업사회이며 정보화시대이다. 산업의 발전은 직업세계의 다양화, 세분화, 전문화를 가져왔다. 이에 따라서 고용구조의 변화, 직업가치의 변화 등을 초래하였고 첨단과학분야의 발달로 직업세계는 복잡해졌다.

그러므로 전통적 직업가치관에서 벗어나 개인의 능력, 적성, 흥미를 중심으로 하여 직업선택을 할 수 있는 직업지도가 가장 바람직하고 현명한 판단으로 인정되기 시작하였다. 따라서 사회에서 요구하고 강조하는 방향과 미래의 전망을 고려하여 직업지도를 강화시켜야 할 것이다.

우리나라는 1986년도 기준으로 직업의 종류가 10450종으로 과거 60년대 초에 비해 5배 정도로 불어났음을 볼 때 산업이 고도로 발전해 나가면 직업의 종류도 더욱 분화되고 다양해짐으로 학생자신의 요구와 능력에 맞는 방향으로 이끌어주는 것이 개인의 직업적응에 필요한 것이다.

이러한 방향이 평생의 직업을 수행하는데 아무런 불만과 부적응을 일으키지 않고 만족하고 보람과 긍지를 느끼며 사회적 역할분담을 충실히 이행하면서 자아실현을 할 수 있는 기틀을 마련할 수 있는 것이다.

마. 교육정책 요인

직업선택의 기본체제는 문교부 당국의 교육정책의 변화요인에 따라 좌우될 수 있다.

교육정책의 추진내용이 무엇이며 어떠한 방향으로 정하느냐에 따라 학생 개개인은 직업선택결정에 영향을 미친다.

앞에서 언급한 바와 같이 우리나라 문교부에서 실업계 고등학교 발전정책에 큰 비중을 두고 추진하게 된다면 자연히 그 쪽으로 방향이 쏠릴 것이다. 그러나 전통적 가치관이 바뀌지 않는 상태에서는 한계가 있다.

이와 같이 직업지도는 위의 다섯 가지 요인이 고려되어야 하며 직업의식, 직업이동, 직업적 부적응, 직업적성, 직업정보 등을 조사한 토대 위에 직업적성검사, 직업흥미검사, 성격검사, 지능검사 등의 표준화검사에 의한 결과에 따라 알맞은 선택을 할 수 있도록 직업상담이 이루어져야 한다.

3. 직업지도의 기본원리

인간은 누구나 한결같이 학교교육을 마친 후 사회에 진출해 직업을 갖게 될 때 많은 보수, 좋은 직장, 장래의 전망이 뚜렷하고 발전성이 높은 직업을 선호하게 된다.

그러나 그와 같은 직업을 모두가 가질 수는 없으며 개인의 능력, 개성, 개인차에 따라 다르게 나타날 것이며, 또 개인의 노력 여하에 따라 좌우되고 결정된다.

따라서 직업지도시 지켜야 할 기본원리를 제시하면 다음과 같다.

가. 자기이해

소크라테스는 일찍이 "네 자신을 알라"(Know Yourself)고 갈파했는데 이것은 바로 자신을 이해하라는 의미이고, 주제파악이며 분수에 알맞은 방향으로 사고하고 행동하라는 것으로 해석된다.

이와 같은 분수의 방향은 지분(知分) 즉 분수를 알고 수분(守分) 즉 분수를 지키고, 만분(滿分) 즉 분수에 만족해야 한다. 분수에 지나치는 것은 과분(過分)이라고 한다. 과분은 자기분수가 아니요 이해도 아니다.

따라서 직업을 선택하기 이전에 학생 자신의 능력을 객관적으로 파악하는 작업이 필요하다. 즉 개인의 소질, 적성, 흥미, 포부, 인성적 특성, 가정적 여건, 신체적 조건, 직업에의 성공 가능성과 전망, 위험부담 등을 파악하고 분석하는 절차가 필요하다.

나. 직업세계의 탐색

1960년대 이전에는 우리나라의 직업종류가 불과 2천여 종에 지나지 않았다. 그 당시에는 산업의 발전이 오늘날처럼 다양화되지 않은 농업분야에 종사하는 일이 대부분인 농본주의 사회였으므로 직업이 매우 단순하고 숫자면에서도 적었다. 그리하여 특별한 직업지도의 필요성이 제기되지 않았지만 현재는 상황이 매우 다르게 발전하였다.

산업발전이 고도화된 80년대 후반에는 선진국인 미국과 비슷할 정도로 산업이 분화되고 첨단과학이 발전도상에 이르러 앞에서 제시한 바와 같이 직업의 종류도 다양화, 전문화되었기 때문에 학생들은 직업선택에 더욱 어려움을 느끼게 한다.

따라서 직업지도는 필요불가분의 요소로서 중학교 때부터 직업 탐색을 위한 직업지도가 필수적으로 되어가고 있다. 직업은 무엇이며 왜 필요하며 직업선택을 위해 준비해야 할 내용이 무엇인가를 사전에 철저히 탐색할 것이 요구된다.

다. 가치관의 정립

직업선택 이전에 고려해야 점은 올바른 가치관의 정립을 위한 지도가 필요하다.

정범모(1975, **p.14-17**)에 의하면, 가치관이란 행동방향의 선택에 영향을 주는 바람직한 것 또는 하여야 할 것에 관한 일반적인 개념으로 가치나 가치관은 한 개인의 특성일 수도 있고 또한 사회집단의 특성일 수도 있다.

그러므로 학생들로 하여금 이 세상을 건전하고 행복하게 살아가려면 나름대로 건전한 가치관을 갖도록 지도해야 한다. 가치관에는 외재적 가치(extrinsic value)와 내재적 가치(intrinsic value)가 있다.

전자는 주로 권력, 돈, 명예들을 요구하나 후자는 정서적 만족감을 줄 수 있는 보람과 긍지, 소명감, 심리적 보상을 들 수 있다. 이러한 가치관들의 조화를 이룰 수 있도록 도와주는 지도가 뒤따라야 한다.

더욱이 현대사회는 자본주의, 황금만능주의 사상이 팽배되어 수단과 방법을 가리지 않는 퇴폐적 풍조가 지배되고 있기 때문에 올바르게 정립하는 가치관의 강조는 아무리 주장해도 지나침이 없을 것이다. 학생들의 가치관의 정립을 위한 활동이 직업지도에 앞서 선행되어야 한다.

라. 진로정보활동의 전개

진로정보활동(career information service)이란 삶을 보람있게 누릴 수 있는 모든 세계에 관련된 정보로서 교육정보, 직업정보, 개인·사회적 정보가 포함된다.

앞에서 지적한 대로 현대사회는 정보사회이므로 보람있는 인생을 보낼 수 있도록 하기 위해서는 정보에 밝아야 하고 익숙하여 자신에게 필요한 조건에 알맞은 정보를 탐색, 이해·이용하여 진로에 결부시켜 합리적 운용이 요구되는 것이다.

마. 각종 표준화검사의 실시와 이용

학생들의 잠재능력 또는 인적 사항을 객관적으로 이해하기 위해 각종표준화 검사의 실시와 활용이 요구된다.

표준화검사란 검사를 실시, 채점·해석하는 절차가 단일화되어 있는 검사로서 타당도, 신뢰도, 객관도, 실용도의 구비로서 인적 사항을 알아보는 것이다.

직업지도에 특히 요구되는 것은 직업수행에 적응하여 만족하려면 직업적성검사, 직업흥미검사의 실시는 필수적이어야 한다. 왜냐하면 직무수행상 적응능력을 사전에 알아보는 작업이 필요하기 때문이다.

즉, 적재적소에 알맞은 직업선택이 이루어짐으로써 선택한 직업에 들어가 만족하게 적응하면서 행복감을 느끼며 보람과 긍지로서 성공적인 삶을 누릴 수 있는 기초가 되기 때문인 것이다.

바. 단계적 원리의 적용

단계적 원리란 **small step**의 원리인 것이다. 가장 가깝고 쉬우며 구체적인 데서부터 출발하는 것이다. 진로계획(**career planning**)을 세워 한 단계씩 차례로 인내심을 가지고 목표를 추진해 나가는 것이다.

학생들은 이상이 높고 의욕도 강하며 호기심도 많다. 그렇다고 장래 하고 싶은 일을 한꺼번에 결정하는 일은 현명한 처사가 아니다. 그러므로 합리적 진로계획에 따라 선택한 과업을 충실하고 꾸준하게 실천하는 활동을 전개해 나가는 것이다.

사. 직업윤리의 이행

직업윤리란 각 직업수행에서 요구되는 최소한의 법의식, 즉 개인도덕과 사회도덕을 준수하는 행위인 것이다.

직업윤리의 형태에는 공직자·전문직의 윤리, 근로자의 윤리, 기업윤리 등으로 생산적인 노사간의 합리적 운영으로 제자리 찾기 운동인 것이다.

근로자는 근로자의 위치, 기업가는 기업인의 위치를 잘 이해하고 어느 쪽으로 편파 된 사고나 행동을 하지 않는 방향에서 공정한 윤리의식이 지켜져야 한다.

"일하지 않으면 먹지도 말라"(一日不作一日不食)는 당대 백장선사의 말이나 "일하기 싫거든 먹지도 말게 하라"(데살로니가 후서 3장 10절) 성경구절은 바로 소명의식, 책임의식, 협동성, 자율성, 인간관계 등을 요구하는 것이다. 그러므로 직업선택 후 직업에 임하는 자세는 성실한 근무자세, 상호협조, 창의성을 발휘하도록 노력하는 것이다.

아. 직업상담의 실시

직업상담(vocational counseling)은 직업지도의 가장 중요한 부분으로서 학생이 직업을 선택하게 될 때 그 상담에 응해서 좋은 조언(advice, help-ing process)을 해 주는 것이다.

이것은 졸업기에 다가와서 서두를 것이 아니며, 재학 중에 수시로 그 필요에 따라 이루어져야 한다. 또 상급학교에 진학하는 학생에 대해서도 그 학교선정에 있어서도 장래의 직업과 관련시켜서 이루어져야 할 것이다.

이 상담에 적정한 조언을 주기 위하여 갖추어야 할 자료는, ① 학생의 개성조사, 특히 그 흥미와 방향, 적성, 신체적 특성 등 ② 가정조사, 특히 그 경제적 사정과 부모의 의견 ③ 직업조사, 특히 작업 내용, 경영, 혹은 고용조건, 요구되는 성능, 노동 및 환경조건 ④ 상급학교 조사 ⑤ 자격, 검정조사 등이다.

이러한 자료에 입각해서 본인의 희망을 중심으로 부모의 희망, 담임교사의 의견 등을 종합해서 조언을 주어야 한다.

Brammer와 **Shostrom**(1960)은 직업상담을 다음과 같은 방법으로 해석하고 있다.

첫째로, 직업상담은 내담자가 이미 결정한 선택을 확인하는 과정으로 단순하게 말하고 있다.

둘째로, 직업상담은 일반적으로 작업의 목적을 확인하는 과정으로 보고 있다.

셋째로, 직업상담은 내담자로 하여금 자신과 직업세계에 관하여 사실(facts)을 발견하는 것으로 보고 있다.

이처럼 직업상담은 상담자가 내담자(학생)에게 직업선택의 확인, 직업목표, 직업세계 이해와 자신의 객관적인 인적 사항을 확인하여 적재적소에 알맞도록 배치하는 과정으로 진지한 상담과정이 전개되는 것이다.

상담이란 충고, 정보의 제공, 위로나 격려, 정신분석, 심리치료 등 광범한 활동을 가리키는 개념으로 쓰이고 있다.

그러나 보다 수용적이고 구조화된 관계를 형성하여 이 관계 속에서 학생이 자기자신과 환경에 대해 의미있는 이해를 증진함으로써 스스로 효율적인 의사결정을 하고 여러 심리적인 특성을 긍정적인 방향으로 변화시키도록 원조하여 결과적으로 학생의 성장과 발전을 촉진하는 심리적인 조력과 과정이다.

직업상담은 상담의 일부이긴 하지만 장래 직업선택을 좌우하는 중요한 과정으로 인정되고 있다. 따라서 직업상담은 직업탐색, 직업준비, 직무수행상의 문제점, 임금관계, 장래의 전망, 적성과 흥미의 고려, 자기실현의 도구로서 구체적 접근으로 이룩되어야 한다.

우리는 직업을 선택하여 평생 동안 유지하게 된다. 직업선택의 목적은① 생계유지의 수단이고 ② 직업을 통하여 사회적 역할의 분담과 봉사의 기능임을 인식하고 ③ 자아실현의 수단으로 인식되는 것이다.

그러므로 직업을 통하여 보람과 긍지, 행복한 삶을 영위하는 과정임을 인식시켜 선택한 직업에 충실하여야 할 것이다.

참 고 문 헌

김충기, "직업과 진로설계", 새교육 5월호, 서울 : 대학교육연합회, 1988.

김충기, 진로교육과 진로지도, 서울 : 배영사, 1986.

김충기, 직업교육과 진로교육, 서울 : 교육과학사, 1986.

이규호, "직업교육과 인간교육", 새교육 5월호, 서울 : 대한교육연합회, 1976.

이정근, 진로지도와 진로상담, 서울 : 중앙적성연구소, 1978.

장석민 외 4인, 진로교육의 이론과 실제, 서울 : 한국교육개발원, 1986.

한국직업훈련관리공단, 직업관 확립을 위한 훈화집, 서울 : 직업훈련소, 1984.

Herr E. L. and Cramer S. T., Career Guidance and Counseling through theLik Span, Boston : Little, Bmwn & Company, 1984.

Herr E. L., Vocahonal Guidance and Career Development, Boston : Houghton Mifflin Co, 1972.

Tolbert, E. L., Counseling for Career Development, Boston : Houghton Mifflin Co, 1980.

Brammer N. and Shorstron L. L., Therapetic Psychology, Englewood Cliffs : N. J. Prenhce-Hall, 1960.

第 9 章　青少年의　職業觀

1. 청소년, 그들은 누구인가?

청소년은 아동기와 성년기의 중간에 놓여 있는 중간단계로서 인생의 꽃이요, 제2세 우리의 국민으로서 이 나라와 개인의 장래를 짊어질 희망에 찬 일꾼들이다. 그래서 인간의 한평생 중에서 매우 중요하고 독특한 위치를 차지하는 주변인(marginal man)이라고도 한다.

청소년기는 그 시기를 명확하게 구분하기는 어렵지만, 대개 발달심리학자들의 종합적인 견해에 따르면, 청년초기(중학교 시절, 13～15세경), 청년중기(고등학교 과정, 16～18세), 청년후기(대학교 시절, 19～22세)로 구분하고 있다.

이 시기가 지나면 신체적으로 완전히 성숙되고 사회적으로는 한평생을 지낼 직장을 구하고 배우자를 선택하여 독자적인 독립생활을 시작함으로써 일생의 여정에서 일단 정착하게 된다.

공자의 三計圖에 이르기를 「一生之計는 在於勤하고, 一年之計는 在於春하고, 一日之計는 在於寅이나 幼而不學이면 老無所知」라고 한다. 즉 하루의 계획은 새벽에 하고, 1년의 계획은 봄에 하고 한평생의 계획은 청소년기에 하라는 말이다.

청소년기는 인생의 바탕이 되는 인격을 형성하고 어른이 된 다음에 어떠한 일에 종사하게 될 것인가를 결정짓는 준비이기도 하다.

청소년기에는 여러 가지 특징이 있다. 어린시절은 주로 부모에 의존하여 생활하고 그 권위에 복종하는 시기인데 비하여 청소년기에는 독자적으로 생활하고 부모의 권위나 간섭으로부터 해방되려고 하는 욕구가 강하게 나타난다. 자기 자신이 무엇인가에 대하여 깊이 생각하면서 자아개념(self-concept)을 확립하려고 한다. 또한 자기 자신과 다른 사람과의 관계, 인생과 사회, 국가에 대한 자기 자신의 위치 등을 정립하려고 하는 시기이다.

한편으로는 아직도 사회의 부조리에 오염되지 않았기 때문에 청소년은 깨끗하고 순수한 높은 이상을 갖는다. 정의, 자유, 평등 등 이상에 민감하고 자신에 대한 깊은 이해와 따뜻한 인간적인 사랑을 요구하기도 한다. 그러나 이러한 청소년들의 욕구는 그들이 희망하는 대로 잘 충족되지 않는 것이 보통이다. 청소년들은 독립을 원하지만 아직 부모에게 의존해야하는 경우가 많으며, 이상은 높지만 현실적인 사회의 여건은 그러한 이상을 만족하게 충족시키기 어려운 경우가 많다.

여기에서 그들은 좌절감(fnlstration)과 갈등(conflict)을 느끼고 가치관의 갈등을 느끼고 있는 것도 이 시기의 특징이다. 젊은 청소년들은 전통적이고 보수적인 규범으로부터 해방되려고 하는 특징이 있어 기성세대가 아직도 유교적인 규범 속에서 기존의 틀 속에 맞추려고 하는 데 비하여 청소년들은 그러한 형식을 부정하고 훨씬 더 단도직입적이고 실리적이며 행동적이다.

이와 같이 청소년들의 특징을 요약한다면 ① 급격한 신체적 변화 ② 불안한 성 ③ 격동, 노도와 같은 정서적 변화 ④ 책임과 자율 ⑤ 새로운 세계의 도전 ⑥ 자기의 장래, 진로문제 ⑦ 가정과 사회에서의 부적응 등 사회적·경제적 환경의 차이에서 오는 부적응의 갈등이 해소되지 못한 채 고도의 산업사회에로 접근하고 있다.

청소년의 과제에 관련하여 해비거스트(R. J. Havighurst)는 발달과업의 특징을 기본명제로 삼아서 개인의 문제를 해결하고 현명하게 적응하도록 도와주어야 한다고 하였다. 해비거스트의 발달과업에 의하면, 청소년은 ① 남녀간의 새롭고 보다 성숙한 관계를 이룩하는 것을 배운다. ② 남성으로서의 역할과 여성으로서의 역할이 무엇인가를 학습한다. ③ 부모나 다른 성인과의 정서적 독립을 이룩한다. ④ 경제적 독립의 필요성을 절실히 느낀다.⑤ 직업의 선택과 그 준비에 몰두한다. ⑥ 시민적 자질로서 필요한 지적 기능과 개념이 발달한다. ⑦ 결혼과 가정생활의 준비를 한다.⑧ 적절한 과학적 지식에 맞추어 가치관과 이론체계를 습득한다. ⑨ 사회적으로 책임있는 행동을 하며, 이를 실천하는 습관을 기른다. ⑩ 자기체격을 인정하고 신체를 효과적으로 구사하는 것을 인식한다고 구분하고 있다.

2. 청소년의 직업관

청소년기는 진로발달단계로 보아 진로탐색, 진로준비, 진로전문화 단계로 구분하고 있다. 또한 발달과업 중에 직업선택과 직업준비의 기간으로서 매우 중요한 위치를 차지하고 있다.

인간은 이 세상에 태어나 부모의 양육기간 동안 보호를 받고 자란다. 그러나 평생을 부모슬하에서 보낼 수는 없는 것이다. 보통교육과 교양교육을 받는 토대 위에 장차 미래의 생의 준비로서 생활유지수단인 직업을 갖게 마련이다.

그런데 이와 같은 직업을 선택하기 위해서는 상당한 준비와 노력이 요구되는 것이다. 그리고 적재적소에 알맞은 직업선택을 해야 평생을 직업에 종사하면서 만족스럽고 보람된 생을 추구하며 행복하게 지내도록 모든 준비활동이 합리적이며 이상적인 방향으로 이끌어 주어야 개인적으로나 국가·사회의 인력수급의 균등한 배치 측면에서 효과적일 것이다.

그런데 과연 학교현장에서 이와 같이 직업선택을 위한 합리적이고 타당한 교육활동을 효과적으로 전개하고 있는가? 학교교육을 담당한 교사나 운영관리자들의 생각은 어떠하며 피교육자인 학생들은 과연 어떤 사고방식을 가지고 있으며 장래 직업준비나 직업관에 대하여 관심이 있는가를 알아 볼 필요가 있다.

청소년기에 있어서는 무엇보다도 단계에 따라 잠정적인 진로선택과 구체적인 진로결정의 준비과정을 학교교육과정 속에서 지도되어야 실질적인 생애의 준비교육이 이루어질 수 있다. 즉 청소년기에 직업준비교육과 직업관 확립을 위한 기초교육과 이에 상응하는 진로교육이 학교현장에서 철저하게 실천되어야 성공적인 삶을 개척할 수 있으며 누구나 주어진 여건 속에서 만족한 삶을 영위할 수 있게 될 것이다.

가. 직업관

원시적인 자급자족의 생활을 하던 시대에는 인간은 스스로 일을 해서 얻은 것을 자신의 의식주 생활에 사용하였다. 그러나 사회가 변화하고 발전함에 따라 산업의 분업화·세분화·다양화가 이루어지고 시장경제가 형성되었다. 과학기술의 문명의 발달과 더불어 현대 산업사회로 전환되고 첨단산업과 정보화시대로 돌입됨에 따라 직업의 세계도 복잡·다양하고 그 종류도 수만종을 넘는 복잡한 현실 속에서 청소년들은 이에 현명하게 적응하고 선택할 수 있는 준비교육이 더욱 절실해지고 있다.

따라서 그들이 저마다의 잠재가능성을 토대로 하여 흥미와 적성, 능력과 인성에 알맞은 직업선택을 위한 준비교육, 즉 진로교육을 실천하는데 필요한 직업관 형성에의 교육은 아무리 강조해도 지나치지 않을 것이다.

그리고 우리 모두의 인간은 미래의 삶의 준비를 위한 직업을 선택하기 위한 준비태세를 갖추어야 할 것이다. 이와 같이 오늘날에는 대부분의 사람들이 장차 자신이나 가족의 생계유지를 위해서 어느 정도 보수를 얻는 것을 목표로 일정한 일을 계속하지 않으면 안된다. 우리는 이것을 직업(vocation)이라고 부른다. 그런데, 이 경우 직업이란 단순히 개인이 "생계유지를 목표로 하는 계속적인 인간의 활동"일 뿐만 아니라, 사회의 한 구성원으로서 자신이 속하고 있는 그 사회의 존속과 유지발전을 위한 중대한 역할을 담당수행 한다는 의미를 갖는다. 개인으로서의 인간은 직업을 통하여 사회와 구체적 연관을 가지며, 사회의 번영과 발전을 위한 일을 맡아 그것을 훌륭하게 수행함으로써 사회를 위하여 공헌뿐만 아니라 자신의 능력을 발휘하여 자아를 실현하는 결과가 된다.

이러한 자아실현의 기초단계는 각 개인마다 선택한 직업에서부터 시작된다. 학생들이 장래의 직업을 선택하기 위해서는 각자 나름대로의 뚜렷한 직업 가치관이 정립되어야 한다. 또한 직업선택의 가장 중요한 핵심적 요인으로 외적 가치보다 내적 가치에 비중을 두어야 한다. 가치란 사물이나 행위가 바람직한 특성을 가지고 있음을 나타내는 말이다. 가치판단 또는 도덕적 판단을 해야 하는 경우에는 한 가지 가치만 관련되어 있는 것이 아니라 여러 가지 가치가 관련되어 있다. 가치관은 사람마다 다르다. 사람은 저마다 다른 개성과 개인차가 있듯이 가치관이 무엇인가 확인하고 가치 있는 것을 제 나름대로 정립하고 선택할 수 있는 능력도 길러주어야 한다. 직업관도 역시 가치관의 영역으로 취급되어야 마땅하다. 어떤 직업적 가치가 나에게 중요한 것인가를 탐색하는 작업도 함께 이루어져야한다.

이를 위해서는 일반적으로 직업관에 비추어본 가치관의 유형은 무엇인가를 이해하고 이에 상응하는 직업관 형성을 위한 준비에도 노력을 기울여야 할 것이다.

독일의 심리학자 스프랭거(E. Spranger)에 의하면 가치기준을 다음과 같이 여섯 단계로 나누고 있다.

첫째로, 이론가형으로 학문이나 연구, 진리탐구, 명예를 획득하기 위한 방법으로 노력하는 유형이다. 예를 들면, 교사나 교수, 연구자, 이론가 등이 이 유형에 속한다.

둘째로, 권력형으로 정치나 권력에 의한 지배에 흥미를 갖는 유형이며, 군인이나 정치가, 정당요원 등이 이에 속한다.

셋째로, 경제적으로 주로 경제적 이익의 추구에 관심이 많고 중점을 두는 사람으로서, 실업가, 경제인, 상인 등이 이 부류에 속한다.

넷째로, 심미형으로 미적 가치 추구에 흥미나 소질이 있는 사람으로서 예술가, 미술가, 음악가 등이 이에 속한다.

다섯째로, 사회사업형으로 타인을 사랑하고 타인을 위해서 사회적 봉사를 하는 데 보람을 느끼는 사람으로 여기에는 주로 사회사업가 등이 포함된다.

여섯째로, 종교형으로 종교적 가치관이나 성스러운 것을 추구하며 신의 뜻대로 삶의 가치를 추구하며 신앙생활에 가치를 두는 사람으로 목사나, 전도사, 기타 종교인들이 이 유형에 속한다.

이와 같이 개인이 선택해야 할 가치관은 위의 여섯 가지 유형을 벗어날 수가 없다. 가치관 형성은 개인의 가치로운 삶, 만족하고 행복한 삶의 기초가 되는 것이다. 그러나 현대인들은 획일적인 가치관이 여전히 지배되고 있는 사회 속에서 입신출세를 위한 권력의 추구나 황금만능 가치의 틈바구니에서 몸부림치고 있다. 이러한 현상을 하루아침에 근절시킬 수는 없으나 바르게 시정되어야 만이 건전한 사회를 이룩할 수 있다. 그릇된 가치관이 지배하는 사회는 병든 사회이며 온건한 사회의 균형발전을 이룩할 수가 없다.

우리나라가 민주주의 사회로서 복지사회를 이룩하기 위해서는 무엇보다도 올바른 가치관이 확립될 수 있도록 모두가 합심하여 노력하여야할 것이다.

특히 청소년들은 아직 불의나 부정에 물들지 않은 싱싱한 세대로서 기성인들의 찌들은 융통성 없는 전통적 인습이나 관습에 젖은 관존민비의 가치관의 틀 속에서 벗어나야 할 것이다.

그러자면 청소년 자신에 대한 객관적 이해, 즉 소질, 잠재능력, 가능성의 요소를 정확히 파악하고 탐색하며 준비하여 여기에 알맞은 평생의 가치관을 심어주어 주관을 확립하고 소신을 가지면서 인생을 보람있게 만끽할 수 있을 것이다.

개인마다 확립된 가치관의 토대 위에 평생의 직업을 선택하도록 유도한다면 그들은 선택한 직업생활을 통해서 직무만족과 능률을 향상시킬 수 있으며 보람을 찾아 직업에 대한 긍지와 소명의식을 느낄 수 있을 것이다.

개인마다 확립된 가치관의 토대 위에 평생의 직업을 선택하도록 유도한다면 그들은 그 직업생활을 통해서 직무만족과 능률을 향상시킬 수 있으며 보람을 찾아 직업에 대한 긍지와 소명의식을 느낄 수 있을 것이다.

결국 직업관의 형성은 청소년기에 있어서 무엇보다 중요한 의미를 지닌다. 그렇기 때문에 직업의 역할담당자로서 필요한 직업의식을 고취시켜 주어야 한다. 즉, 농·공·상을 주로 담당하는 실업계 고등학교 수준의 기능공 양성이란 직업교육이 아니라 그것은 일부이고 보다 넓은 의미의 직업교육인 「진로교육」차원에서의 폭넓은 지도가 직업관 형성의 기틀이 되는 것이므로 「직업」의 의미를 확립시켜 주는 것이다. 결국 직업은① 생업으로서의 직업-생활유지 수단의 기초이며 목적이다. ② 사회적역할의 분담으로서 사회적 구조의 기능을 수행할 수 있다. ③ 자아실현으로서의 직업, 즉 공동생활을 형성하고 유지하며 개성의 발휘, 참된 삶의 추구라는 점에서 강조되어야 한다.

나. 직업관의 사회적 변천

인간은 누구나 자신의 독립된 삶의 추구를 위해 어떠한 형태로든지 직업을 갖지 않을 수 없다. 그것은 하나의 인간의 기본적 욕구요, 소속본능으로서 필요한 것이다. 그래야만 정신적·물질적 만족과 안정을 가져오며 사회적 분담을 할 수 있어서 직업선택에 큰 관심과 기대 속에서 학교교육을 정성껏 받고 있는 것으로 인정한다.

  이와 같이 직업이 사회생활과정 속에서 큰 비중을 차지하고 있으므로 직업도 사회의 변천과정에 따라 이해의 양상도 달리 발전·형성되어 왔다.

  예컨대, 중세 기독교 전성시대에는 종교적 인간관, 세계관에 의해 직업이 종교적 측면에서만 생각하게 되었고, 인간은 직업을 통하여 신의 소명(calling)을 받아 일생을 교회와 사회를 위해 봉사해야만 되는 것으로 이해되고 있다. 대개, 구라파 여러 나라와 미국 같은 선진국들은 일찍부터 직업에 대한 관심이 컸으며 일에 대한 가치관이 형성되어 있었다.

  일은 신성한 것이며 직업의 귀천도 없다. 능력만 갖추면 일에 대한 대가가 충분히 보장되는 기회균등의 사회이다. 또 누구나 불만 없이 주어진 일이나 몸소 자신이 선택한 일 또는 직업에 대한 가치관이 보다 구체적이며 현실적이고 소임을 다하는 근로정신이 투철하게 양성되어 있다. 직업선택에 있어서 자기의 능력범위를 벗어난 분수에 넘치는 일의 선택보다는 분수에 맞게 선택하는 경향이 짙다.

  일 속에서 즐거움과 보람을 찾으며 아무리 힘든 일이라 할지라도 주어진 일에 전력투구를 다하는 근로정신이 강하게 뿌리를 내리고 있다. 아마도 고도의 산업사회가 급속하게 발전된 연유가 바로 그것이다. 현대의 산업사회가 발전된 나라들은 대개 근로에 대한 인식, 정신이 건전하고 긍정적이며 부지런하고 맡은 임무에 충실한 기본정신의 바탕에서 발전된 것이다.

  우리나라의 직업관은 어떠했는가? 우리나라는 일찍이 동방예의지국으로 칭송을 받았던 예의바른 나라였다고 한다. 고대로부터 봉건주의 사상과 농본주의 정책에 따른 보수적 색채를 띤 유교 문화권 속에서 오랜 세월을 살아왔다. 그래서 문치주의와 관료주의의 형식적인 틀 속에서 일을 천시하고 농업이 생활의 전부요, 직업이라고 총칭해 왔다. 이러한 변화 없는 봉건주의와 쇄국주의 정책의 틈바구니에서 서구의 근대화 물결의 도입이 지연되어 외세의 발전된 문명과 문화를 받아들이는 데 큰 장애를 겪었다. 다행히 개화기를 맞이하여 서구의 발달된 문명이 밀려들어 옴에 따라 우리 나라의 정치, 경제, 사회, 문화, 교육에 큰 변혁을 가져오게 된 것이다.

이에 따라서 농업이 주요 경제를 지배해 왔던 사회경제체제가 근대화를 계기로 일대 전환이 일기 시작하였다.

시대가 바뀌고 산업이 점차 발달하기 시작함에 따라 새로운 가치관이 형성되기에 이르렀고 이 새로운 가치관은 종래의 헌신적이고 단순했던 직업관이 새로운 각도에서 직업을 내다보기 시작하였다. 이미 잘 알고 있는바와 같이 일(직업)은 노예나 상놈이 하는 것이고 양반계급이나 권력구조에 몸담고 있는 지배계층들은 학문을 연구하는 선비로서 공리공론을 일삼고 통치하는 것이 직업의 전부로 생각했었다. 그래서 손에 기름때를 묻히고 열심히 일하는 사람을 천시하였기 때문에 일을 싫어하고 인문숭상에만 몰두하다 보니 자연적으로 산업발전이 지체된 것이다.

우리는 지난 4반세기 동안에 근대화, 현대화를 추구해 왔으면서도 아직도 우리의 직업관이 건전하게 정착되지 못한 증거를 여러 곳에서 찾아 볼 수 있다.

부지런히 일해서 이에 상응하는 만큼의 대가를 받는다는 생각보다는 좋은 기회를 포착하여 요령주의로 일확천금을 얻어 보겠다는 한탕주의가 성행하고 분화된 직종들이 서로 협동하여 공존한다는 생각보다는 사회를 만인 대 만인의 투쟁으로 생각한다든가 관은 높고 민은 낮으며, 기술을 천시하는 풍조 등이 모두 건전한 직업을 방해하는 요소가 되어 왔다. 결국, 이러한 현실의 단면은 건전한 직업관이 정착되지 못했음을 대변해 주고 있는 것이다.

역사적인 배경에서도 지적할 수 있는 바와 같이 관료주의의 병폐는 적합한 직업관을 정착시키는 데 저해하는 요인이요, 인문숭상과 허례허식을 강조하고 사·농·공·상의 계층제도는 직업선택에의 경직성을 초래하였다. 뿐만 아니라 60년대 이후 산업화 과정에서도 나타난 건전한 직업관 정착에의 저해요인은 ① 관주도적 경제운영과 관존민비의 병폐 ② 면허증 세상과 인력개발, 간판위주의 면허증, 자격증 남발 ③ 일과 체면 ④ 팔자소관 등으로 힘써 묵묵히 일하는 사람들의 요구에는 흡족하지 못한 점이 많이 지적되고 있다.

3. 바람직한 직업관 형성

바람직한 직업관 형성은 사회경제의 균형적 발전과 개인의 능력을 최대한으로 신장시킬 수 있는 요건이 되므로 청소년들에게 이러한 직업관 형성을 위해 교육자들이나 학부모들의 협동적인 노력이 요구된다.

여태까지의 그릇된 직업관에 사로잡혀 참된 삶의 추구나 자아실현의 욕구가 획일적인 가치관에 얽매이거나 사로잡혀서는 안된다. 모든 직업은 귀천이 없고 신성하며 고귀한 것이다. 어느 직종에 종사하든지 간에 학생들이 장치 선택할 직업은 자신의 열망수준과 능력수준에 알맞게 지도해야 한다. 자신의 잠재능력을 기초로 하여 흥미·적성·능력·인성에 적합한 직업지도에 따라 선택한 직업에서 평생을 만족하고 보람을 느끼고 긍지를 지니면서 행복한 생활을 추구하여야 한다. 이것이 성공적인 생활인 것이요, 성공적인 것이다.

일반적으로 직업관은 직업이 인간사회에 어떤 영향을 미치며 직업이 갖는 의미가 무엇인가에 따라서 자기본위의 직업관, 사회본위의 직업관, 나아가 자아실현의 직업관으로 나누어 볼 수 있다.

첫째로, 자기본위의 직업관은 직업이 생계유지를 위한 활동이며, 입신출세를 위한 수단으로 보는 견해이다. 이것은 가장 통속적인 직업관으로 생업으로서의 직업적 측면을 강조한 직업관이다. 의식주의 해결을 위한 수단으로 생각하고 나아가서는 사회적 지위나 명예를 얻기 위한 활동이나 수단으로 보는 것이다. 이러한 입장은 오로지 자기자신만을 위한 것이기 때문에 개인주의 내지는 이기주의적 직업관이라 할 수 있다.

이러한 자기본위의 직업관은 개인의 욕구충족을 근본으로 삼고 있기 때문에 사회기여라는 의미를 찾을 수 없다. 또한 봉사정신도 기대할 수 없다. 다만 자신의 이익을 초월할 때 사회적 역할이라는 봉사정신을 발휘할 수 있다.

둘째로, 사회본위의 직업관이다. 자기자신의 이익을 넘어선 어떤 누군가를 위한 직업이 될 때 직업이 봉사의 의미를 갖는다. 이 직업관은 자기의 필요나 가족의 이익을 목적으로 삼기 보다는 자신이 속해 있는 사회전체의 이익을 목적으로 삼는다. 이는 직업을 사회적 역할의 분담이라는 측면에서 본 전체주의적 직업관이다. 즉 국가에 대한 봉사가 최고의 가치를 지닌 것으로 간주하여 모든 사람이 국가사회의 발전과 번영에 공헌함으로써 찾는 보람을 말한다.

셋째로, 일 본위의 직업관이다. 이것은 자아를 실현하는 과정으로 보는 견해이다. 여기에서 이 직업은 자신의 생계만을 위한 것도 남을 위해서도 아니다. 오직 그 자체를 위해 일하는 직업을 의미한다. 기본적인 입장은 일의 화신이 되는 것이다. 일 본위의 직업관에서 직업 또는 봉사는 언제나 자아적이다. 자아실현은 우리가 지니고 있는 개성과 취미를 실현시키는 것이다. 자아실현의 직업관이 값진 진의를 발휘하려면 다음과 같은 요건을 구비하는 것이 바람직하다. 즉 ① 직업이 생계유지를 위한 절대적인 수단이 되어서는 안된다. ② 직업이 자신의 능력과 취미와 개성에 알맞은 것이어야 하고, 업무가 개성을 충분히 발휘할 수 있는 여건이 조성된 직장에서 행해져야 한다. ③ 직장인은 일(직업, 업무)에 대한 애착을 느끼고, 그 일에만 정진하는 자세가 확립되어야 한다. ④ 직업이 미풍양속에 위배되지 않고 인격도야에 도움이 되는 것이어야 한다.

이러한 직업관은 시대의 요구에 따라 이 세 가지 유형 중의 어느 하나가 한 시대를 지배했으리라 본다. 어느 시대를 막론하고 폐쇄된 사회는 사회본위의 직업관이 지배적이었다. 폐쇄사회의 특징 중의 하나가 모든 변화를 억제하고자 하는 것이기 때문에 전통적인 폐쇄사회에서는 직업의 세습과 전체주의적 직업관이 정당화되었다. 그러나 근대사회에 들어와서는 개인의 자각과 인권이 보장됨에 따라 직업관에도 많은 변화를 가져온 것은 다행한 일이 아닐 수 없다.

그러면 어떠한 것이 바람직한 직업관으로서 청소년들에게 고취시킬 수 있는 것인가?

첫째, 직업의 선택은 자유로워야 한다.

둘째, 선택한 직업에 들어가서는 개인은 성실한 노력을 하고 그 대가는 생산에 공헌한 것에 비례해서 받아야 할 것이지 학력이나 면허증 소지자에 대한 대가만으로 보상이 결정되어서는 안된다.

셋째, 취업의 기회는 공평하게 주어져야 하지만, 적성, 흥미, 능력, 인성, 포부(aspiration)에 따라 선택되어야 한다. 학연, 혈연, 지연 등 연고관계로 인한 채용이나 승진 또는 그로인한 차별대우의 풍토는 없어져야 한다.

넷째, 모든 직업은 신성한 것이요, 귀천이 없다는 인식이 일반화되어야 한다.

다섯째, 직업수행은 오로지 생활유지수단만이 아니라 사회적 역할분담으로서 개인 내지 사회에 공헌하는 것으로 인식하고 사회봉사적 기능을 수행하는 것이다.

여섯째, 직업을 통해서 자기완성과 행복을 추구할 수 있도록 직무를 다양화함으로써 고차원의 동기유발을 꾀하여야 한다.

일곱째, 일할 의사와 능력이 있는 사람이 직장을 갖지 못하였을 때, 이는 실업자로 간주하여야 하고 국가는 취업기회를 창출해 주도록 노력해야 한다.

여덟째, 성공인은 성공적인 직업인으로서 직무에 만족하고 창조적 자기표현의 수단으로서 일 자체를 놀이의 일종으로 간주하며 자발적인 참여와 노력이 스스로 이루어져야 한다.

아홉째, 자아실현의 수단이요, 참된 삶의 추구나 행복이 직업을 통해서 승화되어야 한다.

열째, 직업은 인생에게 있어서 생명적 의미, 경제적 의미, 사회적 의미, 종교적 의미, 정신적 의미를 갖는다.

위와 같은 천직적인 직업관을 갖고 자기 일에 몰두하는 사람은 인생의 다시없는 행복자다.

올바른 직업관을 형성하려는 노력은 직업에 대한 의식을 바꾸려고 할 것이 아니라 사회에서 직업을 올바로 다루는 데서 비롯되어야 할 것이다.

즉, 사회의 발전적 욕구에 맞는 직업이 충분한 보상으로 개인의 욕구를 충족하는 방향으로 전개되어야 할 것이다. 여기에 직업을 다루는 사회지도자의 막중한 책임이 있다.

결국 우리는 자기의 직업에 대하여 사랑하고 자랑스럽게 생각하며 자기직업에 열성을 다 하여야 한다. 아울러 직업이론을 이해하고 지켜나감으로써 참된 직업인이 되어야 한다.

第10章 靑少年 指導對策

1. 건전한 학교생활을 위한 청소년 지도대책

가. 청소년 - 그는 누구인가?

인생의 꽃이라고 불리는 청소년기는 무한한 가능성과 희망에 차 있는 시기이다. 그러나 이러한 희망과 가능성은 동시에 불안과 좌절감을 가져다주는 원인이 되기도 한다. 그것은 성장과정에서 불가피하게 찾아오는 심리적 현상이기도 하고 주변의 사회적 환경의 영향 때문이기도 하다. 개인적으로는 밝은 미래를 건설하고 사회적으로는 그들에게 요청되는 사명을 완수하게 하기 위하여 청소년의 건전한 육성에 관한 관심이 전개되고 있다.

사실 청소년을 바르게 지도·육성해서 건전한 사회의 일원이 되도록 하는 것은 가장 중요한 교육적, 사회적 기능이 되는 것이다. 이는 청소년이 그 사회의 미래에 주인공이기 때문에 성인과 사회 또 국가가 갖는 당연한 관심이라 할 수 있다.

일반적으로 청소년기는 12세부터 24세에 거치는 중·고등·대학 교육의 기간을 의미한다. 연령적으로 아동기와 성인기 사이의 중간 시기에 해당되므로 주변인(marginal man)이라고 한다. 신체적 발달의 급격한 변화와 질풍과 노도와 같은 정서적인 불안정, 불안한 성문제, 이유 없는 반항, 자아정체감의 형성시기, 독립하고자 하는 정신, 정의감, 도덕적 판단 수준의 향상, 진로문제, 사회적으로 성숙하는 변화기임에 틀림없다.

　　이러한 특성의 소유자인 청소년들을 건전하게 학교생활을 효율적으로 지도하기 위해서는 무엇보다도 그들 자신의 문제가 무엇인가를 파악하고 또한 그들이 당면해 있는 학교교육의 현실을 살펴본 다음 바람직한 지도대책을 제시하여 명실공히 건전한 학교생활을 위한 청소년이 되도록 하는 것이 필요하다고 본다.

나. 가정과 학교교육의 현실

　　주지하는 바와 같이 1960년대 이후 현재까지 한국사회는 정치, 경제, 사회, 문화적인 측면에서 급격한 변화를 경험하고 있다. 경제성장위주의 정책에 의해서 후진국으로부터 선진국 문턱에 이르게 되었으나 성장위주의 경제정책은 그 부산물로서 물량주의, 편법주의, 요령주의, 배금사상 등이 사회에서 만연하게 하였다. 이러한 사회적 토양 속에서 자라난 오늘의 청소년들은 그 어느 시대보다도 사회변동의 여파가 큰 집단이라고 할 수 있다.

　　이러한 와중에서 가정은 핵가족화하여 이전에 수행해 오던 교육적 기능을 제대로 수행하지 못하게 되었고, 학교는 입시위주, 지식편중 교육으로 절름발이 인간을 길러내게 되었으며 사회는 혼란된 가치체계와 비교육적인 환경으로 변모되어 가고 있어 청소년을 바르게 선도하는 기능의 장으로서 역할을 못하고 있다.

(1) 가정교육의 현실과 문제

　　가정이란 그 속에서 인간이 생명을 얻고 또 삶을 마무리 짓는 곳이다. 가정은 기도하기를 배우는 최초의 교회요, 말을 배우고 질서와 규칙을 배우고, 남을 사랑하기를 배우는 최초의 학교이다.

　　부모란 자녀에게 있어서는 최초의 교사요, 아이들은 가정 속에서, 부모에게서 인생의 첫 교과를 배우며 이 교과를 통해서 비로소 그는 인간답게 성장하게 된다. 그래서 가정은 그의 삶의 터전이요, 학교인 것이다.

가정은 아이들을 보호하는 기능과 가능성이나 잠재력을 발휘하도록 하며 생활을 새롭게 창조해 내는 힘을 갖게 가르치는 일이다. 한편 가정은 사회화의 기능으로 자기를 둘러싸고 있는 사람들과 원만한 관계를 맺고 집단이나 사회의 규칙을 지키며 사회의 전통이나 규범에 조화롭게 살아갈 수 있는 사람을 기르는 기능이 포함된다. 그런데 이러한 기능의 수행이 제대로 이루어지지 못하여 문제점이 제기된다. 그 문제점으로 지적되는 것은,

① 가정교육의 목표가 표류하고 있다는 것이다. 즉, 과거에는 가정교육이란 효도와 예의범절을 포함하는 유교적 윤리를 지키는 사람을 기르는 것을 목표로 삼아왔다. 그러나 오늘날의 가정에서는 부모가 자녀에게 「무엇을」가르칠 것인지의 표적을 상실하고 우왕좌왕, 좌충우돌하고 있다. 더욱이 가정과 학교, 사회의 가치의 불연속성과 갈등은 부모들을 혼란에 빠뜨리고 있으며 정말로 인간의 삶의 소중한 것, 한 사회인으로서 살아가는 데 참된 값어치가 무엇인지를 말해주지 못하고 있는 것이다.

② 부모의 교육적 자신감의 상실이라는 증세를 들 수 있다. 가치관의 혼란 속에서 전통사회, 폐쇄적인 사회의 가치관과 개방사회의 가치관의 갈등 속에서 참된 교육의 의미를 모르고 있다.

③ 부모와 자녀간의 변화를 지적할 수 있다. 부모와 자녀간의 관계가 지속적이고, 밀접했던 관계에서 단속적이고 소원한 관계로, 협력과 전원합의의 관계에서 분열과 상호불신의 관계로, 조화롭고 안정된 관계에서 갈등과 불안정의 관계로 변모되고 있다.

④ 「우리집」 의식인 가족이기주의의 병폐를 들 수 있다. 여기에서 과다경쟁의 논리와 심리가 나오게 된다.

⑤ 지식편중, 점수주의, 출세주의적 가정교육의 병폐를 지적한다.

⑥ 핵가족화하고 가정이 소인수화하며 가족이 주위로부터 고립되어가고 가족의 생활공간이 협소해 지고 있다.

⑦ 여성의 사회적 진출이 증가함에 따라서 모성실조의 현상을 낳게 되었다.

⑧ 사회의 급속한 변화로 가족자체가 가치관의 혼란을 경험하고 있다.

⑨ 부부재(父不在), 모부재(母不在) 문제를 들 수 있다.

(2) 학교교육의 현실과 문제

(1) 학교교육의 비인간화

학교교육에 대한 그릇된 인식이다. 교육의 목적이 학생의 전반적인 성장과 발달을 촉진해서 개인의 잠재능력을 찾고 사회에 기여하는 건전한 시민으로 육성하는 전인교육이 이루어져야 함에도 불구하고 상급학교에 진학하기 위한 졸업장을 얻는 과정으로 잘못 인식되어 왔다.

(2) 학교의 교육환경이 비인간적이고 비교육적이다.

학교건물이나 교실 등의 시설이 낙후되고 안락한 분위기에서 수업을 하기 어려운 환경이 많다. 학교 주위의 유흥업소나 숙박업소 등의 교육적환경문제도 심각하다. 또한 과대학교와 과밀학급으로 인한 교사와 학생간의 개인적 접촉이 단절되어 생활지도를 제대로 할 수 없게 하며 교사들의 과중한 업무와 대인관계 기술의 결여나 역할의 제한 등으로 학생들을 제대로 돌볼 수가 없다.

(3) 학교에서의 교수방법이 획일적이고 주입식이다.

교육의 기회균등이 이루어지지 못하고 있다. 교육의 기회균등이란 학생 개개인의 특성(적성, 능력, 흥미, 관심, 체력, 성격 등)에 부응하는 교육을 받을 수 있는 기회가 제공될 때 비로소 이루어지는 것이다.

그러나 오늘날 학교교육은 이러한 일에는 관심이 적다. 대부분의 경우 획일적인 시간표에 따라 획일적인 방법으로 획일적인 교과서를 주입시키고 있다. 따라서 우수한 학생은 마음껏 성장하지 못하고 묶이어서 학습의욕이 상실되거나 감퇴하고 열등한 학생은 제대로 따라

가지 못하여 열등의식이나 좌절감에 빠져서 결국 많은 학생들이 희생당하고 있다.

(4) 학생들의 욕구나 의욕을 발산할 기회가 마련되어 있지 않다. 위에서 지적한 바와 같이 입시위주의 암기교육과 성적위주의 평가로 인하여 학생들의 심신이나 정서함양을 위한 특별활동이나 과외활동 또는 생활지도가 제대로 이루어지지 않고 있다. 특히 유자격 상담교사가 없거나 상담시설환경도 제대로 구비되지 못하고 무자격 상담교사에 의한 기계적인 학생지도로 전문성을 결여한 채 처벌위주의, 상담실 운영에 따른 부작용도 많다.

(5) 물량적인 교육관, 물량적인 학습관이 유행하고 있다. 물량적인 교육관, 학습관이란 보다 많은 내용이 보다 많은 시간에 걸쳐 가르쳐 질수록 교육의 성과는 물론 학습의 성과인 학력이 더해진다는 것이다. 이 이론은 학생을 지식을 기억하는 기계 또는 장치로 생각할 때에나 성립하는 것이다.

사실 요즈음 학생들은 과중한 공부에 허덕이고 있다. 학생들이 한창 신나게 뛰어놀 연령인데 부모의 지나친 교육열과 개인의 욕심 때문에 또한 학교에서는 하루 종일 조조자습, 정규교과시간, 보충수업 등 꽉 짜여진 교과 공부가 강요되어 아침 7시부터 밤 11시까지 일관되고 있는 학교가 많아 학생들의 심신이 시달리고 있다. 휴식이나 여가활동의 부족으로 정신질환자가 늘고 있으며 이상행동의 학생도 상당히 증가되고 있다. 아울러 부적응 행동의 문제아가 속출하고 있다.

(6) 학생들의 개인차가 너무 심하다.

중학교 무시험입학과 고교평준화 이후 학생집단의 개인차와 이질성 때문에 교육활동에 부작용과 부적응이 늘고 있다. 또한 사회경제적인 차이로 여유 있는 학생의 사치나 낭비가 여유 없는 학생의 호기심을 조장하는 문제, 소외감, 열등감, 시기심의 발로, 부모의 교육열이나 관심도의 차이에 따른 학생들의 생활태도에 관한 문제, 학습능력 차이로 인한 학습흥미저하와 성적불량으로 학교생활에 부적응

행동으로 문제를 야기시키고 있다.

(7) 비교육적인 사회환경의 문제를 지적할 수 있다. 사회는 교육의 장이라고 하듯이 모든 사회환경이 학생의 교육적인 장소가 되어야 함에도 불구하고 성인문화가 청소년들에게 그대로 노출되고 있는 실정이다. 정의사회 구현이란 말만의 구호가 성행되고 비리, 부조리, 불건전한 사회환경의 여러 가지 요인이 학생들로 하여금 물들게 한다. 유흥업소, T. V.등의 매스컴은 청소년들의 말초신경을 자극시켜 비행, 폭력, 강도, 강간 등 비리가 난무하고 감수성이 예민한 청소년들은 사회현상의 물질만능주의, 이기주의, 요령·한탕주의, 편법주의, 황금만능주의 등의 불건전한 가치관이 사회를 지배하게 되어 그들로 하여금 물질에 대한 욕망을 증대시키면서 문제를 일으키고 있다.

다. 지도 대책

지금까지 청소년 교육의 문제점을 가정, 학교, 사회로 나누어서 비교육적인 면을 지적하였다. 이러한 문제점을 중심으로 건전한 학교생활을 위한 청소년 지도대책을 어떻게 세워야 할 것인가에 대한 해결방안을 모색하고자 한다.

건전한 학교생활을 학교 자체교육만으로 해결될 수 없는 학교교육의 한계점을 인식하여야 한다. 과거의 전통교육에서는 교육은 전문적인 학교가 도맡아 교육을 실시해 왔지만 변천하는 산업사회에 와서는 학교교육은 모든 교육의 일부로서 간주하지 않을 수 없다.

즉 평생교육의 시대를 맞이하여 가정교육, 학교교육, 사회교육이 삼위일체가 되어 가정교육이 원만히 이루어져야 학교교육을 정상적으로 운영할 수 있으며 나아가 사회에서 건전하고 정상적인 사회활동을 전개해 나갈 수가 있는 것이다.

그러므로 가정교육의 문제점을 해결하고 나서 학교교육의 문제점을 해결해 나가야 하는 순서가 바로 그것이다.

　가정교육의 중요한 점은 가정의 평화에 있다. 「家和萬事成」이라는 고사(古辭)는 가정이 화목해야 만사가 형통하게 된다는 것을 의미한다. 부모가 건재하고 자녀를 보호하며 모범과 수범이 되어야 한다. 무엇보다도 가정의 교육적 기능을 회복하는 일이 시급하다. 자녀들에게 건전한 가치관을 제시해 주고 일관된 규율로 다스리고 건전하게 욕구를 해소하는 습관을 길러 주어야 한다. 자녀와의 긴밀한 대화의 장이 자주 있어야 하며 점수주의, 출세주의를 지양하고 자녀의 능력과 적성, 흥미와 신체적 조건, 가치관을 중심으로 분수에 알맞은 진로지도를 실시하여 나중에 사회에 진출하였을 때 만족한 생활의 장을 맞이할 수 있도록 관심을 가지고 부모의 획일적인 가치관을 주입시킬 것이 아니라 자녀의 개성에 알맞은 적성교육 방향으로 인도되어야 한다. 지나친 가족이기주의 병폐에서 벗어나 건전한 이웃을 형성하고 남보다 앞서는 것과 같은 과다경쟁이 아니라 선의의 경쟁으로 남보다 우수하게 되기보다는 타인과 다르게 되라는 식으로 개성을 길러주어야 한다. 또한 배움의 즐거움을 체험시키고 어머니의 헌신적 노력과 아버지의 계획적인 교육과 가정의 문화적인 환경을 교육적인 환경으로 구성하여 우수한 두뇌를 배출하도록 가정의 교사 역할을 강조하는 것이다.

　학교교육에서 강조해야 할 점은 다음과 같다.

　① 교육의 그릇된 인식을 바로 잡아서 전인교육을 강화하고 학교의 물리적 환경을 비롯한 교육내용과 방법에 대한 개선이 있어야 한다.

　② 진로지도 교육의 실시가 급한 과제이다. 진로지도란 개인이 만족스럽고 생산적인 삶을 누릴 수 있도록 진로에 대한 방향을 세우고 선택하며 그에 대한 준비를 하여 선택한 진로에 들어가 계속적인 발달을 꾀할 수 있도록 돕기 위하여 제공되는 일체의 교육경험인 것이다. 학생들이 장차교육을 받고난 다음 사회에 진출하게 되는데 진로에 대한 문제가 매우 심각하므로 이를 위한 지도가 학교교육에서 철저하게 수행될 때 인생의 모든 문제가 해결될 수 있을 것이다.

③ 감동과 감화를 주는 생활지도가 계획성 있게 잘 추진되어야 한다. 생활지도란 단순히 사건처리, 문제해결, 훈육과 도덕이란 차원을 넘어서서 개인의 잠재능력 개발이나 현명한 선택과 적응을 위해 제공되는 조직적인 봉사활동이며 건전하게 사회봉사적 기능을 수행하여 자아실현의 경지로 이끄는 작용이다.

그러므로 학교에서의 상담실 운영을 활성화하여 모든 학생이 의무적으로 이용할 수 있도록 생활지도, 상담기능을 더욱 강화시켜야 한다.

④ 학교에서 특별활동이나 자치회(Home room)활동이 강화되어야 한다.

특별활동은 교과활동 이외의 다양한 취미활동으로 각자 자기의 장기를 발휘할 수 있고 인정받을 수 있는 기회가 되어야 한다. 특별활동 시간을 통해서 자기를 타인에게 알리고 인정받을 수 있어야 한다.

⑤ 긍정적 자아개념을 갖도록 도와주어야 한다.

긍정적인 자아개념은 긍정적인 평가를 받는 데서 형성된다. 자기 자신은 누구이며 무엇하는 존재인가를 스스로 깨닫는 기회를 갖도록 하는 것이다. 이 세상에서 자신의 존재를 인식하고 삶을 개척해 나갈 수 있는 용기와 의욕을 갖게 되며 소극적인 면보다는 긍정적으로 진취적인 사고와 행동을 갖도록 자극하고 격려하는 것이다.

⑥ 청소년들을 위한 생활공간을 마련해 주어야 한다. 성인을 위한 사교장과 오락실, 사회교육기관 및 문화공간은 많아도 청소년은 학교 울타리 이외에는 갈 곳이 없다. 친구와 더불어 즐겁게 지낼 수 있는 문화공간이 필요하다. 여가활동이나 취미활동을 만끽할 수 있는 문화적 시설을 제공해 주고 마음껏 청년의 이상을 구가할 수 있는 정서적 활동이 요청된다.

⑦ 집단생활을 통한 경험의 확장이 필요하다. 학생들은 허술한 학교교실에서 학교의 전체생활을 보내고 있다. 메마른 공간 속에서 대화의 기회조차 없이 꽉 짜여진 주입식교육에서 오직 입시경쟁을 위한 암기교육에 묻혀 있다. 그들은 자유로운 시간이란 찾아볼 수 없다.

절도 있는 생활습관을 익히고 신체단련 및 건강관리를 강화하고 폭넓은 대인관계를 형성하기 위하여 야영훈련, 극기훈련 등의 집단 활동이 중요하다. 이러한 활동을 통하여 친구간의 대인관계가 원활하고 넓어지며 스트레스를 해소할 수 있는 기회가 부여된다. 또한 대화의 광장을 마련하여 집단활동의 의미를 배우고 서로를 이해하는 세계가 넓어짐으로써 사회성이 향상된다.

2. 청소년의 단체심을 길러주기 위한 가정의 생활

가. 청소년 – 그는 누구인가?

청소년은 장차 우리나라의 주인공이 될 제2세 국민으로서 이들을 잘 가꾸고 건전하게 키워 나가야만 개인적으로 학업 및 사회생활에서 현명하게 적응하면서 성공적인 삶을 누릴 수 있으며 나아가서는 국가의 안녕과 번영 및 질서를 유지하고 풍요롭고 밝은 복지사회가 전개될 것임은 당연한 사실이다. 이러한 까닭에 기성인들은 미래의 주인인 청소년들에 대한 높은 기대와 관심을 가지고 적극적으로 보호하며 일탈되지 않도록 범국민적 차원에서 노력하고 있는 것 같다.

그러면 청소년 – 그는 누구인가?

우리나라의 청소년 인구는 약 1천만여 명으로 전체 인구의 4분의 1을 차지한다. 이와 같이 수많은 청소년들은 모두가 미래의 아름다운 삶을 준비하기 위해 노력하는 순수하고 천진난만한 학생층이 대부분이다.

청소년기는 심리적 발달단계로 보았을 때 사춘기를 기점으로 하여 그 이후의 약 10년을 포함하는 시기로서 대략 12세~22세 사이의 연령층을 일컫는다.

　이들은 이미 아동기를 벗어나 신체적·심리적으로 성인이 갖는 특징들을 가지고 있다. 그러나 현대 산업사회 속에서는 경제체제의 변화, 학교교육의 보편화와 형식교육의 연장, 결혼시기의 지연 등으로 인하여 에릭슨(E. Ehkson)이 말하는 자아정체감 형성과 정립의 시기이며 지불연기(moratorium)현상이 보편화되고 있는 시기이다. 요컨대 청소년들은 심리적으로 아동기에서 성인기로 넘어가는 중간적 위치에서 과도기적 성격을 띠며, 사회적으로는 기존의 사회구조에 편입되지 못하는 관계로 주변적 성격을 띠게 된다. 인생의 어느 시기에서보다 더 신체발달이나 인지발달이 가속화되고 부모의 기대와 사회적 요구가 증대되기 때문에 더 많은 심인 내적 및 외적 스트레스를 경험한다. 특히 청소년기엔 신체적·생리적·성적 및 인지적 기능의 급격한 변화와 더불어 정서적 격동이 심해 "질풍·노동의 시대"라고 일컫는다. 그래서 이 시기에 필연적으로 완수해야 할 발달과업을 성취하지 못했을 때는 정체의식의 혼란상태가 초래되어 예기치 않은 반항적·공격적 반응을 보이기도 하고 청소년들의 정신건강에 심각한 위협을 주어 정신적 장애를 일으키기 쉽다.

　청소년들은 그들 나름대로의 생명력을 가지고 있기 때문에 자기들끼리만 어울리는 생활분위기가 있다. 그들은 성인에 대해 독립적이기 때문에 기성세대와 다른 옷차림, 말씨, 대인관계, 음악, 미술 등을 가지고 있다. 그래서 그들은 자연적으로 동료문화로서의 성격을 띠게 된다. 그들은 중간집단으로서 자신들의 존재를 불안정하게 생각하며 의식면에서는 불확실감, 불안의 정서를 낳기 쉽다. 그들은 성인을 모방하고 거기다 자기를 동일화하려고 하며 성인적 수준에 대한 자기불안감·열등감을 갖기도 한다. 이러한 내면적 불안정의 결과로서 밸런스(blance)가 맞지 않은 행동을 하기 쉽고, 지나치게 활기에 차 있거나 내성적으로 되기도 한다. 또한 내공적·퇴영적으로 되기도 한다. 감정의 변동이 심하여 환희, 실의, 자기애, 자기혐오, 심각과 경박, 이상주의나 찰나주의 같은 양극적인 행동이 나타나는 특징이 있으며 집단소속의 감정이 강하고 우리의식(wefeeling)이 강렬하다. 또한 인생관이 확립되고 주관적으로 생각하는 경향이 심해지며 자기의 흥미를 살릴 수 있는 사상가나 학자의 이론에 대해서는 심취하여 동일시하는 기제(mechanism)를 갖고 있으며 적극적으로 받아들인다. 그리고 사회적 안정감을 얻으려는 욕구와 친구의 승인 또는 칭찬을 희구하고 있다. 이러한 특징을 가진 청소년기는 일생중에 가장 변화를 많이 일으키고 있어 항상 문제점이 도사리고 있는 것을 잊지 말아야 한다. 이러한 특성은 일생 중 가장 두드러지게 작용하고 있다.

나. 사회변화의 특징과 현실

우리는 그동안 전통사회 속에서 수천 년을 지내왔다. 그 후에 개화기를 지나 해방을 맞이한 이후 민주주의가 도입되면서 우리사회는 급격하게 변화하기 시작하였다. 사회변화의 속도는 20세기에 들어서면서 더욱 가속화 되어가고 있다. 역사적으로 볼 때, 시대의 변천이 우리 인류에게 큰 혜택을 주기도 하였지만, 그에 못지않게 커다란 피해를 가져다주기도 하였다. 즉 물질문명의 발달로 말미암아 인간의 생활수준은 향상되었고, 의학, 과학기술의 발달, 산업사회의 도래, 정보화시대로 옮아가고 있지만, 그에 앞서야할 마음의 평화는 여지없이 깨어지고 내적인 행복이나 정서적인 안정 등은 정반대로 멀어만 가고 있다.

20세기는 사상적인 대립, 경제적 불안정, 정치적 혼란, 성도덕의 퇴폐, 신앙 없는 생활, 인간성의 궤멸, 분파주의, 이기주의, 끊임없는 위기 속에 계속 휘말리고 불안한 상황 속에서 생활하고 있다. 요즈음 우리 사회환경을 돌아보자. 한마디로 오늘의 한국사회는 과거에 미처 경험하지 못했던 격심한 사회변동을 겪고 있다.

사회적인 면을 볼 때, 인구의 도시집중화와 가족구성의 변동 및 가족기능의 변화를 들 수 있다. 도시화에 따르는 거주이동의 다변화, 직업의 분화와 전문화, 세분화 등은 가족의 구조는 물론 가정의 교육적 기능 및 가정의 행동 통제기능까지 큰 변화를 일으켰다. 그리하여 도시에서는 부부중심의 핵가족제로 변모하고 매스컴 등의 양적 증대는 가족 내의 인간관계에도 영향을 미치게 하였다. 따라서 모성실조현상 등으로 인하여 어떤 의미에서 보면 자녀들의 학습은 부모를 통해서 이루어진다기보다는 매스미디어나 친구집단에 의해서 이루어진다고 할 수도 있다.

이렇게 20세기 후반에 생존하는 사람들은 복잡다양한 사회 변화 속에서 너나 할 것 없이 정도의 차이는 있을망정 모두 정신적인 부조화, 정서적 갈등, 심리적 문제 등을 경험하고 있는데 특히 청소년들은 감수성이 예민한 관계로 정서면에 큰 타격을 입고 있음을 성인들은 널리 이해하고 있어야 한다.

오늘의 우리 사회는 급변하는 가운데 도의심의 실추, 가치관의 혼란, 빈부의 격차현상, 청소년의 도시집중 경향, 소비성향, 사치풍조, 이기주의 현상 등으로 인하여 젊은이들로 하여금 무력감, 의욕상실, 고독과 좌절상태에 빠지게 하여 마침내 정신적·물질적 갈등 속에서 자기억제의 기능을 여지없이 상실케 하고 있다.

다. 인간관계의 기술 – 협동심

이러한 변화무쌍한 사회변화 속에서 새로운 환경에 보다 현명하게 적응하고 선택을 잘 하기 위해서 청소년들은 어떠한 자세를 취해야 할 것인가?

개인은 집단으로부터 고립해서는 존재할 수 없다. 의식적이든 무의식적이든 간에 다른 집단성원과의 관계를 통해서 건전한 인간관계의 상태를 이루고 이것이 청소년의 생활방법을 규정하는 기본적인 힘이 된다. 그러므로 인간관계를 어떻게 맺으며 협동심을 어떻게 바람직한 방향으로 키워나가면 좋겠는가 하는 것은 인간생활의 학습으로서 매우 중요한 뜻을 가진다. 더욱이 청소년들의 특성상 풍족한 인간적 성장을 이루게 하기 위해서는 자기와 타인과의 관계를 민주적으로 기쁜 마음으로서 맺어나가는 태도·흥미·습관·기술 등의 능력을 키워나가는 사회성 발달에 초점을 두어야 할 것이다.

인간관계란 서로 믿고 의지하는 관계에서 서로 이해하고 협동하고 자율적으로 참가함으로써 그 유대가 두텁게 이루어진다. 공동관심, 공동목표를 갖고 의사소통이 이루어질 때, 응집력이 강해지는 것이다. 인간관계는 집단활동을 통해서 잘 이루어질 수 있다. 집단이란 집단성원들의 빈번한 상호작용, 집단성원으로서의 자인 또는 인정, 공통 관심사에 관한 규준, 상관성 있는 역할체제의 동참, 동일 모범 대상(지도자) 혹은 초자아적 이상의 정립으로 인한 상호간의 동일시, 집단을 통한 욕구충족, 공동목표의 추구, 일체성에 대한 집단적 지각 그리고 환경에 대한 통일된 방식의 행동이 이루어질 때 그 집단의 응집력이 높아지고 따라서 협동심도 길러질 수 있는 것이다.

청소년들은 집단활동을 통해서 단체심이나 협동심을 키울 수 있다.

집단 속에서 남과 더불어 생활함으로써 자기자신에 대한 보다 깊은 통찰력을 기르며 자율적 생활에 도움이 되고 민주적 집단생활의 경험을 통하여 민주적 집단과정에 필요한 이해와 태도, 기능이 길러짐으로써 민주시민으로서 누구나 갖추어야 할 자율성의 기초를 닦을 수 있다.

집단생활을 통하여 또한 타인에 대한 존경과 타인의 행동에 대한 관용과 이해를 발달시킴으로써 자율적 인간관계를 높일 수 있다.

이러한 인간관계를 효율적으로 맺게 하는 과정에서 협동심은 스스로 우러나오는 것이다. 그러면 협동심 앙양을 위해 부모와 가족이 어떤 자세를 가져야 바람직할 것인가?

라. 가정의 역할과 기능

가정은 생활의 보금자리로서 인간의 기본적 욕구를 충족시키는 최소한의 기본단위이다.

가정의 기능은 생산적, 보호적, 종교적, 교육적 기능을 지니고 있다. 현대 산업사회에 접어들면서 학교규모가 커지고 비대해지면서 학교교육의 기능에 대한 요구에 비해 그 기능을 다할 수 없는 한계점에 이르렀다. 즉 학교교육만으로는 급속히 변화하는 사회에 적절히 대처할 수 없을 뿐 아니라 홍수처럼 쏟아져 나오는 많은 새로운 지식들을 적절하게 전달할 수도 없게 되었으며 급속한 사회의 변화에 따라 청소년들에게 올바른 가치관, 바람직한 생활태도, 단체심 등을 키워주기에는 더욱 부진한 상태가 되었다. 이러한 상황에 대응하기 위한 대안은 가정교육의 기능을 강화하는 것이다.

가정의 교사는 부모이다. 부모는 가정교육을 이끌어가는 선도적 역할을 해야 한다. 학교교육의 단편적 역할로써는 역부족이고 모든 것을 학교에만 떠맡길 수 없는 것이므로 일차적으로 가정에서 자녀들을 위한 교육을 책임지고 솔선수범이 선행되어야 한다. 앞에서 이미 지적했듯이 청소년의 다양한 특성을 잘 이해하고 사회적 변화에 따른 현명한 적응을 위해서는 가정에서의 역할분담이 필요하다.

청소년의 단체심을 길러주기 위한 가정의 역할로서 이루어져야 할 내용을 종합하여 열거하면 다음과 같다.

① 가정을 훌륭한 교육의 장으로서 삼아야 한다. 가정은 생활의 보금자리로서 청소년의 신체적, 정신적, 정서적, 사회적 활동의 안식처인 것이다. 그러므로 가정에서는 청소년을 위하여 바람직한 물리적 심리적 환경을 만족스럽게 제공해 주어야 하며 그러한 방향으로 개선해 나가야 한다. 가정은 건전한 청소년 지도육성보호의 근본이 되며 육성의 성패를 가늠하는 핵심이 된다.

② 부모는 훌륭한 교육자로서 역할을 대행하여 자녀들에게 항상

모범을 보이고 매사에 관심과 경청, 칭찬과 보상, 격의없는 진실한 대화를 통하여 인격형성의 근간이 되는 정직, 질서, 창조력을 형성하고 공동윤리, 책임의식, 공동체의식, 자아통제, 결단력 향상을 위해 성실한 태도로 행동하고 적극적인 자세로 임해야 한다.

③ 지시나 명령보다는 자율과 솔선할 수 있는 방향으로 민주주의의 기본생활을 영위할 수 있도록 민주적이고 솔선수범하는 생활습관을 보여주면서 능동적으로 매사에 적극 참여하는 습관을 기르도록 한다.

④ 자녀들의 지도를 효과적으로 수행하려면 가족구성원들이 되도록 많은 시간을 자녀들과 함께 보내면서 이웃과의 상호방문, 의견교환, 영화관람, 낚시, 운동, 등산 등에 참여하여 같이 생활함으로써 서로 사랑을 주고받는 인간관계 속에서 건전한 인격, 정서적 안정, 공동체의식 및 생활태도가 확립될 수 있다. 따라서 동료들과 서로 어울릴 수 있는 기회를 많이 갖게 경험을 제공해 줌으로써 단체심을 길러 줄 수 있다.

⑤ 여가선용계획을 항상 같이 세우며 청소년들에게 많은 여가시간을 부여해 준다. 여가는 일에서의 해방, 운동부족의 보충, 인간관계의 개선, 교육기회의 계속적 제공, 창의력 신장, 심적 갈등해소, 정서적 안정 등 다양한 특성과 기능을 가지고 있다. 그러므로 자녀들에게 정신적·육체적 피로를 풀어주고 사회생활의 긴장, 스트레스, 갈등, 좌절감, 정서적 불안 등을 해소시켜 줌으로써 정신적 안정을 가져올 수 있다.

⑥ 건전한 교우관계를 형성해주는 일이다. 형제자매간의 돈독한 우애, 이웃 친우간의 교류, 학급교우와의 친교관계가 원만할 수 있도록 양보와 아량의 정신을 심어주고 성실한 자세와 태도를 갖도록 교양 및 도덕교육을 강화시켜 주는 것이다. 그렇게 유지하려면 부모들은 솔선하여 끊임없이 우량도서를 읽게 하고 계시를 통하여 교훈적인 내용을 전달하고 교화시켜 인간관계에 대한 협동심을 길러주는

것이다.

　⑦ 적극적인 사고방식을 갖도록 성취동기를 부여해야 한다. 열심히 공부하고 일하며 좋은 일만 찾아서 노력하는 습성을 길러주여야 한다. 가정에서 부모를 위해 돕고 이웃과 남을 위해 일할 줄 아는 협동심을 키우기 위해 일일일선(一日一善)의 활동을 전개하도록 한다. 또한 부지런하고 신체단련을 위해 노력하며 신앙생활을 게을리하지 않도록 신앙심을 키워준다. 종교생활을 통하여 사랑과 협동을 배우고 실천하는 경건한 생활태도를 형성하게 되며 나아가 정의감, 사명감을 갖게 될 것이다.

第11章　公正意識과　秩序敎育

1. 현대사회와 공정의식의 문제

현대사회를 일컬어 흔히 고도의 산업사회라고 부르며 "가치혼란의 시대"라고도 한다. 60년대 이전에 농본주의 전통사회를 벗어나 70년대 이후 산업사회인 개방사회로 옮아가기 시작하여 벌써 20여 년에 이른다. 이와 같이 급변하는 사회 소용돌이 속에서 얻은 것은 가난의 "보릿고개"를 없애고 유사 이래 풍요로운 경제사회를 이룩하였다는 점이다. 다시 말하면 전통적 가치관이 점차로 붕괴 내지 파괴되고 새로운 물량주의 가치관에로 사고방식이 바뀌어져간 것이다. 이에 따라 개인이나 사회가 모두 가치혼란을 겪고 있다. 이것은 생활의 과정에서 취할 행동의 방향감각을 상실하고 있다는 것을 의미한다.

가치관은 개인의 경우에 인격을 지배하는 신념의 원리이며, 사회의 경우 공동체의 생활을 지배하는 의식수준의 문화이다. 일반적으로 가치란 주관의 감정이나 의지의 욕구를 만족시켜 주는 성질이다. 즉 바람직한 것, 바라고 있는 것, 무관심할 수 없는 것, 선호, 흥미, 확신, 목표 등을 의미한다.

그런데 현대사회에서의 가치혼란은 공정의식의 약화를 의미하며 전통적 가치체제의 약화 내지 붕괴를 의미한다. 서양사회의 경우에는 유태—기독교적인 정신적 전통이 각종의 도전을 받으면서 2천년 동안 서양인들의 정신생활을 지배해오던 권위를 점차로 잃어가고 있다. 우리 사회의 경우에도 마찬가지로 유·불·선의 융합된 가치체계가 전통사회를 거쳐 누려오던 지도력을 잃고 있다.

여기서 전통적 가치체계의 약화에 영향을 주는 요소로서 지적할 수 있는 것은 ① 서양의 경우 시민계급의 생성과 더불어 발달한 민주주의 정치체제가 시민의 자유를 표방하면서부터 정치권력에 의하여 보호를 받아 오던 권위종교의 정통성이 그 권좌를 잃어버리게 된 사실을 들 수 있고 ② 17세기부터 체계적으로 이루어진 과학의 발달을 들 수 있다. 과학의 발달에 의한 신비의식의 퇴화는 종교적 권위에 도전하는 성향을 형성시키게 된다. ③ 가치의 상대성이 금지되는 종교적 세계관이 절대가치에 회의를 느끼는 여러 가지 철학적 노선에 의해서 도전을 받고 있다는 사실을 들 수 있다.

이 중에서 특히 산업사회로 옮아짐에 따른, 인간성의 상실, 산업공정에의 기계화와 자동화 추세, 로봇화, 현대생활에서 당면하는 여러 가지 위기의식 그리고 지적 활동의 미분화 경향과 가치철학의 난맥상 등을 지적할 수 있다.

더욱이 산업사회에서의 과학기술문명의 발달과 이에 병행해서 나타나는 조직사회적 특징, 그리고 대중사회적·개방사회적 특징은 정신문화의 약화와 가치혼란의 원인을 제공하고 있다. 현대사회에 살고 있는 사람들의 온갖 위기의식은 성실한 가치추구의 의욕, 즉 공정의식을 약화시키고 있다. 말하자면 빈곤에서의 탈피와 공해에서의 탈피를 동시에 기하는 데 한계점을 느끼며, 또 생산체제의 경직성은 균형있는 인성과 물질적, 정신적 풍요를 동시에 만족시키는 균형있는 생활을 어렵게 만들고 있다.

현대 산업사회의 특징은 물질적 풍요를 약속하지만 그것이 지니고 있는 기계문명의 위세로 인하여 정신적 풍요를 누리려는 생활을 위협하고 있다. 한편 풍요사회를 건설하는 과정에 있는 세대와 그 결과를 누리는 세대와의 격차현상이다. 전 세대는 검소한 절제, 근면과 성실을 미덕으로 하여 궁핍에서의 탈피를 위하여 온갖 정열을 쏟지만, 후세대는 그런 필요를 절감하지 못한다.

우리는 이미 사고방식이나 도덕관념 또는 물질 관념에 있어서 세대간의 격차 내지 단절을 심하게 경험하고 있다.

현대사회에서의 지식의 증대와 기술의 고도화는 사회의 기능적 분업화현상을 야기시켜 직업세계의 다양화, 전문화 현상을 이룩하였다. 분업화·전문화는 전통사회에서 볼 수 있었던 인간의 정적인 유대를 끊어 놓고 비인간화, 개인주의를 더욱 심화시켜 주고 있다.

산업사회의 전개와 함께 일어나는 직업의 분기현상과 생산체제의 대형화는 고도의 인구이동과 도시집중 현상을 초래하고 소비집단의 대형화와 과소비 풍조, 가진 자의 사치생활, 못 가진 자의 궁핍한 불만과 갈등이 심하여 엇갈리는 상충적 구조 속에 불협화음이 전개되고 있다.

70년대 이후 고도의 성장과정에서 정경유착에 의한 일부 편중된 재벌기업의 특혜와 비대화, 부의 편중현상으로 빈익빈, 부익부의 심화로 인한 국민화합의 갈등과 괴리현상, 수단과 방법을 가리지 않는 치부, 출세가도에 임하는 몰지각함, 기업윤리를 헌신짝처럼 저버리고 사리사욕에 눈이 어두운 한탕주의, 요령주의, 이기주의, 편법주의 등이 범람하여 청소년들에게 무분별한 가치관의 혼돈, 공정의식에 대한 문제가 현대사회를 지배하게 되어 심각한 문제로 부각되고 있다. 이에 대한 경종과 함께 오늘날 공동체의식의 함양과 질서교육이 요청되고 있다.

공정의식에 대한 문제와 논의가 최근에 자주 거론되는 이유는 무엇보다도 공정은 정의에 일치하고 있으나 정의가 부정에 밀려 부도덕한 행위가 오히려 능력자요, 부정이 정상인 것처럼 생각되어 똑똑하다는 그릇된 인식이 사회적으로 팽배되어 있기 때문이다. 가치판단이 옳게 이루어지지 못하고 있는 사회현상의 구조를 개탄하면서 하루속히 정의로운 정상적 사회가 기틀을 잡기 위한 범국민적 도덕재무장의 의식개혁을 할 때가 바로 지금이라고 본다.

2. 공동체 의식

아리스토텔레스는 일찍이 "인간은 사회적 동물"이라고 하였다. 이 말이 의미하는 바는 인간은 혼자 살 수 없다는 것이다. 개인이 한 사회에 태어나서 그 사회의 생활양식, 행동양식, 표현양식 등을 배움으로써 그 사회에 적응하여 나가고, 그 사회의 한 성원이 되어가는 과정을 사회화라고 한다.

사회화과정에서 중요한 영향력을 미치게 되는 사회적 요소들을 사회화의 중개체라고 한다. 이러한 중개체로는 부모, 친구, 교사, 위인 등의 개인과 가정, 학교, 교회, 직장, 지역사회 등의 기관과 신문, TV, 책, 라디오 등의 매스컴 등 여러 가지가 있을 수 있는데 이들 중개체가 미치는 영향력의 정도와 그 성격은 서로 다르다. 우리는 이처럼 가정과 학교, 더 나아가 사회환경 속에서 영향을 주고받는 공동협조체제 속에서 원만히 적응하고 살아가는 존재인 것이다.

그런데 이와 같은 공동체 의식이나 운명이란 것을 잊고 살아가는 사람이 많다. 오로지 개인의 이익 추구, 이기심에 사로잡혀 남을 헐뜯고 자기만이 잘났다고 우쭐대는 소아병적 사고에 탐닉되어 사회에서의 장애요소로 지탄을 받는 무리들이 공정한 사회윤리를 좀먹고 있다.

공동체의식이란 공동운명체와 맥을 같이하고 있다. 인간은 본질적으로 남과 더불어 상부상조해야 하는 사회에서 살아가게 되어 있다. 개인은 자의적으로나 운명적으로 여러 가지 형태의 공동체에 소속되어 살아가야만 한다. 보통 사람들이 열거하는 공동생활의 형태를 낱낱이 열거하기는 어려우나 대체로 인간생활의 기본단위인 가정생활과 이웃생활, 학교생활, 직장생활과 각종의 조직생활, 즉 친목회, 동창회, 학회 등의 공동목표집단, 정당, 사회단체, 이익단체에서의 협동적 관계유지, 여가활동, 취미활동 그리고 지역사회 활동 등이 그 중요한 것들이다. 이와 같은 공동생활이 효율적으로 이루어지려면 그 조직집단내에서의 일정한 도덕과 질서의식이 중추적 역할을 담당하고 있어야 한다.

공동생활 속에서 화합과 목표가 충실히 이루어지려면 상호이해와 협동, 공중도덕과 질서의식의 실천, 양보와 아량, 포용력, 수용적 태도, 긍정적 존중, 원만한 대인관계의 유지, 상대방과의 의사소통의 활성화 등 도덕과 윤리의식의 존중이 필요하다.

그러나 「지행일치」가 제대로 이루어지지 못하고, 아는 것과 행동하는 것이 상반되는 속에서 부도덕적 행위가 정상적인 것처럼 지배하고 있는 사회는 병든 사회라고 지적하지 않을 수 없다. 또한 「언행일치」가 되어야함에도 불구하고 말과 행동이 일치되지 않아 불신하게 되면 공동체 의식이 무참하게 무너지고 만다.

공동생활은 그것이 운명적으로 참여하게 된 것이든 또한 자발적 의사에 의해 참여하게 된 것이든간에 거기에 참여하는 사람들에 의해 주도되게 된다. 거기에 의미를 부여하는 것도 참여자 개개인이며, 목표와 이상을 세우는 것도 그들이며, 규칙을 정하고 그것을 준수하는 것도 그들이다. 요컨대 참여자들에 의해서 주도되지 않는 공동생활이란 없으며 이 점에서 공동생활의 주체는 참여자 개개인이다.

그러므로 공동생활의 주체는 곧 참여자 자신이기 때문에 공동체의 발전과 개인의 성장 사이에는 불가분의 관계가 있다. 공동생활은 독립된 인격주체들이 모여 이루는 것이기 때문에 어느 특정한 개인의 독단에 의해 전횡될 수 없다. 그 공동생활에 가치와 의미를 부여하는 것은 각자가 할 일이지만 그러한 개인의 관심은 다른 사람과의 의사소통을 통하여 조정되지 않으면 안된다.

이 과정을 통해서 공동의 목표와 이상이 정립되는 것이다. 그런데 참여자가 이러한 관계를 깨닫지 못하고 자기의 이윤추구에만 관심을 기울이고 이기적이고 독선적인 자기주장적 관점에만 집착하면 공동생활은 쉽사리 깨어지고 자기의 관심도 충족되지 못하고 질서의식도 무분별해져 공감대를 형성할 수 없게 된다.

따라서 공동체의 발전과 개인의 자기성장은 상호배타적인 것이 아니라, 구성원 개개인의 성장을 통해서 이루어지며, 개인의 성장은 공동체의 발전과 더불어 이루어진다. 그러므로 공동생활에 참여하는 모든 사람들은 아집을 버리고 상호의사존중을 필수적인 과제로 인식하고 그 생활의 주체임을 지각해야 한다.

우리에게 가장 절실한 문제는 "나는 어떻게 행동할 것인가?"이다. 이 물음이 심각한 가치의 문제로서 제기되는 것은 우리들이 산업사회의 복잡한 인간관계 속에서 살고 있기 때문이다. 다시 말하면 인간이 복잡한 가정생활, 학교생활, 사회생활을 하고 있다는 사실이 우리들에게 어려운 실천문제를 안겨주는 기본요인인 때문이다.

거듭 지적되어 왔듯이 인간은 태어날 때부터 여러 가지 사회적 관계 속으로 던져진다. 어떤 부모의 자녀로서, 어떤 교사의 제자로서, 어떤 상급자의 부하로서 그리고 어떤 국가의 한 성원으로서 태어나기 마련인 우리는 성장과정에서 어른들의 보호와 간섭, 그리고 사회의 문화적 영향을 크게 받는다.

한 사회의 도덕성은 그 사회의 풍토적 특징에 의해 크게 좌우되기도 한다. 인간의 생활은 주어진 환경과 더불어 전개되느니 만큼, 생활환경의 특성은 도덕성 형성에 중요한 요인이 될 수 있다.

3. 질서교육의 필요

우리사회는 지금 급격한 경제성장과 더불어 역사 이래 드문 물질적 풍요를 누리고 있다. 소비가 미덕이란 말로써 과소비 풍조가 팽배해 가고있다. 내가 벌어서 내 마음대로 쓰는데 무슨 간섭이고 여유가 있어 소비하는데 무슨 쓸데없는 애기냐고 하는 부류들이 있다.

물론 우리나라의 인구전체가 온통 과소비에 휘말려 있는 것은 아니다. 일부 부유층이나 불로소득으로 횡재한 부류가 분수없이 사회

질서를 파괴하거나 무시하면서 사치와 방종, 유흥과 쾌락에 무분별하게 빠져 공동체사회에서 눈총을 받고 있으며 가진자와 못가진자간의 갈등과 불평불만 등에 의해 사회의 균형 잡힌 발전이 저해되고 있다.

이와 같이 산업사회가 가져다준 물질의 풍요는 우리생활을 윤택하게 해주는데 기여했다고 긍정적으로 평가될 수 있으나 반면 부정적 시각에서 보면, 정신적 문화적으로 큰 타격을 가져와 황폐해지고 사리판단이 흔들리고 있다.

정의보다 불의가 판치는 세상, 정상보다 비정상이 활개치는 세태, 수단과 방법을 가리지 않고 정도를 걷지 않으며 사리사욕을 취하는 인간, 아부와 요령주의, 편법주의를 출세수단으로 하는 사람을 보고 능력이 있다고 부러워하거나 칭송하는 양상—이 모든 것은 바로 질서의식이 없는 무질서를 신봉하는 부류들의 것이다.

필자는 이와 같은 무질서가 판을 치는 현상을 개탄하면서 유학의 삼강오륜의 현대적 의미를 재조명 해 보고자 한다.

그 동안 자유분방한 속에서 물밀듯이 밀려오는 서구의 발전수용에 급하면서 근대화 과정에 꽃을 피워 신생 공업국가로서의 성공사례를 저개발국가나 선진국으로부터 칭송받고 있는 환경을 통해 젊은 세대들은 자유를 만끽하고 있다. 그런 가운데 동양의 전통은 낡고 낙후된 개념으로만 몰아붙이거나 무지한 상태에서 공정한 비판마저 거부하는 현실에 와 있다.

「온고이지신」(溫故而知新)이 의미하듯이 옛것을 수용하고 새것을 알면 바른 판단을 할 수 있는 것이다. 옛것이라고 모두 진부하고 가치가 없는 것은 아니다. 옛것이 기초가 되고 밑거름이 되었기에 오늘날과 같은 눈부신 발전상이 있게 된 것이다. 그러므로 우리는 새것만을 선호할 것이 아니라 선조들이 갈고 닦아온 지혜를 배워야 할 것이다.

요즈음 각계각층에서는 무질서가 판을 치고 있다. 이와 같은 무질서를 질서정연한 위치로 되돌려야 한다. "제자리 찾기 운동"이 전개되어야 하는데, 그것이 바로 질서라고 할 것이다. 이런 의미에서 온전한 질서교육이 필요하다.

우리 주변에 무질서가 얼마나 많은가 생각해 보자. 길을 걸을 때나 차를 탈 때 질서가 지켜지고 있는가? 자동차를 운전하는 사람들은 과연 질서를 지키고 있는가? 기업가나 근로자들은 자신의 본분을 지키고 있는가? 정치하는 사람들은 올바른 정치질서를 지키고 있는가? 공부하는 학생들이나 교사들은 과연 제자리를 지키고 있는가?

서로 먼저 가지려고 서로 먼저 가려고 자기중심적 사고를 벗어나지 못하기 때문에 질서가 파괴된다. 질서가 파괴되면 혼란이 온다. 도덕이 황폐하고 타락된다. 질서가 바로 도덕성에 연결되는 것이기 때문이다.

일찍이 공자는 말하기를 「事有本末, 知所先後, 卽近道矣」라고 하였다. 일에는 근본과 끝이 있고 선과 후를 알면 즉 도에 이른다고 갈파했다. 일에는 반드시 순서가 있다는 것이다. 순서가 바뀌거나 지켜지지 않는다면 혼란과 무질서, 부정과 부패, 비리가 싹트게 마련이다. 그러므로 순서는 질서요 도덕이요 정도인 것이다.

앞에서 언급한 삼강오륜을 재조명해 보면 다음과 같다.

삼강에 있어서 「부위자강」(父爲子綱)은 아들은 아버지를 섬기는 근본이고, 「군위신강」(君爲臣綱)은 신하는 임금을 섬기는 근본이며, 「부위부강」(夫爲婦綱)은 아내는 남편을 섬기는 근본이라고 한다. 그런데 현실은 어떠한가? 아들이 아버지를 섬기는 것보다는 반항하거나 불평을 일삼고, 아랫사람이 윗사람을 「권위의식이다」, 「명령적이다」, 「하극상」등 질서를 지키지 못하며 복종이나 순종의 미덕은 사라지고 배반과 파괴를 일삼고 있다. 「가화만사성」임에도 불구하고 부부가 화목하지 못하고 이혼이 증가하여 자녀교육이나 가정의 평화에 먹구름이 끼며 가정이 흔들리고 있다. 불행한 가정이 늘어가고 있는 것이다.

오륜에 있어서 현대적 의미는 다음과 같다. 「군신유의」(君臣有義)는 임금과 신하는 의가 있어야 한다. 즉 통치자와 정부각료, 공무원들간에는 신의가 있어야 함에도 불구하고 불신하거나 모략중상을 한다면 큰일을 소신껏 할 수 없을 것이다. 그러므로 서로 믿고 존중하면서 사물에 대하여 긍정적으로 생각해야 한다. 반대를 위한 무조건 반대가 있어서는 안 된다. 만약 정도를 걷지 못하면 순서에 따라 질서를 지켜가며 반대해야할 것이다.

「부자유친」(父子有親)은 아버지와 아들은 친함이 있어야 한다는 것이다. 그런데 요즈음 부자지간은 어떤가? 대화의 단절이나 소원현상으로 아버지의 권위가 제대로 지켜지고 있는가?

「부부유별」(夫婦有別)은 남편과 아내는 분별이 있어야 하는 것이다. 그런데 부부간의 분별보다는 질서가 파괴되어 엄부자모(嚴父慈母)에서 엄모자부(嚴母慈父)가 되었다. 남편의 할 일과 아내의 할 일이 엄연히 따로 있을 것인데 이것이 혼동되어 역할이 중복되고 있다. 역할갈등이 일어나고 있는 것이다.

「장유유서」(長幼有序)는 무엇인가? 어른과 어린이는 차례가 있어야 하는 것이다. 그런데 윗사람과 아랫사람, 어른과 아이의 구별이 점점 없어져 버릇없고 무례한 행동이 지배적으로 되어 가고 있다. 질서가 파괴된 것이다. 물론 어른은 어른답게 행동을 잘 해야 아이들이 본을 받아 행동을 바르게 할 수 있을 것이다. 바른 행동을 못 보여주면. 역시 배반하게 되고 존경을 받을 수 없는 것이다.

「붕우유신」(朋友有信)온 벗과 벗은 믿음이 있어야 하는 것이다. 그런데 과연 친구와의 신의가 올바르게 지켜지고 있는가? 친구를 배신하고 자신의 이익과 안일을 위해 행동하는 부류가 늘어가는 현실에 경종을 울려주고 있다.

4. 탁류를 헤치고

인간사회는 불행히도 다섯 가지 탁류가 흐르고 있다. 첫째는 이기주의, 둘째는 향락주의, 셋째는 유물주의, 넷째는 회의주의, 다섯째는 허무주의의 흐름이다. 그러나 인간사회는 탁류만이 흐르는 것이 아니다. 맑은 샘물이 구석구석에서 힘차게 솟구치고 있다. 혼탁을 정화시키는 깨끗한 강물이 흐르고 있다.

어둠을 비치는 밝은 빛들이 있다. 양심의 등불을 가슴속에 지니고 직장을 충실히 지키는 무명의 공무원들, 박봉에 시달리면서 스승의 사명을 다하는 많은 교육자들, 쌀 한 톨, 종이 한 장을 아끼면서 근검절약으로 알뜰한 살림살이를 꾸려가는 많은 주부들, 춥고 험한 고지에서 애국심과 용기를 가지고 나라를 굳건히 지키는 무명의 많은 병사들, 성실한 마음과 자세로 땅을 갈고 생산에 힘쓰는 순박한 농민들, 내일의 한국의 소금과 역군이 되기 위하여 꾸준히 학업에 전념하는 청년 학생들, 이런 사람들이 바로 우리의 희망이요 이 땅의 소금이요 우리나라의 뿌리요, 우리 민족의 등불이요 우리 역사에 있어 무명의 영웅들이다.

보이지 않는 곳에서 묵묵히 제자리를 굳건히 지키면서 이 나라의 소금과 빛이 되는 대중이 있기 때문에 사회가 존속·유지·발전되고 있는 것으로 믿고 싶다.

소금은 녹아야 재 기능을 발휘할 수 있는 것이다. 녹지 않고 응고된 상태에 있으면 소금의 역할이 아니다. 소금은 희생의 역할을 의미한다. 빛이란 구석구석에 더럽고 어두운 곳을 밝게 비춰주는 역할을 한다. 즉 봉사의 역할을 하는 이 소금과 빛의 역할이 우리에게 요구되고 있는데 이것들은 바로 희생과 봉사를 사명으로 해야 하는 것이다.

여기에서 가장 핵심적인 것은 현대 산업사회에서 살고 있는 우리들이 그동안 급격하게 변천하는 사회변화의 틈바구니에서 정의롭고 질서가 제대로 지켜지지 못하고 있는 현상을 개탄하면서 바른 사회를 이룩하기 위한 하나의 방편으로 공공의식의 함양과 질서교육의 필요성이 대두되어 이에 대한 현명한 해결책을 찾고자 하는 것이다.

건전한 공동체 사회를 이룩하기 위해서는 우선 사회의 안정과 평화를 토대로 사회를 좀먹고 있는 비리와 부정을 바로 잡고 정의로운 복지사회를 건설하기 위해서 모두 합심하여 의(義)를 살릴 수 있는 방안을 강구해야 할 시점에 와 있다.

질서교육이 절실하게 요구되는 이유는 우리 모두가 분수를 지키지 못하고 너무 지나친 행동을 하는 데 기인하고 있다.

가정과 학교, 나아가 사회 전체가 이기주의보다는 이타주의로 나가야 될 것이며 본분을 지키고 "제자리 찾기 운동"이 시급히 전개되어야 할 것이다. 제자리 찾기란 정도(正道)를 의미한다. 정도는 바로 바른 질서와 도덕적 판단과 행동선택에 있는 것이다. 제아무리 도덕적으로 이해하고 성숙되었다고 할지라도 몸소 실천에 옮기지 못하면 질서가 파괴되고 부도덕, 비리, 부정이 지배하게 된다.

그리고 이와 같은 비리나 부정이 이 사회에 발붙이지 못하도록 각자 노력해야 할 것이다. 그러자면 정의에 입각한 모범적 행동을 실천으로 옮겨야 한다. 누구나 자신의 위치에서 모범을 보이고 인내하면서 질서를 지켜나간다면 밝은 내일을 기약할 수 있는 우리의 건전한 사회와 국가가 전개될 것이다.

마지막으로 앞에서 제시한 삼강오륜의 개념을 과거의 전제사회에서 질서유지에 이용했던 것으로만 돌리면서 낡은 사상이라 묵살해 버릴 것이 아니라, 현대사회를 건전하게 이룩해 나가는 데 있어서 반드시 필요한 논리의 영역의 현대적 의미로 재조명하여 공정한 사회이론형성과 실천할 수 있는 질서교육의 맥락에서 취사선택하여 긍정적인 면을 생각해 적용하는 것도 의미있는 행동이라 할 수 있다.

第12章 職業意識과 女性職場人의 役割

1. 현대사회의 특징

현대사회의 특징은 고도의 산업사회이다. 전통적인 농본주의 사회에서 벗어나기 시작한 지 30여 년이 흘렀다.

1960년대 이전까지 우리는 농업인구가 전체인구의 4분의 3을 차지하는 농업중심의 단순한 사회 속에서 수 천년을 살아 왔다. 그런데 60년대 이후 정부주도형 경제제일주의 정책에 따라 "우리도 잘 살아 보자"는 캐치프레이즈를 걸고 모든 국민이(있는 정성을 다하여) 맡은 바 처소에서 근면하게 노력하고 인내한 결과 80년대에 넘어와서는 눈부신 경제발전을 이룩하여 후진국 대열에서 벗어나 이제 선진국 문턱에 들어서게 되는 산업사회로 변화하기 시작하였다.

산업사회란 과학기술문명의 발달로 변화되고 기계화, 자동화되어가는 과정을 의미하고 산업이 발전하여 경제적으로 윤택한 사회를 이룩함을 의미한다.

일찍이 앨빈 토플러(Alvin Tomer)는 그의 저서인 『제3의 물결』에서 미래에는 산업사회가 도래할 것으로 예언하였는데 우리는 이제 그 실천에 들어갔고, 미국의 사회예보가인 존·네이스비트(John Naisbitt)는 "제4의 물결", 즉 정보화 시대가 도래하고 있다고 언급하고 있다. 이 말은 바꾸어 말하여 산업사회를 지나 정보시대에 돌입했다는 것이다. 그만큼 사회는 급속도로 변화를 거듭하고 있다는 증거가 제시되고 있다.

이처럼 변천하는 산업사회에서 요구하는 것이 무엇인가를 우리는

알아야 한다. 그것은,

첫째로 이(利)의 추구와 부(富)의 창조다.

둘째로 합리적 정신이다.

셋째로 능률과 이윤과 기능과 생산과 작업의 원리이다.

넷째로 공정한 경쟁의 원칙이다.

다섯째로 부단한 기술을 연마해야 한다.

여섯째로 근면과 용기와 모험의 개척적 정신을 길러야 한다.

일곱째로 천직적 직업관의 확립이 필요하다.

여덟째로 기업 경영자들은 기업의 사회적 책임을 절감하고 부(富)의 공정한 분배에 힘쓰고 기업활동으로 사회에 기여하고 공헌하려는 봉사의 정신을 길러야 한다.

우리는 이러한 산업사회의 요구가 무엇인가를 확인하고 사회적 변화에 큰 관심을 가져야 한다. 공통적으로 우리의 삶과 밀접히 관련되는 사회적변화의 모습을 살펴보면 현대사회는 능력사회, 직업사회, 전문가 사회, 지식정보사회, 학습사회로 특징지을 수 있다.

2. 직업의 개념

1986년 현재로 우리나라의 직업종류는 1만 4,500여 종에 이르고 있다. 전 세계적으로는 5만에서 20만여 종인 것으로 통계되어 있다. 이만큼 직업은 매우 다양하다.

현대사회에서 직업은 누구에게나 매우 중요한 의미를 갖는다. 왜냐하면 모든 사람들이 직업세계에 참여함으로써 바로 사회적 기능을 행사할 수 있기 때문이다.

직업에 대한 이해는 매우 다양하여 시대의 변천에 따라 그것을 이해하는 관점이 서로 다르게 나타나고 있다.

먼저 동서양을 막론하고 고대사회에서는 직업이라는 용어가 하나의 독립된 개념으로 인식되지 않았다. 왜냐하면, 고대사회에서는 직업이 미분화되고 가족을 중심으로 모든 삶이 이루어졌기 때문에 직업이라기보다는 "일"이나 "노동"과 같은 개념으로 사용되었다. 중세의 봉건사회에서도 일이란 신분에 따라 행해야만 하는 운명적인 것으로 여겼다.

근대적 의미에서 "직업"이라는 용어가 본격적으로 사용되기 시작한 것은 영국의 산업혁명을 거치면서부터이다.

직업의 사전적 의미는 "생계를 유지하기 위하여 일정한 기간 동안 계속해서 종사하는 일의 종류"이다. 그러나 현대사회에서는 직업에 대해 단순히 생계유지 기능을 강조하는 것보다는 훨씬 다양한 의미를 가지고 있다고 본다.

직업이라는 말은 "직"과 "일"의 합성어이다. 여기서 "직"이란 두 가지의 뜻으로 구분되는데 그 하나는 관을 중심으로 행하는 직무라는 의미의 관직이고 또 다른 하나는 직분을 맡아 행한다는 개인의 사회적 역할을 의미하고 있다.

한편 "업"이란 생계유지를 위하여 전념하는 일이라는 뜻과 자기 능력의 발휘를 위하여 어느 한 가지 일에 전념한다는 뜻을 지니고 있다. 따라서 직업이란 사회적 책무로서 개인이 맡아 행해야 하는 직무성과 생계유지과업을 수행해야 하는 노동행위의 이중적 의미를 지니고 있다고 할 수 있다.

그러므로 현대적 의미에서의 직업은 대략 다음과 같은 내용으로 집약된다.

첫째로, 직업은 생계의 유지가 가능해야 한다. 즉 생활의 유지 수단인 것이다.

둘째로, 직업은 개성이 발휘되어야 한다.

셋째로, 직업은 사회적으로 보람된 것이어야 한다. 아울러 사회적 역할분담으로서 사회봉사적 기능이 포함되어야 한다.

넷째로, 직업은 계속적이고 조직화되어 있어야 한다. 직업은 일의 대가로 보수를 받아 생활을 유지하게 하는 계속적인 노동이어야 한다.

다섯째, 직업은 반드시 노동의 행위가 수반되어야 한다. 노동에는 정신적·육체적 노동이 있다. 모든 직업인은 이 중 어느 한 가지 또는 둘 이상의 복합적인 노동을 수행하게 된다.

이상의 것을 종합하면 직업은 개인적, 사회적, 봉사적, 종교적, 경제적, 윤리적 조건을 함유하여 결국에는 누구에게나 자아실현인의 역할체가 되는 것이다.

3. 직업관의 변천

직업관이란 직업을 어떻게 보느냐 하는 관점 또는 시각이다. 이는 시대의 변천에 따라 수없이 바뀌어져 왔다.

직업이라는 개념은 사회적 분화가 이루어지고 각자가 맡은 바 임무를 독점적으로 수행될 때부터 사용되기 시작한 것으로 본다. 임무와 수행이라는 입장으로 볼 때, 고대사회에서의 직업관은 오히려 노동의 입장으로 보는 관점이 보다 합당하리라고 생각한다.

노예제도에 바탕을 둔 전제국가나 관료중심의 봉건사회에서는 노동이란 신분이 비천한 사람들이 전유하는 행위로 간주되었다. 노동에 대한 사상적 사고는 중세 기독교적 사상의 해석에서부터 비롯되었다.

"일하기 싫거든 먹지도 말라"는 기독교의 교리적 사고에 따르면 노동은 인간에게 있어서 필수적이고 필연적인 의무라고 해석되어 오히려 신성한 것으로 받아들였다.

파리대학 교수였던 아퀴나스(**Thomas Aquinas**)는 노동(기술)의 중요성을 크게 부각시켰는데 그는 이미 노동을 사회적 가치에 따라 서열화 시켰다.

아퀴나스는 노동을 사회적 사실로서 부각시켜 노동에 대한 사회적

인식을 새로운 각도에서 촉구시키는 데 큰 역할을 하였다.

르네상스시대는 인문과학에 대한 중시풍조가 일어났던 때여서 노동의 필요성은 인정을 하되 그 자체에 대한 자기 목적적인 가치는 인정하려 하지 않았다. 수단으로 보다는 자체 목적적인 가치가 있는 것으로 노동이 인정되기 시작한 것은 종교개혁 이후라고 보아진다.

종교개혁을 일으킨 루터(Martin Luther)와 가장 탁월한 기독교관을 제시한 칼빈(G. Calvin)등은 "하나님이 즐기시는 생활의 유일한 모습은 생활상의 지위가 요구하는 세속적인 의무의 수행"이라는 데 동의하고 현대, 생활에 있어서 직업생활은 바로 그 자체가 가치있는 것이라고 해석하였고, 직업자체를 "Calling"(召命)이라는 것으로 이해하기 시작하였다.

직업관을 가장 잘 해석한 사람으로 베버(Marx Weber)를 들 수 있다. 그는 「프로테스탄티즘 윤리와 자본주의 정신」이라는 논문에서 "Calling"의 의미를 명료하게 설명하고 있다. 그는 말하기를 "합리적인 충동이나 욕망 그대로 사는 것이 아니라 직업(Benlf) 속에서 자신의 생활에 일관성을 가지고 훈련하여 가는 방법, 그리고 그러한 뜻으로 전 생애를 합리화하고 조직화하여 가는 삶의 방법으로서의 직업윤리"가 중요하다고 하였다.

한편으로 직업을 단순한 수단적 입장에서 해결하려는 학자도 있는데 그가 아담 스미드(Adam Smith)이다. 스미스는 분업의 사회가 대두됨으로 각자는 맡은 바 일을 수행하기 위하여 단순한 조작에 익숙해지려 노력하게 되고 결국 그 단순한 조작적 노동행위가 그의 유일한 삶의 행위가 됨으로써 인간은 단순동작의 습득에 그치는 존재로서 전락되고 만다고 지적하였다.

결국 현대산업사회에서 분업을 중심으로 하는 직업노동은 정신적으로나 육체적으로 부패를 가져오게 되며 그 해결책의 일환으로 공교육의 도입이 필요하다고 주장하였다.

이와 비슷한 입장을 취한 마르크스(K. Malx)는 노동의 본질에 있어서는 전면 긍정적 입장을 취하나 이 노동이 생산자와 비생산자 사이에서 어느 한편이 다른 한편을 위해 희생이 되고 또 소외를 가져오게 될 때 문제가 생기게 된다고 하였다.

아무튼 현대사회에서 보여지는 직업에 대한 관점은 두 가지라고 볼 수 있다. 그 하나는 직업이 사회구성의 일부분이요 다른 하나는 직업이 생산수단의 일부로서 계급형성의 한 부분이 된다는 것이다.

이 두 관점을 합하여 직업에 대한 것으로 인간을 위한 행위로서 노동은 자유롭고 의식이 내재되어 있고 주체를 인식할 수 있으며 어느 특정인에게 예속되는 것이 아니라 자기실현을 위해 우러나오는 노동이 될 때, 이를 기반으로 해서 성립되는 직업은 살아있는 사회적 대상물로 대두될 수 있다고 이해된다.

현대 산업사회에서의 직업관 중 중요한 것은 근로자의 윤리, 기업인의 윤리, 직업윤리, 직장윤리 등이 제자리를 잡아야 하는 것이다.

4. 여성 직장인의 역할

우리나라는 오랜 세월에 걸쳐 가부장적 전통이 적용되어 왔다. 이에 따라 여성은 가정을 중심으로 임신과 출산 그리고 자녀양육을 수행하는 존재로 여겨왔다. 그래서 여성은 인종(忍從)을 미덕으로 삼아 삼종지덕과 칠거지악 등 희생과 고통을 본능적인 것으로 받아들이게 강요되었다.

결국 남성위주의 사회 속에서 여성은 상대적 열등감, 사회적 기회의 제한을 감수해야 했고, 부수적이고 수동적인 존재로 여겨지게 되었다.

이러한 남존여비의 유교적 전통사상이 지배적이던 시간이 해방 전까지 지속되어 오는 동안 여성의 사회참여는 거의 불가능하였고 무시되었다.

해방과 더불어 서구적 민주주의가 도입되기 시작하였다. 그리고 교육의 기회균등 정책에 따라 여성의 교육이나 사회참여 기회가 점점 늘어나기 시작하였으며 사회에서도 이를 수용하게 되었다.

1960년대 이후 산업화에 따른 급속한 사회변화와 근대화의 물결은 여성의 사회참여를 급속히 증대시키는 데 크게 기여하였으며, 여성에 대한 가치관 및 태도에도 큰 변화를 야기시켰다.

현대사회에서 여성의 직업세계 참여는 재론할 여지가 없다. 즉 여성의 사회참여 문제는 오히려 당위론적 차원에서 제기되고 있으며, 자유민주주의 사회에서 당연한 사실로 받아들여지고 있다.

직업세계에 있어서 여성참여의 중요성을 제시하면,

① 교육기회의 확대로 여성의 학력수준이 높아지고 사회참여의식이 증대됨에 따라 직업세계에서 여성인력이 필요하게 된다.

② 가사노동의 기계화, 자동화, 합리화 그리고 핵가족화 현상과 자녀수의 감소로 인해 가사노동이 절감되어 잉여 노동자의 수가 크게 증가되었다.

③ 노후생활 보장을 위한 경제적 요구가 증가되었다.

④ 경제의 지속적인 성장으로 인한 노동력의 수요가 증대되고 있다.

⑤ 산업구조의 변화와 여성의 자발적이고 주체적인 여성운동이 대두되어 차별대우 해소의 방안으로 취업이 가능하게 되었다.

⑥ 법적, 제도적 차원에서 여성의 권익신장이 요청되고 평등한 사회참여가 하나의 권리로서 대두되게 되었다.

⑦ 개인적 차원에서 여성 자신의 의식변화, 가족구조와 기능의 변화, 그리고 사회적 차원에서 여성인력의 필요성이 증대하기 시작하였다.

앞으로 여성이 직장인으로서의 역할을 효율적으로 수행하기 위해서는 다음과 같은 차원에서 사회참여가 가능케 될 것이다.

가. 개인적 차원에서의 역할

여성은 소극적, 의존적, 감정적인 특성을 지닌 존재로 인식되어 오고 있다. 그래서 여성에게는 미숙련, 단순직업 등 손쉽고 단순한 노동이 적합하다고 여겼다. 또한, 여자는 모든 능력에 있어서 남자보다 뒤진다라는 것을 인정하도록 순종하고 복종되어왔고 이것을 미덕으로 삼아왔다.

이러한 사고는 여성의 사회적 참여를 저해하는 중요한 장애로서 여성의 사회활동을 제한하고, 전문직 등 특정직업에로의 여성진출을 가로막는 요인이 되고 있다.

그러나 위에서 지적한 바와 같이 교육기회의 확대, 생활여건상의 향상, 사회구조의 변화, 특정한 영역에서의 여성인력의 요청 등으로 기존의 그릇된 역할관이 새롭게 인식되었다.

즉 수동적이고 소극적인 존재로 다루어 오던 여성을 삶의 주체적이고 자율적인 존재로 바뀌어져 강조되었다. 교육을 통해 여성의 의식은 적극적이고 능동적인 사회로의 참여가 이루어지게 되었고 자기의 능력을 계발함으로써 사회구성원으로서의 역할이 강조되는 방향으로 바뀌어졌다.

한편 모든 인간은 남녀를 불문하고 자아실현 욕구를 지니고 있는데 현대사회에서의 직업은 생계유지 수단으로서의 기능뿐만 아니라 개인의 욕구를 실현시키는 도구로서 개인의 잠재적 욕구를 발산시켜 사회적 역할분담과 봉사적 기능 내지는 자아실현의 도구로서 사회참여라는 긍정적 자아상을 형성시켜 주고 있는데 여성도 예외일 수는 없다. 따라서 여성들 스스로 직업에 있어 성별에 의한 편견을 갖지 않도록 의식이 변화되어야 한다.

나. 가정생활과 작업생활의 역할

전통적인 대가족제도에서 벗어나 핵가족 제도로의 변화는 산업사
회가 도래하면서 급격한 가족구조의 변화를 가져왔다.

대가족재도는 가부장적 권위주의에 지배되었고 여성은 남성과 엄
격히 구별되는 역할을 부여받았다. 이 당시 여성의 역할은 가족이라
는 관계를 벗어나지 못하였고 직업을 통한 경제활동의 참여는 불가
능하였다.

그러나 민주주의가 보급되고 교육의 기회균등, 성차별의 구분이
사라지고 또한 과학기술의 발달, 직업세계의 다양화, 전문화, 직업관
의 변화, 잦은 사회 이동은 경제활동의 기반이 대규모의 공장 또는
산업체 등으로 변화됨에 따라 가정에서 여성의 역할도 많은 변화를
가져오게 하였다.

즉 자녀양육의 부담이 축소되고 한편 가정 및 문화적 생활비 요구
가 증대되며 기계의 발달로 가정에서의 관리역할도 절감되어 여성이
적극적으로 사회경제적 활동에 참여할 수 있는 기회가 과거의 전통사
회의 그것처럼 제한을 받지 않고 여유있는 시간을 많이 갖게 되었다.

따라서 남성만이 가정의 가장(家長)으로서 생활유지를 위한 사회
적 역할만을 담당해 왔던 고정적 관념에서 벗어나 이제는 여성도 능
력만 갖추면 성의 구별 없이 사회활동 영역에 참여할 수 있는 관점
으로 바뀌고 있다.

다만 생리적으로 남성과 여성은 구조적으로 다르기 때문에 여성만
이 안고 있는 임신, 출산의 문제, 가정관리의 문제, 부부생활의 문제
등 남성보다 더 복잡한 역할이 있기 때문에 한계성을 느끼고 있는
점을 고려해보아야 한다.

여성이 가정생활과 직업생활을 공유함으로써 제기되는 여러 가지
갈등으로 말미암아 직업수 행상 남성보다 일의 능률이나 적응면에서
어려운 점을 극복할 수 있는 특별한 대책이나 각오가 사전에 준비되

어야 할 것이다.

정상적인 부부생활, 자녀양육과 교육문제, 직장에서의 직무수행이 동시에 이루어져야 하는 양립적인 생활이 여성으로 하여금 사회 참여하는 데 적지 않은 갈등을 파생시키고 있어 문제점으로 지적되고 있다는 것 또한 인식하여야 한다. 따라서 여성직장인은 남성들보다 더 많은 갈등과 욕구에 직면해 있어 이를 적절히 수행할 수 있는 적합한 교육이 별도로 이루어져야 할 것이다.

다. 사회적 차원에서의 직업역할 수행

산업사회에서 요구되는 인력은 반드시 남성의 전유물은 아닌 것이다. 여성의 교육기회의 확대와 여권신장운동의 영향, 여성의 유능한 인력의 수용, 직업고용기회의 균등, 가족구조의 단순화 등의 여건이 개선됨에 따라 여성의 사회적 참여는 점점 높아만 가고 있다.

그것은 단순히 기회균등의 차원만이 아니라 급속한 산업화·근대화 추세에 따라 경제발전에 필요한 노동력이 급격하게 증가하여 인력수급 차원에서 여성의 인력도 요구되었다.

초기의 여성 사회참여는 개인의 자아실현이라든가 여성의 권리신장이 강조된 측면보다는 오히려 저급한 단순 노동력의 제공으로서 인식되었다. 그리하여 주로 저학력, 미숙련, 저임금의 노동력만을 제공하였던 산업화초기단계에서 여성의 사회참여는 큰 의미를 갖지 못했다.

그러나 여성의 사회참여가 사의의 다양화로 교육을 받은 고급여성인력이 요구되고 또한 적극적인 참여의 요구가 가속화되어 전문직뿐만 아니라 행정, 사무직 등의 사회적 지위가 높은 분야에도 진출이 많아지게 되었다. 그러나 대부분이 교직에 많고(초등학교 등) 서비스직이나 행정직 분야 또는 노무직에 상당한 비중을 차지하고 있는 것은 여성이 남성보다 생리적 조건이 다른 차원에서 오는 열등감이나 적극성이 부족한 때문에 남성과 대등한 사회참여의 폭은 넓지 못한 것 같다.

앞으로 사회적 인식이나 관심이 더욱 양성화되고 남녀의 차별대우가 여러 각 기업체나 공공기관, 병원, 학교 사업체 등에서 철폐되어 남성과 대등한 능력을 인정받을 때 더욱 사회참여율은 높아질 것이다. 다만 무조건남성과 대등한 요구보다는 능력을 인정받도록 노력하는 일이 더욱 중요한 과제요 필수요건임을 인식하여야 한다. 그리고 어느 직장 어느 부서에서든지 없어서는 안 될 중요한 인물로 인정받도록 창의성을 발휘하여야 한다.

여성의 사회적 역할의 참여는 국가인력을 이용하는 측면에서 더욱 요청되고 있으므로 능력향상에 주력해야 한다.

선진국인 미국의 경우 여성의 사회적 진출은 눈부실 정도로 빠르게 발전하여 남성이 참여하고 있는 모든 직업분야에서 골고루 참여하고 있다. 이러한 경향이 우리나라에도 곧 다가올 것으로 예측된다. 그것은 오로지 여성 직장인으로서의 맡은 바 직무, 직분을 성실하게 수행하여 남성의 직무와 비교해 볼 때 조금도 손색이 없는 능력과 수준이 인정될 때 똑같은 대우를 받게 될 것이다.

그러므로 직장여성이 되고자 하거나 직장여성인인 사람은 가정과 직장을 양립하는 경우가 되므로 이에 따르는 갈등의 파생을 극소화하는 방안을 모색하여 가정의 주부로서, 자녀의 어머니로서 직장의 역군으로서 일인다역의 막중한 책무의 수행을 사명감있게 다하는 가운데 보람 있는 인생을 즐기며 행복한 삶을 누리도록 준비태세를 강화하여야 할 것이다.

● **저자** ●

● 김충기(金忠起)　　저자약력
서울대학교 교육대학원 교육학 석사학위
미국 Central Arkansas대학교 대학원 카운슬링 석사학위
미국 Arkansas주립대학원 교육전문가 학위
미국 Arkansas주립대학원 교육학 박사(생활지도 및 직업교육)
미국 Oklahoma주 Tulsa대학원 교육행정연구
수도여자 사범대학 교육학 전임강사, 성균관대, 이화여대 대학원,
중앙대 사대 대학원, 고려대 대학원 교육 대학원 강사 역임
건국대학교 사범대학 교수, 교육대학원 원장,
학생생활연구소 소장, 현재, 건국대학교 사범대학 학장

저서
생애교육과 생활지도, 청년발달심리학, 생애교육의 과제와 전망
진로교육의 본질, 생애교육의 기초, 교육의 실상과 허상
상담과 심리치료, 직업교육과 진로지도, 직업교육과 진로교육

● **미래사회와 진로선택**

• 초판 인쇄	2004년 06월 25일
• 초판 발행	2004년 06월 30일
• 지 은 이	김충기
• 펴 낸 이	채종준
• 펴 낸 곳	한국학술정보㈜
	경기도 파주시 교하읍 문발리 538-2
	파주출판문화정보산업단지
	전화　031) 908-3181(대표) · 팩스　031) 908-3189
	홈페이지　http://www.kstudy.com
	e-mail(e-Book사업부)　ebook@kstudy.com
• 등　　록	제일산-115호(2000. 6. 19)
• 가　　격	32,000원

ISBN　　89-534-1891-7　93370　(paper book)
　　　　　89-534-1892-5　98370　(e-book)